史記會注考證校補

（日）水澤利忠 著
楊海峥 整理

叁

上海古籍出版社

史記會注考證校補卷三十一

吳太伯世家第一

〔吳太伯世家第一〕 瀧一・九，慶一右一，殿一右六，凌一右二。○太，景井蜀紹大。下同。札記宋本「太」作「大」，下並同。

索 記諸侯本系也 ○毛「記」字作「系」，而「本」字作「代」。

索 陳仲子齊之系家 ○詳節無「陳」字。

索 又董仲舒曰 ○又，詳節也。

索 非官之也 ○詳節得以代非官之禄詳節本「也」字作「禄」。中統無「之也」二字。

索 得以代爲家也 ○慶中統彭凌殿得以代代爲家者彭本無「者」字。也。

*****正** 世本云熟移丹徒句家楚徒吳是也太伯者古公長子又云野、成、瀧本無上二十三字。世家者志曰謂世世有禄秩之家梅本無「家」字。 案累世有爵土封國故孟子云陳仲子齊之世家也 南化楓棭三梅野成瀧。

〔吳太伯〕　瀧二・四，慶一右四，殿一右九，凌一右四。

索　國語曰　○殿無「曰」字。

索　黃池之會　○慶彭「池之」二字作「法直」。南化梅成校記「池之」。按：景印慶元本作「池之」，甚多如此之改字。

索　皆以字配名則伯亦是字　○彭無「是字」二字。

索　又是爵但其名　○彭無「又」字。

正　在常州無錫縣東南六十里　○縣，慶凌去。

正　使子胥築闔閭城　○胥，慶彭凌齊。按：景印慶元本「齊」作「胥」。札記官本「胥」，各本誤「齊」。殿考子胥，監本訛「子齊」，今改正。

〔太伯弟仲雍〕　瀧二・七，慶一右八，殿一左三，凌一右九。

索　是兄弟次第之字　○第，慶彭弟。按：景印慶元本作「第」。

索　吳孰哉居蕃離　○慶中統凌殿「蕃離」二字作「藩籬」。殿考藩籬，監本訛作「孰籬」，今改正。

〔皆周太王之子而王季歷之兄也季歷賢而有聖子昌太王欲立季歷以及昌〕　瀧二・八，慶一右九，殿左五，凌一左二。○紹無「之子」至「太王」十九字。

〔以避季歷〕　瀧二・一〇，慶一左五，殿二右一，凌一左八。

正　託採藥於吳越不反　○反，慶彭及，南化校記「反」。

正　託採藥　○慶彭而託採藥。

正　太王薨而不反　○反，慶彭及，南化校記「反」。按：景印慶元本作「反」。

正　不祭之以禮　○慶彭無「之」字。

〔自號句吴〕　瀧三・一〇，慶一左七，殿二右二，淩一左九。

集　宋衷曰　○衷，景井蜀紹毛殿忠。下同。札記宋本、毛本「忠」，它本作「衷」。

索　以州而言之曰荆　○殿無「而」字。

索　以吴言句者夷語之發聲　○索無「之」字。慶中統彭淩殿無「語」字。札記單本脱「之」字，各本皆有，而脱「語」字，吴校元板有。

索　孰哉居蕃離　○慶中統殿「蕃離」二字作「藩籬」。

索　孰姑徙句吴　○姑，索始。

索　蕃離既有其地　○中統無「其」字。

索　句吴何總不知真實　○真，慶彭毛游貞。

索　吴人不聞別有城邑曾名句吴　○曾，慶中統彭淩殿謂。

索　吴地記曰泰伯居梅里在闔閭城北五十里許　○慶彭淩殿無此注十八字。中統無「許」字。

正　宋忠世本注云句吴太伯所居地名也　○慶彭淩殿金陵無此注十五字。札記案：吴郡志攷證門引史記正義有「宋忠世本注云句吴太伯始所居地名也」十六字，今本無正義，蓋合刻者以與集解複而删之。按：瀧本據札記補此正義十六字，然「所」上誤脱「始」字不少，瀧川本據札記補正義。

〔太伯卒〕 瀧四・五，慶二右二，殿二右八，凌二右六。

集 皇覽曰太伯冢在吳縣北梅里聚去城十里 ○凌無此注十七字。

正 括地志太伯冢在吳縣北五十里無錫縣界西梅里鴻山上去太伯所居城十里 ○慶彭凌殿金陵無此注三十一字。札記吳郡志塚墓門引史記正義云「括地志太伯冢在吳縣北五十里無錫縣界西梅里村鴻山上去太伯所居城十里」三十二字當在此下。按：瀧本據札記補此正義三十二字，然「鴻」上誤脫「村」字。

〔仲雍卒〕 瀧四・六，慶二右三，殿二右九，凌二右七。

索 吳地記曰仲雍冢在吳鄉常孰縣西海虞山上與言偃冢並列 ○凌無此注二十四字。札記柯本脫此注二十四字。

〔伯仲雍之後得周章周章已君吳因而封之乃〕 瀧四・九，慶二右六，殿二左一，凌二右八。

○慶彭無此十八字。南化校補十七字。脫「而」字。按：景印慶元本補此十八字，今假以景印本之葉行數表之。札記王本脫此十八字。

〔乃封周章弟虞仲於周之北故夏虛〕 瀧四・九，慶二右六，殿二左一，凌二右九。

集 徐廣曰在河東大陽縣 ○東，蜀乘。大，景井蜀紹慶太，彭無此注九字。

〔是爲虞仲〕 瀧四・一〇，慶二右七，殿二左二，凌二右一〇。

索 虞仲都大陽之虞城 ○索無「仲」字。

索 夏虛 ○虛，慶彭虞。按：景印慶元本作「虛」。

索 又論語　○索無「又」字。

索 而爲虞之始祖　○索而又爲虞之始祖。虞，慶 彭 凌 殿吳。

正 周本紀云古公有長子曰太伯次曰虞仲左傳云太伯虞仲太王之昭按周章弟亦稱虞仲當是周章弟仲初封於虞號曰虞仲然太伯弟仲雍亦稱虞仲者當是周章弟封於虞仲雍是其始祖後代人以國配仲故又號始祖爲虞仲　○慶 彭 凌 殿 金陵無此注八十九字。札記吳郡志攷證門引史記正義云「周本紀云古公有長子曰太伯次曰虞仲左傳云太伯虞仲太王之昭按周章弟亦稱虞仲當是周章弟仲初封於虞號曰虞仲然太伯弟仲雍亦稱虞仲者當是周章弟封於虞仲雍是其始祖後代人以國配仲故又號始祖爲虞仲」。以上八十五字，蓋當在此，合刻者嫌與索隱複而文又冗亂，故删之。按：瀧本據札記補此正義八十九字。

〔子餘橋疑吾立〕　瀧五・六，慶二左二，殿二左七，凌二左五。

正 音蹻驕反　○蹻，慶 凌橋。

〔子周繇立〕　瀧五・七，慶二左三，殿二左八，凌二左六。

正 又音由　○殿「音由」二字作「如」字。

〔頗高卒〕　瀧五・一〇，慶二左六，殿三右一，凌二左九。○卒，中統立。

〔以開晉伐虢也〕　瀧六・一，慶二左六，殿三右二，凌二左一〇。

索 晉荀息請以屈產之乘與垂棘之璧假道伐虢　○慶 凌 殿——假道於虞以伐虢。

索 宮之奇諫不聽　○慶 凌 殿無此注六字。

索 且請先伐之　○【殿】無「之」字。

索 遂伐虢滅下陽　○【殿】無「遂」字。　伐虢宮之奇諫不聽晉里克荀息帥師會虞師伐虢滅下陽。

*__正__ 晉滅虞繇在周惠王之二十二年從武王元年至滅南化、梅、成本有「合」字。四百七十八年　【南化】【楓】【椵】【三】【梅】【成】【瀧】。

〔句卑卒〕　瀧六・四，慶二左一〇，殿三右五，凌三右三。　○【中統】無「句」字。

〔子壽夢立〕　瀧六・四，慶三右一，殿三右五，凌三右四。

*__正__ 當周簡王元年左傳吳子乘卒杜預云壽夢也左傳及世本又云吳孰姑壽夢也世謂孰南化、三、梅本「孰」字作「祝」。夢諸也春秋傳壽作孰音相近姑之言諸也毛詩傳南化、楓、三、梅本有「云舊」二字。讀月諸爲月南化、楓、三本無「月」字。姑是以南化、楓、三、梅本無「以」字。知姑梅本無姑字爲諸也則知孰姑壽夢一人耳又名乘。　【南化】【楓】【三】【梅】【瀧】　○【札記】案：吳郡志攷證門引史記正義此四字下有「當周簡王元年左傳云吳子乘卒杜預云壽夢也左傳及世本又云吳孰姑壽夢也世謂孰夢諸也春秋傳壽作孰音相近姑之言諸也毛詩傳云舊讀月諸爲姑是以姑爲諸也則知孰姑壽夢一人耳又名乘」。以上八十字，當在此，蓋亦合刻者嫌與後文索隱意複而删之，然所引似有脱誤。　按：各本校記之正義略與札記引正義合。

〔大凡從太伯至壽夢十九世〕　瀧六・一〇，慶三右五，殿三右九，凌三右九。

索 是仲雍十九代孫也　○九，【慶】【凌】【殿】八。

〔王壽夢二年〕　瀧六・一〇，慶三右六，殿三右一〇，凌三右九。

索　春秋唯記卒年　○慶中統彭凌殿無「年」字。

索　計二年　○慶中統彭凌殿計壽夢二年。

索　當成七年也　○慶中統彭凌殿當成公彭本作「功」。七年。

〔教吳用兵乘車〕　瀧七・四，慶三右八，殿三左二，凌三左二。○三教吳用兵乘車戰。

〔令其子爲吳行人〕　瀧七・五，慶三右九，殿三左二，凌三左二。

集　以待四方之使賓大客　○札記賓，周禮作「擯」。

索　左傳魯成二年曰　○傳，慶中統凌氏。慶中統彭凌殿無「魯」字。

索　巫臣使齊及鄭　○使，慶中統彭凌殿聘。

索　馬陵之會　○馬，慶彭凌殿鄢。

索　於是乎一歲七奔命是　○慶中統彭凌殿無「是」字。

〔楚共王伐吳至衡山〕　瀧七・九，慶三左三，殿三左七，凌三左六。

集　杜預曰吳興烏程縣南也　○凌無此注十字。

〔王壽夢卒〕　瀧八・一，慶三左四，殿三左八，凌三左八。

索　知孰姑壽夢是一人　○慶中統彭凌殿無「是」字。

〔次曰餘眛〕　瀧八・四，慶三左八，殿四右二，凌四右二。

索　句餘與之朱方　○慶凌殿吳句餘與之朱方。

索　計餘祭以襄二十九年卒　○計，慶中統彭凌殿按。九，索八。

索　且句餘餘祭　○【慶】【中統】【凌】【殿】「且」字作「但」，而無「餘祭」二字。

索　或謂是一人　○謂，【慶】【中統】【彭】【凌】【殿】別。【慶】【中統】【彭】【凌】無「一」。按：景印慶元本有「一」。

索　夷末惟史記公羊作餘眛　○【慶】【中統】【彭】【凌】【殿】杜預（中統本作「氏」字。）誤（殿本「誤」下有「以」字。）爲夷末爾夷末（殿本無「夷末」二字。）惟史記公羊作餘眛　【毛】無「公羊」二字。

索　左氏及穀梁並爲餘眛　○【毛】「穀梁」二字作「公羊」。【慶】【中統】【凌】【殿】「餘眛」二字作「夷末」。

索　或杜氏誤耳　○【慶】【中統】【彭】【凌】【殿】無此注五字。

〔次曰季札〕　瀧八・七，慶三左一〇，殿四右五，凌四右五。

索　兄弟遞相爲君　○【慶】【中統】【彭】【凌】【殿】季氏猶不受謁請兄弟遞（慶、凌本「遞」字作「迭」。）爲（慶、中統、凌、殿本無「相」字。）君。

索　故謁也死　○【慶】【中統】【彭】【凌】【殿】皆曰諸故謁也死。

索　夷末也立　○末，【慶】【彭】【凌】昧。

索　夷昧及僚昧夷生光　○【慶】【中統】【彭】【凌】【殿】無及僚昧夷四字。【索】【金陵】「生」「光」互倒。

索　檢系本　○【慶】【中統】【彭】【凌】【殿】引吳越春秋云王僚夷昧子今檢系本。

索　今無此語　○【慶】【中統】【彭】【凌】【殿】「今」字作「吳越春秋並」五字。

索　然按左狐庸對趙文子　○【慶】【中統】【凌】【殿】然按左氏狐庸——。

索　若以僚爲末子　○【慶】【中統】【彭】【凌】【殿】若以僚爲夷末子。

索　又光言我王嗣國　○【慶】【彭】【凌】【殿】「國」字作「則光」二字。【札記】單本「國」，疑「固」字之訛，各本作「則光」二字。

索 且明是庶子　○[慶][中統][彭][凌][殿]各本無「且」字。明僚是壽夢庶子。

〔而壽夢欲立之〕　瀧九・二，慶四右七，殿四左二，凌四左四。○[詳節]無「而」字。

〔王諸樊元年〕　瀧九・三，慶四右九，殿四左二，凌四左五。

集 世本曰諸樊徙吳也　○世，[慶][彭][凌][殿]系。

〔不義曹君〕　瀧九・五，慶四左一，殿四左五，凌四左六。

集 曹伯盧也　○盧，[殿]廬，[札記]吳校元板「盧」作「廬」。

集 以魯成公十三年會晉侯伐秦　○魯，[蜀]魚。按：景刊時之誤也。蜀本甚多如此之誤。

〔以成曹君〕　瀧九・六，慶四左三，殿四左七，凌四左九。

索 討曹成公也　○討，[凌]紂，[索]執。

索 不拘常禮也　○禮，[殿]體。

索 下失節　○下，[凌]不。凌本訛。

索 愚者妄動也　○[殿考]愚，監本訛作「懸」，今改正。

〔能守節矣〕　瀧九・九，慶四左七，殿五右一，凌五右四。

索 仲尼之詞　○詞，[慶][中統][彭][凌][殿]辭。

〔君義嗣〕　瀧一〇・一，慶四左六，殿五右一，凌五右四。

集 得禮之宜　○[殿考]禮，監本訛作「體」，今改正。

〔願附於子臧之義〕 瀧一〇・二，慶四左九，殿五右三，凌五右六。○南化 楓 棭 三 願附於子臧之義以無失節。

〔乃舍之〕 瀧一〇・三，慶四左一〇，殿五右四，凌五右七。

索 諸樊元年已除喪至乃舍之皆襄十四年左氏傳 ○索 金陵——左氏傳文 慶 中統 彭 殿無此注十九字。按：瀧本誤脱「文」字。

〔晉平公初立〕 瀧一〇・五，慶五右一，殿五右五，凌五右九。

索 左傳襄十六年春 ○索無「六」。

〔王諸樊卒〕 瀧一〇・六，慶五右二，殿五右六，凌五右九。

索 左傳曰 ○傳，慶 中統 彭氏。

索 吴子諸樊伐楚 ○伐，凌我。凌本誤。

索 我獲射之必殪 ○殪，凌壹。

〔欲傳以次必致國於季札而止〕 瀧一〇・七，慶五右四，殿五右九，凌五左二。○詳節無「而止」二字。止，南化 棭 三 梅 野上。

〔故號曰延陵季子〕 瀧一〇・一〇，慶五右七，殿五左一，凌五左四。

索 杜預曰 ○慶 中統 凌無「預」字。

索 吴伐州來 ○伐，慶 中統 彭 索 凌滅。按：景印慶元本作「伐」。

索 吴滅州來 ○滅，慶 中統 彭 索 凌伐。按：景印慶元本作「滅」。

索　吳光伐滅　○慶中統彭凌殿無「光」字。

索　遂以封季子也　○慶中統彭凌殿無「遂」字。

索　地理志云會稽毗陵縣　○慶中統彭索凌「云」字移在「縣」字下。

索　栗頭有季札祠　○栗，慶中統凌粟。

索　地理志沛郡下蔡縣云　○慶中統彭凌「云」字移在「志」字下。

索　遷昭侯於此　○慶彭殿此五字作「州來」二字。侯，凌候。

索　謂因而賜之以采邑　○因，慶中統彭凌殿國。采，凌菜。

索　而杜預春秋釋例土地名則云　○慶凌殿無「而」字。

〔歌邶鄘衛〕　瀧一二・三，慶五左九，殿六右三，凌六右八。

*正　漢書地理志云河内殷之舊都周既滅殷分其畿内爲三國邶南化、楓、棭、三、梅本無「邶」字。以封紂子武庚鄘南化、梅、成本「鄘」字作「庸」。管叔尹之衛蔡叔尹之楓、三、梅、成本無上「五」字。以監殷人謂之三監又帝王世紀南化、楓、棭、三、梅、成本「帝王世紀」四字作「周本紀」三字。云自殷都以東爲衛管叔監之殷都以南爲鄘蔡叔監之殷都以北梅本無「北」字。爲邶霍叔監之是爲三監二說不同未詳　南化楓棭三梅狩野成瀧。

〔是其衛風乎〕　瀧一二・八，慶六右二，殿六右七，凌六左二。

集　武公罹幽王褒姒之憂　○憂，蜀殿變。

集　故曰康叔武公之德如是　○叔，紹歲。按：紹本訛。

〔歌王〕　瀧一二·一〇，慶六右四，殿六右八，凌六左三。

集　王室當在雅　〇室，紹屋。按：據字形相似訛。

〔其周之東乎〕　瀧一三·一，慶六右五，殿六右一〇，凌六左五。

集　猶有先王之遺風　〇王，紹生。按：據字形相似訛。

〔是其先亾乎〕　瀧一三·三，慶六右六，殿六左二，凌六左七。

集　無遠慮持久之風　〇無，毛亡。

〔泱泱乎大風也哉〕　瀧一三·四，慶六右八，殿六左三，凌六左八。〇南化楓棭三梅——大國風也哉。

索　猶汪汪洋洋　〇慶中統彭凌殿「汪汪洋洋」四字作「洋洋汪汪」。

索　弘大之聲也　〇弘，索和。

集　舒緩深遠　〇遠，蜀達。按：景刊時之誤也。

〔國未可量也〕　瀧一三·六，慶六右九，殿六左五，凌七右一。

集　世數長短可量也　〇井「數」、「長」互倒。札記宋本「數」、「長」字誤倒。按：札記引宋本間與井本合。景井紹慶中統彭凌殿上「短」字作「未」。蜀不重「短」字。

〔其周之舊乎〕　瀧一四·一，慶六左四，殿六左九，凌七右五。〇舊，毛東。札記毛本「舊」作「東」，涉上而誤。

〔大而寬〕　瀧一四·四，慶六左六，殿七右一，凌七右七。〇寬，景井蜀紹慶中統彭凌殿婉。按：作「寬」者據索隱本。

〔儉而易行〕　瀧一四・四，慶六左六，殿七右一，凌七右七。

索　左傳作大而婉杜預曰　○慶中統彭凌殿無此注九字。

索　寬字宜讀爲婉也　○慶中統彭凌殿無此注七字。

〔則盟主也〕　瀧一四・七，慶六左七，殿七右一，凌七右七。○盟，贅異明。

集　徐廣曰　○徐，紹得。按：據字形相似訛。

索　注引徐廣曰　○慶中統彭凌殿此注五字作「故徐廣亦云」。

索　按左傳亦作明　○慶中統彭凌殿此注六字作「一作明」三字。

〔其有陶唐氏之遺風乎〕　瀧一四・九，慶六左一〇，殿七右五，凌七左一。○風，景蜀民。

〔其能久乎〕　瀧一五・一，慶七右二，殿七右七，凌七左三。

集　淫聲放蕩　○放，凌故。按：據字形相似訛。

集　無所畏忌　○畏，紹思。按：據字形相似訛。

〔自鄶以下無譏焉〕　瀧一五・一，慶七右三，殿七右七，凌七左四。

集　無所刺譏　○蜀無所刺譏章。

*__正__　括地志云故鄶城在鄭州新鄭縣東北四十二里　南化楓棭三梅瀧。

〔怨而不言〕　瀧一五・五，慶七右四，殿七右九，凌七左六。

集　王肅曰　○王，蜀土。按：景刊時之誤也。

〔猶有先王之遺民也〕 瀧一五・六，慶七右六，殿七右一〇，凌七左七。○王，紹生。按：據字形相似訛。

〔曲而不詘〕 瀧一六・一，慶七右九，殿七左四，凌八右一。

集 杜預曰詘撓也 ○紹無此注六字。

〔近而不偪〕 瀧一六・一，慶七右九，殿七左四，凌八右一。○紹無此四字。

〔遠而不攜〕 瀧一六・二，慶七右九，殿七左五，凌八右一。

集 杜預曰攜貳也 ○貳，毛貣，札記毛本「貳」訛「貣」。

〔哀而不愁〕 瀧一六・三，慶七左一，殿七左六，凌八右三。○愁，紹然。按：據字形相似訛。

〔用而不匱〕 瀧一六・四，慶七左二，殿七左七，凌八右四。

集 德弘大 ○弘，紹引。按：「弘」諱作「弘」，「而」訛「引」。

〔見舞象箾南籥者〕 瀧一六・九，慶七左六，殿八右二，凌八右九。

索 又素交反 ○慶彭凌殿「素交」二字作「蘇彫」。

***正** 按北方南舞曲也執羽籥舞南北夷之曲也 南化楓棭三梅。

〔猶有感〕 瀧一七・一，慶七左七，殿八右三，凌八右一〇。○感，井蜀紹慶中統彭凌殿憾，景撼。

索 感讀爲憾字省耳 ○慶中統彭凌殿此注七字作「憾或作感字省爾亦讀爲憾」十一字。

索 胡暗反 ○慶中統彭凌殿又胡暗反。

〔見舞詔護者〕 瀧一七・三，慶七左九，殿八右五，凌八左二。○札記考證云左傳及他書「護」皆作「濩」。

〔如天之無不燾也〕 瀧一七・九，慶八右四，殿八右一〇，凌八左八。

*正 燾資也 南化楓棭三梅。

〔無邑無政〕 瀧一八・三，慶八右九，殿八左四，凌九右二。○無，凌與。札記凌本作「與政」，涉上而誤。

〔是以免於欒高之難〕 瀧一八・六，慶八左一，殿八左六，凌九右四。

集 難在魯昭公八年 ○慶彭凌殿無此注七字。札記王、柯、凌本皆無，蓋嫌與正義複而刪之。

〔慎以禮〕 瀧一八・八，慶八左三，殿八左九，凌九右六。

集 禮所以經國家利社稷也 ○彭無「所」字。

〔未有患也〕 瀧一八・一〇，慶八左六，殿九右一，凌九右八。○慶凌子未有患也。札記游、王、柯、凌「未」上複衍「子」字。

〔將舍於宿〕 瀧一八・一〇，慶八左六，殿九右一，凌九右九。

索 注引左傳曰將宿於戚 ○慶中統彭凌殿無此注九字。

索 遂誤下宿子替於戚 ○慶中統凌殿「誤下」二字作「以」字，而「戚」下有「爾」字。彭無「誤下」二字。

索　戚既是邑名　○彭亦戚既是邑名。

索　孫文子舊所食地　○地，凌也。

*__正__　宿音戚　南化楓棭三梅狩野成瀧。

〔而又可以畔乎〕　瀧一九・五，慶九右一，殿九右六，凌九左四。

索　左傳曰　○慶中統彭凌殿按春秋左氏傳曰。

索　樂謂所聞鐘聲也　○慶中統彭凌殿無「所」字。

索　非其義也　○也，慶彭耳。

〔君在殯〕　瀧一九・七，慶九右二，殿九右八，凌九左六。○南化君又在殯。

〔而可以樂乎〕　瀧一九・七，慶九右三，殿九右八，凌九左六。

集　衛君獻公棺在殯　○殿言衛君——。

〔魏獻子〕　瀧一九・一〇，慶九右五，殿九右一〇，凌九左九。

索　名鍾舒也　○慶中統凌殿無「鍾」字。

〔晉國其萃於三家乎〕　瀧一九・一〇，慶九右六，殿九左一，凌九左九。○三，凌二。南化晉國其萃在於三家乎。

〔繫之徐君冢樹而去〕　瀧二〇・九，慶九左一，殿九左六，凌一〇右五。

正　即延陵季子挂劍之徐君也　○挂，慶凌殿掛。

〔尚誰予乎〕　瀧二〇・一〇，慶九左三，殿九左七，凌一〇右六。○札記御覽七百七十七引「尚」作「當」。

〔是爲靈王〕　瀧二一·二，慶九左五，殿九左九，凌一〇右八。

索　春秋經襄二十五年　○索今按春秋經——。

索　是餘祭在位四年　○慶中統凌殿「在位」二字作「立」字。位，彭立。按：彭本訛。

索　餘昧在位十七年　○索「十」「七」互倒。

索　楚子麇卒　○麇，慶彭索凌殿麋。札記各本訛「麋」，考證據春秋改。

索　冬十有一月　○索無「有」字。

索　未出竟　○竟，殿境。

索　縊而殺之　○索遂縊而殺之。殺，慶凌弑。

索　遂殺其子幕及平夏　○慶中統彭凌殿遂殺其二子——平，中統乎。

〔取三邑而去〕　瀧二一·五，慶九左九，殿一〇右三，凌一〇左三。

索　譙國酇縣東北有棘亭　○慶中統凌殿譙周云酇縣東北有棘亭。

〔楚伐吳至雩婁〕　瀧二一·七，慶一〇右一，殿一〇右五，凌一〇左五。

索　楚子使沈尹射待命于巢　○慶中統彭凌殿楚子伐吳使——。

索　薳啓强待命於雩婁　○凌無「於」字。

〔楚師敗走〕　瀧二一·九，慶一〇右三，殿一〇右八，凌一〇左八。○師，中統國。

〔王餘祭卒〕　瀧二一·九，慶一〇右四，殿一〇右八，凌一〇左八。

索　是也　○[慶][中統][彭][凌][殿]無「是」字，而「也」下有「合在季札聘魯之前倒錯於此」十二字。

[札記]此十二字單本無，疑後人傍注誤入。

〔弟餘昧立〕　瀧二二一・二，慶一〇右六，殿一〇右一〇，凌一〇左一〇。○[殿考]春秋作「夷末」，公羊傳作「夷昧」。

〔代立焉〕　瀧二二一・三，慶一〇右七，殿一〇左一，凌一一右一。

索　即昧之十五年也　○[慶][中統][彭][凌][殿]作即餘昧無「之」字。十五年也。

索　昭十三年經曰　○三，[凌]二。

索　左傳具載　○傳，[慶][中統][彭][凌][殿]氏。

索　以詞繁不録　○[慶][中統][彭][凌][殿]無「以」字。

索　春秋以子干已爲王　○[慶][中統][彭][凌][殿]無「已」字。

集　故曰比殺君　○[慶][彭][凌][殿]故曰比弑「殺」字作「弑」。其君。

〔先王有命〕　瀧二二一・六，慶一〇右一〇，殿一〇左五，凌一一右六。○有，[南化]爲。

〔王僚二年〕　漲二二一・八，慶一〇左四，殿一〇左七，凌一一右八。

索　此二年公子光亾王舟　○二，[索]一。

索　事在昭十七年左傳　○[慶][中統][彭][凌][殿]此注八字作「事在左氏昭十七年」。

〔公子光伐楚〕　瀧二二一・九，慶一〇左四，殿一〇左七，凌一一右九。

*正　公子光諸樊之子也　[南化][楓][棭][三]。

〔楚之亡臣伍子胥來犇〕　瀧二三・一，慶一〇左六，殿一〇左一〇，凌一一左二。〇犇，景井　蜀　紹　慶　彭　索　殿　奔。下同。札記　宋本「犇」字作「奔」。

〔公子光客之〕　瀧二三・一，慶一〇左七，殿一一右一，凌一一左二。〇客，南化　楓　棭　三　容。

索　而欲反其讎　〇讎，彭　仇。

索　員曰彼將有他志　〇索　無「員曰」二字。

索　是謂客禮以接待也　〇慶　中統　彭　凌　殿　此注八字作「是謂以客禮接之」七字。

〔拔居巢鍾離〕　瀧二四・一，慶一一右三，殿一一右八，凌一一左一〇。

索　左傳曰　〇傳，慶　中統　彭　凌　殿　氏。

索　不撫人而勞之　〇人，慶　中統　彭　凌　殿　民。

索　乃還也　〇乃，慶　中統　凌　殿　而。

索　鍾離屬九江　〇慶　中統　彭　凌　殿「九江」二字作「江南」。

〔與吳邊邑之女爭桑〕　瀧二四・三，慶一一右八，殿一一左一，凌一二右四。

索　左傳無其事　〇其，詳節　此。

〔二女家怒相滅〕　瀧二四・五，慶一一右八，殿一一左一，凌一二右四。〇札記　類聚八十八引「怒相滅」作「相怒喧」。

〔伍子胥之初犇吳〕　瀧二四・八，慶一一右一〇，殿一一左三，凌一二右六。〇札記　舊刻

「吴」作「五」。按：未見宋本「吴」作「五」者。

〈胥之父兄爲僇於楚〉　瀧二四・九，慶一一左一，殿一一左四，凌一二右七。○殿考之，一本作「以」。

〈於是伍員知光有他志〉　瀧二四・一〇，慶一一左二，殿一一左五，凌一二右八。○札記舊刻「伍」作「五」。按：未見宋本「伍」作「五」者。

〈乃求勇士專諸〉　瀧二五・一，慶一一左三，殿一一左六，凌一二右九。○毛勇士專諸四字作專諸勇士。

〈見之光光喜〉　瀧二五・一，慶一一左五，殿一一左八，凌一二左二。○紹慶中統彭不重「光」字。按：景印慶元本補一「光」字。札記中統、王、柯「光」字不重。

正　吴越春秋云　○殿無「云」字。

〈以待專諸之事〉　瀧二五・四，慶一一左七，殿一一左九，凌一二左三。

索　依左傳　○傳，慶中統凌氏。

〈楚平王卒〉　瀧二五・五，慶一一左八，殿一一左一〇，凌一二左五。

索　合在僚十一年　○一，慶彭凌殿二。

〈吴欲因楚喪而伐之〉　瀧二五・七，慶一一左九，殿一二右一，凌一二左五。○喪，景井蜀紹慶彭中統凌器，南化校記「喪」。札記中統、游、柯、凌同，與字類引合。

索　據表及左氏傳　○傳，慶中統彭凌殿僚。

〔使公子蓋餘燭庸〕　瀧二五・七，慶一一左一○，殿一二右二，凌一二左七。○毛「蓋餘燭庸」四字作「燭庸蓋餘」。

索　史記並作蓋餘　○慶中統凌殿而史記並作蓋餘。

索　義同而字異　○義，慶中統彭凌殿音。

索　或者謂太史公被腐刑　○慶彭凌殿「或」、「者」互倒。

索　賈逵及杜預及刺客傳皆云　○慶中統彭凌殿下「及」字作「并」。

索　杜注彼則云　○慶中統彭凌殿無「彼則」二字。

〔此時不可失也〕　瀧二六・三，慶一二右五，殿一二右八，凌一三右三。○也，南化三已。

集　賈逵曰　○毛「賈逵」二字作「服虔」。

〔四月丙子〕　瀧二七・一，慶一二左三，殿一二左五，凌一三右一○。

索　左傳亦無丙子　○慶中統彭凌殿「左傳亦無」四字作「左氏亦云」。札記「無」原誤「云」，今改，疑本作「亡」而訛。

〔而謁王僚飲〕　瀧二七・二，慶一二左四，殿一二左六，凌一三左二。

索　本或作請也　○慶中統凌殿——請各本無「也」字。　左氏作饗王彭本無「王」字。

〔門階户席〕　瀧二七・三，慶一二左五，殿一二左八，凌一三左三。○階，南化楓三屏。

〔人夾持鈹〕　瀧二七・三，慶一二左六，殿一二左八，凌一三左四。

集　音披　○披，蜀被。

索　鈹兩刃小刀　○慶彭凌「兩刃小刀」四字作「兩刀小刃」。按：景印慶元本作「兩刃小刀」。殿考監本訛作「兩刀小刃」，今改正。

〔公子光詳爲足疾〕　瀧二七・四，慶一二左七，殿一二左九，凌一三左四。

索　詳爲上音陽　○慶中統彭凌殿無「爲上」二字。

索　下如字　○下，慶中統彭凌殿爲。

索　左傳曰　○傳，慶中統彭凌殿氏。

索　豈詳僞重言邪　○詳，殿佯。

〔使專諸置匕首於炙魚之中以進食〕　瀧二七・六，慶一二左八，殿一二左一〇，凌一三左六。

索　通俗文云　○索無「文」字。

索　故曰匕首也　○慶中統彭凌殿——首各本無「也」字。短刃可袖者。

〔公子光竟代立爲王〕　瀧二七・八，慶一三右一，殿一三右三，凌一三左九。○慶彭凌殿無「代」字。札記王、柯、凌無「代」字。

〔先人之道也〕　瀧二八・二，慶一三右六，殿一三右七，凌一四右三。

集　吳自諸樊以下　○以，景井蜀慶中統彭殿已。

〔哭僚墓〕　瀧二八・四，慶一三右六，殿一三右八，凌一四右四。

＊正　復南化、梅、成、野本「復」上有「按」字。命反歸報命也　南化楓棭三梅狩成野瀧。

〔楚封之於舒〕　瀧二八・八，慶一三右九，殿一三左一，凌一四右七。

索　左傳昭二十七年曰　○傳，慶中統彭凌殿氏。

〔光謀入郢〕　瀧二九・四，慶一三左五，殿一三左六，凌一四左三。○札記「光」疑「王」字誤。

〔楚使子常囊瓦伐吳〕　瀧三〇・二，慶一三左二，殿一三左八，凌一四左五。

正　子囊之孫子常　○慶凌殿無上「子」字。札記上「子」字汪增，與杜注合。

〔迎而擊之〕　瀧三〇・三，慶一三左八，殿一三左九，凌一四左六。○南化楓棭三吳迎而擊之。

〔取楚之居巢而還〕　瀧三〇・四，慶一三左八，殿一三左九，凌一四左七。

索　左傳定二年　○慶中統彭殿在左傳定二彭、凌本作「一」，殿本作「十」。年。

索　當爲七年　○慶中統彭凌殿當爲闔廬七年。索——七年四年戰于柏舉吳入郢是也。

〔王必欲大伐〕　瀧三〇・七，慶一四右二，殿一四右二，凌一四左一〇。○紹無「欲」字。

〔尚何待焉〕　瀧三〇・一〇，慶一四右六，殿一四右六，凌一五右四。○南化楓棭三尚何以復待焉。

〔比至郢〕　瀧三一・二，慶一四右八，殿一四右七，凌一五右六。○比，毛北。按：毛本誤。

〔楚五敗〕　瀧三一・二，慶一四右八，殿一四右七，凌一五右六。

索　定四年戰于柏舉吳入郢是也　○慶 中統 彭 凌 殿 定四年經蔡侯以吳子及楚人戰于柏舉楚師敗績吳入郢是也。

〔爲堂谿氏〕　瀧三二、四，慶一四左七，殿一四左五，凌一五左五。

索　案地理志而知　○慶 彭 凌 殿 無此注六字。索 彪案地理志而知。

正　吳王闔閭弟夫槩奔楚　○彭 吳王闔閭其弟——。

〔楚恐而去郢徙鄀〕　瀧三二・六，慶一四左九，殿一四左七，凌一五左七。

集　鄀楚邑　○邑，紹 也。按：據字形相近訛。

索　獲潘子臣小惟子及大夫七人　○潘，凌 番。

〔孔子相魯〕　瀧三二・九，慶一五右一，殿一四左一〇，凌一五左一〇。

索　杜預以爲相會儀也　○索 但杜預以爲——。

索　又使茲無還揖對　○索 無「對」字。

索　是攝國相也　○慶 中統 彭 凌 殿 蓋是攝國相也。

〔越王句踐迎擊之檇李〕　瀧三三・二，慶一五右四，殿一五右三，凌一六右三。○南化 楓

棭 三 ——迎擊之敗檇李。

集　檇李　○檇，慶 中統 彭 凌 醉。

集　檇音醉　○毛 無此注三字。

〔越使死士挑戰〕　瀧三三・三，慶一五右五，殿一五右四，凌一六右四。

集　或者以爲人名氏乎　○人，紹足。

〔呼自剄〕　瀧三三・四，慶一五右七，殿一五右六，凌一六右六。

正　行胡郎反造千到反呼火故反頸堅鼎反　○殿無此注十六字。胡，慶彭故。札記各本「胡」訛「故」，今改。頸，慶彭凌剄。

〔敗之姑蘇〕　瀧三三・七，慶一五右八，殿一五右六，凌一六右七。

集　越絶書曰　○曰，蜀口。按：景刊時之誤也。

集　三年聚材　○材，慶林，南化校記「材」。按：景印慶元本作「材」。

索　左傳定十四年曰　○彭無「曰」字。慶凌「曰」字移在「傳」下。

索　闔廬傷將指　○索無「將」字。

索　杜預以爲檇李在嘉興縣南　○慶中統凌殿「以爲」二字作「注」字。慶中統彭凌殿杜預此云擊之檇李又云敗之姑蘇自爲乖異以爲——。

正　姑蘇檇李相去二百里　○慶彭凌殿金陵無此注九字。札記案：吳郡志攷證門引史記正義謂「姑蘇、檇李相去二百里」，今本此文失。按：瀧本據札記補此正義九字。

〔吳王病傷而死〕　瀧三三・九，慶一五右一〇，殿一五右八，凌一六右九。

集　越絶書曰　○景井蜀紹無「書」字。

集　桐棺三重　○桐，景井蜀紹銅。

集 闔廬冢在吳縣昌門外　○昌，毛閶，蜀閭。

集 湏胡貢反　○慶中統凌殿湏音胡貢反。

集 取土臨湖　○土，凌士。

集 玉鳧之流　○玉，蜀五。按：景刊時之誤也。

集 槃郢魚腸之劍在焉　○焉，蜀爲。按：景刊時之誤也。

索 以水銀爲池　○索「以」字移在「銀」字下。

＊**正** 顧野王云水銀謂之湏也　南化楓棭三梅狩瀧。

〔爾而忘句踐殺汝父乎〕　瀧三四・一，慶一五左二，殿一五右一〇，凌一六左二。○札記

襍志云：「『而』即『爾』，左傳作『而』，後人依五子胥傳記『爾』字，因誤入正文。」

〔不敢〕　瀧三四・三，慶一五左三，殿一五左一，凌一六左二。

索 此以爲闔廬謂夫差　○索「以」「爲」互倒。

〔夫差元年〕　瀧三四・五，慶一五左六，殿一五左五，凌一六左六。

集 越絕書曰　○景井蜀紹無「書」字。

索 史記太伯至壽夢十九代　○慶中統彭凌「史記」二字作「按」字。

索 唯二十五代　○代，慶中統凌年，索世。

〔敗之夫椒〕　瀧三四・八，慶一五左九，殿一五左七，凌一六左一〇。

索 當至越地　○至，索在。

正 杜預曰太湖中也賀循會稽記云句踐逆吳戰於五湖中大敗而退今夫椒山在太湖中洞庭山西北 ○慶 彭 淩 殿 金陵 無此注三十九字。札記案：吳郡志考證門引史記正義，「吳敗越於夫椒」引杜預曰「太湖中也」，又引賀循會稽記云「句踐逆吳，戰於五湖中，大敗而退。今夫椒山在太湖中洞庭山西北」，今本此文失。按：瀧本據札記補此正義三十九字。

〔報姑蘇也〕 瀧三五・一，慶一六右一，殿一五左一○，淩一七右二。

*正 越世家云吳師敗於檇李言報姑蘇誤也姑蘇乃是夫差敗處太史公甚疏 南化 楓 棭 三 梅 狩 成 野 瀧。

〔棲於會稽〕 瀧三五・三，慶一六右二，殿一六右一，淩一七右三。

索 依託於山林 ○慶 中統 彭 淩 殿 無「託於」二字。

〔爲臣妾〕 瀧三五・五，慶一六右六，殿一六右四，淩一七右七。

*正 成平也 南化 楓 棭 三 梅 狩 瀧。

〔昔有過氏〕 瀧三五・七，慶一六右六，殿一六右五，淩一七右七。

索 堯所封國也 ○各本「堯」字作「澆」。瀧本誤「歟」。

索 猗姓國 ○猗，淩 䈏。

索 古過國也 ○慶 中統 彭 淩 殿 是古之過國者也。

〔以伐斟尋〕 瀧三五・八，慶一六右六，殿一六右五，淩一七右八。

索 古斟灌亭是也 ○慶 中統 彭 淩 殿 古抖彭本作「斟」字，他本作「抖」。灌禹後今灌亭是也。

索　平壽縣復云古北抖尋　○慶中統彭凌殿此注九字作「又平壽縣云故抖尋」八字。

索　然抖與斟同。　○慶中統彭凌殿無「然」字。

〔逃於有仍〕　瀧三五・一〇，慶一六左一，殿一六右九，凌一七左三。

索　未知其國所在春秋經桓五年天王使仍叔之子來聘穀梁經傳並作任叔仍任聲相近或是一地猶甫呂虢郭之類案地理志東平有任縣蓋古仍國　○慶彭凌殿無此注五十八字。

索　春秋經桓五年　○中統春秋經桓公五年。

索　蓋古仍國　○中統蓋古有仍國。

〔少康奔有虞〕　瀧三六・三，慶一六左三，殿一六左一，凌一七左五。

*__正__　括地志云宋州虞城縣本虞國舜後所封之邑也左傳云伍員曰昔少康奔有虞思妻之以二姚杜預云思虞君也姚虞姓也　南化楓棭三狩梅瀧。

〔有田一成〕　瀧三六・六，慶一六左四，殿一六左三，凌一七左七。　○成，南化城。

〔撫其官職〕　瀧三六・七，慶一六左五，殿一六左四，凌一七左七。

集　稍收取夏遺民餘衆　○彭無「夏」字。

〔使人誘之〕　瀧三六・七，慶一六左六，殿一六左五，凌一七左九。

索　左傳云　○慶彭凌殿無「左」字。

索　遂滅過戈　○慶中統凌殿此注四字作「季杼誘豷遂滅過氏」彭本作「家」字。八字。

〔祀夏配天〕　瀧三六・八，慶一六左七，殿一六左六，凌一七左一〇。

集 以鯀配天也　○鯀，景井蜀紹慶凌殿鮌。

〔不失舊物〕　瀧三六・九，慶一六左八，殿一六左六，凌一七左一○。

集 物職也　○職，紹識。按：據字形相似訛。

〔卒許越平〕　瀧三七・二，慶一七右一，殿一六左一○，凌一八右三。○南化楓棭三卒許越王平。

〔吳王夫差聞齊景公死〕　瀧三七・四，慶一七右二，殿一六左一○，凌一八右四。○景無「公」字。

〔仍興師北伐齊〕　瀧三七・四，慶一七右三，殿一七右一，凌一八右五。○仍，景井紹慶中統彭凌殿金陵乃。按：瀧本誤。

〔今越在腹心疾〕　瀧三七・七，慶一七右五，殿一七右三，凌一八右七。○在，南化楓棭三猶。

〔敗齊師於艾陵〕　瀧三七・九，慶一七右七，殿一七右四，凌一八右九。

索 七年　○慶中統彭凌殿此之七年。

索 魯哀公之六年也　○慶中統凌殿無「之」字。

索 左傳此年　○傳，慶中統凌殿氏。

索 敗齊艾陵爾　○慶中統彭凌殿有慶、中統、凌、殿本無「有」字。敗齊師于殿本作「於」字。艾陵無「爾」字。

〔召魯哀公而徵百牢〕　瀧三七・九，慶一七右八，殿一七右七，凌一八左一。

索　是年當夫差八年　○是，索此　慶 中統 彭 凌 殿無「是年」二字。

〔爲騶伐魯〕　瀧三八・六，慶一七左二，殿一七右九，凌一八左四。

索　騶作邾　○慶 凌 殿無「作」字。

〔興魯盟乃去〕　瀧三八・七，慶一七左二，殿一七右一〇，凌一八左五。○各本「興」字作「與」。按：瀧本訛。

〔復北伐齊〕　瀧三八・八，慶一七左四，殿一七左一，凌一八左六。

索　依左氏十一年合作十二年也　○慶 中統 彭 凌 殿無此注十二字。

〔是棄吳也〕　瀧三八・一〇，慶一七左五，殿一七左二，凌一八左八。○南化 楓 棭 三是天棄吳也。

集　左氏作豢吳豢養也　○各本此注八字爲索隱說。按：瀧本誤。

〔且盤庚之誥〕　瀧三九・二，慶一七左七，殿一七左四，凌一八左九。○誥，紹諾。按：據字形相似訛。

〔有顛越勿遺〕　瀧三九・二，慶一七左七，殿一七左四，凌一八左一〇。

索　此則艾陵戰時也　○則，慶 彭 凌 殿即。

*****正**　杜預云顛越不共南化、梅本「共」字作「供」。從横不承命者也　南化 楓 棭 三 梅 狩 瀧。

〔商之以與〕　瀧三九・四，慶一七左九，殿一七左六，凌一九右一。○與，蜀 紹 興。

集　有顛之越之商之以興　○札記舊刻「顛」「之」字倒，無中「之」字。按：未見宋本「顛」「之」互倒、無中「之」字者。

〔子胥屬其子於齊鮑氏〕　瀧三九・五，慶一七左一〇，殿一七左七，凌一九右三。

索　私使人至齊　○慶中統彭凌殿私使人至齊國。

〔還報吳王〕　瀧三九・七，慶一八右二，殿一七左九，凌一九右五。○報，毛執。按：誤。

〔賜子胥屬鏤之劍以死〕　瀧三九・八，慶一八右二，殿一七左九，凌一九右五。

集　賜使自刎　○刎，紹刎。

正　音力于反　○力，彭句。

〔令可爲器〕　瀧三九・九，慶一八右四，殿一八右一，凌一九右七。

索　左傳云　○慶彭凌殿無「左」字。

索　因變文也　○也，慶彭爾，殿耳。

*正　言吳必滅亡梓木耐濕可以爲棺故樹　南化楓棭三梅狩成野瀧。

〔以觀越之滅吳也〕　瀧四〇・一，慶一八右五，殿一八右二，凌一九右八。

索　王愠曰至投之江也二十字　○殿此注二十字爲集解説。

正　吳俗傳云　○札記吳郡志考證門引「吳俗」上有「闔閭城無東門」六字。

〔齊鮑氏弑齊悼公〕　瀧四〇・五，凌一八右九，殿一八右六，凌一九左三。

索　又鮑牧以哀八年爲悼公所殺　○牧，慶中統彭凌殿叔，索氏。

索　亦爲顛倒錯亂也　○[索]無「錯亂」二字。

〔乃從海上攻齊〕　瀧四〇・七，慶一八左一，殿一八右九，凌一九左六。

集　上一作中　○[慶][殿]無一。

〔會於槖皋〕　瀧四〇・一〇，慶一八左三，殿一八右一〇，凌一九左七。

索　哀十二年左傳曰　○[殿]哀公十二年——。

索　案左傳　○案，[索]以。

索　以本不欲赴會　○[慶][中統][彭][凌][殿]「以」字作「衛侯」二字。

索　衛及秋乃會　○[慶][中統][彭][凌][殿]衛及秋乃會之爾所以。

索　太史公以其本召於槖皋　○[慶][中統][彭][凌][殿]太史公言「以」字作「言」。其無「本」字。召魯衛會於槖皋。

索　故不言鄖　○[慶][中統][彭][凌][殿]無此注四字。

索　鄖發陽也　○[索]無「發揚也」三字。

索　廣陵縣東南有發繇口　○[慶][中統][彭][凌][殿]廣陵海陵縣東南——。

索　槖音他各反　○[慶][彭][凌][殿]槖音吐「他」字作「吐」。各反皋音姑彭本「姑」字作「始」。

索　酒尤反　○[慶][殿]「酒尤」二字作「才猷」。[凌]作「木猷」。

*正　槖音柘　○[南化][楓][棭][三][梅][狩][瀧]。

〔欲霸中國以全周室〕　瀧四一・七，慶一八左八，殿一八左四，凌二〇右二。○全，[南化]

楓 椷 三 令。

〔六月戊子〕 瀧四一・七，慶一八左八，殿一八左五，凌二〇右三。〇戊，南化 楓 椷 三 丙，札記 左傳作「丙子」，是。若「戊子」，則不當在「乙酉」前。

〔於周室我爲長〕 瀧四二・二，慶一九右二，殿一八左八，凌二〇右七。〇毛「我」「爲」互倒。

集 吳爲太伯後 〇蜀無「爲」字。

〔乃長晉定公〕 瀧四二・四，慶一九右四，殿一九右一，凌二〇右九。〇志疑 秦紀，晉、趙世家言「長吳」。

集 晉有信 〇信，蜀言。

索 建鼓整列 〇慶 中統 彭 凌 殿 日旰矣大事未成二臣之罪也建鼓整列。

索 司馬寅請姑視之 〇慶 中統 彭 凌 殿 司馬寅對曰請姑視之。索 又曰司馬寅——。

索 左氏魯襄公代 〇公，慶 中統 彭 凌 殿 之。代，南化 索 伐。

***正** 國語云晉責吳曰夫周室命圭有命曰吳伯不言南化、楓、椷、三、梅本「言」字作「曰」。吳王諸侯是以敢辭夫諸侯無二君而南化、楓、椷、三、梅、成本有「有二王君」四字。無卑天子以干不南化、楓、椷、三、梅本「干」「不」互倒。祥南化、楓、椷、三、梅本無「祥」字。而曰吳公孤敢不順從君命吳王許諾吳梅、狩本「吳」字作「六」。公先歃晉侯次南化、楓、椷、三、梅、成本「次」字作「亞」。之 南化 楓 椷 三 梅 狩 成 野 瀧。

〔王居外久〕 瀧四三・二，慶一九左一，殿一九右七，凌二〇左六。〇久，紹 夕。按：據字形相似訛。

〔士皆罷敝〕　瀧四三・二，慶一九左一，殿一九右八，凌二〇左六。○敝，南化幣。

〔齊田常殺簡公〕　瀧四三・四，慶一九左二，殿一九右八，凌二〇左七。○南化楓棭三齊田常殺其君簡公。

〔使伐敗吴師於笠澤〕　瀧四三・五，慶一九左三，殿一九右九，凌二〇左八。

*正　吴地記云瀧本上四字據札記所引正義補，各本校記無。笠澤江松江之別名在蘇州南三十五里又云笠澤即太湖瀧本上七字據札記所引正義補，各本校記無。　南化楓棭三梅狩成野瀧　○札記「使」當爲「復」之訛，「復」與「復」通。案：吴郡志考證門引史記正義云，吴地記云，笠澤江，松江之別名，又云笠澤即太湖。今本此文失。按：各本校記之正義略與札記引正義合。

〔遂圍吴〕　瀧四三・八，慶一九左四，殿一九左一，凌二〇左一〇。○吴，毛矣。　按據字形相似訛。

〔越王句踐欲遷吴王夫差於甬東〕　瀧四三・九，慶一九左六，殿一九左二，凌二一右一。

集　句章東海口外州也　○海，景井蜀紹浹。口，紹以。

索　今鄮縣是也　○慶中統彭凌殿今鄮中統、凌本作「鄭」字。縣即是其處無「也」字。

〔遂自剄死〕　瀧四四・一，慶一九左八，殿一九左五，凌二一右五。

集　在猶亭西卑猶位越王使干戈人一壘土以葬之　○景井紹慶中統彭凌——猶之位——毛「位」「越」互倒。札記「位」上衍「之」字，舊刻無。毛本「位」字與下「越」字誤倒。使，景井

集 蜀紹慶彭凌候。土，凌王。凌本訛。

索 近太湖 ○湖，紹胡。

索 猶亭 ○猶，索按。

索 徐枕山一名卑猶山是 ○殿下「山」字作「位」。彭無「是」字。

*正 墺力和反 南化楓棭三瀧。

〔民無得而稱焉〕 瀧四四・八，慶二〇右二，殿一九左九，凌二一右一〇。

*正 繆協南化、楓、棭、三、梅、成本無「協」字。 云南化、梅、狩本「云」字作「去」。 其讓之跡詭權反常當時莫知故南化、楓、棭、三、梅本「故」字作「然」。 無明南化、楓、棭、三、梅本「明」字作「以」。 稱可謂至德也已楓本無「已」字。 范甯云其德弘遠故曰至也 南化楓棭三梅狩瀧。

〔餘讀春秋古文乃知中國之虞與荊蠻句吳兄弟也〕 瀧四四・一〇，慶二〇右五，殿二〇右一，凌二一左一。○詳節無此二十字。

〔又何其閎覽博物君子也〕 瀧四五・二，慶二〇右八，殿二〇右三，凌二一左三。

集 至今吏民皆祀之 ○之，景井慶中統彭殿事。

索 是稱闔閭 ○閭，詳節廬。

索 空慙伍胥 ○慙，中統凌悊。

史記會注考證校補卷三十二

齊太公世家第二

〔東海上人〕 瀧二・五，慶一右三，殿一右八，凌一右六。○詳節無「上」字。

索 尚其後也 ○慶中統彭凌殿呂尚其後也。

索 尚是其名後武王號爲師尚父也 ○慶中統彭凌殿——尚父則尚父官名無「也」字。

＊正 按蘇州海鹽縣有太公宅及廟其縣臨海故云東海 南化楓棭三梅狩野成瀧。

〔或封於申〕 瀧三・五，慶一右七，殿一左二，凌一右九。

索 申伯國也 ○慶中統彭凌殿申伯之國也。

索 呂亦在宛縣之西也 ○凌呂太公所封亦在——。

〔姓姜氏〕 瀧三・六，慶一右七，殿一左二，凌一右九。

＊正 周平王母申后之家也 南化楓棭三梅。

〔年老矣〕　瀧三・八，慶一右一〇，殿一左四，凌一左三。

索　呂望嘗屠牛於朝歌　○嘗，慶中統彭凌殿常。

索　賣飲於孟津　○飲，慶中統彭凌殿飯。孟，彭盟。

〔以漁釣奸周西伯〕　瀧三・九，慶一右一〇，殿一左五，凌一左三。○彭游「漁」、「釣」互倒。札記吴校宋板二字倒，游本同，又「釣」訛作「鉤」。

正　泉水漂積自成淵渚　○慶彭凌此注八字作「積水爲潭」凌本作「陣」字。四字。札記殿本與水經渭水注合，各本脱誤，作「積水爲陣」四字。

正　今人謂之凡谷　○慶彭凌無「人」字。札記殿本有「人」字，與渭水注合。凡，古「凡」字，各本訛「丸」，趙本水經注亦誤。戴校改「丸」，下同。

正　石壁深高　○慶彭凌有右壁深高。

正　幽篁邃密　○慶彭凌「篁」字、「密」字並無。札記殿本「篁」，渭水注作「隍」，各本止作「有壁深高幽邃」七字。

正　林澤秀阻　○慶彭凌無此注四字。札記殿本「澤」字，渭水注作「障」，御覽六十七引同。各本無此四字。

正　人跡罕及　○罕，彭少　札記渭水注作「交」。

正　蓋太公所居也　○札記殿本有「也」字。

正　水次有磻石可釣處　○慶彭凌「有」字、「可」字並無。磻，慶彭凌磐。札記殿本如此

「磻」字，王、凌作「磐」，柯作「盤」，渭水注作「平」，御覽引同，皆無「有」字、「可」字。

正　其投竿跪餌　○札記　渭水注「跪」作「跽」。

正　是有磻磎之稱也　○慶　彭無「有」字。磎，彭溪。札記　殿本有「有」字，與渭水注合。

正　剃魚腹得書　○彭　剃魚腹中得書。

〔所獲非龍非彲〕　瀧四・五，慶一左六，殿二右一，凌一左一○。

索　徐廣音剃知反　○慶　中統　彭　凌　殿　無此注六字。

〔當有聖人適周〕　瀧四・八，慶一左九，殿二右四，凌二右二。○周，紹　因。

〔周以興〕　瀧四・九，慶一左九，殿二右四，凌二右二。○詳節　周因以興。

〔周西伯拘羑里〕　瀧五・五，慶二右三，殿二右七，凌二右六。○拘，凌　枸。

〔其事多兵權與奇計〕　瀧六・一，慶二右八，殿二左一，凌二左一。

正　律之音聲　○札記　今本六韜「之」、「音」誤倒。

正　此其正聲也　○札記　今本六韜「其」訛「真」。

正　往至敵人之壘九百步　○百，慶　彭　伯。

正　角管聲應　○聲，慶　齊，南化　校記「聲」。按：南化本云正義作「齊」。札記　殿本「聲」字與六韜合，各本誤「齊」。又案：六韜本作「角聲應管」，下三句放此。此「管」字皆在「聲」上，蓋誤。

正　商管聲應　○札記　六韜「商聲應管」下有「當以朱雀」、「羽聲應管」二句，此脱。

正　五管盡不應無有商聲　○札記　六韜本作「五管盡不應者宮也」，此誤。

正　陰敗之機也　○札記六韜「陰」作「成」，此誤。
〔文王伐崇密須犬夷〕　瀧六・七，慶二左四，殿二左八，凌二左八。○犬，紹大。按：誤。
索　與安定姬姓密國別也　○慶中統彭凌殿「別世」二字作「各不同」三字。
〔師尚父〕　瀧七・一，慶二左八，殿三右一，凌三右二。
集　尚之父之　○詳節無「父之」二字。
集　父亦男子之美號也　○號，詳節稱。
〔蒼兕蒼兕〕　瀧七・二，慶二左九，殿二左三，凌三右三。
索　亦有本作蒼雉　○慶中統彭凌殿「亦有本」三字作「本或」二字。彭無「亦有」二字。
索　蒼兕者　○慶彭凌殿無「者」字。
索　然此文上下並今文泰誓也　○殿無此注十一字。泰，慶太，彭大。
＊正　按言以此獸名官令其衆庶便水而疾濟　南化楓棭三狩野梅成瀧。
〔末可還師〕　瀧七・七，慶三右三，殿三右六，凌三右七。○師，南化楓棭三歸。
〔與太公作此太誓〕　瀧七・七，慶三右三，殿三右六，凌三右七。○太，毛泰。
〔武王將伐紂〕　瀧七・八，慶三右四，殿三右七，凌三右八。○札記案：泰誓疏節引此文作「周本紀」，誤，說見前。
〔十一年〕　瀧八・三，慶三右六，殿三右八，凌三右九。
集　一作三年　○彭無「一」。

〔衛康叔封布采席〕　瀧八・六，慶三右九，殿三左一，凌三左二。

索　衛康叔封布兹兹是席　○索無「封」字。

索　故此亦云采席也　○采，慶中統彭綵。

〔討紂之罪〕　瀧八・七，慶三右一〇，殿三左二，凌三左四。○討，南化楓棭三梅説。

〔封師尚父於齊營丘〕　瀧八・一〇，慶三左三，殿三左五，凌三左七。

正　括地志云　○殿無此注四字。

***正**　南化、楓、棭、三、梅各本「臨」字上有「水經注云」四字。　臨淄城中有丘淄水出其前經其左故有營丘之名　南化楓棭三狩梅瀧。

〔客寢甚安殆非就國者也〕　瀧九・三，慶三左五，殿三左六，凌三左九。○札記御覽百九十五引「甚」作「處」，「國」作「封」。水經淄水注引亦作「封」。

〔犁明至國〕　瀧九・四，慶三左六，殿三左七，凌三左一〇。

索　音里奚反　○慶彭凌殿無「音」字。

索　一云　○慶中統彭凌殿「一云」二字作「文」字。

〔淮夷畔周〕　瀧九・九，慶四右一，殿四右二，凌四右四。

正　徐州之戎　○戎，彭城。

〔北至無棣〕　瀧一〇・一，慶四右三，殿四右三，凌四右六。

集　是皆太公始受封土地疆境所至也　○紹毛無「地」字。

索　舊説穆陵在會稽　○慶中統彭凌殿舊説云穆陵——。

〔子癸公慈母立〕　瀧一一・二，慶四右九，殿四右一〇，凌四左三。

索　作脜公慈母　○脜，慶彭凌殿祭。

索　祭公慈母也　○母，慶彭心。

〔子哀公不辰立〕　瀧一一・二，慶四右一〇，殿四左一，凌四左四。

索　國史作還詩以刺之也　○國，慶中統彭凌殿游，彭無「國」字。

〔哀公時〕　瀧一一・四，慶四左一，殿四左二，凌四左五。○井無「時」字。札記宋本脱「時」字。

〔是爲胡公〕　瀧一一・五，慶四左二，殿四左三，凌四左七。

正　論法　○論，慶彭凌殿金陵謚。按：瀧本訛。

〔胡公徙都薄姑〕　瀧一一・五，慶四左三，殿四左三，凌四左七。○薄，南化梅蒲。

〔是爲獻公〕　瀧一一・八，慶四左六，殿四左五，凌四左一〇。

索　而出自立也　○出，凌山，索而出自立也是爲獻公。

〔子成公脱立〕　瀧一二・六，慶五右四，殿五左三，凌五右九。○脱，毛説。札記舊刻説與齊風譜疏引合。然如索隱云，則所見本已訛。

索　皆作説　○慶中統彭凌殿皆作説字。

〔子莊公購立〕　瀧一二・七，慶五右五，殿五右四，凌五右九。

索　系家及系本並作贖　○慶 中統 彭 凌——作贖又上成公脱年表作説也。

〔嫁爲魯桓公婦〕　瀧一三・九，慶五左七，殿五左四，凌六右一。○爲，毛 與。

〔因拉殺魯桓公〕　瀧一四・一，慶五左一〇，殿五左七，凌六右四。○志疑 左傳疏引作「摺殺」，與魯世家同。

＊**正**　幹脅也　南化 梅 狩 野 成 瀧。

〔魯人以爲讓〕　瀧一四・二，慶六右二，殿五左八，凌六右五。

集　讓猶責也　○各本此注作「索隱」，瀧川本誤爲「集解」。

〔紀遷去其邑〕　瀧一四・三，慶六右三，殿五左九，凌六右七。

索　違齊難是也　○慶 中統 彭 凌 殿 無「是」字。

＊**正**　括地志云故劇城在青州壽光縣南三十一里故紀國城也帝王世紀云周之紀國姜姓也紀侯譖齊哀公於周懿王烹（南化、三本「烹」作「亨」。）之外傳云紀侯入爲周卿士竹書云齊襄公滅紀遷紀云　南化 楓 三 梅 狩 野 瀧。

〔初襄公使連稱管至父戍葵丘〕　瀧一四・六，慶六右四，殿五左一〇，凌六右八。

集　杜預曰臨淄縣西有地名葵丘　○慶 彭 凌 殿 無此注十二字。

索　又桓三十五年會諸侯於葵丘　○桓，慶 中統 凌 殿 下。彭 無「桓」字。

索　陳留外黄縣東有葵丘　○索 無「東」字。

索　杜氏又以不合在本國　○慶 中統 彭 凌 殿 無「氏」字。

索　所以不同爾　○爾，慶中統彭凌殿也。

〔及瓜而代〕　瀧一四・九，慶六右七，殿六右四，凌六左一。

集　謂後年瓜時　○謂，中統胃。按：誤。

〔以女爲無知夫人〕　瀧一五・二，慶六左一，殿六右七，凌六左五。○女，南化楓棭三汝。

〔遂獵沛丘〕　瀧一五・三，慶六左二，殿六右八，凌六左六。

集　樂安博昌縣南　○毛「樂」、「安」互倒。札記毛本誤倒。

索　左傳作貝丘也　○慶彭凌殿無此注六字。

〔逢主屨茀〕　瀧一五・八，慶六左七，殿六左三，凌七右一。○逢，中統遲。

〔遂弑之〕　瀧一六・二，慶七右二，殿六左七，凌七右六。○弑，毛殺。

〔齊君無知游於雍林〕　瀧一六・四，慶七右三，殿六左八，凌七右八。

索　亦有本作雍廩　○慶中統彭凌殿「亦有本作」四字作「本亦」二字。

索　賈逵曰渠丘大夫　○慶中統彭凌殿無此注七字。

索　渠丘邑名　○慶中統彭凌殿無此注四字。

索　雍林爲渠丘大夫也　○慶中統彭凌殿蓋雍林——。

*__正__　按林廩齊語輕重隨音改異也蓋雍林地名云　南化楓棭三梅狩野成瀧。

〔臣謹行誅〕　瀧一六・九，慶七右七，殿七右二，凌七左一。○謹，紹請。

〔初襄公之醉殺魯桓公通其夫人〕　瀧一六・一〇，慶七右八，殿七右三，凌七左二。○醉，紹醢。

〔次弟小白奔莒〕　瀧一七・二，慶七左一，殿七右五，凌七左四。○奔，紹之。

〔小白自少好善大夫高傒〕　瀧一七・五，慶七左二，殿七右六，凌七左六。

正　傒音奚　○彭此正義誤爲集解。

〔小白詳死〕　瀧一七・八，慶七左五，殿七右九，凌七左九。○詳，景井蜀紹慶中統彭凌殿佯。下同。

〔六日至齊〕　瀧一七・八，慶七左六，殿七右九，凌七左一〇。○慶彭「六日」二字作「伐彭本作「代」字。魯」二字。南化楓棭三校記「六日」。

〔與魯戰于乾時〕　瀧一八・一，慶七左九，殿七左二，凌八右一。

集　時水在樂安界岐流　○岐，凌故。

〔遂殺子糾于笙瀆〕　瀧一八・四，慶八右三，殿七左六，凌八右七。

索　賈逵云魯地句瀆又按鄒誕生本作莘瀆　○慶中統彭凌殿無「賈逵云魯地句瀆又」八字。

〔齋祓而見桓公〕　瀧一九・二，慶八左二，殿八右四，凌八左五。○齋，毛齊。

〔設輕重魚鹽之利〕　瀧一九・五，慶八左五，殿八右七，凌八左七。

索　謂錢也　○慶中統彭凌殿無「謂」字。

〔伐滅郯〕 瀧一九・七，慶八左七，殿八右八，凌八左一〇。

索 據春秋魯莊十年 ○慶中統彭凌殿無「據」字。

索 蓋亦不當作譚字也 ○譚，殿郯。

〔魯射師敗〕 瀧一九・一〇，慶八左九，殿八右九，凌九右三。 ○師，南化楓三帥。

〔魯莊公請獻遂邑以平〕 瀧二〇・一，慶八左九，殿八左一，凌九右三。

*__正__ 蛇音移 南化楓棭三梅狩瀧。

〔桓公許與魯會柯而盟〕 瀧二〇・三，慶八左一〇，殿八左一，凌九右四。 ○詳節無「許」字。

集 此柯 ○此，彭北。

〔魯將盟〕 瀧二〇・四，慶九右一，殿八左二，凌九右五。 ○楓棭三無「盟」字。

〔曹沫以匕首劫桓公於壇上〕 瀧二〇・五，慶九右三，殿八左四，凌九右七。

集 土基三尺 ○基，紹墓。

〔諸侯會桓公於甄〕 瀧二一・五，慶九右八，殿八左九，凌九左二。

集 今東郡甄城也 ○紹無比注六字。札記宋本「甄」作「鄄」。

*__正__ 甄當南化、梅本無「甄當」二字。作鄄南化、梅本「鄄」下有「曰」字。括地志云濮州鄄城縣是也 南化楓棭三梅狩野成瀧。

〔山戎伐燕〕 瀧二一・九，慶九左一，殿九右二，凌九左五。

集　山戎北狄　○彭無「北狄」二字。

〈吾不可以無禮於燕於分溝割燕君所至與燕〉　瀧二二・二，慶九左四，殿九右五，凌九左八。○紹無「燕於」二字。

〈納貢于周〉　瀧二二・四，慶九左六，殿九右六，凌九左九。○札記舊刻「于」作「事」。

〈魯湣公母曰哀姜〉　瀧二二・五，慶九左七，殿九右七，凌一〇右一。○南化 楓 棭 三 梅 魯湣公母姊曰哀姜。

〈慶父弒湣公〉　瀧二二・八，慶九左八，殿九右八，凌一〇右二。○弒，紹殺。

〈齊率諸侯城楚丘〉　瀧二二・九，慶一〇右一，殿九左一，凌一〇右四。

索　杜預曰　○索賈逵曰楚丘衛城地杜預曰。

索　不言城衛衛未遷楚丘　○索無此注九字。

索　在濟陰城武縣南　○慶 中統 凌 殿 此注七字作「武城縣南」四字。彭無「在濟陰城」四字。

索　即今之衛南縣　○慶 中統 彭 凌 殿——縣是也。

〈桓公與夫人蔡姬戲船中〉　瀧二二・一〇，慶一〇右二，殿九左一，凌一〇右六。○船，中統 舡。

〈魯人更立釐公〉　瀧二二・七，慶九左九，殿九右八，凌一〇右二。

集　僖字皆作釐　○字，井公。札記字，宋本作「公」。按：札記所引宋本間與井本合。

〔三十年春〕 瀧二三・三，慶一〇右四，殿九左四，凌一〇右八。○詳節三十一年春。

集 服虔曰 ○毛「服虔」二字作「賈逵」。

〔王祭不具〕 瀧二三・七，慶一〇右一〇，殿九左九，凌一〇左三。○具，慶彭凌殿共。

集 包匭之也 ○殿無「包」字。

〔敢不共乎〕 瀧二三・一〇，慶一〇左四，殿一〇右三，凌一〇左八。○共，南化楓棭三供。

〔君其問之水濱〕 瀧二四・一，慶一〇左五，殿一〇右四，凌一〇左九。

***正** 按鬻熊爲周文王師至于文武以勤勞之後嗣而封熊繹 南化、梅本「繹」字作「澤」。 于楚蠻封以子男之田居 南化、梅本「居」字作「處」。 丹陽在荊州枝江縣界有枝江故城是故云漢非楚境 南化楓棭三狩梅瀧。

〔齊師進次于陘〕 瀧二四・三，慶一〇左五，殿一〇右四，凌一〇左九。

集 潁川召陵縣南有陘亭 ○陘，彭逕。

〔君安能進乎〕 瀧二四・七，慶一〇左一〇，殿一〇右九，凌一一右五。

集 在南陽葉縣南 ○葉，毛華。札記 毛本「葉」訛「華」。

索 未知有何憑據 ○憑，慶中統彭凌殿依。

〔乃與屈完盟而去〕 瀧二四・八，慶一一右一，殿一〇右一〇，凌一一右五。

***正** 左傳云齊桓公帥諸侯師盟于召陵是也 ○南化楓棭三狩梅瀧。

〔會諸侯于葵丘〕 瀧二五・一，慶一一右三，慶一〇左二，凌一一右七。

*正 左傳云僖九年齊桓公會諸諸侯于葵丘即此也 [贅異]按：此正義瀧川本據大島贅川史記攷異補。贅川據南化本，然南化本不冠「正義曰」三字，蓋非正義。

〔大路〕 瀧二五・三，慶一一右四，殿一〇左三，凌一一右九。〇路，[中統]輅。[札記]中統、游本作「輅」。

集 謂之金路 〇謂，[中統]胃。路，[中統][詳節]輅。

〔弟無行〕 瀧二五・九，慶一一右八，殿一〇左七，凌一一左三。〇弟，[凌][殿]第。

〔里克殺奚齊卓子〕 瀧二五・一〇，慶一一右九，殿一〇左八，凌一一左三。〇卓，[殿]淖。

正 卓丑角反 〇[彭]此正義誤入集解。

〔晉初與會〕 瀧二六・三，慶一一左三，殿一一右一，凌一一左七。〇與，[楓][三]輿。

〔望熊山〕 瀧二六・七，慶一一左七，殿一一右四，凌一二右一。〇[南化][楓][棭][三]望熊耳山。

〔北伐山戎離枝孤竹〕 瀧二六・七，慶一一左七，殿一一右四，凌一二右一。

集 令支縣有孤竹城 〇支，[蜀]少。城，[紹]成。

集 管子亦作離字 〇字，[毛]子。

索 秦以離枝爲縣 〇枝，[慶][中統][彭]支。

索 故地理志 〇[慶][彭]故地理志云。

索　孤竹北户西王母日下　○日，凌曰。

索　謂之四荒也　○四，凌西。

〔至卑耳山而還〕　瀧二七・一，慶一一左一○，殿一一右八，凌一二右五。○山，紹出。

〔寡人兵車之會三〕　瀧二七・三，慶一二右一，殿一一右九，凌一二右六。

正　會北杏以平宋亂　○彭無「平」字。

〔一匡天下〕　瀧二七・五，慶一二右四，殿一一左一，凌一二右九。○按：景印慶元本「匡」字作「匩」，然依闕筆，此字當作「匡」。景印本之誤，下同。

*正　一説謂陽穀之會令諸侯云無障谷無貯粟無以妾爲妻天下皆從之謂南化本「謂」字作「故」。云一匡天下　南化楓棭三狩梅瀧。

〔有何以異於此乎〕　瀧二七・一○，慶一二右五，殿一一左二，凌一二右一○。○有，紹詳節者。

〔臣陪臣安敢〕　瀧二八・五，慶一二右九，殿一一左六，凌一二左四。○陪，慶倍。

〔是歲管仲隰朋皆卒〕　瀧二八・九，慶一二左二，殿一一左九，凌一二左七。

正　與桓公家連　○彭無「家」字。

〔易牙如何〕　瀧二九・三，慶一二左五，殿一二右一，凌一二左一○。○景紹井游毛「如」、「何」互倒。

〔開方如何〕　瀧二九・四，慶一二左六，殿一二右二，凌一三右一。○景紹井游毛

「如」、「何」互倒。

〔難近〕　瀧二九・四，慶一二左八，殿一二右三，凌一三右一。

集　管仲曰衛公子開方去其千乘之太子而臣事君也　○慶彭凌此集解爲正義説。仲，紹慶中統彭凌殿子。札記王、柯、凌誤作「正義」。「管仲曰」三字，宋本、毛本同，它本並作「管子曰」。

〔豎刁如何〕　瀧二九・五，慶一二左八，殿一二右四，凌一三右三。

正　尚何疑邪　○何，慶彭殿金陵可。札記王本「可」，與呂氏春秋合，柯、凌作「何」。

正　踰垣入至公所　○彭無「公」字。

正　公曰　○公，慶殿又。札記柯、凌「又」作「公」。案：呂氏春秋作「公又曰」。按：札記引正義「公」作「又」。

正　公曰我欲飲婦人曰吾無所得　○彭無此注十二字。

正　二月不葬也　○葬，殿殯。

〔周告急於齊〕　瀧三〇・五，慶一三右六，殿一二左二，凌一三左二。○景井紹慶中統彭毛無「於」字。札記中統、舊刻、王本無「於」字。

〔初齊桓公之夫人三〕　瀧三〇・七，慶一三右八，殿一二左四，凌一三左四。○楓三——之夫人三人。

〔皆無子〕　瀧三〇・七，慶一三右九，殿一二左五，凌一三左五。

索　今此言徐姬者　○[索]「此」、「言」互倒。

索　亦未必盡是姓也　○[慶][彭]無「亦」字。

〔桓公好内〕　瀧三〇・九，慶一三右一〇，殿一二左六，凌一三左六。

集　婦官也　○官，[毛]言。

〔宋華子生公子雍〕　瀧三一・二，慶一三左三，殿一二左九，凌一三左九。

集　宋華氏之女　○氏，[毛]子　[札記]「氏」字，毛誤「字」。

〔雍巫〕　瀧三一・三，慶一三左五，殿一三右一，凌一四右一。

集　易牙字　○字，[毛]也。

索　賈逵以雍巫爲易牙　○[慶][中統][彭][凌][殿]——易牙字。[索]賈逵曰以雍巫——。

〔桓公許之立無詭〕　瀧三一・五，慶一三左七，殿一三右二，凌一四右三。

集　易牙既有寵於公　○寵，[慶][彭]人，[南化]校記「寵」。按：景印慶元本作「寵」字。

〔與豎刁因内寵殺羣吏〕　瀧三一・七，慶一三左九，殿一三右四，凌一四右五。

集　内官之有權寵者　○[毛]「官之有」三字作「宮人之」。[札記]與左傳注合，毛本作「内宮人之權寵者」，疑誤。

〔八月乃葬齊桓公〕　瀧三一・九，慶一四左一，殿一三左五，凌一四左七。

集　在臨菑城南七里所菑水南　○[毛]「城」、「南」互倒，「七」上有「十」字。[札記]毛本「城」、「南」誤倒，「七」上有「十」字。案：水經淄水注引郭緣生述征記曰「齊桓公家在齊城南二十里」。御覽五百六十引皇覽冢墓記「齊桓公冢在臨淄城二十里淄水南」，與正義引括地志相近，則「七里」、「十七里」皆非也。

〔朝南〕　瀧三三・七，慶一四左八，殿一四右三，凌一四右六。

正　括地志云故王宮在鄭州滎（南化、楓、梂、三各本「滎」字作「榮」。）澤縣西北四（南化、楓、梂、三、梅各本「四」作「一」。）十五里王宮城中城内東隅有踐土臺也　南化　楓　三　梂　梅　狩　瀧。

〔十九年五月昭公卒〕　瀧三四・一，慶一五右一，殿一四右四，凌一五右七。○殿考年表作「二十」。

〔即與衆〕　瀧三四・一四，慶一五右四，殿一四右七，凌一五右一〇。○與，南化　楓　梂　三　梅興。

〔十月〕　瀧三四・四，慶一五右五，殿一四右七，凌一五左一。○札記志疑云左傳「七月乙卯」，此「十」字誤。

〔爭獲不勝〕　瀧三四・七，慶一五右七，殿一四左一〇，凌一五左四。

索　左傳丙作邴邴歜也　○慶　中統　凌　殿「邴歜也」三字作「歜僕」二字。彭無此注八字。

〔庸職之妻好〕　瀧三四・九，慶一五右九，殿一四左一，凌一五左六。

索　蓋謂受顧織之妻　○顧，慶　中統　彭　凌　殿雇。織，慶　中統　彭　凌　殿職。

索　字則異耳　○則，慶　中統　彭　凌　殿亦。

正　國語及左傳作閻職　○慶　彭　凌　殿無此注八字。按：（瀧本據金陵本補此正義。）

〔懿公游於申池〕 瀧三五・一，慶一五左一，殿一四左三，淩一五左七。

集 齊南城西門 ○景蜀井紹慶中統彭淩殿無「西」字。

〔長翟來〕 瀧三五・七，慶一五左七，殿一四左八，淩一六右四。

＊**正** 夏時號房風今號長翟 南化楓棭三梅狩瀧。

〔王子城父攻殺之〕 瀧三五・八，慶一五左八，殿一四左九，淩一六右四。

＊**正** 父音甫 南化楓棭三狩梅瀧。

〔已復國鄭伯〕 瀧三六・七，慶一六右二，殿一五右三，淩一六右八。○國，南化楓棭三梅圍。

〔皆因郤克〕 瀧三七・四，慶一六右八，殿一五右七，淩一六左三。

索 魯臧宣叔衛孫桓子如晉 ○殿考桓，監本訛作「相」，今改正。

〔與齊侯兵合靡笄下〕 瀧三七・七，慶一六左一，殿一五右一〇，淩一六左一。

索 與代地磨笄山不同 ○慶中統彭淩無「笄」字。

〔遂復戰戰齊急〕 瀧三七・一〇，慶一六左五，殿一五左四，淩一七右一。○毛不重「戰」字。

〔丑父恐齊侯得〕 瀧三八・一，慶一六左五，殿一五左七，淩一七右三。○丑，彭忍。按：涉上訛。

〔丑父使頃公下取飲〕 瀧三八・四，慶一六左八，殿一五左六，淩一六左八。

正　鄭周父御佐車　○慶彭凌無鄭字。佐，慶彭凌左。札記殿本有「鄭」字，與左傳合。

〔克舍之〕　瀧三八・六，慶一七右一，殿一五左一〇，凌一七右七。

*__正__　舍音捨左傳云郤（南化、楓、棭、三、梅本「郤」字作「郄」。）子曰人不難以死免其君我戮（南化、楓、棭、三、梅各本「戮」字作「殺」。）之不祥赦之以勸事君也　南化楓棭三狩梅瀧。

〔於是晉軍追齊至馬陵〕　瀧三八・七，慶一七右一，殿一五左一〇，凌一七右七。

集　馬陘　○陘，中統陵。

〔齊侯請以寶器謝〕　瀧三八・八，慶一七右二，殿一六右一，凌一七右八。

集　左傳曰賂以紀甗玉磬也　○傳，紹氏。賂，紹敗。甗，紹獻。

*__正__　左傳云賂以紀甗玉磬按甗玉甑（梅本「甑」字作「鱛」。）也齊伐紀得之故曰紀鄭司農云甗無底（南化、楓、棭、三、梅各本「底」字作「衣」。）甑也　南化楓棭三狩梅瀧。

〔必得笑克者蕭桐叔子〕　瀧三八・九，慶一七右三，殿一六右二，凌一七右九。○紹無「者」字。

集　蕭君之字　○字，紹子。

集　子姓　○姓，紹性。

〔令齊東畝〕　瀧三九・一，慶一七右四，殿一六右四，凌一七右一〇。

集　服虔曰　○彭無此注三字。

索　則晉車馬東向齊　○晉，慶中統彭毛齊。齊，慶中統凌濟。

索　行易也　○易，索馬。

〔欲尊王晉景公〕　瀧三九・六，慶一七右九，殿一六右七，凌一七左五。

索　是欲尊晉侯爲王　○彭無侯字。

索　太史公採其旨而言　○慶中統凌殿此注八字作「太史公採其言而書之」九字。彭此注八字作「太史公采其言」。

索　今按此文　○彭而今按此文。慶無「今按」二字。

索　王氏之説復何所依　○何，慶彭凌殿有，中統無。

〔頃公卒〕　瀧四〇・四，慶一七左四，殿一六左二，凌一七左一〇。

集　皇覽曰頃公家近呂尚家　○按：昭和三十二年再版瀧川本，以此注十字誤作考證。

〔晉使中行獻子伐齊〕　瀧四〇・八，慶一七左八，殿一六左五，凌一八右四。

索　代爲中行　○代，索也。

索　後改姓爲中行氏　○索無「爲」字而「氏」下有「也」。

索　獻子名偃　○索無此注四字。

〔仲姬戎姬〕　瀧四一・二，慶一八右二，殿一六左九，凌一八右八。○殿考此句上應有脱字。

〔伐齊至高唐〕　瀧四一・九，慶一八右九，殿一七右五，凌一八左五。

集　高唐　○唐，景紹慶中統堂。

〔入孟門〕　瀧四二・五，慶一八左三，殿一七右九，凌一八左八。

索　在河内温縣西　○[彭]無「西」字。

＊**正**　左傳云伐晉爲二隊入孟門登太行南化、棭、梅各本「行」下有「山」字。　[南化][棭][狩][梅][瀧]。

〔以報怨〕　瀧四二・一〇，慶一八左九，殿一七左四，凌一九右四。

正　又如字　○字，[彭]此。

〔宦者賈擧遮公從官而入〕　瀧四三・四，慶一九右二，殿一七左八，凌一九右八。　○官，[紹][慶][凌]宫。[札記]宋本、游本「官」，各本訛「宫」。

〔有淫者〕　瀧四三・八，慶一九右七，殿一八右二，凌一九左二。

＊**正**　言行夜得淫人受崔杼命討之不知他命也此言争趣者太史公南化、楓、棭、三、梅各本「公」字作「言」。變文今依字讀言陪臣但争尚有淫者捉南化、楓、棭、三、梅各本「捉」字作「促」。之更不知他命也　[南化][楓][棭][三][狩][野][成][梅][瀧]。

〔不知二命〕　瀧四三・一〇，慶一九右七，殿一八右三，凌一九左三。

集　言得淫人　○淫，[紹]注。

〔晏嬰立崔杼門外曰〕　瀧四四・一，慶一九右九，殿一八右四，凌一九左五。　○外，[景]分。

〔若爲己死己亡〕　瀧四四・三，慶一九左一，殿一八右六，凌一九左七。　○[南化][楓][棭][三]若爲己死爲己亡。

〔非其私暱〕　瀧四四・三，慶一九左一，殿一八右六，凌一九左七。　○私，[毛]秪。　[札記]毛本

「私」訛「秖」。

〔誰敢任之〕 瀧四四・三，慶一九左一，殿一八右六，凌一九左七。

集 則私近之臣所當任也 ○紹「當任」二字作「常生」。

〔舍之得民〕 瀧四四・六，慶一九左四，殿一八右九，凌一九左一〇。

集 所以得人心 ○人，彭民。

〔崔杼立莊公異母弟杵臼〕 瀧四四・七，慶一九左四，殿一八右一〇，凌二〇右一。

集 史記多作箸臼 ○彭無「記」字。箸，中統 凌 殿著。

〔魯叔孫宣伯女也〕 瀧四四・八，慶一九左六，殿一八右一〇，凌二〇右二。○宣，紹置。

〔景公元年〕 瀧四五・四，慶二〇右一，殿一八左六，凌二〇右八。○景，井 蜀 慶 中統 彭 凌 殿 金陵景公元年初。按：瀧川本誤脱。

〔崔杼生子成及彊〕 瀧四五・五，慶二〇右二，殿一八左六，凌二〇右八。○成，南化 楓 棭 三城。

〔不可〕 瀧四五・九，慶二〇右六，殿一八左一〇，凌二〇左二。

索 濟南東朝陽縣西北 ○南，景 紹 慶 中統 凌 殿陽，彭無「南」字。札記各本誤「陽」，考證據左傳注改。

***正** 崔南化、楓、棭、三、梅各本「崔」上有「言」字。杼乃崔家長其宗邑宗廟所在不可與成也杜預云濟南南化、楓、棭、三、梅各本「南」字作「陽」。東朝陽南化、楓、棭、三、梅各本無「陽」字。縣西北有崔氏城成南化、楓、棭、三、梅各本

無「成」字。欲居崔城南化、楓、棭、三、梅各本「城」字作「邑」。以終老也　[南化][楓][棭][三][梅][成][狩][野][瀧]。

〔成彊怒告慶封〕　瀧四五・一〇，慶二〇右六，殿一八左一〇，凌二〇左三。

正　左傳云　○[彭]無此注三字。

正　乃殺東郭偃棠無咎於崔氏朝也　○棠，[慶][彭]堂。按：景印慶元本作「棠」。[札記]殿本「棠」，各本訛「堂」。

〔初殺成彊〕　瀧四六・五，慶二〇左二，殿一九右五，凌二〇左八。○[景][井][蜀][紹][慶][中統][彭][凌][殿][金陵]無「初」字。按：瀧川本衍「初」字。

〔崔杼婦自殺〕　瀧四六・五，慶二〇左二，殿一九右五，凌二〇左九。○杼，[景][井][慶][中統][彭][凌][殿]氏。

〔崔杼毋歸〕　瀧四六・六，慶二〇左三，殿一九右六，凌二〇左九。○[景][紹][慶][中統][彭][凌]無毋字。按：凌引一本「歸」字上有「無」字。[南化][楓][棭][三]崔杼毋慶、彭各本無「毋」字。歸毋歸　[札記]索隱本有「毋」字，各本脱，並删索隱。宋本徑作「無」，亦與索隱不合。蓋史記古本「無」字多作「毋」，故小司馬音無也。襍志云左傳「至則無歸矣」，呂氏春秋慎行篇「崔杼歸，無歸」。

〔亦自殺〕　瀧四六・六，慶二〇左三，殿一九右六，凌二〇左九。

索　毋音無也　○[慶][中統][彭][凌][殿]無此注四字。

〔慶舍發甲圍慶封宮〕　瀧四六・一〇，慶二〇左七，殿一九右九，凌二一右三。○甲，[紹]田。

*正　宮爲衛　[南化][梅][瀧]。

〔其秋齊人徙葬莊公〕　瀧四七・三，慶二〇左九，殿一九左二，凌二一右五。○[札記]志疑云：「傳『十二月朔』，上文已書『十月』，何倒言秋？」

〔伐魯取鄆〕　瀧四八・三，慶二一右六，殿一九左八，凌二一左二。○[南化][楓][棭][三]齊伐魯取鄆。

〔誰有此乎〕　瀧四八・五，慶二一右八，殿一九左九，凌二一左四。

*正　柏寢（南化、楓、棭、三、梅各本「寢」下有「臺」字。）　在青州千乘縣東北二十里（野、成各本無下「韓子云」至「此文不同也」。）　韓子云景公與晏子游於少海登柏寢之臺而望其國公曰美哉堂堂乎後代孰有此晏子曰其田氏乎曰寡人有國而田氏有之奈何對曰君欲奪之則近賢遠不肖治其煩亂緩其刑罰賑窮乏卹孤寡行恩惠崇節儉（南化、楓、三、梅各本「儉」字作「侯」。）　雖十田氏其如君何按與此文不同也　[南化][楓][棭][三][梅][野][狩][成][瀧]。

〔彗星何懼乎〕　瀧四九・四，慶二一左二，殿二〇右三，凌二一左八。

正　彗息歲反　○[慶][彭][凌][殿]又曰慧息歲反。

〔亦可禳而去也〕　瀧四九・五，慶二一左四，殿二〇右五，凌二一左一〇。

正　祝音章受反　○[彭]無「音」字。

〔與魯定公好會夾谷〕　瀧五〇・一，慶二一左九，殿二〇右九，凌二三右五。

集　是也　○[彭]無「是也」二字。

〔犂鉏曰〕　瀧五〇・二，慶二一左一〇，殿二〇右一〇，凌二三右七。○犂，[南化]黎。

索　且即餘反　○且，[慶][中統][彭][凌][殿]鉏。

〔景公害孔丘相魯〕　瀧五〇・三，慶二二右二，殿二一左二，凌二三右七。○害，[紹]喜。

〔范中行反其君於晉〕　瀧五〇・八，慶二二右五，殿二一左四，凌二三右一〇。○[南化][楓]

[三]范中行氏反其君於晉。

〔景公寵妾芮姬生子荼〕　瀧五一・二，慶二二右九，殿二一左八，凌二三左四。

索　則荼母姓姒　○姒，[彭]似。

索　此作芮姬　○[索]無「作」字。

〔荼諸異母兄公子壽駒黔〕　瀧五二・一，慶二二左七，殿二一右五，凌二三左二。○黔，[彭]黔。下同。

〔公子駔〕　瀧五二・二，慶二二左八，殿二一右六，凌二三右四。○駔，[紹][毛]鉏。[札記]毛本「鉏」，蓋依左傳改。按：紹本亦作「鉏」，不得必謂據左傳改。

索　左傳作鉏　○[慶][中統][彭][殿]此注四字作「左氏作公子鉏」六字。

〔陽生奔魯〕　瀧五二・二，慶二二左八，殿二一右七，凌二三右四。

索 凡五公子也 ○慶 中統 彭 凌 殿 無此注五字。

〔弗與謀〕 瀧五二・三，慶二二左一〇，殿二一右八，凌二三右五。

集 故愍而歌 ○愍，景 井 ⿱弦心。

〔胡黨之乎〕 瀧五二・五，慶二三右一，殿二一右九，凌二三右七。

集 師衆也 ○師，慶 彭 徒，南化 校記「師」。

集 黨所也 ○南化 之適也黨所也。

〔每朝乞驂乘〕 瀧五二・八，慶二三右三，殿二一左一，凌二三右八。○驂，景 井 蜀 紹 毛 參。

〔齊秉意茲〕 瀧五三・四，慶二三右八，殿二一左五，凌二三左三。○札記 攷異云「下當有脱文」。案：「齊」字疑衍。又據集解，則徐廣見本已缺。

〔乃使人之魯召公子陽生〕 瀧五三・五，慶二三右九，殿二一左六，凌二三左四。○召，毛 昭。札記 毛本「召」訛「昭」。

〔陽生至齊〕 瀧五三・六，慶二三右九，殿二一左七，凌二三左五。○彭 無「齊」字。楓 棭 三 校補「齊」字。

〔私匿田乞家〕 瀧五三・六，慶二三右一〇，殿二一左七，凌二三左五。○匿，毛 暱。

〔常之母有魚菽之祭〕 瀧五三・七，慶二三右一〇，殿二一左八，凌二三左六。

集 齊俗婦人首祭事　○事，井有。

〔田乞盛陽生橐中〕　瀧五三・八，慶二三左二，殿二一左九，凌二三左七。○井「田」、「乞」互倒。

〔殺之幕下〕　瀧五四・五，慶二三左八，殿二二右五，凌二四右三。○幕，南化楓棭三墓。

〔齊伐魯取讙闡〕　瀧五四・六，慶二三左一〇，殿二二右六，凌二四右五。

索 在今博城縣西南　○慶中統彭凌殿無「今」字。凌殿無「西南」二字。

索 杜預曰闡在東平剛縣北　○慶中統彭凌殿無此注十字。

〔言其情〕　瀧五四・八，慶二四右三，殿二二右九，凌二四右八。○南化楓棭三女言其情。

〔魯弗敢與〕　瀧五四・八，慶二四右三，殿二二右九，凌二四右八。

集 康子叔父也　○康，蜀東。

〔吴王夫差哭於軍門外三日〕　瀧五五・三，慶二四右六，殿二二左一，凌二四右一〇。○哭，蜀吴。按：景刊之時誤。

〔吴師乃去〕　瀧五五・五，慶二四右七，殿二二左二，凌二四左一。○殿考監本誤作「吴師齊去」，今改正。

〔監止有寵焉〕　瀧五五・九，慶二四右九，殿二二左五，凌二四左四。○監，景井蜀紹慶中統彭凌殿闞。下同。

索　監左傳作闞　○慶中統彭凌殿此注五字作「左氏監作闞」。札記殿本「監」，與索隱本合，各本作「闞」，蓋妄依左傳改考證。攷異、志疑説同。

〔御鞅〕　瀧五六・一，慶二四左一，殿二二左六，凌二四左六。

索　按系本陳桓子無宇産子亹　○宇，毛字。

〔子我謂曰〕　瀧五七・一，慶二四左一〇，殿二三右六，凌二五右六。○南化楓棭三子我謂豹曰。

〔成子兄弟四乘如公〕　瀧五七・六，慶二五右五，殿二三右一〇，凌二六左一。

索　服虔曰成子兄弟八人二人共乘一車故四乘　○慶中統彭凌殿無此注十八字。

索　陳僖子乞産成子常簡子齒宣子其夷穆子安廩丘子尚醫茲子芒盈惠子得　○醫，慶彭索毉。索「廩丘」二字作「稟立」。札記廩丘，單本訛「稟立」。「尚」字當衍。毉茲，杜注作「意茲」，疏引世本作「鑿茲」。「芒」字誤倒，依左傳注疏乙。

索　昭子是桓子之子成子之叔父　○慶彭凌殿上「子」字作「公」。索昭子將來是桓子之子——。

索　不云人數　○云，索言。

索　知四乘謂兄弟四人乘車而入　○慶中統凌殿「兄」、「弟」互倒。

索 非二人共車也 ○車，[慶][彭][凌][殿]乘。

索 服杜殊失也 ○[慶][中統][彭][凌][殿]此注五字作「服虔杜預之失也」七字。

*__正__ 杜預云成子兄弟昭子莊簡子齒宣子夷穆子安廩丘子意茲子南化、楓、棭、三、梅各本「子」下有「芒」字。盈惠子得凡八人南化、楓、棭、三、梅各本「人」字作「子」。二人共一乘也田完世家南化、楓、棭、三、梅各本「田完世家」四字作「齊世家」三字。云田常兄弟四人如公宮服虔杜預云八人四乘者未詳 [南化][楓][棭][三][梅][狩][瀧]。

〔遂入閉門〕 瀧五八・一，慶二五右一〇，殿二三左五，凌二五左六。

集 子我不得復入 ○[彭]無「復」字。

〔宦者禦之〕 瀧五八・二，慶二五左一，殿二三左六，凌二五左七。

集 闞豎以兵禦陳氏 ○闞，[景]闡。

〔成子遷諸寢〕 瀧五八・四，慶二三左三，殿二三左八，凌二五左九。

集 欲徙公令居寢也 ○徙，[毛]從。[札記]「徙」字毛訛「從」。

〔事之賊也〕 瀧五八・七，慶二五左六，殿二四右二，凌二六右一。

集 言需疑則害事 ○[慶][中統][彭][凌]無「事」字。

*__正__ 需音須待也言疑惑待事恐賊害起也 [南化][楓][三][狩][梅][瀧]。

〔有如田宗〕 瀧五八・九，慶二五左七，殿二四右三，凌二六右四。○[蜀]無「宗」字。

〔攻闈與大門〕 瀧五九・一，慶二五左九，殿二四右四，凌二六右五。

集　宮中之門曰闈　○景井蜀紹慶彭毛凌殿服虔曰宮中之門曰闈。

〔成子將殺大陸子方〕　瀧五九・三，慶二一六右一，殿二一四右六，凌二一六右七。

集　子我黨　○毛殿子我之黨。

〔殺之郭關〕　瀧五九・三，慶二一五左一〇，殿二一四右六，凌二一六右七。

集　齊關名　○名，毛也。札記名，舊刻、毛本作「也」。

〔出雍門〕　瀧五九・四，慶二一六右二，殿二一四右八，凌二一六右九。

*正　臨淄北門名雍門也　○南化楓棭三狩梅瀧。

〔田常執簡公于徐州〕　瀧五九・七，慶二一六右五，殿二一四左一，凌二一六左二。○徐，景井蜀慶中統凌殿徐。下同。札記索隱本作「徐」，與注合，各本訛「徐」，説詳志疑。

索　在薛縣　○薛，索華。彭在薛縣是也。札記單本「薛」誤「華」。

〔田午田常弑簡公于徐州〕　瀧五九・九，慶二一六右七，殿二一四左二，凌二一六左五。○景井蜀紹慶中統彭凌殿金陵上「田」字作「甲」字。按：上「田」字，瀧本涉下誤。

〔田常乃立簡公弟驁〕　瀧六〇・一，慶二一六右八，殿二一四左三，凌二一六左五。

索　蓋誤也　○慶中統彭凌殿無「蓋」字。

〔是爲平公〕　瀧六〇・二，慶二一六右八，殿二一四左三，凌二一六左五。○是，紹長。

〔割齊安平以東爲田氏封邑〕　慶六〇・二，慶二一六右九，殿二一四左五，凌二一六左六。

集　齊自是稱田氏　○井慶中統彭凌此注六字作「抑自是井、慶、中統、凌本「是」作「出」。稱田氏」。

〔田會反廩丘〕　瀧六〇・五，慶二六左二，慶二四左七，凌二六左九。

索　邑名　〇索無「名」字。

〔洋洋哉固大國之風也〕　瀧六一・五，慶二六左一〇，殿二五右三，凌二七右七。〇哉，詳節乎。

索　釁鍾蟲流　〇慶彭「釁」字作「亹」，而「蟲」字作「虫」。

索　陳氏專政　〇專，慶中統彭凌傳。

索　渢渢餘烈　〇烈，凌列。

史記會注考證校補卷三十三

魯周公世家第三

〔周武王弟也〕 瀧二·八，慶一右二，殿一右六，凌一右三。

集 以太王所居周地爲其采邑 ○太，景 井 蜀 紹 毛 大。

索 後以爲周公之菜邑 ○菜，索 采。

索 即今之扶風雍東北故周城是也 ○慶 中統 凌 殿 無「是」字。

***正** 括地志云周公城在岐縣北九里此地周之畿内周公食采（南化本「采」字作「菜」，下同。）之地也周公邵公周室元宰輔佐文武成康已下蓋嫡子封于燕魯次子食采畿甸奕葉爲卿士（瀧川本無下「故春秋」至「其菜邑」二十四字。）故春秋時每有周公邵公也譙周云以大王所居地爲其菜邑故謂之周公邵公（瀧川本無「邵公」二字。）也 南化 幻 椷 梅 狩 瀧。

〔旦爲子孝〕 瀧二·一〇，慶一右四，殿一右九，凌一右四。

索 鄒誕本 ○南化 彭 游 殿 鄒誕生本。

〔東伐至盟津〕　瀧三・二，慶一右六，殿一左二，凌一右七。

*正　盟作孟地名津渡黃河處　南化幻棭梅狩瀧。

〔太公召公乃繆卜〕　瀧三・一〇，慶一左四，殿一左八，凌一左五。

*正　繆敬也　棭。

〔周公於是乃自以爲質〕　瀧四・四，慶一左四，殿一左一〇，凌一左五。○質，中統窴，札記中統、游本「質」訛「賓」。

〔告于太王王季文王〕　瀧四・六，慶一左七，殿二右一，凌一左九。○太，景井紹蜀慶中統彭毛殿大下同。札記中統、王、柯、毛「太」作「大」，下同。

〔史策祝曰〕　瀧四・七，慶一左八，殿二右二，凌一左九。

集　史爲策書祝祠也　○祠，景井慶毛殿詞　札記書傳作「辭」，疑「祠」乃「詞」之訛。

〔是有負子之責於天〕　瀧四・九，慶一左一〇，殿二右四，凌二右一。○札記舊刻「大」，與書傳合，各本訛「太」。

〔以旦代王發之身〕　瀧四・九，慶一左一〇，殿二右四，凌二右二。

索　謂三王負於上天之責　○慶中統彭凌殿無「於」字。

索　鄭玄亦曰丕讀曰負　○慶中統彭凌殿無「亦」字。

〔旦巧能多材多藝〕　瀧五・二，慶二右三，殿二右一，凌二右四。○藝，景井紹慶彭凌藝下同。札記宋本「藝」作「埶」，下同。

〔敷佑四方〕瀧五・四，慶二右四，殿二右八，凌二右六。

集 武王受命於天帝之庭 ○帝，中統武。

〔我先王亦永有所依歸〕瀧五・七，慶二右七，殿二左一，凌二右九。

集 孔安國曰言不救 ○楓三孔安國曰難惜武王言不救。

集 寶猶神也 ○神，彭殿主 札記王、柯「神」作「主」。撰異云因下文而誤。

集 有所依歸 ○彭有所依歸者。

〔今我其即命於元龜〕瀧五・八，慶二右九，殿二左二，凌二左一。

集 卜知吉凶者也 ○彭無「者」字。

〔我以其璧與圭〕瀧五・九，慶二右一〇，殿二左四，凌二左二。○景井中統殿「以」「其」互倒。

〔我乃屏璧與圭〕瀧六・一，慶二左一，殿二左五，凌二左四。

集 不許不愈也 ○楓三不許謂不愈也。

〔於是乃即三王而卜〕瀧六・二，慶二左三，殿二左七，凌二左五。○是，慶走，南化校記「是」。按：景印慶元本作「是」。

〔旦新受命三王〕瀧六・五，慶二左六，殿二左九，凌二左八。

*正 孔安國云我新受三王命武王維長終是謀周之道也 南化梅。

〔維長終是圖〕　瀧六・六，慶二左六，殿二左九，凌二左八。

集　武王維長終是謀周之道　○維，景井毛惟。

〔茲道能念予一人〕　瀧六・七，慶二左七，殿二左一〇，凌二左九。

＊**正**　予周公也一人武王也　○南化楓梅三梅狩瀧。

〔在強葆之中〕　瀧六・一〇，慶二左一〇，殿三右三，凌三右二。○葆，景毛褓。

索　假借用之　○之，索也。

〔周公恐天下聞武王崩而畔周公乃踐阼〕　瀧七・六，慶三右一，殿三右四，凌三右三

○南化楓梅三梅重下「周」字。

〔無以告我先王太王王季文王〕　瀧八・二，慶三右五，殿三右八，凌三右七。

正　辟音避　○南化楓梅三「辟音避」下有「又并亦反辟君也言我所以不君魯攝行政者爲成王少恐天下叛周也言不辟者以成王少不避管蔡之流言」。

〔然我一沐三捉髮〕　瀧八・八，慶三右一〇，殿三左二，凌三左二。○捉，紹殿詳節握

札記　後漢書陳元傳注，御覽三百九十五，又四百二，又四百七十四引，並作「握髮」。

〔一飯三吐哺〕　瀧八・八，慶三右一〇，殿三左二，凌三左二。○飯，彭飲，楓梅三梅

校記「飯」。

〔諸侯咸服宗周〕　瀧一〇・一，慶三左五，殿三左七，凌三左七。○服，南化楓梅三

梅復。

〔天降祉福〕　瀧一〇·二，慶三左六，殿三左七，凌三左七。○祉，景社。

＊正　祉音耻　南化　楓。

〔異母同潁〕　瀧一〇·二，慶三左六，殿三左七，凌三左八。○母，楓　蜀畞。

索　尚書曰　○曰，慶　中統　彭　凌作　殿無「曰」字。

索　異畞此母　○慶　中統　凌此注四字作「叔此爲母」。彭作「畞此爲母」。殿作「母作畞此爲母」六字。

索　義並通　○慶　中統　彭　凌義亦並通。

索　鄒誕本同　○慶　中統　彭　凌　殿無此注四字。

〔嘉天子命〕　瀧一〇·五，慶三左八，殿三左九，凌三左一〇。○索嘉天子之命。

索　徐廣云一作魯　○慶　中統　彭　凌　殿無此注六字。

索　魯字誤也　○慶　中統　彭　凌　殿無「也」字。

索　今書序作旅　○慶　中統　彭　凌　殿無此注五字。

索　史記嘉天子命　○慶　中統　彭　凌　殿「史記」二字作「史意云周公」五字。

索　於文亦得　○慶　中統　彭　凌　殿無「亦得」二字。

索　何須作嘉旅　○慶　中統　彭　凌　殿此注五字作「不必作魯」四字。

＊正　魯陳也　楓

＊**正**　徐廣云嘉一作魯字誤並音旅命尚書云篇及此下文並作嘉字讀不須改嘉爲旅也　【南化】【梅】

〔東土以集〕　瀧一〇・七，慶三左一〇，殿三左一〇，凌四右一。　〇以，【棭】已　【南化】【楓】【三】【梅】東土已以集。

〔命之日鴟鴞〕　瀧一〇・八，慶三左一〇，殿四右一，凌四右二。

＊**正**　鴟鴞詩云寧毀我巢言巢難得以喻帝位而誅於管蔡是也　【南化】【幻】【棭】【梅】

＊**正**　貽音怡與也楓、三本無下六字。　鸋音寧鴂音決　【南化】【幻】【楓】【棭】【三】【梅】【狩】【瀧】

〔王朝步自周至豐〕　瀧一一・二，慶四右三，殿四右四，凌四右五。

集　不以爲遠　〇【景】【井】【慶】【中統】【凌】無「爲」字。

〔曰吉〕　瀧一一・六，慶四右八，殿四右九，凌四右一。　〇吉，【毛】告。

〔南面倍依以朝諸侯〕　瀧一一・九，慶四右一〇，殿四左一，凌四左二。

集　周公攝王位　〇王，【凌】正。

集　負之言倍也　〇【殿】負之爲言倍也。

集　爲斧文屏風於户牖之閒　〇【彭】無「之」字。

＊**正**　倍音負依音於致南化、棭、梅本「致」字作「紱」。　反此段重敘周公初攝時也鄭玄曰負南化、棭、梅本「負」字作「倍」。　之言倍也　【南化】【幻】【棭】【梅】【狩】【瀧】

〔躹躹如畏然〕　瀧一二・一，慶四左三，殿四左三，凌四左五。

集　謹敬貌也　〇貌，【景】【井】【蜀】皃下同。　【札記】宋本「貌」作「皃」。

集 一本作夔夔也 ○景井慶中統彭凌殿「夔夔」二字作「夓」。札記 毛本「夔」，各本並作「夓」。玉篇「首」，「夓」之俗字。

〔沈之河以祝於神曰〕 瀧一二・四，慶四左四，殿四左五，凌四左七。○詳節 沈之于河以祝於神曰。

〔奸神命者〕 瀧一二・五，慶四左五，殿四左六，凌四左八。○札記 御覽三百七十引「奸」作「于」。

〔周公奔楚〕 瀧一二・六，慶四左六，殿四左七，凌四左九。

索 失其本末乃云 ○彭 或失其本末乃云。

〔恐成王壯〕 瀧一二・一〇，慶四左九，殿四左一〇，凌五右二。○壯，南化楓棭三梅枉。

〔乃作多士〕 瀧一二・一〇，慶四左一〇，殿四左一〇，凌五右三。○札記 案：尚書多士篇次洛誥後。序云「成周既成，遷殷頑民，周公以王命誥作多士。」其文曰惟三月，周公初于新邑洛用誥商王士。今本史記羼入此處，與上下文全不屬。此三字當在「卜居雒邑」下，然其上亦有脱文，其下當接後文「多士稱曰」云云四十五字。

〔畏天命自度〕 瀧一三・四，慶五右二，殿五右三，凌五右五。○自，南化棭梅用。

〔其在高宗〕 瀧一三・六，慶五右四，殿五右四，凌五右七。

*正　武丁也　[南化][楓][棭][三][梅][狩][瀧]。

〔爲與小人〕　瀧一三・六，慶五右五，殿五右五，凌五右八。

集　使行役有所勞役於外　○[札記]宋本「役」作「伇」。

〔乃有亮闇三年不言〕　瀧一三・八，慶五右七，殿五右七，凌五右一〇。

集　武丁起其即王位　○[彭]無「王」字。

集　謂廬也　○[彭]謂廬是也。

*正　按殷本紀云太甲既立三年不明暴虐不遵湯法亂德於是伊尹放之桐宮三年伊尹攝行政故當國以朝諸侯太甲悔過自責反善伊尹乃作伊訓三篇褒帝太甲稱太宗明是太甲也太史公宋史云帝甲淫亂殷復衰何能保施小民不侮鰥寡又按帝王年代曆云帝甲十六年太甲三十二年明王孔說是也

[南化][棭][梅][狩]。

〔言乃讙〕　瀧一三・九，慶五右八，殿五右八，凌五左二。○讙，[景][井][蜀][紹][毛]驩。下同。

集　則民臣望其言久矣　○[彭][殿][金陵]民臣互倒　[札記]游、王本同，各本誤倒。

〔不敢荒寧密靖殷國〕　瀧一三・一〇，慶五右九，殿五右九，凌五左三。

集　密安也　○密，[景][蜀][慶][彭][凌][殿]寧　[札記]宋本與詩公劉傳合，各本「密」訛「寧」。

〔其在祖甲〕　瀧一四・三，慶五左一，殿五左一，凌五左四。

集　孔安國王肅曰　○[景][井][慶][中統][彭][凌][殿]孔安國曰王肅曰殿本作「云」字。　[札記]各本「國」下衍「曰」字，今刪。「孔融」下放此。

集 馬融鄭玄曰　○景 井 慶 中統 彭 凌 殿 馬融曰鄭玄曰。

索 孔安國以爲湯孫太甲馬融鄭玄以爲武丁子帝甲　○慶 中統 彭 凌 殿 無此注二十字。

〔不義惟王久爲小人〕　瀧一四・四，慶五左二，殿五左三，凌五左六。

集 久爲小人之行　○小，毛之。

集 故曰不義惟王　○惟，彭爲。

集 武丁死祖庚立　○武，景 毛政。

〔多士稱曰〕　瀧一四・九，慶五左六，殿五左七，凌六右一。○札記 撰異云此下至「周多士」，當別爲一節。案：上文「無逸稱」云云，乃櫽栝無逸文。此「多士稱曰」云云，是亦櫽栝多士文。此至「其民皆可誅」，當在上文「作多士」句下，而「周多士」三字，宜依志疑衍。

〔誕淫厥佚〕　瀧一四・一〇，慶五左八，殿五左九，凌六右三。○誕，楓 三 井 信　札記 宋本「誕」作「信」，疑「這」字之訛。説文「誕，重文『這』」。

〔不顧天及民之從也〕　瀧一五・一，慶五左九，殿五左九，凌六右三。

*正 言紂信爲淫荒逸樂不顧念於天道不顧念民之從其化故其民皆可誅也　南化 幻 棭 狩 瀧

〔文王日中昃〕　瀧一五・三，慶五左一〇，殿六右一，凌六右五。○昃，景 井 蜀 中統 毛 吳　札記 宋本，中統、游、毛「昃」作「吳」。

〔周之官政未次序〕　瀧一五・六，慶六右二，殿六右二，凌六右六。○南化 楓 棭 三 梅 周之官政未有次序。

〔必葬我成周〕　瀧一五・八，慶六右四，殿六右四，凌六右九。

***正**　成王不居成周按上文云周公住營城周卜居焉遂國也周公以成王必居周成故云必葬我成周明吾不敢離成王　[南化][楝][梅]

〔以明吾不敢離成王〕　瀧一五・九，慶六右六，殿六右六，凌六右一〇。○[札記]元龜七十六引無「成」字，是。

〔葬周公於畢〕　瀧一五・一〇，慶六右六，殿六右七，凌六左一。

正　括地志云　○[殿]無「云」字。

正　在雍州咸陽北十三里畢原上　○[彭]「雍州」二字、「十三里」三字並無。

〔以明予小子不敢臣周公也〕　瀧一六・一，慶六右七，殿六右七，凌六左二。○予，[中統]子。

按：誤。

〔暴風雷雨〕　瀧一六・二，慶六右八，殿六右八，凌六左三。○雷，[毛]靁　[札記]毛本「雷」作「靁」，正訛說。

〔以開金縢書〕　瀧一六・三，慶六右一〇，殿六右九，凌六左四。

索　據尚書　○[慶][中統][彭][凌][殿]無「據」字。

索　有此雷風之異　○[彭]「雷」「風」互倒。

索　當不然也　○當，[慶][中統][彭][凌][殿]此。

索　故說乖誤　○[彭]無「說」字。[慶][中統][彭][凌][殿]「說乖誤」三字作「謬爾」二字。

*正　按尚書武王崩後周公被流言而東征王亦未敢誚公乃有風雨之異此南化、棭本有「文」字。乃是周公卒後疑太史公不見古文尚書有斯乖誤矣　南化幻棭梅狩瀧

〔王乃得周公所自以爲功代武王之説〕　瀧一六・五，慶六左一，殿六左一，凌六左六。

○南化楓棭三王乃得周公所藏自以爲——

〔乃問史百執事〕　瀧一六・七，慶六左二，殿六左二，凌六左七。

集　二公倡王啓之　○倡，中統得。

〔其無繆卜乎〕　瀧一六・九，慶六左五，殿六左五，凌六左一〇。

集　今天意可知故止　○止，中統也。

〔我國家禮亦宜之〕　瀧一七・一，慶六左八，殿六左七，凌七右三。

正　遣使者逆之　○逆，殿迎。

正　天乃雨反風也　○慶彭凌「乃雨反」三字作「反雨不」。按：景印慶元本作「乃雨反」。札記官本如此，各本作「天反雨不風也」。

〔天乃雨反風禾盡起〕　瀧一七・四，慶七右一，殿七左一〇，凌七右六。○南化楓棭三梅天乃止雨反風——

集　謝天也　○也，毛地。

〔盡起而築之〕　瀧一七・六，慶七右二，殿七右二，凌七右八。

集　無所失亡也　○彭無「所」字。

＊正　孔安國云木有偃拔起而立之築其根葉無虧百穀豐熟周公之德也　南化　楩　梅

〔歲則大孰〕　瀧一七・七，慶七右三，殿七右三，凌七右九。○孰，慶　中統　彭　凌　殿熟。

〔祭文王〕　瀧一八・二，慶七右四，殿七右四，凌七右一〇。

集　立文王之廟也　○彭立文王之廟用天子禮無「也」字。

〔是爲魯公〕　瀧一八・一〇，慶七右七，殿七右六，凌七左二。

索　凡蔣邢茅胙祭也　○凡，凌　殿樊。

〔及後聞伯禽報政遲〕　瀧一九・四，慶七左一，殿七左一，凌七左七。○詳節無「遲」字。

〔民不有近〕　瀧一九・五，慶七左三，殿七左三，凌七左九。

＊正　言瀧本無「言」。爲政之法必須略而易行民則親近若不簡不易民則不親近也　南化　楓　楩　三　梅　狩　瀧

〔民必歸之〕　瀧一九・六，慶七左四，殿七左三，凌七左九。

＊正　言政平等簡易親近於民遠方之衆必襁負而楩本無「而」字。歸之周公見伯禽難其禮故設此言是也　南化　楓　楩　三　梅　狩　瀧

〔作肸誓〕　瀧二〇・三，慶七左七，殿七左六，凌八右三。

集　駰案尚書作費　○費，慶　中統　彭　凌　殿　金陵柴下同。札記單本「費」，各本並作「柴」。撰異謂「柴」從古文尚書，衛包改爲「費」。案：小司馬謂即季氏費邑，則索隱本作「費」，不得依集解改「柴」。

集　魯東郊之　○彭無「之」字。

索　徐廣云一作鮮一作獮　○慶中統彭凌無此注九字。

索　按尚書大傳　○按，慶中統彭凌殿今。

索　見作鮮誓　○慶中統彭凌殿無「見」字。

索　因行獮田之禮　○因，索自。

索　孔安國云費魯東郊地名　○慶中統彭凌殿此注十字作「柴地名」三字。

索　即魯卿季氏之費邑地也　○也，慶彭凌名　殿無「地也」二字。

＊正　周公伐三監魯公伐淮夷故於費地而盟（南化、楓、棭、三、梅、狩各本「盟」字作「誓」。）　衆即東伐淮夷徐奄之屬　南化楓棭三梅狩瀧

〔勿敢越逐敬復之〕　瀧二〇・七，慶八右二，殿八右一，凌八右八。

＊正　敬一作振音（瀧本上五字作「書敬作」三字。）　祇祇敬也祇振古通用（棭本「通」「用」互倒，瀧本無下十二字。）　斯例多有無益其義並不録也　南化楓棭三梅瀧

〔峙爾芻茭糗糧楨榦〕　瀧二一・一，慶八右四，殿八右三，凌八左一。

集　供軍牛馬　○軍，景車。

〔無敢不逮〕　瀧二一・三，慶八右六，殿八右五，凌八左三。　○南化楓棭三無此四字。

〔子考公酋立〕　瀧二一・七，慶八右九，殿八右八，凌八左六。

索　系本作就鄒誕本　○慶中統彭凌殿無「誕」字。

〔立弟熙〕　瀧二一・八，慶八右一〇，殿八右九，凌八左七。

索　考公弟　○[慶][中統][凌][殿]無此注三字。

〔六年卒〕　瀧二一・一〇，慶八左一，殿八右一〇，凌八左八。○[楓][棭][三]十六年卒。

〔子幽公宰立〕　瀧二二・一，慶八左一，殿八右一〇，凌八左八。

索　系本名圉　○系，[慶][彭][凌][殿]世。

〔是爲魏公〕　瀧二二・二，慶八左二，殿八左一，凌八左一〇。

集　世本作微公　○微，[南化][楓][三][梅]徵。南化、楓、棭、三、梅各本校記曰正義「微」字作「徵」。按：據正義本校記歟？

〔子厲公擢立〕　瀧二二・四，慶八左四，殿八左三，凌九右一。

*__正__　擢音濁　[南化][楓][棭][三][梅][瀧]

〔魯人立其弟具〕　瀧二二・五，慶八左五，殿八左三，凌九右二。○具，[楓]貝。

〔子真公濞立〕　瀧二二・六，慶八左六，殿八左五，凌九右四。

索　本亦多作慎公　○[慶][中統][彭][凌][殿]無「多」字。

索　或作鼻　○鼻，[慶][彭][凌][殿]鼾。

〔出奔彘〕　瀧二二・八，慶八左八，殿八左六，凌九右五。○[彭]「彘」字下有「音治」二字注。

〔武公九年春〕　瀧二二・九，慶八左九，殿八左八，凌九右七。○[殿考]年表武公立十年而卒，是爲周宣王之十二年。下文云「夏，武公歸而卒」，是立九年也，與表互異。

〔懿公兄括之子伯御〕　瀧二四・一，慶九左一，殿九右九，凌九左九。

正　御我嫁反　○御，慶彭凌殿伯，楓校記「御」。札記各本「御」誤「伯」，今改。

正　下同　○彭殿無此注二字。

〔殺其君伯御〕　瀧二四・三，慶九左三，殿九左一，凌九左一〇。○殺，中統弑。

〔不犯所知〕　瀧二四・八，慶九左七，殿九左五，凌一〇右五。○南化楓棭三無此四字。

〔諸侯多畔王命〕　瀧二五・一，慶九左九，殿九左七，凌一〇右七。○畔，中統叛　札記中統、游本「畔」作「叛」。

〔二十七年〕　瀧二五・二，慶一〇右一，殿九左八，凌一〇右九。○殿考年表作三十八年。宣王誅伯御，在伯御之十一年，其年乃孝公元年。而表以伯御元年爲孝公元年，故較世家多十一年。

〔子弗湟立〕　瀧二五・四，慶一〇右一，殿九左八，凌一〇右八。

索　年表作弗生　○彭殿年表作孝公子弗生。

〔長庶子息〕　瀧二五・六，慶一〇右四，殿一〇右一，凌一〇左二。

索　隱公也　○慶中統彭凌殿隱公名息。無「地」字。

索　系本隱公名息姑　○慶中統彭凌殿無「隱公」二字。

〔惠公奪而自妻之〕　瀧二五・一〇，慶一〇右四，殿一〇右三，凌一〇左四。

索　仲子手中有爲魯夫人文　〇彭仲子二字爲字並無　慶　凌　殿無「爲」字。

索　今此云惠公奪息婦而自妻　〇索無「婦」字。

索　左傳文見分明　〇慶　中統　彭　凌　殿「傳」字作「氏」，「見」字作「亦」。

索　譙周亦深不信然　〇慶　中統　彭　凌　殿無「然」字。

〔生子允〕　瀧二六・二，慶一〇右九，殿一〇右五，凌一〇左七。

索　系本亦作軌也　〇慶　中統　彭　殿此注六字作「一作兀五忽反」。

〔與鄭易天子之太山之邑祊及許田〕　瀧二六・六，慶一〇左二，殿一〇右八，凌一〇左一〇。〇札記舊刻「太」作「泰」。

〔君子譏之〕　瀧二六・六，慶一〇左三，殿一〇右九，凌一一右一。

集　而祭泰山之邑也　〇泰，紹　慶　中統　彭　凌　殿太。

集　許田乃魯之朝宿之邑天子在上諸侯不得以地相與　〇景　井無「乃」字。札記宋本、舊刻無「乃」字，未有「也」字。案：穀梁傳作「許田者魯朝宿之邑也」。紹　井此注作「許上諸侯不得以地相與之田魯之朝宿之邑天子在」。

*正　括地志云祊田在沂州費府南化、楓、梅本「府」字作「縣」。東南許田在許州許昌縣有魯城周公廟幻本「廟」下有「城周公廟在正焉」七字。在焉杜預云成王營成周有遷都南化、楓本無「都」字。之志故賜周公許田幻本「田」下有「桓公」二字。　南化　幻　楓　梅　狩　瀧

〔吾方營菟裘之地老焉〕　瀧二七・三，慶一〇左七，殿一〇左三，凌一一右六。〇各本「地」下有「而」字。按：瀧本誤脱「而」字。

〔以授子允政〕　瀧二七・三，慶一〇左八，殿一〇左四，凌一一右七。

集　在泰山梁父縣南　〇楓——梁父縣南不欲復居魯朝故別營外邑。

〔揮使人弑隱公于蔿氏〕　瀧二七・八，慶一一右二，殿一〇左七，凌一一右一〇。〇蔿，景 紹 毛 寪　札記 毛本「蔿」作「寪」，注同，蓋依左傳改。

〔鄭以璧易天子之許田〕　瀧二七・九，慶一一右四，殿一〇左九，凌一一左二。

＊**正**　麋信字南山東海人魏樂平太守　南化 楓 棭 三 梅 狩 瀧

〔君子譏之〕　瀧二八・二，慶一一右五，殿一一右一，凌一一左三。

集　穀梁傳曰　〇穀，彭殺。按：據字形相似誤。

〔申繻諫止公不聽〕　瀧二八・七，慶一一右九，殿一一右五，凌一一左七。〇景重「公」字。札記 舊刻「止」下有「公」字，與凌引一本同，官本亦有。

＊**正**　繻音須　南化 楓 棭 三 梅 狩 瀧

〔來脩好禮〕　瀧二九・二，慶一一左四，殿一一右九，凌一二右二。〇南化 三 梅 來脩好行禮。

〔魯人施伯曰〕　瀧二九・八，慶一一左一〇，殿一一左四，凌一二右八。

正　世本云施伯魯惠公孫　○凌無「世本云」三字。

〔不如殺以其屍與之〕　瀧二九・九，慶一一右一，殿一一左五，凌一二右九。

索　本亦作死字也　○慶中統彭凌殿「本」字、「也」字並無。

〔莊公如齊觀社〕　瀧三〇・四，慶一二右六，殿一一左九，凌一二左三。

集　蒐軍實以示軍容　札記今國語注作「以示客」，疑脱誤。

〔見孟女〕　瀧三〇・六，慶一二右七，殿一二右一，凌一二左五。

索　即左傳云　○慶中統彭凌殿無「即」字。

索　孟任　○慶中統凌殿孟任從之閟杜預曰　彭初公築臺臨黨氏見孟任從之閟杜預曰。

索　黨氏二女　○慶彭凌殿無此注四字。

〔命牙待於鍼巫氏〕　瀧三一・一〇，慶一二左一〇，殿一二左二，凌一三右八。○牙，蜀叔

蜀無待字　殿命叔牙——札記舊刻「命」作「令」。

集　杜預曰　○凌此集解爲正義而，無「杜預曰」三字。札記凌本誤題「集解」爲「正義」，又脱「杜預曰」三字。

集　鍼巫氏　○彭無「氏」字。楓校補「氏」。

〔侍喪舍于黨氏〕　瀧三二・三，慶一三右五，殿一二左七，凌一三左二。○侍，南化楓棭三梅持。

〔季友犇陳〕　瀧三二・七，慶一三右八，殿一二左九，凌一三左五。

集 季友內知慶父之情 ○彭無「之」字。

〔是爲湣公〕 瀧三二·八，慶一三右九，殿一二左一〇，凌一三左七。○湣，詳節閔。

索 系本名啓 ○慶 中統 彭 凌 殿系本名曰啓。

〔請魯求內之〕 瀧三三·三，慶一三左三，殿一三右四，凌一四右一。○請，景離。

＊**正** 郱國〔南化、棭本無「國」字。〕 兗州鄒縣古郱國也 南化 棭 梅 狩 瀧

〔是爲釐公〕 瀧三三·六，慶一三左四，殿一三右五，凌一四右二。

索 湣公弟名申 ○慶 中統 彭 凌 殿湣公之弟名曰申。

索 魯國以理於是魯人爲僖公作魯頌 ○索「以」字、「於是」二字並無。

〔季友母陳女故亡在陳〕 瀧三四·三，慶一三左一〇，殿一三右一〇。凌一四右七。○南化 楓 三無「母陳女故」四字。

〔父魯桓公使人卜之〕 瀧三四·五，慶一四右二，殿一三左二，凌一四右九。○札記舊刻「父」上有「其」字。案：疑「其父魯」三字皆衍。

〔以汶陽鄪封季友〕 瀧三五·二，慶一四右六，殿一三左五，凌一四左三。

索 鄪或作費同音祕 ○索賈逵云魯二邑鄪或作費同祕音〔索本上二字互倒。〕 或，慶 中統 彭 凌 殿今。

索 蓋尚書費誓即其地 ○慶 中統 凌 殿——即是其地。

〔至高梁而還〕 瀧三五·五，慶一四右九，殿一三左九，凌一四左七。

索　在平陽縣西北　○慶中統彭凌殿無「西北」二字。

〔楚太子商臣〕　瀧三五・九，慶一四左二，殿一四右一，凌一四左九。○臣，中統目。

〔獲長翟喬如〕　瀧三六・一，慶一四左四，殿一四右三，凌一五右一。○喬，慶彭凌橋

札記柯、凌「喬」作「橋」。

〔鄋瞞伐宋〕　瀧三六・四，慶一四左六，殿一四右六，凌一四左三。

集　鄋瞞　○瞞，毛滿。

正　鄋作廋音所劉友瞞莫寒反　○各本「友」字作「反」。按：瀧本誤。札記「鄋作」二字，合刻者所加。

***正**　仲尼云汪罔氏之君守封禺之山爲漆南化、楓、棭、三各本「漆」字作「釐」。姓在虞夏商爲汪罔周爲長翟今謂之大人南化、楓、棭、三各本「人」字作「安」。其國在湖州武康縣本防風氏杜預云鄋瞞狄國名也防風之後添瀧本作「漆」。姓也　南化楓棭三梅狩瀧

〔司徒皇父帥師禦之〕　瀧三六・七，慶一四左八，殿一四右七，凌一五右五。○南化梅「司」上有「宋」字。南化楓棭三無「皇父帥師」四字。按：瀧川考證引楓山、三條本「司」上有「宋」字，然楓、三本無校記，瀧川本誤。　帥，紹師。

〔晉之滅路〕　瀧三六・八，慶一四左九，殿一四右八，凌一五右七。○路，南化潞。

集　在魯宣公十五年　○五，蜀七。

***正**　本傳云瀧川本無上三字。魯宣十六南化、楓、棭、三各本「六」作「五」。年杜預云潞赤狄之別種也按今潞州也　南化楓棭三梅狩瀧

〔獲喬如弟棼如〕 瀧三六・九，慶一四左一〇，殿一四右九，凌一五右七。

*正 棼本作焚 南化 棭

〔爲哀姜〕 瀧三七・五，慶一五右四，殿一四左三，凌一五左二。○景 井 蜀 紹 慶 中統 彭 凌 殿 無「爲」字。 南化 楓 棭 三 梅 校補「爲」。 札記 索隱本有「爲」字。

索 故生稱哀與上桓夫人別也 ○慶 彭 凌 殿 無此注十一字。

〔生子佞〕 瀧三七・六，慶一五右五，殿一四左四，凌一五左三。○佞，索 詳節 倭 札記 索隱本作「倭」。古音委、妥同部，字形亦近，往往相亂。

索 一作佞音同 ○慶 中統 彭 凌 殿 無此注五字。

〔叔仲曰不可〕 瀧三七・八，慶一五右七，殿一四左五，凌一五左四。○南化 楓 棭 三 無「曰」字。

集 叔仲惠伯 ○南化 楓 棭 三 ——惠伯世本云桓公曾孫惠伯彭也。

〔襄仲殺子惡及視而立佞〕 瀧三七・一〇，慶一五右八，殿一四左八，凌一五左五。○佞，景 井 蜀 紹 慶 彭 毛 倭 南化 楓 三 梅 校記「佞」。

〔哭而過市〕 瀧三八・一，慶一五右九，殿一四左七，凌一五左七。○市，紹 沛。

〔三桓彊〕 瀧三八・三，慶一五左一，殿一四左九，凌一五左八。

集 叔孫季孫 ○詳節 叔孫季孫皆桓公子孫故曰三桓。

〔宣公俀二年〕 瀧三八・四，慶一五左二，殿一四左一〇，凌一五左九。○景 井 蜀 紹 慶 中統 彭 凌 殿 金陵 宣公倭除金陵本，各本「俀」字作「倭」。 十二年 南化 楓 棭 三 校記「俀」。按：瀧本「二」上誤脫「十」。

〔襄仲〕 瀧三八・七，慶一五左四，殿一五右二，凌一六右二。

集 杜預曰襄仲立宣公 ○楓 杜預曰適謂子惡齊外甥襄仲殺之立宣公。

集 既不固 ○楓 三 既不能固。

〔或諫乃止〕 瀧三九・三，慶一六右一，殿一五右八，凌一六右八。○止，景 井 紹 慶 中統 彭 殿 不 南化 楓 梅 棭 校記「止」。

〔魯諱之〕 瀧三九・五，慶一六右二，殿一五左九，凌一六右九。

索 經不書其葬 ○經，索 謂。

〔晉立悼公〕 瀧三九・一〇，慶一六右六，殿一五左三，凌一六左四。○殿考 左殿及年表，晉悼公立於成公十八年二月乙酉，非襄公元年。

〔以相三君〕 瀧四〇・三，慶一六右九，殿一五左五，凌一六左六。

索 宣公成公襄公 ○慶 中統 彭 凌 殿 三「公」字並無。

〔孔丘生〕 瀧四一・三，慶一六左五，殿一六右一，凌一七右二。

正 魯襄二十二年 ○彭 無「襄」字。楓 校補「襄」。

〔魯人敬焉〕　瀧四二・三，慶一六左七，殿一六右三，凌一七右五。○敬，南化楓棭三梅驚。

〔其九月太子卒〕　瀧四二・四，慶一六左八，殿一六右四，凌一七右六。

索　胡女敬歸之子子野立　○楓立胡女敬歸——索「胡女」二字作「毀」而不重「子」字。

〔魯人立齊歸之子裯爲君〕　瀧四二・五，慶一六左九，殿一六右五，凌一七右八。

索　又徐廣云一作袑　○慶中統彭凌殿此注七字作「徐廣作袑」四字。

〔穆叔不欲立〕　瀧四二・七，慶一七右一，殿一六右七，凌一七右九。

索　宣伯喬如之弟　○喬，殿僑。

〔復詐取之〕　瀧四三・七，慶一七右一〇，殿一六左五，凌一七左八。

集　楚子享魯侯于章華與之大曲之弓　○楓——章華之基與之大曲之弓。

集　大屈殆所謂大曲之弓　○殆，楓梅沼　曲，慶彭屈。

*__正__　弨尺招反弛貌也角弓不張也禮云張弓尚筋弛弓尚角是也　南化楓棭三梅狩瀧

〔齊景公與晏子狩竟〕　瀧四四・三，慶一七左四，殿一六左九，凌十八右二。○竟，南化梅境。

〔晉謝還之〕　瀧四四・四，慶一七左六，殿一七右一，凌一八右四。○還，紹人。

〔鸜鵒來巢〕　瀧四四・五，慶一一左六，殿一七右三，凌一八右八。○鵒，殿欲。

〔季氏芥雞羽〕瀧四四・八，慶一七左一〇，殿一七右五，凌一八右八。

集　服虔曰擣芥子　○殿考左傳疏引此語是賈逵之說，非服虔也。

集　可以坌郈氏雞目　○彭無「雞」字。楓校補「雞」。

集　以膠沙播之爲介雞　○介，慶彭毛凌殿芥。

*正　介甲也　南化梅瀧

〔郈昭伯亦怒平子〕瀧四五・一，慶一八右二，殿一七右七，凌一八左一。

索　稱厚氏也　○厚，凌郈。

〔臧昭伯之弟會〕瀧四五・二，慶一八右三，殿一七右八，凌一八左一。

索　臧頃伯也　○頃，慶彭凌項。

〔爲讒臧氏匿季氏〕瀧四五・三，慶一八右四，殿一七右八，凌一八左三。○各本「爲」字作「僞」。瀧本以意改。札記左傳「僞」作「爲」，志疑云古通。

〔臧昭伯囚季氏人〕瀧四五・三，慶一八右四，殿一七右九，凌一八左三。○南化楓棭三梅——囚季氏家人。

〔臧郈氏以難告昭公〕瀧四五・五，慶一八右五，殿一七右一〇，凌一八左四。○南化楓棭三梅臧氏郈氏——

〔費許〕瀧四五・七，慶一八右七，殿一七左二，凌一八左七。

集　至下邳入泗水　○景井慶中統彭凌殿無「至下邳」三字。楓校補「至下邳」。

〔爲徒者衆衆將合謀〕　瀧四五・一〇，慶一八右一〇，殿一七左五，凌一八左八。○南化楓棭三梅爲徒者衆爲徒者衆將合謀　景井無下「衆」字。札記宋本無下「衆」字。

〔叔孫氏之臣戾〕　瀧四六・一，慶一八左一，殿一七左六，凌一八左一〇。

集　鬷戾　○鬷，彭殿騣。

〔弗從〕　瀧四六・八，慶一八左八，殿一八右二，凌一九右六。○從，楓臧。

〔叔孫見公〕　瀧四六・八，慶一八左八，殿一八右二，凌一九右六。○叔，南化楓棭三梅臧。

〔高齕子將粟五千庾〕　瀧四七・一，慶一九右二，殿一八右五，凌一九右一〇。

索　一本子將上有貨字　○一，索系。

索　子將即梁丘據也　○索無「子將」二字。

索　子將家臣也　○索無「子將」二字，而「家」字作「齊」。

〔抑魯君有罪于鬼神也〕　瀧四七・六，慶一九右七，殿一八右一〇，凌一九左五。○有，南化楓棭三梅得。　按：瀧川氏考證引楓山、三條本「有」下有「得」字，誤。不少如此之誤，不全載。

〔居昭公乾侯〕　瀧四七・九，慶一九右九，殿一八左二，凌一九左八。

集　在魏郡斥丘縣晉竟内邑　○竟，殿境。

〔怒而去乾侯〕　瀧四八・五，慶一九左一，殿一八左四，凌一九左一〇。○彭「而」「去」互倒。南化楓棭三梅怒而去楓、三、梅本校記「而」「去」不倒。復之乾侯。

〔至于文子武子〕瀧四九・二，慶一九左八，殿一八左一〇，凌二〇右六。○景中統彭凌此六字作「至于武子文子」。札記宋本、毛本與左傳合，它本「文」、「武」字互誤。

〔東門遂殺適立庶〕瀧四九・二，慶一九左八，殿一八左一〇，凌二〇右七。

索系本作述　○慶中統彭凌殿系本並作述。

索鄒誕本作秫　○慶中統彭凌殿無「本」字，而「秫」字作「述」。

〔孔子行相事〕瀧五〇・四，慶二〇右九，殿一九右一〇，凌二〇左七。○詳節無「行」字。

〔歸魯・侵地而謝過〕瀧五〇・五，慶二〇右一〇，殿一九左一，凌二〇左八。○南化棭梅歸魯侵地齊而謝過。

〔孔子去〕瀧五〇・九，慶二〇左三，殿一九左二，凌二一右一。

集桓子使定公受齊女樂　○楓桓子季孫斯也使定公——

〔是爲哀公〕瀧五一・一，慶二〇左四，殿一九左五，凌二一右二。

索將作蔣也　○慶中統彭凌此注四字作「將亦作蔣」。

〔盟而去〕瀧五一・七，慶二〇左八，殿一九左八，凌二一右六。

*__正__鄒作騶見于陳世家音邾後同也　南化楓棭三梅狩瀧

〔齊伐我取三邑〕瀧五一・八，慶二〇左九，殿一九左九，凌二一右六。○殿考左傳「八年夏，齊人取讙及闡二邑〕。齊世家亦作取二邑。

〔伐齊南邊〕　瀧五一・九，慶二〇左九，殿一九左九，凌二一右六。○伐，殿代。

〔十一年齊伐魯〕　瀧五一・九，慶二〇左九，殿一九左九，凌二一右七。○一，慶彭凌殿二，楓棭三校記「一」。南化梅校記「三」。

〔齊田常弑其君簡公於徐州〕　瀧五二・一，慶二一右一，殿一九左一〇，凌二一右八。○徐，景井蜀慶彭凌殿徐下同。札記各本「徐」訛「徐」，依齊世家索隱改。

〔季康子卒〕　瀧五二・六，慶二一右四，殿二〇右四，凌二一左二。○彭無「子」字。楓校補「子」。

〔三桓亦患公作難〕　瀧五二・七，慶二一右五，殿二〇右五，凌二一左三。○井毛三桓亦患公之作難。

〔遇孟武伯於街〕　瀧五二・九，慶二一右七，殿二〇右六，凌二一左五。○街，景井蜀紹慶中統彭凌殿衢　札記索隱本「街」，各本作「衢」，辨見襍志。

索　有本作衛者非也　○慶中統彭凌殿「有」字作「一」而無「者」字。

索　左傳於孟氏之衢　○衢，彭行。

〔請問余及死乎〕　瀧五二・一〇，慶二一右七，殿二〇右六，凌二一左五。

集　問己可得以壽死不　○彭「可」字作「外」而無「以」字。

〔遂如越〕　瀧五三・三，慶二一右一〇，殿二〇右九，淩二一左八。

*正　今蘇州西南四十五里横山南有魯郡村村内有城俗云魯哀公如越越居哀公焉　[南化][棭][三][梅][狩][瀧]

〔復歸卒于有山氏〕　瀧五三・四，慶二一右一〇，殿二〇右九，淩二一左八。

集　哀公元甲辰　○[殿考]年表甲辰爲定公十三年，哀公元爲丁未。左傳疏曰傳稱國人施罪于有山氏，不得復歸，而卒于其家也。

〔卑於三桓之家〕　瀧五三・六，慶二一左二，殿二〇左一，淩二一左一〇。○卑，[景][井][蜀][紹][慶][中統][彭][淩][殿]畀[南化][楓][棭][三][梅]校記「卑」。

〔是爲康公〕　瀧五四・三，慶二一左八，殿二〇左七，淩二三右六。

索　屯音竹倫反　○[索]無「屯音」二字而「竹倫」二字作「作論」。

〔二十二年平公卒〕　瀧五四・八，慶二二右二，殿二一右一，淩二三左二。○[殿]「二十二」作「三十二」。

〔是爲文公〕　瀧五四・九，慶二二右三，殿二一右一，淩二三左一。

索　鄒誕本亦同　○[慶][中統][彭][淩][殿]無「本」字。

索　仍云系家或作文公　○[慶][中統][彭][淩][殿]無「仍云」二字。

〔是爲頃公〕　瀧五五・三，慶二二右五，殿二一右三，淩二三左三。○頃，[景][井][蜀][紹][慶][中統][彭][淩]傾[南化][楓][棭][三][梅]校記「頃」。下同。[札記]官本「頃」，各本作「傾」，下「楚頃王」同。

〔楚伐我取徐州〕　瀧五五・四，慶二三右六，殿二一右六，凌二三左五。

索　則徐與郗並音舒也　○音，彭因。按：據聲相近訛。

〔頃公亡遷於卞邑爲家人〕　瀧五五・八，慶二三右九，殿二一右七，凌二三左八。○卞，殿金陵下，札記王本「下」，與索隱合。各本作「卞」，蓋依表改。案：卞、下形近易亂，未知孰是，兩仍之。

集　徐廣曰卞一作下　○卞，凌下殿金陵「卞一作下」四字作「下一作卞」。札記各本「卞」、「下」二字互誤，今依王本。

索　或有本作卞邑　○慶中統彭凌殿「或有本」三字作「本或」二字。

索　所以惑也　○慶中統彭凌殿「所以惑也」四字作「與此不同」。

〔頃公卒于柯〕　瀧五五・一〇，慶二三左一，殿二一右九，凌二三左九。

索　齊伐魯柯而盟　○慶中統凌殿「伐」字作「及」而「柯而盟」三字作「盟于柯」。

索　今濟北東阿也　○阿，索柯。

〔洙泗之閒齗齗如也〕　瀧五六・四，慶二三左四，殿二一左一，凌二三右三。

集　長者不自安　○者，慶彭凌殿老。

索　齗音魚斤反　○慶中統彭凌殿無此注五字。

索　又作齗齗　○中統凌兩「齗」字作「斷」。

索　涉洙泗而飲馬兮　○[慶][中統][彭][凌][殿]無「兮」字。

索　至于揖讓之禮則從矣　○讓，[彭]遜。

〔而行事何其戾也〕　瀧五七・一，慶二三右一，殿二一左九，凌二三左一。

*正　言魯被周公之化揖讓之禮則從矣而君臣相弒何戾之甚　[南化][楓][棭][三][梅][狩][瀧]

索　北面軥如　○軥，[慶][中統][彭][凌]躬。

索　系職不渝　○系，[慶][中統][彭][凌][殿]世。

史記會注考證校補卷三十四

燕召公世家第四

〔姓姬氏〕 瀧二·一，慶一右二，殿一右七，淩一右三。

索 取岐周故墟周召地 ○蔡 慶 彭 淩 殿下無「周」字。

索 後武王封之北燕 ○毛無「武」字。

索 代爲召公 ○召，蔡 慶 彭 淩邵。

索 召穆公虎其後也 ○蔡 慶 中統 彭 淩「召穆」二字作「邵康」。穆，殿康 札記「穆」原誤「康」，考證改。

〔封召公於北燕〕 瀧二·五，慶一右五，殿一右一〇，淩一右六。

集 宋忠曰 ○宋，蔡乎。按：仿刻時之誤也。

****正** 括地志云滑州城古之燕國也應劭曰南燕姞姓之國黃帝之後也 南化 楓 棭 梅 狩 瀧

〔當國踐祚〕 瀧三·二，慶一右八，殿一左三，淩一右九。○祚，南化 景 井 蜀 殿阼。

〔君奭不説周公〕　瀧三・三，慶一右九，殿一左四，凌一右一〇。

集　召公以周公既攝政致大平　○各本「大」作「太」。按：瀧本誤。

〔湯時有伊尹〕　瀧三・六，慶一右一〇，殿一左五，凌一左二。○南化楓三梅湯時有若伊尹。

〔假于皇天〕　瀧三・六，慶一右一〇，殿一左五，凌一左二。

集　功大至天　○景井蜀蔡慶中統彭毛金陵「大」「至」互倒。

集　北極天帝也　○天，殿大。

*__正__　假音格　南化梅狩

〔巫咸治王家〕　瀧三・八，慶一左二，殿一左七，凌一左四。

集　道至于上帝　○彭道而至于上帝。

*__正__　按巫咸吳人今蘇州常熟縣西海隅山上有巫咸冢及巫賢冢　南化楓棭三梅狩瀧

〔在武丁時〕　瀧四・一，慶一左五，殿一左一〇，凌一左七。○殿無「時」字。

〔率維茲有陳〕　瀧四・二，慶一左六，殿二右一，凌一左八。○率，景井蔡慶彭卒

札記　中統、柯本「率」，游、王作「卒」。

〔保乂有殷〕　瀧四・二，慶一左六，殿二右一，凌一左八。

集　一無此九字　○九，南化梅八。

〔召公巡行鄉邑有棠樹〕　瀧四・四，慶一左八，殿二右三，凌一左一〇。○詳節重「邑」字。

正　有棠　○有，南化 梅 凌甘。

〔哥詠之〕　瀧四・六，慶二右二，殿二右六，凌二右四。○哥，蜀 凌 殿歌　札記 蔡本、中統本「哥」，它本作「歌」。

〔九世至惠侯〕　瀧五・一，慶二右二，殿二右七，凌二右四。

索　又自惠侯已下　○又，索夫。

索　二釐侯　○彭無「二」。楓校補「二」。

〔鄭桓公初封於鄭〕　瀧五・四，慶二右六，殿二右一〇，凌二右八。○桓，燉煌宣。

〔子頃侯立〕　瀧五・五，慶二右七，殿二左一，凌二右九。○頃，燉煌傾。下同。

〔秦始列爲諸侯〕　瀧五・六，慶二右八，殿二左二，凌二右一〇。○燉煌秦始封列爲諸侯。

〔子宣侯立〕　瀧五・八，慶二左一，殿二左五，凌二左三。

索　系本謂燕自宣侯已上　○上，索下。

索　皆父子相傳無及故系家桓侯已下　○蔡 慶 中統 彭 凌 殿「無及故系家」五字作「故無所疑」四字。

索　宋忠依太史公書　○彭無「公」字。

索　蓋近代始散佚耳　○中統 毛無「代」字。佚，蔡 慶 彭 凌 殿逸。

〔子桓侯立〕　瀧五・一〇，慶二左三，殿二左七，凌二左六。○燉煌 毛無「子」字。

集　古史考曰　○考，紹方。

〔桓侯七年卒〕　瀧六・二，慶二左三，殿二左八，凌二左七。○七，【南化】【楓】【棭】【三】【梅】十。

〔子莊公立〕　瀧六・三，慶二左五，殿二右八，凌二左七。○【燉煌】無「子」字。

〔立惠王弟穨爲周王〕　瀧六・四，慶二左六，殿二左一〇，凌二左九。○穨，【井】【蜀】【慶】【中統】【彭】【凌】【殿】頽，【燉煌】【蔡】頽。下同。

索　而系家以爲北燕伯　○【索】「系」字作「世」而「北」字作「南」。

索　此燕是姞姓　○此，【中統】【凌】北　【索】此燕是姞姓耳。

索　今檢左氏莊十九年　○檢，【索】按。

索　衛師燕師伐周　○【索】無「燕師」二字。

索　二十年傳云　○【蔡】【慶】【中統】【彭】【凌】【殿】二十年齊伐山戎傳云　【札記】「年」下原衍「齊伐山戎」四字，涉下三十年文而誤，今删。

索　謀山戎　○山，【索】伐。

索　爲伐周故　○【索】此四字作「是北燕大夫」五字。

索　故有伐周納王之事　○【慶】【彭】「周納王」三字作「國納士」。【蔡】作「國納王」。按：景印慶元本作「國納王」。

〔而内惠王于周〕　瀧六・八，慶三右一，殿三右五，凌三右四。

*正　杜預云燕仲父南燕伯也周本紀云鄭虢君怒鄭與虢君伐南化、楓、三本「伐」字作「代」。殺王子穨南化、楓、棭、三、梅本有「復」字。入惠王故鄭怒南燕所以執其仲父　【南化】【楓】【棭】【三】【梅】【狩】【瀧】

〔遂北伐山戎而還〕　瀧七・一，慶三右二，殿三右六，淩三右五。

＊正　左傳莊三十年齊人伐山戎杜預云山戎北狄（南化、楓、棭、三、梅本「狄」字作「戎」。）　無終國名也括地志云幽州漁陽縣本北戎無終國（楓、三本「國」字作「縣」。）　其後晉滅山戎也　南化楓棭三梅狩瀧

〔燕君送齊桓公出境〕　瀧七・二，慶三右三，殿三右六，淩三右六。○敦煌燕君送無「齊」字。

桓公出境桓公出境。

〔桓公因割燕所至地予燕〕　瀧七・二，慶三右三，殿三右七，淩三右六

正　在滄州長蘆縣東北十七里　○滄，淩倉。

正　即齊桓公分溝割燕君所至地與燕　○溝，慶彭淩济。按：景印慶元本作「淯」。

〔使燕共貢天子〕　瀧七・四，慶三右五，殿三右八，淩三右八。○敦煌「燕」「共」互倒。

〔子襄公立〕　瀧七・六，慶三右六，殿三左九，淩三右九。○毛無「子」字。

〔桓公十六年卒〕　瀧七・八，慶三右九，殿三左一，淩三左二。

索　系本襄伯生宣伯　○本，蔡慶中統彭索淩殿金陵家。按：瀧本誤。

索　無桓公　○蔡慶中統彭淩殿無「公」字。

索　今檢史記　○檢，蔡慶驗。

＊正　燕四十三代三桓公二僖公二宣公二（南化、楓、棭、三、梅本無「二」。）　惠公二（南化、梅無「二」，楓、棭、三本無「公二」。）　文公蓋國微其謚故重　南化楓棭三梅狩瀧

〔惠公多寵姬〕　瀧八・四，慶三左四，殿三左七，淩三左八。○札記志疑云三「姬」字皆

「臣」之誤，即表所稱「幸臣」。

〔大夫共誅姬宋〕　瀧八・五，慶三左五，殿三左七，凌三左八。

索　宋其名也或作宗劉氏云其父兄爲執政　○札記據此，則劉所見本是「姬」字。拾遺云依或本「宋」作「宗」，亦可通。

〔惠公至燕而死〕　瀧八・九，慶三左八，殿三左一〇，凌四右一。

索　事與此乖　○索無「事」字。

索　簡公去惠公已五代　○慶蔡中統彭殿凌此八字作「簡公後惠公四代」七字。

〔獻公立〕　瀧九・六，慶四右三，殿四右五，凌四右六。

索　多是僞謬　○僞，殿訛。

〔韓魏趙滅知伯分其地〕　瀧九・一〇，慶四右六，殿四右八，凌四右一〇。○知，彭殿智。

〔湣公立〕　瀧一〇・一，慶四右八，殿四右一〇，凌四左二。○湣，南化楓棭三梅文。

索　成公名載　○公，慶中統彭凌殿侯。

〔釐公立〕　瀧一〇・二，慶四右九，殿四右一〇，凌四左二。○釐，南化楓棭三梅僖。

〔伐敗齊于林營〕　瀧一〇・四，慶四左一，殿四左二，凌四左五　○景井蜀紹蔡慶中統彭毛凌殿「敗」「齊」互倒。

〔釐公卒〕　瀧一〇・五，慶四左二，殿四左三，凌四左六。

索　則此當是釐　○索無此注五字而有「是」字。

索　但紀年又誤耳　○索無此注六字。紀，蔡慶彭凌殿立。
〔文公立〕　瀧一〇・六，慶四左四，殿四左四，凌四左七。
索　而上懿公之父　○懿，索惠。
索　謚文公　○蔡慶彭凌殿又謚文公。
〔二十八年〕　瀧一〇・八，慶四左五，殿四左六，凌四左九。○景井二十八年卒。
〔燕君爲王〕　瀧一一・二，慶四左一〇，殿四左一〇，凌五左四。
索　君即易王也　○蔡慶中統彭凌殿燕君即易王也。
〔欲以亂齊〕　瀧一一・四，慶五右二，殿五右二，凌五右六。
集　令吾閒必索敵閒之來閒我者　○彭殿令吾之閒——
正　使音所吏反閒　○南化楓三棭梅狩此六字作「注反間敵間吾間」七字。
正　音紀莧反　○南化楓棭三梅狩並音紀莧反。
〔於是燕王大信子之〕　瀧一二・四，慶五左二，殿五左一，凌五左五。○大，紹太。
〔而聽其所使〕　瀧一二・四，慶五左二，殿五左二，凌五左六。
正　秦以一溢爲一金　○溢，彭凌殿鎰。
〔鹿毛壽謂燕王〕　瀧一二・五，慶五左三，殿五左二，凌五左七。
索　春秋後語　○索按徐廣一作厝毛故春秋後語。
索　作潘壽　○索無「壽」字。

〔不如以國讓相子之〕　瀧一二・六，慶五左四，殿五左三，凌五左八。○相，蜀桓。按：景印時之誤也。

〔禹薦益已〕　瀧一二・一〇，慶五左九，殿五左七，凌六右三。

索　或曰已語終辭　○索無此注六字。

〔而以啓人爲不足任乎天下〕　瀧一三・二，慶五左一〇，殿五左九，凌六右四。○楓梅蜀紹殿無人字　井無「乎」字。

〔已而啓與交黨攻益奪之〕　瀧一三・三，慶六右一，殿五左一〇，凌六右五。○井無「而」字。交，南化楓三梅支。

〔而效之子之〕　瀧一三・七，慶六右五，殿六右三，凌六右九。

*****正**　顧野王云效學也象也法也　南化楓棭三梅狩瀧

〔而噲老不聽政〕　瀧一三・八，慶六右六，殿六右三，凌六右一〇。○殿考不，監本訛作「大」，今改正。

〔百姓恫恐〕　瀧一三・九，慶六右八，殿六右五，凌六左二。○恐，蔡慶彭怨　南化楓梅校記「恐」。札記蔡本訛「怨」。

索　恫音通痛也恐懼也　○蔡慶中統彭凌殿此注八字作「恫猶通也民皆恐懼」八字。

〔以徇〕　瀧一五・八，慶六左五，殿六左二，凌六左九。

*正 徇行示也 南化 楓 棭 三 梅 狩 瀧

〔因構難數月〕 瀧一五・一〇，慶六左五，殿六左二，凌六左九。〇構，景 井 蜀 紹 蔡 慶 中統 彭 毛 凌 殿 金陵 搆。按：瀧本誤。

〔不可失也〕 瀧一六・二，慶六左七，殿六左三，凌七右一。

*正 軻字子輿鄒人（棭本無「鄒人」二字。） 著孟子十四卷趙岐注 南化 楓 棭 三 梅 狩 瀧

〔王因令章子〕 瀧一六・三，慶六左八，殿六左四，凌七右一。

索 按孟子云章子齊人 〇蔡 慶 彭 凌 殿 無此注八字。

〔以伐燕〕 瀧一六・六，慶六左九，殿六左五，凌七右三。

*正 謂齊之北境滄德等五衆（楓、三本「五衆」二字作「州界」，南化、棭、梅本作「州衆」。） 也 南化 楓 棭 三 梅 狩 瀧

〔子之亡〕 瀧一六・七，慶六左一〇，殿六左六，凌七右四。

集 徐廣曰年表云君噲及太子相子之皆死騆案汲冢紀年曰齊人禽子之而醢其身也 〇紹 無此注三十三字。詳節「及太子相子之皆死」八字作「立七年而死其九年燕人共立太子平」十五字。禽，凌 擒。

〔二年而燕人共立太子平是爲燕昭王〕 瀧一六・八，慶七右二，殿六左八，凌七右六。〇紹 無此十五字。

索 今此文云 〇文，索 又。

索　則昭王名平　○昭，慶彭開。

〔卑身厚幣〕　瀧一七・七，慶七右六，殿七右二，凌七左一。○幣，蜀弊。

〔然誠得賢士以共國〕　瀧一七・九，慶七右七，殿七右四，凌七左三。○以，南化楓棭三與。札記御覽四百二引「以」作「與」。國，景蜀圖。

〔入至臨淄〕　瀧一八・一〇，慶七左六，殿七左一，凌七左一〇。○淄，景井蜀毛菑。

〔獨唯聊莒即墨〕　瀧一九・一，慶七左七，殿七左二，凌八右一。

*正　括地志云聊城在博州楓、棭、三、梅本有「故」字。聊城縣西二十四里莒即密州莒縣是即墨故城南化、楓、棭、三、梅本無「城」字。　在萊州膠水縣南六十里　南化楓棭三梅瀧

〔齊田單以即墨擊敗燕軍〕　瀧一九・六，慶七左一〇，殿七左四，凌八右四。○井無「軍」字。

〔齊悉復得其故城〕　瀧一九・七，慶八右一，殿七左五，凌八右六。○殿考「故」，監本作「敗」，今依宋本作「故」。

〔惠王七年卒〕　瀧一九・八，慶八右二，殿七左六，凌八右六。

索　徐廣按年表　○凌徐廣曰按年表。

〔齊田單伐我拔中陽〕　瀧二〇・一，慶八右五，殿七左九，凌八右九。

*正　中陽故城南化、楓、棭、三、梅本有「在」字。　汾州隰城縣南十里　南化楓棭三梅贊異瀧按：南化、楓、棭、三、梅各本校記此注上不冠「正義曰」三字，瀧川氏據大島贄川史記攷異爲正義，下同。

〔四十餘萬〕 瀧二〇・二，慶七右六，殿七左一〇，淩八右一〇。

*正 長平故城在澤州高平縣西北南化、楓、棭、三本無「北」字。二十一里秦趙戰時所南化、楓、棭、三本無「所」字。築也 [南化][楓][棭][三][贅異][瀧]按：南化、楓、棭、三本校記不冠「正義曰」。

〔十三年〕 瀧二〇・二，慶八右五，殿七左九，淩八右一〇。○三，[毛]二 [札記]毛本「三」作「二」，與表合，而趙世家書於孝成王七年，則適當燕武成十三年。

〔子今王喜立〕 瀧二〇・五，慶八右七，殿八右一，淩八左二。○[攷異]「今王」蓋當時人所稱，猶紀年稱魏襄王爲「今王」也。史公雜采戰國書，未及刊正。

索 有作令者 ○令，[蔡][慶][彭][淩][殿]金。下同。

〔王召昌國君樂閒問之〕 瀧二〇・九，慶八左一，殿八右四，淩八左五。○王，[蔡]主。按：景印時之誤也。

〔趙四戰之國〕 瀧二〇・一〇，慶八左一，殿八右五，淩八左五。

正 西接秦境 ○[彭]無「境」字。

〔吾以五而伐一〕 瀧二一・二，慶八左三，殿八右六，淩八左七。

索 謂以五人而伐一人 ○[彭]無「以」字。

〔栗腹將而攻鄗〕 瀧二一・三，慶八左四，殿八右七，淩八左八。○栗，[淩]粟。

索 鄗氏音火各反 ○各，[彭][淩][殿]角。

〔卿秦攻代〕 瀧二一・四，慶八左五，殿八右八，淩八左九。

索　戰國策云至不同也三十二字　○蔡　慶　中統　彭　凌　此注三十二字移在下文「破卿秦樂乘於代」下。

索　廉頗以二十萬遇栗腹於鄗　○二，中統　三。

索　樂乘以五萬遇爰秦於代　○爰，蔡　慶　中統　凌　殿　慶。

索　不同也　○蔡　慶　彭　凌　殿　與此不同無「也」字。

正　戰國策云至與此不同也三十四字　○殿　無此注三十四字。

正　樂乘以五萬遇慶秦於代　○慶，慶　爰。

〔唯獨大夫將渠〕　瀧二一・六，慶八左六，殿八右九，凌九右一。

索　上卿秦及此將渠者　○者，蔡　慶　中統　彭　凌　殿　皆。

索　卿將皆官也秦渠名也　○蔡　慶　彭　凌　殿　卿將彭本「皆」字作「將」，蔡、慶、凌、殿本無「皆」字。　官秦渠其名也。

索　而書遂失姓也　○也，蔡　慶　中統　彭　凌　殿　爾。

索　爰秦爰是姓也　○蔡　慶　彭　凌　殿　兩「爰」字作「慶」。　是，慶　彭　焉。

索　卿是其官也　○蔡　慶　彭　無「是」字也。　蔡　慶　彭　凌　殿　金陵　耳。

〔燕軍至宋子〕　瀧二二・一，慶九右二，殿八左三，凌九右六。　○宋，中統　末。　按：訛。

〔燕相將渠以處和〕　瀧二二・五，慶九右六，殿八左七，凌九右一〇。

索　謂欲令將渠處之使和也　○索「將渠」二字作「人」字。

〔秦拔趙榆次三七七城〕　瀧二二・七，慶九右八，殿八左九，凌九左二。○景 井 蜀 紹 慶 蔡 中統 彭 凌 殿 金陵「三七七」作「三十七」。按：瀧本涉下訛。

〔秦置太原郡〕　瀧二二・八，慶九右八，殿八左九，凌九左三。○太，凌 金陵 大。

〔殺劇辛〕　瀧二三・六，慶九左六，殿九右六，凌九左一〇。○殿考 按六國年表，劇辛死於趙，在十三年。又按：昭王即位，劇辛自趙往，至此，經七十年，歷五王，當有兩劇辛耶？否，則皆傳訛也。

〔使荆軻獻督亢地圖於秦〕　瀧二四・一，慶一〇右二，殿九左二，凌一〇右六。

索　涿有督亢亭　○涿，蔡 冢。按：景印時之誤也。

*正　地下有圖字者俗本也括地志云督亢坡（南化、棭、三、梅本「坡」字作「陂」。）在幽州范陽縣東南十里劉向別録云督亢膏腴之地風俗通云亢莽（南化、梅本「莽」字作「漭」。）也言平望漭漭無涯際也亢澤之（梅本「之」字作「也」。）無水斥鹵之謂　南化 楓 棭 三 梅 狩 瀧

〔内措齊晉〕　瀧二四・一〇，慶一〇右一〇，殿九左八，凌一〇左四。

索　劉氏云争陌反　○蔡 慶 中統 彭 凌 殿「陌反」二字作「錯也」。

*正　措置也安也言燕之地（棭本無「地」字。）都邑交在齊晉之境内也　南化 楓 棭 三 梅 狩 瀧

〔然社稷血食者八九百歲〕　瀧二五・二，慶一〇左一，殿九左九，凌一〇左五。○詳節 無「八」。　歲，蜀 戚。按：蜀本訛。

〔豈非召公之烈邪〕 瀧二五·三，慶一〇左二，殿九左一〇，凌一〇左六。

索 莊送霸主 〇霸，蔡 彭伯。主，詳節 王。

索 文公從趙 〇從，蔡 慶 中統 彭 凌 殿 約。

史記會注考證校補卷三十五

管蔡世家第五

〔管叔鮮蔡叔度者〕　瀧二・一，慶一右二，殿一右七，凌一右三　南化　楓　三　梅　梅無「蔡叔度」三字。

〔母曰太姒〕　瀧二・二，慶一右五，殿一右八，凌一右五。○太，蜀大。

正　太姒之家　○太，凌大。下同。

正　列女傳云　○列，慶　彭　凌烈。

正　文王嘉之　○嘉，慶　彭　凌　殿喜。

正　思媚太姜太任　○慶　彭　凌無「媚太姜太」四字。札記各本止「思任」二字，汪校增，與列女傳合。

〔次曰成叔武〕　瀧二・六，慶一右九，殿一左三，凌一右一〇。

正 在濮州雷澤縣東南九十一里 ○慶彭凌殿「在」字移在「縣」下。札記「在」字原錯在「縣」下，考證移改。

〔次日康叔封〕 瀧二·八，慶一左一，慶二右七，凌一左三。

索 封叔名 ○慶彭中統凌殿封叔名耳。

〔次日冄季載〕 瀧二·八，慶一左一，殿一左六，凌一左九。○冄，紹丹，景井蜀蔡慶彭中統凌殿冉。下同。札記思齊疏引「冄」作「聃」，與左傳合。

索 冄季鄭姬 ○季，金陵由 札記「由」誤「季」，汪校改，與國語合。

索 遷於邢處 ○棭使鬪緡尹之以叛囲而殺之遷權於邢處。

正 冄音奴甘反 ○慶彭凌殿冄殿本「月」字作「冉」。一慶、彭、凌本無「一」。作彭本無「作」字。丹殿本「丹」字作「冄」。音奴甘反。

〔同母昆弟十人〕 瀧三·二，慶一左三，殿一左七，凌一左五。○昆，景井蜀蔡慶彭毛中統兄。

〔故文王舍伯邑考〕 瀧三·三，慶一左四，殿一左九，凌一左六。○伯，景井百，紹白。

＊**正** 舍音捨 南化楓棭三梅

〔於是封叔鮮於管〕 瀧三·七，慶一左七，殿二右一，凌一左九。

集 在滎陽京縣東北 ○滎，景井蜀熒。

〔封叔度於蔡〕 瀧三·七，慶一左七，殿二右二，凌一左九。

集　世本曰　○毛「世本」二字作「杜預」。札記「世本」二字，毛誤「杜預」。

〔封叔武於成〕　瀧三・一〇，慶一左九，殿二右四，凌二右一。

索　東平剛父縣有郕鄉　○父，中統文。

索　後漢郡國志以爲成本國　○索無此注十字，而有「即此成」三字。蔡慶彭凌殿「郡國」二字作「地理」。札記單本作「即此成」三字，無此十字，「郡國」二字原誤「地理」，考證改。

索　又地理志　○彭又地理志云。

〔封叔處於霍〕　瀧四・一，慶二右一，殿二右一，凌二右三。

索　地理志　○中統地理志云。

〔未得封〕　瀧四・三，慶二右三，殿二右七，凌二右五。○蔡慶彭凌殿此下有「索隱曰孔安國曰康畿内國名也地闕叔字也封叔名耳」二十一字注。

〔管叔蔡叔疑周公之爲〕　瀧四・五，慶二右四，殿二右八，凌二右六。○殿「之」、「爲」互倒。

〔遷之與車十乘〕　瀧四・七，慶二右六，殿二右一〇，凌二右八。○十，毛予　札記「十」字毛誤「予」，御覽百五十九引作「七」，與晚出古文微子之命合。

〔冄季爲周司空〕　瀧五・一，慶二左二，殿二左五，凌二左二。

索　事見定四年左傳　○凌殿「定四年左傳」五字作「左傳定四年」。蔡慶彭作「左傳定公四年」六字。中統事見定公四年左傳。

〔而擧胡以爲魯卿士〕　瀧五・三，慶二左四，殿二左七，凌二左七。

索 蔡仲克庸祗德　○祗，蔡慶彭凌殿金陵祇。

索 乃命諸王邦之蔡　○邦，索金陵封。

索 乃是七年致政之後　○七，中統十。

〔復封胡於蔡〕　瀧五・六，慶二左七，殿二左一〇，凌二左九。

〔餘五叔皆就國〕　瀧五・七，慶二左八，殿三右一，凌二左一〇。○國，索封。

集 宋忠曰　○殿無「忠」字。

索 管叔蔡叔成叔曹叔霍叔　○殿考左傳杜預注云「五叔管叔鮮、蔡叔度、成叔武、霍叔處、毛叔聃也」。孔穎達疏云「史記云聃季載，杜云毛叔聃，又不數叔振鐸者，杜以振鐸非周公同母故不數之，或杜別有所見不以管蔡世家爲說。

〔秦始得列爲諸侯〕　瀧六・四，慶三右四，殿三右六，凌三右七。○侯，蜀戒。○蔡慶中統彭凌「列」字作「封」而「諸」字作「列」。南化楓棭三梅校記「列」字作「諸」。札記毛本與凌引一本合，各本並作「封爲列侯」。

〔蔡人立其子肸〕　瀧七・四，慶三左四，殿三左五，凌三左六。○肸，景肹，蔡慶彭凌殿肹。

〔嫁其弟〕　瀧七・六，慶三左七，殿三左八，凌三左九。○弟，景井蜀毛妹　札記毛本「妹」，非。

〔齊侯歸蔡侯〕　瀧七・八，慶三左九，殿三左九，凌四右一。○侯，燉煌復。

〔楚太子商臣弒其父成王代立〕 瀧八・一，慶四右一，殿四右一，凌四右三。○弒，敦煌煞

按：唐鈔本「弒」「殺」共作「煞」。

〔二十五年〕 瀧八・一，慶四右二，殿四右二，凌四右四。○敦煌無「五」。

〔秦穆公卒〕 瀧八・二，慶四右二，殿四右二，凌四右四。○穆，敦煌繆。

〔楚復醳之〕 瀧八・四，慶四右五，殿四右四，凌四右六。○醳，敦煌釋。

〔二十年文侯卒〕 瀧八・四，慶四右五，殿四右五，凌四右七。○敦煌井二十八年文醳侯，蜀徵。

〔子景侯固立〕 瀧八・四，慶四右六，殿四右五，凌四右七。○固，敦煌景井蜀蔡慶中統彭凌殿同 札記各本「固」訛「同」，今改。

〔二十九年〕 瀧八・五，慶四右六，殿四右六，凌四右八。○二，景四金陵三 札記各本「四」誤「二」，今改。

〔景侯爲太子般娶婦於楚而景侯通焉〕 瀧八・五，慶四右六，殿四右六，凌四右八。○敦煌南化楓棭三梅——般敦煌本「般」字作「斑」，下同。 娶敦煌本「娶」字作「取」，下同。 婦於楚而好景侯通焉。

〔太子弒景侯而自立〕 瀧八・六，慶四右七，殿四右六，凌四右九。○敦煌太子斑弒景侯而自立。

〔靈侯二年〕 瀧八・七，慶四右八，殿四右七，凌四右九。〇侯，[燉煌]公。

〔陳司徒招弒其君哀公〕 瀧八・八，慶四右九，殿四右八，凌四左一。〇招，[燉煌]苕。

索 招或作昭 〇昭，[蔡][慶][中統][彭][凌][殿]苕。

索 或作韶 〇[蔡][慶][中統][彭][凌][殿]「或」字作「又」而「韶」字作「昭」。

索 並時遥反 〇[蔡][慶][中統][彭][凌][殿]並音時遥反。

〔楚靈王以靈侯弒其父〕 瀧八・一〇，慶四左一，殿四右一〇，凌四左三。〇以，[燉煌]怒。

〔楚公子弃疾弒其君靈王〕 瀧九・四，慶四左四，殿四左三，凌四左六。〇[燉煌]無「疾」字。

〔是爲平侯〕 瀧九・五，慶四左六，殿四左四，凌四左七。

索 今系本無者 〇本，[索]家。

〔平侯九年卒〕 瀧九・八，慶四左八，殿四左六，凌四左一〇。〇卒，[燉煌]平。按：涉上訛。

〔悼侯父曰隱太子友隱太子友者〕 瀧一〇・一，慶四左九，殿四左七，凌五右一。〇[燉煌]兩「友」字作「有」而無「者」字。[蔡][慶][中統][彭][凌]不重「隱太子友」。[南化][楓][棭][三][梅]校補「隱太子友」。[札記]官本、毛本同，它本不重「隱太子友」四字。[殿考]監本少「隱太子友」四字，今添。

〔是爲悼侯〕 瀧一〇・三，慶五右二，殿四左七，凌五右三。〇[燉煌]無此四字。按：中井積德曰：「是爲悼侯」是複文，當削。

〔弟昭侯甲立〕 瀧一〇・六，慶五右二，殿四左一〇，凌五右三。○甲，燉煌 井 蜀 慶 中統 殿 金陵 申。

〔昭王持美裘二〕 瀧一〇・七，慶五右三，殿四左一〇，凌五右四。○美，燉煌 南化 楓 梅 善。

〔獻其一於昭王〕 瀧一〇・八，慶五右三，殿五右一，凌五右四。○燉煌無「於」字而「王」字作「侯」。

〔不與〕 瀧一〇・九，慶五右四，殿五右一，凌五右六。○不，燉煌弗。

〔乃獻其裘於子常〕 瀧一〇・九，慶五右五，殿五右二，凌五右六。○燉煌無「於」字。

〔子常受之〕 瀧一〇・一〇，慶五右五，殿五右二，凌五右六。○燉煌無「之」字。

〔與衛靈公會邵陵〕 瀧一一・一，慶五右七，殿五右四，凌五右八。○邵，燉煌召。

〔蔡侯私於周萇弘以求長於衛〕 瀧一一・一，慶五右七，殿五右四，凌五右八。○燉煌無「於衛」三字。

〔衛使史鰌言康叔之功德〕 瀧一一・二，慶五右八，殿五右五，凌五右九。○鰌，燉煌魚 殿考 左傳作「祝鮀」，此作「史鰌」。

〔夏爲晉滅沈〕 瀧一一・三，慶五右九，殿五右五，凌五右一〇。

集 汝南平輿縣北有沈亭 ○輿，燉煌與 燉煌 景 井 蜀 紹 蔡 慶 中統 彭 毛 凌 殿無

「北」字。敦煌無「有」字而「郱」字作「沈」。札記「北」字吴增，與春秋文三年經注合。郱，彼作「沈」。

*正　舊椲本無「舊」字。沈子國爲楚所滅後號亭也　南化楓椲三梅

〔以共伐楚〕　瀧一一·五，慶五右一〇，殿五右七，凌五左一。〇伐，紹代。

〔與吴王闔閭遂破楚入郢〕　瀧一一·五，慶五右一〇，殿五右七，凌五左一。〇閭，敦煌廬。

〔昭公私許〕　瀧一一·九，慶五左五，殿五左一，凌五左五。〇公，敦煌王，景井蜀紹

蔡慶中統彭毛凌殿金陵侯。按：瀧本誤。

〔因遷蔡于州來〕　瀧一一·一〇，慶五左六，殿五左一，凌五左六。

索　州來　〇州，蔡川。按：景刊時之誤也。

〔大夫恐其復遷〕　瀧一二·三，慶五左七，殿五左二，凌五左七。〇敦煌無「其」字。

〔而立昭侯子朔〕　瀧一二·五，慶五左八，殿五左四，凌五左九。〇敦煌無「子」字。

〔是爲成侯〕　瀧一二·五，慶五左八，殿五左四，凌五左九。〇敦煌無「侯」字。

集　或作景　〇敦煌或作景侯也。

〔楚滅陳〕　瀧一二·七，慶五左一〇，殿五左五，凌五左一〇。〇毛無「楚」字。

〔後陳滅三十三年〕　瀧一二·九，慶六右三，殿五左八，凌六右三。〇景三十三年三十一。

索　其楚滅蔡　〇蔡慶中統彭凌殿金陵其楚滅蔡絶其祀。按：索隱本無「絶其祀」三字。

索　又在滅陳之後三十三年　〇又，蔡文。按：景刊時之誤。

〈伯邑考〉　瀧一二・一〇，慶六右四，殿五左九，凌六右四。○按：燉煌本之末重有此以下至「故附之世家言」。（瀧一四・二）今校之以燉煌附表。

〈其後不知所封〉　瀧一二・一〇，慶六右四，殿五左九，凌六右五。○燉煌無「所」字。

〈曹叔振鐸其後爲曹有世家言〉　瀧一三・三，慶六右七，殿六右一，凌六右七。○燉煌　燉煌附無上「曹」字。蔡　慶　中統　彭　凌　殿此下有「索隱曰曹亦姬姓之國而文之昭春秋之時頗稱疆國傳數十代而後亡豈可附管蔡亡國之末而没其篇第自合析爲一篇」四十八字，索隱本此一説入篇末，而「曹」字作「右」，「傳」字作「其後」二字，「第自合析」四字作「今曹叔振鐸系家自」八字。又「第」字彭本作「弟」。下同。

〈成叔武其後世無所見〉　瀧一三・三，慶六右八，殿六右三，凌六右九。○成，燉煌郕。

〈冄季載〉　瀧一三・六，慶六右一〇，殿六右四，凌六左一。○燉煌　燉煌附「冄」字作「聃」。下同。

〈太史公曰〉　瀧一三・九，慶六左二，殿六右六，凌六左二。○燉煌「太」、「史」互倒。

〈管蔡作亂〉　瀧一三・九，慶六左二，殿六右六，凌六左二。○蔡，殿叔。

〈賴同母之弟成叔冄季之屬十人爲輔拂〉　瀧一三・一〇，慶六左三，殿六右七，凌六左三。○燉煌附「賴」、「同」互倒，而「十」作「七」。

＊正　拂音弼本作弼　南化楓棭三瀧

〔曹叔振鐸者〕　瀧一四・三，慶六左六，殿六右一〇，凌六左五。○燉煌曹叔振鐸世家曹叔振鐸者景井紹蔡慶中統彭凌殿曹叔世家曹叔振鐸者　札記各本別題「曹叔世家」四字。案：史公自序不及曹叔，小司馬述贊亦不別出。索隱云「附管蔡之末而不出題」，則史本無題矣。乃單本索隱雖不別題，郤中出「曹叔振鐸系家」六字，而系注於下，則自相矛盾矣。尋其補史記題此六字云「右亦姬姓之國，而文、昭豈可附管、蔡之末，今自爲一篇」，是亂是，今從之，而移注於史文下。史公之例者貞也，吴校刪去甚。

〔周武王弟也〕　瀧一四・三，慶六左七，殿六右九，凌六左八。

索　則曹亦合題系家　○凌無此注七字。則蔡慶中統彭殿即。

索　而不出題者　○索「不」字、「題」字並無。

索　蓋以曹微小而少事迹　○蔡慶中統彭凌殿無「微」字。

索　且又管叔雖無後　○蔡慶中統彭殿無「叔」字。

索　仍是蔡曹之兄　○索無「蔡」字。

索　故題管蔡而略曹也　○題，蔡慶彭凌殿顯　索無「蔡」字。

〔封叔振鐸於曹〕　瀧一四・五，慶六左七，殿六左一，凌六左八。

集　濟陰定陶縣　○陰，燉煌景井蔡慶彭毛凌陽　札記官本「陰」，各本訛「陽」。

＊正　曹在南化、三、楓、棭、梅本「在」字作「有」。曹南因名曹按今曹州也　南化楓棭三梅狩瀧

〔孝伯雲卒〕 瀧一四・八，慶六左九，殿六左三，凌七右一。○燉煌無「雲」字。

〔子惠伯兕立〕 瀧一五・一，慶七右三，殿六左六，凌七右四。

集 孫檢曰 ○檢，燉煌儉。

集 兕音徐子友 ○子，燉煌姊。

集 曹惠伯 ○燉煌「曹」、「惠」互倒。

集 或復名弟兕也 ○燉煌或複燉煌本「復」字作「複」。名兕雉或弟兕也。

索 按年表作惠公伯雉 ○索無此注八字。

索 或云至又不知是裴駰所録否三十四字 ○凌無此注三十四字。

索 今以王儉七志阮孝緒七録並無 ○今，蔡 慶 中統 彭 殿所。

索 又不知是裴駰所録否 ○蔡 慶 中統 彭 殿此九字作「不知裴駰何所從録」八字。

＊**正** 孫檢或云齊人不知何代史記注内有此人其注無別音南化、楓、棭、三、梅本「音」字作「奇」。異略存名字而已王儉楓本「儉」字作「檢」。七志阮孝梅本「孝」字作「者」。緒七録並無疑非裴駰所録恐此人自加之楓本無「之」字，棭、三本「之」字作「也」。南化 楓 棭 三 梅 狩 瀧

〔子石甫立〕 瀧一五・五，慶七右七，殿六左一〇，凌七右七。○石，燉煌 南化 楓 棭 三 梅碩。

〔其弟武殺之代立〕 瀧一五・五，慶七右七，殿六左一〇，凌七右八。○殺，燉煌攻。

〔子桓公終生立〕 瀧一五・六，慶七右八，殿七右一，凌七右八。○燉煌「公」、「終」互倒。

集 一作終涅涅音生 ○燉煌無「一」，而「涅」字作「星」，而不重。

〔宋華父督弑其君殤公〕 瀧一五・八，慶七右一〇，殿七右三，凌七右一〇。○燉煌無「父」字而「殤」字作「傷」。

〔子莊公夕姑立〕 瀧一五・一〇，慶七左一，殿七右四，凌七左一。

索 夕姑上音亦 ○蔡慶彭凌殿無「姑上」二字。

〔齊桓公始霸〕 瀧一六・二，慶七左二，殿七右五，凌七左二。○齊，毛晉 札記毛本「齊」誤「晉」。

〔子釐公夷立釐公九年卒〕 瀧一六・三，慶七左三，殿七右五，凌七左三。○燉煌重「立」字。

〔子昭公班立〕 瀧一六・四，慶七左三，殿七右六，凌七左三。○班，燉煌景井毛斑。

按：通志亦作「斑」。

〔其亡過曹〕 瀧一六・七，慶七左五，殿七右七，凌七左五。○燉煌楓三無「其」字。

〔欲觀其駢脅〕 瀧一六・七，慶七左六，殿七右八，凌七左六。

集 駢者并幹也 ○燉煌無「者」字。

〔釐負羈諫不聽〕 瀧一六・七，慶七左七，殿七右九，凌七左七。羈，毛羇。

〔私善於重耳〕 瀧一六・九，慶七左七，殿七右九，凌七左七。○燉煌南化楓棭三梅負羈私善於重耳。於毛與。

〔二十一年〕　瀧一六・一〇，慶七左八，殿七右九，凌七左八。○燉煌十七年晉文公重耳立二十一年。

〔虜共公以歸〕　瀧一六・一〇，慶七左八，殿七右一〇，凌七左八。○燉煌虜共公以歸告。

〔令軍毋入釐負羈之宗族閭〕　瀧一六・一〇，慶七左八，殿七右一〇，凌七左八。○燉煌令軍人曰毋入——

〔成公三年晉厲公伐曹〕　瀧一七・六，慶八右四，殿七左五，凌八右三。○札記志疑云「三」當作「二」。

〔已復釋之〕　瀧一七・七，慶八右四，殿七左五，凌八右四。

索　下失節　○失，凌夫。按：誤。

索　遂逃奔宋　○索無「逃」字。

索　晉人謂子臧反國　○索晉無「人」字。謂子臧曰反國。

〔晉欒書中行偃使程滑弒其君厲公〕　瀧一七・九，慶八右六，殿七左七，凌八右六。○燉煌無「中行偃使程滑」六字。

〔子平公頃立〕　瀧一八・二，慶八右九，殿七左五，凌八右九。○頃，燉煌南化楓棭三梅景須　札記志疑云：平公名須，此訛「頃」。案：表作「須」不誤。

〔悼公死於宋〕　瀧一八・五，慶八左二，殿八右二，凌八左二。○悼，燉煌聲。按：涉上文訛。

〔平公弟通弒聲公代立〕　瀧一八・六，慶八左三，殿八右三，凌八左二。○燉煌「平」字作「夲」而「弟」字作「第」。

〔是爲隱公〕　瀧一八・六，慶八左三，殿八右三，凌八左三。

索　謚靖公　○靖，索静。

索　實無聲公隱公　○彭無「實」字。索無隱公二字。

〔國人有夢衆君子立于社宮〕　瀧一八・九，慶八左六，殿八右六，凌八左六。

集　中有室屋者　○燉煌此注五字作「中有室屋處也」。

〔夢者戒其子曰〕　瀧一九・一，慶八左八，殿八右八，凌八左八。○燉煌衆夢者誡燉煌本「戒」字作「誡」。其子曰。

〔無離曹禍〕　瀧一九・二，慶八左九，殿八右九，凌八左九。○離，景井蔡慶中統彭凌罹　南化楓棭三梅校記「離」。

索　離即罹罹被也　○殿不重「罹」字。

〔亦好田戈〕　瀧一九・三，慶九右一，殿八右一〇，凌八左一〇。○戈，景井蔡慶毛凌殿金陵弋　按：瀧川本誤。

〔言霸説於曹伯至晉人不救二十七字〕　瀧一九・六，慶九右三，殿八左二，凌九右三。

○燉煌無此二十七字及集解注文六字。

〔乃背晉干宋〕　瀧一九·六，慶九右四，殿八左三，凌九右三。

索　遂致滅也　○致，蔡慶彭凌殿至。

〔曹遂絶其祀〕　瀧一九·九，慶九右七，殿八左五，凌九右六。○燉煌無「其」字。

〔余尋曹共公之不用僖負羈乃乘軒者三百人〕　瀧二〇·一，慶九右八，殿八左七，凌九右八。

＊正　列女傳云曹僖武妻者曹大夫僖負羈之妻也晉公子重耳亡過曹曹恭公不禮聞其駢棭本無「駢」字。脅伺其將浴設微薄而視楓、三、棭、梅本「視」字作「覿」。之負羈妻言於負羈曰吾覩梅、狩本「覩」字作「觀」。晉公子其從者三人皆國相也皆善戮力以輔一人必得晉國若得歸楓、棭、三、梅本「歸」字作「反」。國必霸諸侯而討無禮曹爲首若曹有難子必不免子胡不早自貳楓、棭、三、梅本「貳」字作「二」。焉且吾聞之不知其子者視其友不知其君者視其所使今其從者皆國相之僕也則其君必霸王之主也若加禮焉必能報施矣若有罪楓、棭、梅、狩本有「焉」字。必能楓、棭、三、梅、狩本「能」字作「然」。討過子不早圖禍至不久矣負羈乃遺楓、棭、三本有「之」字。壺飧加璧其上公子受飧反璧及公子反國伐楓、三本「伐」字作「代」。曹乃表狩本無「表」字。負羈之閭令兵士無入士民扶老攜弱而赴其閭者閭外成市君子謂僖氏之妻能達識矣　楓棭三梅狩瀧

〔知唯德之不建〕　瀧二〇·六，慶九右一〇，殿八左九，凌九右一〇。○建，南化楓三梅逮。

*正　夫治國立政知唯在德而不建立也不用僖負羈言乃美女三百人乘軒車是不建立德也　楓 棭 三 梅 狩 瀧

〔及振鐸之夢〕　瀧二〇・七，慶九右一〇，殿八左九，凌九右一〇。〇及，凌 乃。

〔叔鐸之祀忽諸〕　瀧二〇・八，慶九左三，殿九右二，凌九左三。〇 南化 楓 棭 三 叔鐸之祀易忽諸。

索　管蔡及霍　〇蔡，詳節 叔。

索　蕩舟乖譃　〇譃，凌 虐。

史記會注考證校補卷三十六

陳杞世家第六

〔居于嬀汭〕　瀧二・二，慶一右三，殿一右八，凌一右四。

＊正　括地志云嬀汭水源出蒲州河東縣南首山地記云河東郡（棭、三本空「郡」字。）首山北中有二泉下南流者汭水蒲坂城中有舜廟城外有舜宅及二妃壇按河東縣本漢蒲坂縣　［棭］［三］［梅］［狩］［瀧］

〔傳禹天下〕　瀧二・五，慶一右四，殿一右八，凌一右五。

＊正　傳逐戀反　［南化］［楓］［棭］［三］

〔而舜子商均爲封國〕　瀧二・五，慶一右四，殿一右九，凌一右五。

＊正　譙周云以虞封舜子按宋州虞城縣商均封爲虞公其子虞思事少康爲相號幕下至遂公淮事成湯爲司徒湯滅夏封爲遂公號曰虞遂遂後代子孫名希去殷入周事王季爲宮尹希之子孫（棭、三、梅本無「孫」字。）遏父事文王爲陶正遏父之子滿武王滅殷封爲陳侯賜嬀氏謚胡公　［棭］［三］［梅］［狩］［瀧］

〔或失或續〕瀧二・九，慶一右五，殿一右一〇，凌一右六。

索 按夏代猶封虞思虞遂　○猶，彭尤。

〔乃復求舜後〕瀧二・一〇，慶一右六，殿一右一〇，凌一右七。

索 遏父　○蔡 慶 中統 彭 凌 殿 按左傳虞遏父。

索 爲周陶正遏父　○蔡 慶 中統 彭 凌 殿 爲周陶正以服事武王杜注遏父。

索 遂之後　○遂，蔡 慶 中統 彭 凌 殿 舜。

索 生滿　○蔡 慶 中統 彭 凌 殿 生滿者也。

〔封之於陳〕瀧三・一，慶一右七，殿一左二，凌一右八。

索 武王以元女太姬配虞胡公　○太，彭 凌 大。

索 以備三恪　○恪，彭 公。

*正 詩譜云帝舜後有遏父者爲周武王陶正武王賴共器用封其子嬀滿於陳丘宛丘之側按今陳州城在古陳城内西北隅　南化 棭 三 梅 狩 瀧

〔慎公當周厲王時〕瀧三・六，慶一左一，殿一左五，凌一左二。○景 井 蜀 慎公立當周厲王時。

〔周宣王即位〕瀧三・八，慶一左三，殿一左七，凌一左四。○殿考 年表在釐公五年。

〔弟平公燮立〕瀧四・一，慶一左五，殿一左九，凌一左六。○燮，蔡 慶 中統 彭 凌 燮。下同。 志疑 陳風譜疏引「燮」作「燮」。

〔子文公圉立〕 瀧四・二，慶一左七，殿一左一〇，凌一左八。〇圉，南化楓棭三圍。

〔文公卒〕 瀧四・四，慶一左八，殿二右一，凌一左九。〇公，紹王。

〔桓公鮑卒〕 瀧四・七，慶二右一，殿二右四，凌二右二。〇景井蜀紹蔡慶中統彭凌殿陳桓公鮑卒 札記各本首衍「陳」字，索隱本無。

〔桓公弟佗〕 瀧四・八，慶二右二，殿二右四，凌二右二。〇佗，索他。

〔故蔡人爲佗殺五父及桓公太子免〕 瀧四・八，慶二右二，殿二右五，凌二右三。〇太，景井大。

〔而立佗〕 瀧四・九，慶二右三，殿二右五，凌二右四。

集 世家與傳違 〇蜀無「與」字而「違」字作「運」。

索 譙周曰春秋傳謂他即五父與此違者此以他爲厲公太子免弟躍爲利公 〇蔡慶中統彭殿此二十九字作「譙周云世家與春秋傳違者按左傳桓公五年文公子佗殺桓公太子免而代立經六年蔡人殺陳佗立桓公子躍爲厲公」四十七字。

索 無謚 〇慶蔡中統彭凌殿故無謚。

索 故蔡人殺陳他 〇蔡慶中統彭凌殿無此注六字。

索 班固又以厲公躍爲桓公弟 〇蔡慶中統彭凌殿而班固又以厲公無「躍」字。爲桓公弟。

〔故再赴〕 瀧五・四，慶二右八，殿二右一〇，凌二右九。

集 班氏云 〇班，景井斑。

〔利用賓于王〕　瀧五・八，慶二左一，殿二左三，凌二左二。

*正　君在親近而得其位明習國之禮義故利於南化、楓、棭、三本無「於」字。賓於王言爲王賓否卦義云否閉之世非是人道交通之時不利君子爲正也上下不交而天下困否也言利賓於王逢南化、楓、棭、三、梅本有「值」字。否困之世故刺南化、楓、棭、三、梅本「刺」字作「利」。君子爲政必君困南化、楓、棭、三、梅本「困」字作「國」。也　南化 楓 棭 三 梅 狩 瀧

〔非此其身在其子孫若在異國〕　瀧六・四，慶二左三，殿二左五，凌二左四。○紹無此十二字。殿上「其」字作「共」。

〔周惠王娶陳女爲后〕　瀧八・四，慶三右三，殿三右五，凌三右五。○娶，蜀要。

〔幸得免負擔〕　瀧八・八，慶三右七，殿三右八，凌三右九。○擔，井 蜀 蔡 慶 彭 凌 金陵檐。札記中統、舊刻、游本作「擔」。

〔桓公使爲工正〕　瀧八・九，慶三右八，殿三右九，凌三右九。

正　主作器械　○殿無「作」字。

〔和鳴鏘鏘〕　瀧九・一，慶三右九，殿三右一〇，凌三左一。

集　雄雌俱飛　○中統「雄」、「雌」互倒。

集　猶敬仲夫妻有聲譽　○楓猶敬仲夫妻相隨適齊有聲譽。

〔將育于姜〕　瀧九・三，慶三右一〇，殿三左二，凌三左二。○慶將育于姜于。按：景印慶元本削下「于」字。

集 杜預曰 ○[慶]無「杜預」二字。[南化]校補「正義」。按：景印慶元本補「杜預」二字。[蔡]無「杜預曰」三字。[彭]「杜預」二字作「正義」。

集 姜齊姓 ○[殿]「姜」、「齊」互倒。

〔並于正卿〕 瀧九・四，慶三左一，殿三左二，凌三左三。

****正** 按五世謂桓子無宇 [南化][楓][棭][三][梅][狩][瀧]

〔莫之與京〕 瀧九・六，慶三左二，殿三左三，凌三左四。

正 按陳敬仲八代孫 ○[慶][彭][凌]「按陳敬仲」四字作「杜預云敬」。[札記]各本脱「按陳仲」三字，而「敬」上衍「杜預曰」三字。官本不誤。

正 田常之子襄子盤也 ○盤，[殿][金陵]磐。

〔南侵楚至許齊令出東山二十四字〕 瀧九・八，慶三左四，殿三左五，凌三左六。○[紹]無此二十四字。

〔還過陳〕 瀧九・八，慶三左四，殿三左五，凌三左六。○還，[蔡][慶][彭]遠 [南化][楓][三]校記「還」。按：景印慶元本作「還」。[札記]蔡、王、柯本「還」訛「遠」。

〔東道惡〕 瀧九・九，慶三左五，殿三左六，凌三左七。○[紹]蔡東道惡。

〔皆通於夏姬〕 瀧一〇・七，慶四右三，殿四右三，凌四右五。

****正** 寧作甯音寧 [南化][楓][棭][三][梅][狩][瀧]

〔衷其衣以戲於朝〕 瀧一〇・九，慶四右五，殿四右五，凌四右七。○[南化][楓][棭][三]「衷其衣」三字作「中衣其衣」四字。

集 衷其衵服　○衵，景 紹 凌 祖。

*__正__ 衵尼乙南化、梅本上二字倒。反近身衣南化、楓、棭、三、梅本「近身衣」三字作「謂水衣也」。南化 楓 棭 三 梅 狩 瀧

〔遂殺泄冶〕　瀧一一・一，慶四右八，殿四右七，凌四右九。

集 陳殺其大夫泄冶　○大，紹 去。

〔十五年〕　瀧一一・一，慶四右八，殿四右八，凌四右一〇。○五，中統 二。

〔亦似公〕　瀧一一・二，慶四右九，殿四右九，凌四左一。○公，南化 棭 梅 狩 君。

〔靈公太子午奔晉〕　瀧一一・六，慶四左二，殿四左一，凌四左四。○太，景 紹 井 大。

〔成公元年冬〕　瀧一一・九，慶四左四，殿四左三，凌四左六。○札記 王、柯本「元」訛「九」。

〔少姬生偃〕　瀧一三・五，慶五右一〇，殿五右七，凌五左一。

索 左傳　○慶 蔡 凌 殿 左傳曰。

〔哀公屬之其弟司徒招〕　瀧一三・七，慶五左二，殿五右一〇，凌五左四。

*__正__ 招一南化、梅本無「一」。作苕同韶　南化 棭 梅 狩 瀧

〔立留爲太子〕　瀧一三・八，慶五左三，殿五右一〇，凌五左五。○札記 柯本「立」訛「亡」。

〔哀公自經殺〕　瀧一三・九，慶五左四，殿五左一，凌五左六。

集　三十五年時　○五，[毛]三。

〔乃殺陳使者〕　瀧一四・一，慶五左六，殿五左二，凌五左七。

索　即司徒招也　○也，[蔡][慶][彭][凌][殿]又。

索　一作莒也　○作，[蔡][慶][中統][彭][凌][殿]名。

＊正　使者干徵師也左傳云昭八年陳哀公縊南化、楓、棭、三、梅本有「而」字。干徵師赴南化、楓、棭、三、梅本「赴」字作「使」。於楚楚執陳行人干徵師殺之　[南化][楓][棭][三][梅][狩][瀧]

〔乃卒亡〕　瀧一四・六，慶六右一，殿五左七，凌六右二。

集　賈逵曰物莫能兩盛　○[南化][楓][棭][三][梅]——兩盛按陳常得政於齊陳滑公遂滅。

〔自幕至于瞽瞍〕　瀧一四・七，慶六右一，殿五左七，凌六右三。○瞍，[景][井][紹][蜀][毛]叟。下同。

〔無違命〕　瀧一四・七，慶六右一，殿五左七，凌六右三。

集　至于瞽瞍　○至，[紹]王。按：誤。

索　左傳言自幕　○[蔡][慶][中統][彭][凌][殿]無「左」字。

索　至瞽瞍　○[蔡][慶][彭][凌][殿]而至瞽瞍。

索　必非虞思明矣　○[蔡][慶][中統][彭][凌][殿]無「必」字。

〔至於遂〕　瀧一五・一，慶六右三，殿五左一○，凌六右五。

索　重音持用反　○[彭]無「音」字。

索 按杜預以爲舜有明德 ○爲，蔡 慶 中統 彭 凌 殿 謂。

索 且文云 ○文，中統 又。

索 舜重之以明德 ○索 既云舜重之——

索 乃云 ○乃，索 又。

索 按系本云陳舜後 ○蔡 慶 中統 彭 凌 殿 無此注七字。索 杜預以遂爲殷封舜後之邑也按系本云陳舜後。

索 殷湯封遂於陳以祀舜 ○蔡 慶 中統 彭 凌 殿——於陳以爲「祀」字作「爲」。舜後是也。

〔使祀虞帝〕 瀧一五・四，慶六右七，殿六右四，凌六右一〇。

集 封之陳 ○井 無此注三字。楓 三 封之陳紹舜後。

〔空籍五歲矣〕 瀧一五・九，慶六左二，殿六右八，凌六左四。

索 惠公探取哀公死楚陳滅之後年爲元年 ○蔡 慶 彭 凌 殿 無上「年」字。

索 故今空籍五歲矣 ○蔡 慶 中統 彭 凌 殿 故今空經年籍五歲矣。

索 謂借失國之後年爲五年 ○蔡 慶 彭 凌 殿「謂借失國」四字作「爲借夫國」。

*正 哀公被楚滅使弃疾爲陳侯南化、梅本「侯」字作「法」。五年及弃疾立爲楚王而梅本無「而」字。立惠公探續哀公卒爲元年故空籍至此五歲也 南化 楓 棭 三 梅 狩 瀧

〔七年陳火〕 瀧一六・一，慶六左三，殿六右九，凌六左五。○七，紹 金陵 十 札記 各本訛七年，表在惠公十，與春秋經、傳合，今改。

〔是爲湣公〕 瀧一六・九，慶六左一〇，殿六左五，凌七右三。

索 是史官記不同 〇彭是史官之所記不同也。

〔楚昭王卒於城父〕 瀧一七・三，慶七右三，殿六左八，凌七右五。

*正 父音甫亳州縣 南化 桜 梅 贅異按：南化、桜、梅本不冠「正義曰」三字。

〔時孔子在陳〕 瀧一七・四，慶七右三，殿六左八，凌七右六。

索 當陳湣公之六年 〇蔡 慶 中統 彭 凌 殿無「陳」字。

〔十六年吳王夫差伐齊〕 瀧一七・九，慶七右五，殿六左一〇，凌七右七。〇殿考 左傳及年表俱在陳湣公之八年。

〔白公自殺〕 瀧一八・三，慶七右八，殿七右三，凌七左一。

*正 括地志云白亭在許州扶济「济」字瀧本空格，依南化、楓、桜、三、梅本補。縣北四十五里即勝所封按白亭在豫州褒信縣者是也以解在楚世家 南化 楓 桜 三 梅 狩 瀧

〔遂滅陳而有之〕 瀧一八・五，慶七右一〇，殿七右四，凌七左二。

*正 楚惠王十年滅陳當周敬王四十一年魯哀公十六年 南化 楓 桜 三 梅 狩 瀧

〔是歲孔子卒〕 瀧一八・五，慶七右一〇，殿七右四，凌七左二。〇殿考 年表陳亡于湣公二十三年，孔子亦卒於是年。此作二十四年，與左傳合，與孔子之卒差一年。

〔夏后禹之後苗裔也〕 瀧一八・七，慶七左一，殿七右五，凌七左三。

索 號謚也 〇蔡 慶 中統 彭 凌 殿「號」「謚」互倒。

索　史先失耳　○蔡慶彭凌殿並史先失耳。

索　牟婁曹東邑也　○曹，蔡慶中統彭凌殿者。

索　北海有營陵　○北，慶此南化校記「北」。按：景印慶元本作「北」。

索　又州國名　○州，中統曰，凌周。

索　杞後改國曰州　○蔡慶彭凌殿杞後改國號曰彭本無「曰」字。州。

索　州公如曹傳曰　○曰，索公。

索　是也　○索無此注二字。

索　賤之是也　○蔡慶彭凌殿無「是」字。

〔以奉夏后氏祀〕　瀧一九・二，慶七左七，殿七左一，凌七左一〇。○祀，凌杞　殿考祀，監本訛作「杞」，今改正。

集　宋忠曰　○忠，毛公。

〔題公生謀娶公〕　瀧一九・三，慶七左八，殿七左二，凌八右一。

索　注謨一作諜音牒　○蔡慶中統凌殿無此注七字。札記案：索隱云「注一作『諜』，音牒」，疑「謨」乃「諜」之訛。「諜」與「謀」形近相亂。

〔子德公立〕　瀧一九・八，慶八右一，殿七左五，凌八右四。○札記集解、索隱並引世本作「惠公」，古「德」字作「悳」，與「惠」形近。

索　系本及譙周　○蔡慶中統彭凌殿無「及」字。

索 故云弟桓公姑容立 ○故，蔡慶中統彭凌殿下。

索 故左傳莊二十五年云 ○傳，蔡慶彭凌殿氏。

索 至僖二十三年卒 ○三，蔡慶中統彭凌殿金陵二。按：瀧本誤。

〔子孝公匄立〕 瀧二〇・四，慶八右六，殿七左一〇，凌八右九。

索 匄名 ○蔡慶中統彭凌殿無此注二字。

〔孝公十七年卒〕 瀧二〇・五，慶八右六，殿七左一〇，凌八右一〇。○毛無「卒」字。

〔弟平公鬱立〕 瀧二〇・六，慶八右七，殿八右一，凌八右一〇。

索 名郁來 ○郁，蔡慶中統彭凌殿鬱。

索 並聲相近 ○蔡慶中統彭凌殿無「並」字。

索 遂不同耳 ○彭遂字作是以二字而同下有故字 耳，蔡慶彭凌殿也。

〔子悼公成立〕 瀧二〇・七，慶八右八，殿八右二，凌八左二。○成，南化梅武。

〔是爲出公〕 瀧二一・三，慶八左三，殿八右六，凌八左六。

集 敕一作遬 ○遬，慶彭凌殿速。

*正 敕音速注同音楓、棭、三本無「注同音」三字。 南化楓棭三梅狩瀧

〔楚惠王之四十四年〕 瀧二一・四，慶八左四，殿八右七，凌八左八 ○南化楓棭三楚

惠王殺之四十四年。

〔杞後陳亡三十四年〕 瀧二一・四，慶八左五，殿八右八，凌八左八。

*正 年表云楚（南化、楓、棭、三、梅本無「楚」字。）惠王十年滅陳四十四年滅杞是杞後陳亡三十四年然湣公一年（楓本有「哀公一年」四字。）哀公十年出公十二年簡公一年合成二十四年計數缺（南化、楓、棭、三、梅本「缺」字作「欠」，下同。）十年未知缺何公十年是太史公疎矣　[南化][楓][棭][三][梅][狩][瀧]

〔齊湣王滅之〕　瀧二一・一〇，慶八左九，殿八左一，凌九右二。○王，[毛]公　[札記]毛王誤公。

〔或封英六〕　瀧二二・一，慶八左一〇，殿八左三，凌九右三。

索 蓼六本或作英六　○[蔡][慶][彭][凌][殿]無「蓼六」二字而「英」字作「蓼」。

索 故春秋文五年左傳云　○[蔡][慶][彭][凌][殿]無「左」字。

索 皆咎繇後　○[中統]「咎繇」二字作「臯陶」。

索 六故國　○[蔡][慶][中統][彭][凌][殿]六安故國。

索 又僖十七年　○七，[中統]六，[凌]十。

索 杜預又曰　○[蔡][慶][彭][凌][殿]無「又」字。

索 實未能詳　○[蔡][慶][中統][彭][凌][殿]英六實未能詳。

索 或者英後改號曰蓼也　○[蔡][慶][中統][彭][凌][殿]「後」字、「曰」字、「也」字並無。

*正 括地志曰光州固（梅本「固」字作「周」。）始縣古蓼國南蓼（南化、楓、三、梅本有「地」字。）城也春秋時蓼國也偃姓臯陶之後又有北蓼城在固始縣北六十里蓼國有南北二城故六城在嘉州安豐縣南百三十二里帝王世紀云臯陶生於曲阜之偃地故帝因之賜姓曰偃也英見春秋僖十七年經檢無英國蓋英爲蓼

耳南化楓三梅狩瀧

〔無譜〕瀧二二・六，慶九右四，殿八左六，凌九右七。○譜，南化椴三梅語。

〔有本紀言〕瀧二三・三，慶九右六，殿八左八，凌九右九。

索 解者以翳益則一人 ○蔡慶中統彭凌殿——則爲一人。

索 恐多是誤 ○索只恐無「多是」二字。誤。

索 若予上下草木鳥獸文同 ○文，索不。

索 今未詳其所由也 ○蔡慶中統彭凌殿「由」字作「以」而無「也」字。

〔右十一人者〕瀧二三・六，慶九右九，殿九右一，凌九左三。○南化楓椴三梅此右十一人者。

〔弗論也〕瀧二三・一〇，慶九左二，殿九右四，凌九左六。

索 蓋軒轅氏子有滕姓 ○蔡慶中統彭凌殿蓋軒轅氏之子有滕姓。

索 今魯國騶縣是也 ○索無「國」字而「騶」字作「鄒」。

索 春秋時亦預會盟 ○彭無「時」字。預，中統與。索無「會」字。

索 蓋史缺無可叙列也 ○慶蔡中統彭凌殿蓋史缺無可叙列也又許太叔太岳之胤二邾曹姓之君並通好諸侯同盟大國不宣全没其事亦可叙其本末補許凌本「許」字作「詐」。邾世家。

*正 鄒南化本「鄒」字作「騶」。音邾括地志云公丘故城在徐州滕縣西南十五里秦滕縣城即古滕國蓋黃帝之子滕姓所封世本又云滕錯叔繡周文王子居滕宋忠云沛南化、楓、梅本「沛」字作「陳」。國公丘縣也故

薛城在滕縣古薛南化、楓、三、梅本有「侯」字。國黃帝之子任姓所封又左傳定元年薛宰云薛之皇南化、楓、梅本無「皇」字。祖奚仲居薛爲夏車正奚仲遷於邳南化、楓、三、梅本「邳」字作「鄒」。隱十一年傳云滕侯薛侯來朝是也故郳城在黄州黄岡瀧本上二字空格，依南化、楓、三、梅本補。縣東南一百二十一里離子曹姓陸南化、楓、三、梅本無「陸」字。終氏之子會人之後楓、三本「後」字作「役」。郳俠南化、楓、三、梅本「俠」字作「挾」。居郳至隱公徙蘄蘄今徐州縣也後又徙蕃音皮瀧本上四字空格，依南化、楓、三、梅本補。今滕縣是又徙鄒魯穆公南化、梅本無「公」字。改南化、楓、三本「政」字作「改」。郳作鄒地理志云鄒縣故郳國曹姓二十九世南化、楓、三、梅本「世」字作「君」。爲楚所滅然三國微小春秋之南化、楓、三、梅本無「之」字。時亦南化、楓、三、梅本「亦」字作「雖」。預會盟蓋史缺無可敍列也楓本上八字作「不足齒列故論著」七字，南化、三、梅本作「不足齒列故不論著」。

[南化][楓][三][梅][狩][瀧]

〔及幽厲之後〕　瀧二四・五，慶九左六，殿九右八，凌一〇右一。〇[景]無「幽」字。

〔諸侯力攻相〕　瀧二四・五，慶九左七，殿九右九，凌一〇右一。〇攻，[南化][椴][三][楓][梅]蜀政，[井]功。

〔江黄〕　瀧二四・六，慶九左七，殿九右九，凌一〇右一。

索　在汝南安陽縣　〇縣，[中統]鄉。

〔胡沈之屬〕　瀧二四・六，慶九左七，殿九右九，凌一〇右一。

***正**　括地志云安陽故城在豫州新息縣西南八十里應劭曰古江國也南化、梅本有「地理志云安陽縣在江國」十字。黄國椴本無「黄國」二字。故城在光州定城縣西十二里春秋時黄國都也南化、梅本有「續漢書云江黄嬴姓

國也」十字。 胡沈解在前 南化 椵 三 梅 狩 瀧

〔故弗采著于傳上〕 瀧二四・八，慶九左八，殿九右一〇，凌一〇右三。 ○札記志疑引張氏說「上」當作「云」，吳校同。

*正 傳逐戀反 南化 楓 三

〔有土者不乏焉〕 瀧二五・一，慶一〇右一，殿九左三，凌一〇右六。

*正 茲一作班 南化 楓 椵 三 梅 狩 瀧

〔其後越王句踐興〕 瀧二五・二，慶一〇右二，殿九左四，凌一〇右七。

索 東樓纂系 ○系，蔡 慶 中統 彭 凌 殿世。

索 或興或替 ○興，蔡 慶 中統 彭 凌 殿淪。

索 前并後虜 ○并，彭拜。

史記會注考證校補卷三十七

衛康叔世家第七

〔衛康叔名封〕　瀧二・二，慶一右二，殿一右七，凌一右三。

*正　衛城南化、楓、棭、三、梅各本「衛城」二字作「括地志曰朝歌故城」八字。　在衛州衛縣西二十里本朝歌南化、楓、棭、三、梅各本「朝歌」二字作「妹」字。　邑殷都楓、三各本「都」字作「郡」。　也不南化、楓、棭、三、梅各本無「不」字。　下文云瀧本上三字空格，據各本校記補。　康叔爲君居河淇間故商墟即朝歌是也南化、楓、棭、三、梅各本「也」下有「括地志」三字。　故康城南化、楓、棭、三、梅各本「城」下有「縣」字。　在洛州陽翟縣西北三十南化、楓、棭、三、梅各本「十」下有「五」字。　里洛陽記云是少康之故邑　南化 楓 棭 三 梅 狩 瀧

〔爲武庚未集〕　瀧二・六，慶一右五，殿一右一〇，凌一右六。

索　集猶和也　○蔡 慶 彭 凌 游 殿無「猶」字。

〔武王乃令其弟管叔蔡叔傅相武庚祿父〕　瀧二・七，慶一右六，殿一右一〇，凌一右七。

○傳，[彭]傳。

〔欲攻成周〕　瀧二・九，慶一右九，殿一左三，凌一右一〇。

*正　括地志云洛陽故城在洛州洛陽縣東北二十六里周公所築即（楓、三各本無「即」字。）成周城也　[南化][楓][棭][三][梅][瀧]

〔殺武庚祿父管叔〕　瀧三・二，慶一右一〇，殿一左五，凌一左一。○[南化][楓][三][梅]殺武庚祿父殺（南化、梅本作「誅」。）管叔。

〔故紂之亂自此始〕　瀧三・七，慶一左五，殿一左九，凌一左六。○[楓]故紂之亂自此始告。

〔爲梓材示君子可法則〕　瀧三・七，慶一左六，殿一左九，凌一左七。○示，[南化][楓][梅]亦[棭][三]爲梓材亦示君子河法則。瀧川考證云楓山、三條本「示」上有「亦」字。按：誤矣。

〔以章有德〕　瀧三・一〇，慶一左一〇，殿二右二，凌二右一。

集　分康叔以大路大旂少帛綪茷旃旌大呂　○茷，[景][井][紹]茂。下同。

集　通帛爲旃　○旃，[凌]旂。

〔子康伯代立〕　瀧四・二，慶二右一，殿二右四，凌二右三。

索　系本　○[殿]系本曰。

〔子考伯立〕　瀧四・五，慶二右三，殿二右六，凌二右四。○考，[殿]孝。下同。

〔子𢈔伯立〕　瀧四・六，慶二右四，殿二右七，凌二右五。○𢈔，[蔡][慶][彭][凌][殿]𨑳下同。

[札記] 中統、舊刻、游、毛本作「疌」，段注説文謂「疌」即「寁」字，蓋本張揖字詁。而古今人表、詩邶、鄘、衛譜疏並引作「建」。謚法無「疌」與「建」，未知何字之訛。蔡、王、柯、凌並訛作「庭」，類篇又作「疌」，則不成字矣。

集 史記音隱曰　○隱，[南化][凌][游]義。

〔子貞伯立〕　瀧四・七，慶二右五，殿二右八，凌二右六。○貞，[南化][楓][梜][三][梅]真。

＊**正** 古史考云子牟伯立而不云康伯也　[梜]

〔夷王命衛爲侯〕　瀧四・八，慶二右六，殿二右九，凌二右七。

索 則康叔初封已爲侯也　○[索]無「已」字。

索 比子康伯即稱伯者　○比，[索]此。

索 謂方伯方伯州牧也　○[索]不重「方伯」二字。

索 非是至子即削爵　○即，[蔡][慶][彭][凌][殿]而。

〔周厲王出犇于彘〕　瀧五・四，慶二右一〇，慶二左三，凌二左二。○犇，[毛][殿]奔。下同。

〔太子共伯餘立爲君〕　瀧五・七，慶二左一，殿二左四，凌二左三。○共，[索]恭。

〔是爲武公〕　瀧五・一〇，慶二左五，殿二左七，凌二左七。

索 和殺恭伯代立　○恭，[彭]共。

索 此説蓋非也　○[殿]無「蓋」字。

索 倚几有誦　○[蔡][慶][彭][凌][游][殿]此四字作「抑自敬」三字。

索 若武公殺兄而立　○若，游荀 彭 殿——殺兄而代立。

索 豈可以爲訓而形之于國史乎　○彭無「而」字。

索 蓋太史公採雜説而爲此記耳　採，索探。

〔五十五年卒〕　瀧六·七，慶二左一〇，慶三右二，淩三右二。○札記與表合，詩譜疏引作「五十年」，誤。

〔子莊公揚立〕　瀧六·七，慶二左一〇，殿三右二，淩三右二。○揚，殿楊。

〔而生子完〕　瀧六·一〇，慶三右二，殿三右四，淩三右四。

索 子桓公完　○蔡 慶 彭 游 殿無桓公二字，彭無「子桓公」三字。

索 詩燕燕于飛之篇是　○蔡 慶 彭 淩 游 殿無「之篇」二字，而「是」下有「也」字。

〔莊公令夫人齊女子之〕　瀧七·一，慶三右三，殿三右五，淩三右五。

索 詩碩人篇美之　○碩，淩頎。美，蔡 慶 彭 淩 游 殿閔。

〔不聽〕　瀧七·四，慶三右七，殿三右八，淩三右九。

集 衛上卿　○衛，毛爲　札記毛本「衛」訛「爲」。

〔而州吁求與之友〕　瀧七·七，慶三右一〇，殿三左一，淩三左一。○友，楓 紹交。

〔三國皆許州吁〕　瀧七·一〇，慶三左二，殿三左三，淩三左四。○三，蜀二。

〔因殺州吁于濮〕　瀧八·三，慶三左五，殿三左五，淩三左六。○札記詩譜疏引作「九月殺州吁于濮」。

索 按濮水首受河　○首，[蔡][慶][彭][凌][游]有。

索 東北至離狐分爲二　○狐，[索][派][蔡][慶][游]孤　[札記]凌本「狐」，與漢志、水經注合。單本訛「派」，中統、游、王、柯作「孤」。

索 俱東北至鉅野入濟　○北，[彭]比。

索 陳留封丘縣濮水受泲　○泲，[蔡][慶][彭][凌][游][殿]沛　[札記]各本「泲」訛「沛」，考證改。

〔而迎桓公弟晉於邢而立之〕　瀧八・六，慶三左七，殿三左七，凌三左九。○[札記]詩譜疏引「弟」作「子」。

索 周公之胤　○胤，[紹]邑。

〔宋督弑其君殤公及孔父〕　瀧八・八，慶三左九，殿三左九，凌四右一。○[南化][楓][三][梅]宋華督弑其君殤公及孔父嘉。

〔而令右公子傅之〕　瀧九・二，慶四右一，殿四右一，凌四右三。

*__正__ 太右媵之子以爲號　[南化][梅]

〔未入室〕　瀧九・三，慶四右二，殿四右二，凌四右四。○室，[南化][楓][椷][三][梅]至。

〔而宣公見所欲爲太子婦者好〕　瀧九・三，慶四右二，殿四右二，凌四右四。○[南化][楓][椷][三][梅]——爲太子入婦者好。

〔令左公子傅之〕　瀧九・六，慶四右四，殿四右三，凌四右六。

集 左右媵之子　○媵，[紹]勝。按：據字形相似訛。

〔與朔共讒惡太子伋〕　瀧九・八，慶四右五，殿四右四，凌四右七。○井蜀——惡太子欲廢伋。

〔乃盜其白旄〕　瀧一〇・四，慶四左三，殿四左一，凌四左四。○蜀「白旄」二字作「句施」。

〔即殺之〕　瀧一〇・五，慶四左三，殿四左二，凌四左五。○之，南化楓棭三梅子。

〔不平朔之立也〕　瀧一〇・九，慶四左七，殿四左五，凌四左八。○南化楓三梅無「朔之立」三字。

〔衛君黔牟立八年〕　瀧一一・二，慶四左九，殿四左七，凌四左一〇。○南化楓棭三梅衛君黔牟立國八年　攷異年表十年乃出犇。

〔納衛惠公〕　瀧一一・四，慶四左一〇，殿四左八，凌五右一。○殿無「衛」字。

〔惠公立三年出亡〕　瀧一一・六，慶五右二，殿四左九，凌五右三。○三，南化楓棭三梅四殿考按：上文云「四年」，此云「三年」。又按左傳魯桓公十六年冬，惠公奔齊，則是矣。

〔亡八年復入〕　瀧一一・七，慶五右二，殿四左九，凌五右三。○八，井十。

〔與前通年凡十三年矣〕　瀧一一・七，慶五右二，殿四左九，凌五右三。○三，蜀一，紹無「三」。按：通志亦無「三」。殿考許應元曰：左傳衛朔立四年出亡，八年復入，通年十二。此言十三年，既與左傳不同，與上文年數不合。

〔二十九年〕 瀧一二・一，慶五右四，殿五右一，凌五右五。○殿考 左傳及年表俱在二十七年。

〔三十一年〕 瀧一二・二，慶五右五，殿五右二，凌五右六。○一，景 三 札記 詩譜疏引作三十三年。

〔懿公即位好鶴〕 瀧一二・二，慶五右六，殿五右二，凌五右六。○鶴，蔡 慶 彭 凌 殿 鶴下同。札記 蔡、王、柯作「鸖」。案：諸家無音釋，則「鸖」非古本。

正 衛懿公好鶴鶴有乘軒者 ○慶 彭 凌 殿 金陵 不重「鶴」字。楓 三 校補 一「鶴」字。按：瀧本從古本。

正 狄伐衛 ○楓 三 狄人伐衛。按：「九年翟伐衛」之句下，瀧川考證云楓山、三條本「翟」下有「人」字，此誤。

正 鶴實有祿位 ○鶴，凌 匕。

正 因名也 ○彭 因以爲名也。

〔君好鶴〕 瀧一二・五，慶五右九，殿五右五，凌五右一〇。○鶴，金陵 鸖。下同。

*正 定十三年齊侯斂諸大夫之軒故杜云軒大夫車也服虔云車有藩曰軒 楓 三

〔鶴可令擊翟翟於是遂入殺懿公〕 瀧一二・五，慶五右八，殿五右五，凌五右一〇。○蔡 慶 彭 凌 不重「翟」字。南化 楓 三 校補 一「翟」字。札記 官本有「翟」字，與凌引一本合。

〔黔牟嘗代惠公爲君八年〕 瀧一三・七，慶五左一〇，殿五左五，凌五左一〇。○代，楓棭三景紹伐。

〔輕賦平罪〕瀧一三・九，慶六右二，殿五左七，凌六右三。

索　平斷刑也　〇也，蔡慶地。

〔晉更從南河度〕瀧一四・六，慶六右七，殿六右一，凌六右七。

集　濟南之東南流河也　〇濟，蔡慶彭齊。

集　從汲郡南度　〇汲，蔡慶彭彶。

*正　括地志云衛州汲縣南河水至此有棘津之名亦謂之右濟津故南津也左傳云僖公二十八年晉伐曹曹在衛東假道于衛衛人不許還自南河濟即此也　南化楓棭三梅狩瀧

〔衛大夫欲許〕瀧一四・八，慶六右八，殿六右二，凌六右八。〇夫，游天。按：誤。

〔衛成公遂出犇陳〕瀧一五・一，慶六右一〇，殿六右四，凌六左一。

索　懼出奔楚　〇索無「楚」字。

索　遂適陳是　〇是，蔡慶凌游殿也。

〔成公私於周主鴆令薄〕瀧一五・四，慶六左二，殿六右六，凌六左三。〇凌有「一本周字作晉」六字傍注。主，紹王。按：紹本據字形相似訛。

〔得不死〕瀧一五・四，慶六左三，殿六右七，凌六左三。〇游「得」、「不」互倒。

〔齊邴歜弒其君懿公〕瀧一五・九，慶六左七，殿六右一〇，凌六左七。〇弒，景殺。

索　邴歜與左氏同　〇歜，索鄙。

索 邴音丙　○丙，[索]祊。

索 歜亦作鄒　○[索]歜亦作鄒。君莊公也。

〔子穆公遬立〕　瀧一六・一，慶六左九，殿六左二，凌六左九。○遬，[毛]遬　[札記]毛「遬」訛「遨」。

〔公令師曹教宮妾鼓琴〕　瀧一六・六，慶七右三，殿六左五，凌七右三。

＊**正** 師曹南化、楓、棭、三、梅各本無「曹」字。樂官曹名也　[南化][楓][棭][三][梅][狩][瀧]

〔日旰不召〕　瀧一六・八，慶七右五，殿六左八，凌七右六。

集 欲共宴食　○宴，[景][井][蜀][紹][蔡][慶][彭][毛][凌][游][殿][金陵]晏。按：瀧本誤。

〔如宿〕　瀧一七・一，慶七右八，殿六左一〇，凌七右八。

＊**正** 宿音戚　[南化][棭][梅][狩][瀧]

〔孫文子子數侍公飲〕　瀧一七・二，慶七右八，殿七右一，凌七右九。○[紹]無一「子」字。侍，[凌]待。

〔文子語蘧伯玉〕　瀧一七・五，慶七左一，殿七右四，凌七左二。○玉，[紹]王。

〔共立定公弟秋〕　瀧一七・八，慶七左四，殿七右六，凌七左四。○秋，[南化][楓][棭][三]焱。

按：古本「秋」字又作「剽」。

〔爲衛君〕　瀧一七・八，慶七左四，殿七右六，凌七左五。

集 獻公弟焱　○焱，[景]攻。

索　左傳作剽古今人表作猋蓋音相亂字易改耳音方遥反又匹妙反　○蔡慶彭凌游殿無此注二十六字。

〈是爲殤公〉　瀧一七・一○，慶七左四，殿七右六，凌七左五。○是，游遂　札記中統、游本「是」誤「遂」。

〈甯喜與孫林父争寵相惡〉　瀧一八・一，慶七左五，殿七右八，凌七左六。○游「林父」二字作「文子」。札記「林父」，中統、游本作「文子」。按：通志亦作「文子」。

〈而復入衛獻公〉　瀧一八・四，慶七左九，殿七左一，凌七左一○。○南化楓棭三梅而復入立衛獻公。

〈吳延陵季子使過衛〉　瀧一八・九，慶八右一，殿七左二，凌八右一。○楓三無「衛」字。

〈名而子曰元〉　瀧一九・六，慶八右六，殿七左七，凌八右六。○曰，楓三公。

〈孔氏之豎渾良夫美好〉　瀧二二・四，慶九右一○，殿八左八，凌九右九。○豎，蜀豎。

〈毋所與〉　瀧二三・六，慶九左三，殿八左一○，凌九左二。

＊正　與音預　南化楓棭三梅狩瀧

〈二人蒙衣而乘〉　瀧二三・九，慶九左六，殿九右四，凌九左六。

集　以巾蒙其頭而共乘也　○毛無「以」字。共，凌其。按：凌本誤。

〈既食〉　瀧二三・二，慶九左九，殿九右七，凌九左九。○楓三伯姬悝母既食。

〔輿猳從之〕 瀧二三・四，慶九左一〇，殿九右八，凌九左一〇。

集 輿猳豚 〇彭案言輿猳豚。

集 欲以盟故也 〇景井蜀紹蔡慶彭毛凌無「故也」二字。

〔召護駕乘車〕 瀧二三・九，慶一〇右三，殿九右一〇，凌一〇右三。〇楓「召護」二字作「邵獲」。

〔吾姑至矣〕 瀧二四・四，慶一〇右六，殿九左四，凌一〇右六。〇姑，毛始 札記毛本「姑」誤「始」。

〔莫踐其難〕 瀧二四・五，慶一〇右七，殿九左四，凌一〇右七。

集 是時輒已出 〇已，景井慶彭凌以。

〔食焉不辟其難〕 瀧二四・六，慶一〇右七，殿九左六，凌一〇右八。

***正** 言食君之祿豈得避其危難也服虔云言食悝之祿欲救悝難此明其不死國也按服此說恐非也仲尼弟子傳云子路曰君焉得用棭本無「用」字。 孔悝請得而殺之 南化楓棭三梅

〔毋入爲也〕 瀧二四・九，慶一〇右七，殿九左七，凌一〇右八。

***集** 言輒已出 〇已，凌以。

〔子路乃得入〕 瀧二五・二，慶一〇左二，殿九左九，凌一〇左二。

***正** 公孫敢既閉因有使者出子路乃得入 南化楓棭三梅狩瀧

〔雖殺之必或繼之〕 瀧二五・二，慶一〇左二，殿九左一〇，凌一〇左三。

*正 子路云太子若不合孔悝雖殺已必有繼續而政太子殺孔悝 楓 棭 三

〔太子聞之懼〕 瀧二五・五，慶一〇左四，殿一〇右一，凌一〇左四。〇懼，紹濯。按：紹本訛。

〔下石乞盂黶敵子路〕 瀧二五・五，慶一〇左四，殿一〇右一，凌一〇左五。〇盂，楓壺殿盂。

〔結纓而死〕 瀧二五・七，慶一〇左六，殿一〇右三，凌一〇左七。

集 不使冠在地 〇金陵無此注五字井 蜀 紹 蔡 慶 彭 凌 游 殿服虔曰不使冠在地。

〔莊公上城見戎州〕 瀧二六・二，慶一一右一，殿一〇右八，凌一一右一。

索 濟陽與衛相近 〇蔡 慶 彭 凌 游 殿無「相」字。

索 故莊公登臺望見戎州 〇蔡 慶 彭 凌 游 殿故莊公登臺而望見戎州。

索 是戎近衛 〇蔡 慶 彭 凌 游 殿「近衛」二字作「與衛相近也」五字。

*正 括地志云宋州楚丘縣古南化、楓、棭、梅各本「古」下有「之」字。戎州己氏之城也左傳隱七年戎伐凡伯于楚丘以歸括地志云楚丘故城在楚丘縣北三十里衛楚丘之南化、楓、棭、梅各本「之」字移在「楚」上。邑也按諸侯爲衛城楚丘居文公者即滑州南縣是也左傳哀公十七年初衛莊公登城以望戎州以問之以告公曰我姬姓也何戎之有焉杜預云己氏戎人姓也呂姜莊公夫人也 南化 楓 棭 三 梅 狩 瀧

〔莊公出犇〕 瀧二六・九，慶一一右五，殿一〇左一，凌一一右五。

索　初公登城見戎州己氏之妻髮美　○凌「髮美」二字作「髢好」。

索　又欲翦戎州兼逐石圃　○翦，蔡慶彭凌游殿剪。

〔衛人立公子斑師爲衛君〕　瀧二七・三，慶一一右八，殿一〇左五，凌一一右九。○斑，凌班。按：通志亦作「班」。

〔衛石曼尃逐其君起〕　瀧二七・四，慶一一右一〇，殿一〇左七，凌一一左一。○尃，景井蜀紹蔡慶彭毛索凌游殿專　札記各本訛「專」，注同，依攷異改。索隱本作「石曼尃」。按：札記引正文作「尃」。

索　此作塼音徒和反　○金陵——音圃又音徒和反　蔡慶彭凌游殿此注七字作「此尃音圃」四字。

索　塼或作尃　○蔡慶彭凌游殿此四字作「穀梁作曼」四字，而其下有「姑尃或音姑」五字。

索　諸本或無曼字　○或，蔡慶彭凌游殿多。

〔立二十一年卒〕　瀧二七・七，慶一一左三，殿一〇左一〇，凌一一左五。

索　初立十二年　○二，索三，蔡一。

索　凡經二十五年而卒于越　○索「五」作「四」，而無「于越」二字。

〔出公季父黚〕　瀧二七・一〇，慶一一左五，殿一一右一，凌一一左六。○楓三出公季父子黚。

〔子敬公弗立〕　瀧二八・二，慶一一左六，殿一一右二，凌一一左七。

索 系本弗作費 ○蔡 慶 彭 凌 游 殿無此注五字。

〔子成侯遬立〕 瀧二八・八，慶一二右二，殿一一右八，凌一二右四。○遬，景 井 紹 蔡 慶 彭 凌 游 殿速 札記索隱本「遬」，各本並作「速」。

索 遬音速 ○彭無「遬音」二字。遬，游速。

〔成侯十一年〕 瀧二八・九，慶一二右三，殿一一右九，凌一二右五。○侯，紹公。

〔故魏立之〕 瀧二九・五，慶一二右九，殿一一左五，凌一一左一。

集 元君者懷君之弟 ○彭無「之」字。

〔元君十四年〕 瀧二九・六，慶一二右一〇，殿一一左五，凌一二左二。○殿考六國年表作十一年。

〔秦拔魏東地〕 瀧二九・六，慶一二右一〇，殿一一左五，凌一二左二。

*正 東地謂濮陽黎陽等地也 南化 楓 棭 三 梅 狩 瀧

〔更徙衛野王縣〕 瀧二九・七，慶一二左一，殿一一左六，凌一二左二。

索 按年表至與此不同也二十四字 ○蔡 慶 彭 凌 殿無此注二十四字。按：蔡、慶、彭、凌、殿本下文「子君角立」之句下，有「索隱曰年表與此不同徐注備矣」十三字。

*正 元君徙濮陽又徙野王濮陽濮州縣也野王懷州城古野王邑也 南化 楓 棭 三 梅 狩 瀧

〔子君角立〕 瀧二九・九，慶一二左二，殿一一左七，凌一二左四。

集 年表云 ○云，游君。

集　二十三年卒　○[殿]「二十三」作「三十三」。[凌]作「二十二」。[蔡][慶][凌][殿]此下有「索隱曰年表與此不同徐注備矣」十三字。[札記]王、柯、凌本此集解下有索隱文云「年表與此不同徐注備矣」十字，單本無。

〔衛絶祀〕　瀧三〇·三，慶一二左五，殿一一左一〇，凌一二左七。○[詳節]「衛」、「絶」互倒。

按：通志作「衛祀絶」。

〔何其悲也〕　瀧三〇·七，慶一二左八，殿一二右三，凌一二左一〇。○[詳節]何其悲也哉。

史記會注考證校補卷三十八

宋微子世家第八

〔而紂之庶兄也〕 瀧二・三，慶一右三，殿一右八，凌一右三。○[索][金陵]而帝紂之庶兄也。

索 按呂氏春秋云 ○[耿]無「呂」字。

索 故微子爲紂同母庶兄 ○[彭]「故」字、「爲」字並無。

〔及祖伊以周西伯昌之修德滅阢國〕 瀧二・五，慶一右五，殿一右一〇，凌一右七。○[景][井][蜀][紹][蔡][耿][慶][彭][凌][游][殿]重「阢」字 [南化][楓][棭][三]不重「阢」字。[殿考]按：「阢國」二字疑衍文。

〔以告紂〕 瀧二・六，慶一右七，殿一左二，凌一右八。

索 阢音耆 ○[蔡][耿][慶][彭][凌][游][殿]無此注三字。

索 鄒誕本云 ○[蔡][耿][慶][彭][凌][游][殿]「本」、「云」互倒。

索　即今之黎亭是也　○蔡慶彭凌游殿無「是也」二字。

〔不治四方〕　瀧三・三，慶一右一〇，殿一左五，凌一左一。

集　孔安國曰　○凌無此注四字。

集　將必亡也　○將，毛終。

〔殷既小大好草竊姦宄〕　瀧三・六，慶一左三，殿一左七，凌一左四。○既，南化楓棭三旡宄景井蜀紹耿毛軌　札記舊刻、毛本「宄」誤「軌」。

集　又爲姦宄於外内　○宄，紹彭究　游「外」、「内」互倒。

〔皆有罪辜〕　瀧三・八，慶一左四，殿一左九，凌一左六。

集　言屢相攻奪　○屢，毛屨　札記毛本「屢」訛「屨」。

〔相爲敵讎〕　瀧三・一〇，慶一左六，殿一左一〇，凌一左八。

集　卿士既亂　○士，凌上。

〔若涉水無津涯〕　瀧四・一，慶一左七，殿二右一，凌一左八。

集　徐廣曰　○井「徐廣曰」三字作「駰謂」二字。耿「徐廣」二字作「裴駰」而其上有「故」字。

札記疑當作「裴氏」。按：據井、耿本，則札記之説爲是。

集　一作陟水無舟航　○陟，井紹蔡耿游殿涉。

索　徐廣曰典國典也　○蔡慶彭凌游殿無此注七字。

〔我其發出往〕　瀧四・四，慶一左九，殿二右四，凌二右一。○往，南化楓棭三井室。

〔吾家保于喪〕 瀧四・五，慶一左一〇，殿二右五，凌二右二。

*正 言紂淫亂吾三本「吾」字作「五」。宗南化、楓、棭、三本「宗」字作「家」。室保喪亡吾微子也 南化 楓 棭 三 梅 狩 瀧

〔今女無故告〕 瀧四・七，慶二右一，殿二右六，凌二右三。

*正 微子言太師少師旡南化本作「無」。別意故告我理殷國也 南化 楓 三 狩 瀧

〔予顛躋〕 瀧四・七，慶二右一，殿二右六，凌二右四。〇予，景 游 子。按：據字形相似訛。

〔如之何其〕 瀧四・八，慶二右二，殿二右六，凌二右四。

集 聲如姬記 〇加，景 蜀 蔡 耿 慶 彭 凌 游 殿 如 井 蜀 耿 聲如「加」作「如」。姬禮記。

〔今誠得治國〕 瀧五・三，慶二右七，殿二左二，凌二右九。〇今，毛 令 札記毛本「今」訛「令」。

〔紂親戚也〕 瀧五・六，慶二右八，殿二左三，凌二左一。

索 箕國子爵也 〇蔡 耿 慶 彭 凌 游 殿 無此注五字。

索 有箕子冢 〇耿 有箕子冢焉。

索 有犧象著壺泰山 〇索「著」字、「山」字並無。

索 著尊者著地無足 〇索 無「尊者」二字。

索 則杯箸亦食用之物 〇箸，蔡 者。

索 亦並通 〇蔡 耿 慶 彭 凌 游 殿 各本無「亦」字。並通爲器彭本有「也」字。

*正 箸字亦作櫡同音劉伯莊云音直慮反恐非按説文云彼爲象箸必梅本「必」字作「小」。爲玉杯然象棭本無

「象」字。箸柸楓、三本無「柸」字。南化、梅本略上三字。近請用上音是也　南化 楓 棭 三 梅

〔紂始爲象箸〕　瀧六・一，慶二右一〇，殿二左四，凌二左二。

索　按下云　〇蔡 耿 慶 彭 凌 游 殿 按下文云。

索　周禮六尊　〇尊，蔡 慶 彭 凌 殿 樽。

〔紂爲淫泆〕　瀧六・五，慶二左三，殿二左八，凌二左六。〇泆，耿 佚。

〔乃被髮詳狂而爲奴〕　瀧六・七，慶二左六，殿二左一〇，凌二左九。〇詳，景 井 蜀 蔡 耿 慶 彭 凌 殿 佯　札記 治要「詳」，與殷本紀合，各本作「佯」。

〔故傳之曰箕子操〕　瀧六・九，慶二左七，殿三右一，凌二左一〇。

〔肉袒面縛〕　瀧八・二，慶三右六，殿三右一〇，凌三右九。

集　困厄窮迫　〇厄，彭 危。按：誤。

集　不懼不慴　〇慴，蔡 慶 彭 游 攝。

索　義亦稍迂　〇蔡 耿 慶 彭 凌 游 殿 無「亦」字。

〔於乎〕　瀧九・二，慶三右一〇，殿三左三，凌三左三。

*****正**　烏呼兩音　南化 棭 梅

〔我不知其常倫所序〕　瀧九・三，慶三左一，殿三左四，凌三左四。

集　言我不知天所以定民之常道理次序　〇序，井 紹 蜀 耿 敘。

〔不從鴻範九等〕　瀧九・五，慶三左四，殿三左七，凌三左七。〇等，南化 楓 棭 三 疇。

下同。

〔常倫所斁〕　瀧九・六，慶三左四，殿三左七，凌三左七。

集　不與天道大法九類　○大，[紹]天。按：涉上訛。法，[蜀]注。按：景刊時之誤。

〔常倫所序〕　瀧九・八，慶三左七，殿三左一〇，凌三左一〇。

集　禹遂因而第之　○第，[景][井][紹]弟。

〔金曰從革〕　瀧一〇・九，慶四右三，殿四右五，凌四右六。○[景]重「曰」字。

〔四曰星辰〕　瀧一二・二，慶四左三，殿四左六，凌四左七。

集　二十八宿　○二，[彭]一。按：誤。

〔皇建其有極〕　瀧一二・四，慶四左四，殿四左八，凌四左九。

集　人立其有中　○人，[景][井][紹][蔡][耿][慶][彭][凌][游][殿]大。

〔維時其庶民于女極〕　瀧一二・五，慶四左六，殿四左九，凌四左一〇。○[南化]——于女保極。

〔有猷有爲有守〕　瀧一二・九，慶四左九，殿五右三，凌五右四。○猷，[南化][楓][棭][三]欲。

〔女則念之〕　瀧一二・九，慶四左九，殿五右三，凌五右四。

集　凡其衆民　○衆，[彭][殿]庶。

〔皇則受之〕　瀧一二・一〇，慶五右一，殿五右四，凌五右五。

集　而不罹於咎惡　○罹，[毛]離。

〔而安而色〕　瀧一三・一，慶五右一，殿五右五，凌五右六。○景井人而安而色。

集　以謙下人　○謙，耿謀。

〔女則錫之福〕　瀧一三・一，慶五右二，殿五右六，凌五右七。

＊**正**　尚書作時人德按是其有德之人合於中正之道當爵禄富之　南化楓棭三梅

〔時人斯其維皇之極〕　瀧一三・二，慶五右三，殿五右六，凌五右八。

集　言可勉進也　○毛言可勉進也已。

〔既富方穀〕　瀧一三・五，慶五右六，殿五右一〇，凌五左一。○方，南化楓棭三有。

〔其作女用咎〕　瀧一三・七，慶五右八，殿五左二，凌五左四。

集　雖錫之以爵禄　○錫，蜀毛賜，井賜。

〔毋偏毋頗〕　瀧一三・八，慶五右九，殿五左三，凌五左五。○偏，蜀無。按：據字形相近訛。

〔遵王之義〕　瀧一三・八，慶五右一〇，殿五左三，凌五左五。

集　言當循先王正義以治民　○循，景井蜀紹蔡耿慶彭凌游殿修　札記各本訛「修」，依書傳改。

〔王道平平〕　瀧一四・一，慶五左二，殿五左六，凌五左八。

集　言辨治也　○紹昌一言辨治也。辨，蔡慶彭殿下凌平。

＊**正**　平音頻然反　南化楓棭三梅狩野瀧

〔會其有極〕　瀧一四・二，慶五左三，殿五左七，凌五左九。

集　當會聚有中之人以爲臣也　○游——以爲臣子也　按：景印景元本「當」字誤「常」。

〔是夷是訓〕　瀧一四・四，慶五左五，殿五左九，凌六右一。

*正　夷平也尚書作彝彝常也　南化 棭　按：南化本此校記上不冠「正義曰」。

〔于帝其順〕　瀧一四・五，慶五左五，殿五左九，凌六右一。○其，彭 凌 之楓 三 校記「其」。

〔極之傳言〕　瀧一四・六，慶五左六，殿五左一〇，凌六右二。○傅，南化 楓 棭 三 敷。下同。

〔以近天子之光〕　瀧一四・七，慶五左八，殿六右二，凌六右四。

集　所以益天子之光　○游無「所」字。

〔以爲天下王〕　瀧一四・八，慶五左九，殿六右三，凌六右五。

*正　是南化、梅本無「是」字而有「曰者」二字。箕子美中正之道誠可爲天子也君能守中正而民順行之是天子爲父母而爲天下所歸往　南化 楓 棭 三 梅 狩 瀧

〔三曰柔克〕　瀧一四・一〇，慶五左一〇，殿六右四，凌六右六。

集　以成治立功　○殿無「立」字。

〔平康正直〕　瀧一五・一，慶六右一，殿六右五，凌六右七。

集　世平安　○安，景 井 紹 蜀 蔡 慶 彭 凌 游 殿 康。

〔彊不友剛克〕　瀧一五・二，慶六右一，殿六右六，凌六右九。

集　以剛能治之　○[井]無「之」字。

〔內友柔克〕　瀧一五・二，慶六右二，殿六右六，凌六右九。○內，[南化][楓][棭][三]爕。

集　世和順　○世，[凌]出。

索　當爲爕爕和也　○[蔡][耿][慶][彭][凌][殿]兩「爕」字作「燮」。[游]不重「爕」字。[耿]——和皃也。

〔沈漸剛克〕　瀧一五・三，慶六右三，殿六右七，凌六右九。

集　將而誅　○[蜀][殿]將而誅焉。

索　此作漸字　○[蔡][耿][慶][彭][凌][游][殿]此注四字作「此字作漸」。

*正　漸音潛謂温和也言温和之人主（南化、楓、棭、三本「主」字作「立」。）政須能剛（楓本「剛」字作「則」。）斷　[南化][楓][棭][三][梅][狩][瀧]

〔高明柔克〕　瀧一五・五，慶六右四，殿六右八，凌六左一。

*正　高明謂俊朗也（南化本無上三字。）言俊朗之（梅本無上四字。）人主（南化、梅本「主」字作「立」。）政須能柔和　[南化][楓][三][梅][狩][瀧]

〔維辟玉食〕　瀧一五・七，慶六右五，殿六右九，凌六左二。

集　玉食美食　○美，[蜀]義。按：景刊時之誤。

集　備珍美也　○備，[游]係。按：「備」之略體「俻」之訛。

〔民用僭忒〕　瀧一五・九，慶六右八，殿六左二，凌六左五。

集　孔安國曰在位不端平則下民僭差　○[凌]無此注十四字。

＊正　孔安國曰家謂臣國謂君也爲上無制爲下逼上凶害之道辟言僻　南化楓棭三梅狩瀧

〔乃命卜筮〕　瀧一六・二，慶六右九，殿六左四，凌六左六。○卜，凌十。按：據字形相似訛。

〔曰涕〕　瀧一六・二，慶六右一〇，殿六左四，凌六左七。

索　作圛　○圛，蔡耿慶彭凌游殿驛。

索　氣駱驛亦連續　○亦，蔡耿慶彭凌游殿下。

索　今此文作涕　○彭無「此」字。

〔曰霧〕　瀧一六・三，慶六左一，殿六左五，凌六左八。

索　徐廣所見　○廣，蔡耿慶彭凌游殿氏。

索　蒙作被　○被，索濛。

索　義通而字變　○蔡耿慶彭凌游殿義通而字變耳。

〔衍貳〕　瀧一六・九，慶六左二，殿六左七，凌六左一〇。○攷異　鄭氏以「卜五占之用」爲句，「二衍貳」爲句，上句言卜，下句言筮。

集　卜五占之用　○卜，紹士。按：誤。

集　兆卦之名凡七　○七，凌卜。按：誤。

集　圛者　○圛，凌圉。按：誤。

集　霽冥冥也　○霽，紹蔚。按：據字形相近訛。

集　內封曰貞　○曰，蜀也。

集　悔之言晦也　○也，蜀曰。

〔則從二人之言〕　瀧一七・三，慶六左六，殿七右一，凌七右四。

集　幽微難明　○難，凌悔。

〔謀及卜筮〕　瀧一七・四，慶六左八，殿七右三，凌七右五。

*正　孔安國云將舉事而汝則有大疑先盡汝（南化、楓、棭、三、梅本無「汝」字。）心以謀慮之次及卿士衆民然後卜筮以決之南化楓棭三梅狩瀧

〔曰陽〕　瀧一八・二，慶七右六，殿七左一，凌七左四。○陽，景毛游殿暘。按：通志亦作「暘」。

〔曰時五者來備〕　瀧一八・四，慶七右七，殿七左二，凌七左五。○志疑困學紀聞引作「五是」。後書荀、李兩傳注引一作「者」，一作「是」，蓋傳寫誤。續律歷志有「五是以備」語。

〔庶草繁廡〕　瀧一八・四，慶七右八，殿七左二，凌七左六。

集　則衆草木繁廡滋豐也　○草，慶莫南化校記「草」。按：景印慶元本作「草」。

〔一極亡凶〕　瀧一八・九，慶七右九，殿七左三，凌七左七。○亡，凌凶。按：涉下訛。

〔時暘若〕　瀧一八・九，慶七左一，殿七左四，凌七左九。○暘，井陽。

集　則時暘順之　○暘，井蜀陽。

〔時奧若〕　瀧一八・一〇，慶七左一，殿七左六，凌七左一〇。

集　則時煖順之　○煖，耿奧，彭暖，金陵寒。

〔常雨若〕　瀧一九・二，慶七左三，殿七左八，凌八右二。

集　君行狂妄　○君，蜀若。按：景刊時之誤。

集　則常雨順之　○景「常」字作「時」而無「之」字。

〔常奧若〕　瀧一九・三，慶七左四，殿七左九，凌八右三。

集　君臣逸豫　○臣，景井蜀紹蔡慶彭毛凌游殿行。

〔急常寒若〕　瀧一九・四，慶七左五，殿七左一〇，凌八右四。

集　孔安國曰君行急則常寒順之　○紹無此注十二字。

〔霧常風若〕　瀧一九・四，慶七左六，殿八右一，凌八右五。○霧，紹急。按：涉上文訛。

集　君行霧闇　○急，蜀若。闇，游闈。

〔維歲〕　瀧一九・五，慶七左六，殿八右一，凌八右五。

集　言王者所眚職　○王，耿工。按：仿刻時之誤也。

*__正__　眚山井反王者省歲之休咎知民豐儉此下教王者及民識歲月之善惡也　南化楓棭三梅狩瀧

〔師尹維日〕　瀧一九・六，慶七左七，殿八右二，凌八右七。

集　衆正官之吏　○彭無「之」字。

*__正__　師尹謂長正若今刺史縣令師尹視旬　南化楓棭三梅狩瀧

〔歲月日〕　瀧一九・八，慶七左八，殿八右三，凌八右七。○慶彭凌「月」、「日」互倒。

〔治用明〕　瀧一九・八，慶七左九，殿八右四，凌八右八。

集　則正治明　○正，耿殿政。

〔家用平康〕　瀧一九・九，慶七左一〇，殿八右五，凌八右九。

集　賢臣顯用　○臣，彭人。

〔畯民用微〕　瀧二〇・一，慶八右一，殿八右六，凌八右一〇。○微，南化楓三梅徵。

〔家用不寧〕　瀧二〇・一，慶八右一，殿八右六，凌八左一。

＊**正**　孔安國云君失其柄權臣擅命治闇（楓本無「闇」字。）賢隱（棭、梅本無「隱」字。）國家亂　南化楓棭三梅狩瀧

〔則以風雨〕　瀧二〇・四，慶八右四，殿八右九，凌八左三。○南化楓棭三則以風以雨。

〔二曰富〕　瀧二〇・五，慶八右五，殿八右一〇，凌八左四。

＊**正**　壽百二十年富財豐備也　南化楓棭三狩瀧

〔攸好德〕　瀧二〇・六，慶八右五，殿八左一，凌八左五。

集　德福之道　○彭「德」、「福」互倒。

〔凶短折〕　瀧二〇・七，慶八右七，殿八左二，凌八左六。

集　未齔曰凶　齔，凌齒。

索　音楚慭反　○慭，慶殿忲，凌怰。

〔六曰弱〕 瀧二〇・九，慶八右八，殿八左四，凌八左八。

集 愚懦不壯毅曰弱 ○懦，蜀耿懦。

〔而不臣也〕 瀧二一・一，慶八右一〇，殿八左五，凌八左一〇。

索 潮仙二音 ○蔡耿慶彭凌游殿潮鮮音潮仙各本無「二音」二字。

＊**正** 朝鮮潮仙二音楓、三本無上六字。 括地志云高驪平壤城本漢南化、楓、棭、三、梅本有「書」字。 樂浪郡王儉南化、楓、棭、三本「儉」字作「險」。 城即古朝鮮也 南化楓棭三梅狩瀧

〔過故殷虛〕 瀧二一・三，慶八右一〇，殿八左五，凌八左一〇。○虛，詳節墟。

〔感宮室毀壞生禾黍〕 瀧二一・三，慶八右一〇，殿八左五，凌八左一〇。○感，井城。

按：因下「宮」訛。

〔乃作麥秀之詩以歌詠之〕 瀧二一・四，慶八左二，殿八左七，凌九右二。○麥，毛黍。

〔彼狡僮兮〕 瀧二一・六，慶八左四，殿八左九，凌九右四。○僮，耿游童。

〔不與我好兮〕 瀧二一・六，慶八左四，殿八左九，凌九右四。○志疑御覽五百七十引作「不我好仇」。

〔所謂狡童者〕 瀧二一・六，慶八左四，殿八左九，凌九右四。○童，景井蜀耿彭毛僮。按：通志亦作「僮」。

〔欲襲成王周公〕 瀧二一・一〇，慶八左七，殿九右一，凌九右七。

集 欲襲成周　○彭欲襲成周非成王周公。

〔國于宋〕　瀧二二・二，慶八左九，殿九右三，凌九右九。

集 世本曰　○世，紹田，井由。按：井、紹本誤。

〔是爲微仲〕　瀧二二・六，慶九右一，殿九右五，凌九左一。

集 微子舍其孫腯而立衍也　○腯，耿膹。

索 故二微雖爲宋公　○微，南化凌子。

索 猶稱微　○蔡耿慶彭凌游殿無「稱」字。

〔子宋公稽立〕　瀧二二・九，慶九右三，殿九右八，凌九左四。

索 故名之　○名，彭明。按：據名、明聲相近訛。

〔弟煬公熙立〕　瀧二三・一，慶九右五，殿九右九，凌九左五。○立，蔡慶彭公　南化校記「立」。按：景印慶元本作「立」。

〔湣公子鮒祀弒煬公而自立〕　瀧二三・一，慶九右六，殿九右一〇，凌九左六。○弒，毛殺。

索 徐云一本作魴　○蔡耿慶彭凌游殿無此注六字。

〔哀公元年卒〕　瀧二三・六，慶九右一〇，殿九左四，凌一〇右一。○札記表無「哀公」，蓋傳寫脱。

〔爲魯惠公夫人〕　瀧二三・八，慶九左三，殿九左六，凌一〇右三。○耿無「惠」字。

〔衛公子州吁弒其君完自立〕　瀧二四・八，慶一〇右四，殿一〇右五，凌一〇左三。○自，

耿 其。

〔必爲亂〕 瀧二四・九，慶一〇右五，殿一〇右六，凌一〇左四。〇楓 必世爲亂。

〔其後諸侯數來侵伐〕 瀧二四・一〇，慶一〇右七，殿一〇右八，凌一〇左六。〇南化 楓 三 無「伐」字。

〔目而觀之〕 瀧二五・二，慶一〇右八，殿一〇右九，凌一〇左八。

集 極視精不轉也 〇視，游 是。精，殿 睛。

〔殤公即位十年耳〕 瀧二五・四，慶一〇右一〇，殿一〇右一〇，凌一〇左九。〇殿考 按：既云即位十年，何得編於九年之下？在傳，此事本在十年。則上文「九年」，「九」字蓋「十」字之訛也。

〔而十一戰〕 瀧二五・四，慶一〇右一〇，殿一〇左一，凌一〇左九。

〔皆孔父爲之〕 瀧二五・六，慶一〇左二，殿一〇左三，凌一一右二。〇南化 楓 棭 三 皆孔父所爲之。

集 伐鄭圍長葛 〇葛，游 蕩。

〔執鄭之祭仲〕 瀧二五・一〇，慶一〇左六，殿一〇左六，凌一一右五。

＊**正** 上側界反括地志云故祭城在鄭州管城縣東北五十里鄭大夫祭仲邑也杜預云左傳釋例云祭城在河南上有穀南化、楓、棭、梅本「穀」字作「敖」。 倉周公所封也 南化 楓 棭 三 梅 狩 瀧

〔竟立突〕　瀧二六・二，慶一〇左六，殿一〇左七，凌一一右六。〇志疑事在宋莊公十年。

〔魯使臧文仲往弔水〕　瀧二六・四，慶一〇左八，殿一〇左八，凌一一右七。

集　問凶曰弔　〇問，凌間。按：凌本訛。

〔臧文仲善此言此言乃公子子魚教湣公也〕　瀧二六・五，慶一〇左一〇，殿一〇左一〇，凌一一右九。〇井不重「此言」二字。

〔戰於乘丘〕　瀧二六・八，慶一一右一，殿一一右一，凌一一右一〇。〇殿考左傳宋殤九年爲魯莊之十一年。夏，宋爲乘丘之役；秋，宋大水，公使弔焉。此敍戰乘丘於大水之後，又書曰十年。

集　一作媵　〇媵，蔡慶彭游殿膢。

集　駰案杜預曰　〇杜，凌社。按：據字形相似誤。

〔十一年秋〕　瀧二六・一〇，慶一一右二，殿一一右二，凌一一左二。〇殿考按：殤公立十年而被弒，此云「十一年秋」，「一」字蓋衍文。

〔遂以局殺湣公于蒙澤〕　瀧二七・三，慶一一右五，殿一一右四，凌一一左四。

集　梁國有蒙縣　〇耿無「縣」字。

〔萬搏牧〕　瀧二七・四，慶一一右六，殿一一右六，凌一一左五。〇搏，殿搏。

〔公子禦說犇亳〕　瀧二七・六，慶一一右八，殿一一右七，凌一一左七。

集　今沛國有蕭縣蒙縣　○彭無「今」字。今，凌分。

〔宋人請以賂陳陳人使婦人飲之醇酒〕　瀧二七・一〇，慶一一左一，殿一一右一〇，凌一一左一〇。○南化楓棭三不重「陳」字。醇，井蜀毛淳。按：通志亦作「淳」。

〔與雨偕下〕　瀧二八・一〇，慶一一左一〇，殿一一左九，凌一二右九。

索　按僖十六年左傳　○毛與雨偕也按僖十六年左傳。

索　隕石于宋五　○隕，蔡慶彭游金陵霣。

索　夜中星霣如雨　○中，凌明。

索　且與雨偕下　○且，游是。

索　自在別年　○自，游白。

索　不與霣石退鶂之事同　○不，游下。按：訛。

索　左傳小不同也　○蔡耿慶彭凌游殿「不同」二字作「異」字。

〔風疾也〕　瀧二九・三，慶一二右四，殿一二右三，凌一二左四。

集　至宋都　○宋，彭泉，楓三校記「宋」。

〔宋襄公爲鹿上之盟〕　瀧二九・八，慶一二右六，殿一二右四，凌一二左五。

索　按汝陰原鹿　○索杜預云汝陰有鹿原縣按汝陰鹿原。「原」、「鹿」互倒。

索　然襄公始求諸侯於楚　○蔡耿慶彭凌游殿無「始」字。

索　計未合至女陰鹿上　○計，耿殿詐，凌許。女，蔡慶毛游殿汝，彭凌濟。

索　今濟陰乘氏縣北有鹿城　○[索]據今濟陰——

〔諸侯會宋公盟于盂〕　瀧三〇・二，慶一二右九，殿一二右八，凌一二左九。○[南化][楓][三]無「盟」字。

集　盂宋地　○盂，[凌]孟。按：據字形相似誤。

〔不鼓不成列〕　瀧三一・一，慶一二左八，殿一二左六，凌一三右八。

集　軍志　○志，[景][井][蜀][紹][蔡][耿][慶][彭][毛][凌][游][殿][金陵]法。按：瀧本誤。

*__正__　南化、楓、棭、三、梅本有「阸音」二字。厄謂阻隘南化、楓、棭、三、梅、野本「阻隘」二字作「阻礙」。也　[南化][楓][棭][三][狩][野][梅][瀧]

〔何常言與〕　瀧三一・二，慶一二左一〇，殿一二左七，凌一三右九。

集　尚何言與　○尚，[蜀]後。

〔是成王已救鄭〕　瀧三一・三，慶一三右一，殿一二左八，凌一三右一〇。○已，[毛]以。

〔去而取鄭二姬以歸〕　瀧三一・三，慶一三右二，殿一二左八，凌一三左一。

索　謂鄭夫人芈氏　○[蔡][慶][彭][凌][游]「夫人」二字作「大夫」，而游本「芈」字作「芒」，彭本作「羊」。

索　既是鄭女　○女，[索]氏。

〔叔瞻曰〕　瀧三一・四，慶一三右二，殿一二左九，凌一三左二。○瞻，[游]贍。

〔有以知其不遂霸也〕　瀧三一・五，慶一三右三，殿一二左一〇，凌一三左三。○[殿考]徐孚遠曰：以上楚事，著於宋傳，失删正也。

〔以馬二十乘〕 瀧三一・八，慶一三右五，殿一三右二，凌一三左五。○南化 棭 以馬二十乘送之。

〔襄公病傷於泓而竟卒〕 瀧三一・一○，慶一三右六，殿一三右二，凌一三左五。

索 在二十四年 ○二，游 一。

〔子成公王臣立〕 瀧三一・一，慶一三右八，殿一三右五，凌一三左八。○殿考 穀梁傳「王臣」作「壬臣」。按：通志亦作「壬臣」。

〔晉文公卒〕 瀧三一・五，慶一三左一，殿一三右七，凌一四右一。○文，蜀 太。

〔宋人共殺君禦〕 瀧三一・九，慶一三左四，殿一三右一○，凌一四右四。○札記 舊刻「殺」作「弒」。

〔而立成公少子杵臼〕 瀧三一・九，慶一三左五，殿一三左一，凌一四右四。

正 襄公之子 ○彭 無「之」字。

〔宋敗長翟緣斯於長丘〕 瀧三三・一，慶一三左六，殿一三左二，凌一四右六。

索 徐廣曰魯系家云宋武公之代獲緣敢於長丘今云此時未詳者 ○蔡 耿 慶 彭 凌 游 殿 無此注二十五字。

索 魯敗翟于鹹 ○鹹，凌 咸。

索 載於諸國系家 ○載，蔡 耿 慶 彭 凌 游 殿 散。

索 豈下五系公子 ○系，蔡 耿 慶 彭 凌 游 殿 代。

索 又合謚昭乎　○合，[蔡][慶][彭][凌][殿]豈。

***正** 裴駰云魯世家云（棭本有「宋」字。）武公之世獲緣斯於長丘今此云昭公未詳按春秋文公十一年魯敗狄於鹹獲長狄（南化本「狄」字作「翟」。）緣斯於（棭本無上七字。）長丘與年表同齊世家云魯惠公二年長翟來王子城（南化、梅本「城」字作「成」。）父殺之年表亦同據春秋及年表世家（棭本「年表世家」四字作「世家年表」。）年歲符合魯世家云宋武公是誤當爲（棭本無「爲」字。）昭公即符合矣　[南化][楓][棭][三][梅][狩][瀧]

〔因大夫華元爲右師〕　瀧三四・一，慶一四右三，殿一三左九，凌一四左四。

正 公子鮑因華元　○[慶][彭][凌][殿]「鮑因華元」四字作「華元鮑因」。

〔鄭命楚伐宋〕　瀧三四・九，慶一四右九，殿一四右四，凌一四左九。○[志疑]楚命鄭，傳寫倒。

〔得囚華元〕　瀧三五・二，慶一四左一，殿一四右六，凌一五右二。○[楓]無「華元」二字。

〔宋以兵車百乘文馬四百匹〕　瀧三五・二，慶一四左一，殿一四右七，凌一五右二。○匹，[井][蜀][蔡][慶][彭][凌][游]疋。

〔贖華元〕　瀧三五・二，慶一四左三，殿一四右八，凌一五右四。

集 畫馬也。

***正** 畫胡卦反　[南化][楓][棭][三]

正 四百匹　○百，[慶][彭][殿]伯。下同。

〔誠哉言〕　瀧三六・一，慶一四左九，殿一四左二，凌一五右九。○[楓]誠哉是言。

〔我軍亦有二日糧〕 瀧三六・一，慶一四左九，殿一四左三，凌一五右九。○二，南化 棭 景 井 蜀 紹 耿 毛 殿 三 札記舊刻、毛本「二」作「三」。

〔共公元年〕 瀧三六・五，慶一五右一，殿一四左五，凌一五左一。○元，南化 棭 殿 九 按：景印慶元本作「九」。志疑當作「十年」。

〔兩盟晉楚〕 瀧三六・六，慶一五右二，殿一四左六，凌一五左二。○殿考 徐孚遠曰：在左傳向戌之事也，此言「華元」爲誤。陳子龍曰：宋共公之元年爲晉成公之三年，傳無兩盟晉、楚之事。是時鄭方黨楚，晉、宋同伐鄭。其明年，華元始聘。魯襄二十七年宋之盟無疑。

〔司馬唐山攻殺太子肥〕 瀧三六・九，慶一五右三，殿一四左七，凌一五左三。○殿考 左傳「唐山」作「蕩澤」。南化 楓 棭 三「肥」字作「范」，或作「範」。

〔乃立共公少子成〕 瀧三七・二，慶一五右五，殿一四左九，凌一五左五。○殿考 公羊傳「成」作「戍」。

〔楚共王拔宋之彭城〕 瀧三七・四，慶一五右六，殿一四左一○，凌一五左六。○拔，景 井 蜀 紹 伐。按：通志亦作「伐」。

〔元公三年〕 瀧三七・九，慶一五右九，殿一五右二，凌一五左九。○游 元公三年楚公四十四年平公卒子元公佐立元公三年。

〔楚平王太子建來犇〕 瀧三八・二，慶一五左一，殿一五右四，凌一六右一。○子，殿

于　按：誤。

〔爲之求入魯〕　瀧三八・四，慶一五左三，殿一五右六，凌一六右三。○求，井不。

〔子景公頭曼立〕　瀧三八・五，慶一五左三，殿一五右六，凌一六右三。

索　音萬　○游無此注二字蔡慶彭凌游殿按曼立音萬。

〔三十年〕　瀧三八・八，慶一五左六，殿一五右九，凌一六右六。○年，井于。

〔司星子韋曰〕　瀧四〇・四，慶一五左九，殿一五左二，凌一六右九。○星，南化楓棭三馬。

〔果徙三度〕　瀧四〇・七，慶一六右三，殿一五左五，凌一六左三。○南化楓棭三無「三度」二字。

〔宋公子特〕　瀧四〇・九，慶一六右四，殿一五左五，凌一六左三。

索　昭公也左傳作德　○蔡耿慶彭凌游殿無此注七字。

〔是爲昭公〕　瀧四〇・一〇，慶一六右四，殿一五左六，凌一六左四。

索　按左傳至未知太史公據何而爲此說五十四字　○游無此注五十四字。

索　按左傳　○蔡耿慶彭凌殿特一作得按左傳。

索　取元公庶曾孫公孫周之子德　○索無「公孫周之子」五字。德，耿慶凌殿得。下同。

索　與此全乘　○全，索說。

索　未知太史公據何而爲此說　○蔡耿慶彭凌殿無「而」字。

〔昭公者〕　瀧四一・一，慶一六右六，殿一五左七，凌一六左六。○井　游　金陵無「者」字。札記中統、游本脱「者」字。按：札記引正文有「者」字。

〔景公殺昭公父糾〕　瀧四一・二，慶一六右八，殿一五左九，凌一六左七。

索　左傳名周　○游無此注四字。

〔昭公四十七年卒〕　瀧四一・五，慶一六右九，殿一五左一〇，凌一六左八。

集　四十九年　○彭無「年」字。按：此集解，各本移在後。

〔子悼公購由立〕　瀧四一・六，慶一六右九，殿一五左一〇，凌一六左九。

集　年表云四十九年　○札記王缺此集解及下至「辟兵立」、正文「悼公」下索隱。按：此集解瀧川本移在上句「昭公四十七年卒」之下。

索　購音古候反　○索悼公昭公子也昭公立四十七年表云四十九年購音古候反。

〔悼公八年卒〕　瀧四一・六，慶一六右一〇，殿一六右一，凌一六左一〇。

索　按紀年爲十八年　○游無此注七字。

〔休公田二十三年卒〕　瀧四一・七，慶一六左一，殿一六右二，凌一六左一〇。○殿無「田」字。

〔子辟公辟兵立〕　瀧四一・七，慶一六左一，殿一六右二，凌一七右一。

索　其前驅呼辟　○驅，蔡　耿　慶　彭駈。下同。

索　故爲狂也　○耿故爲狂者也狂者止之也。

〔子剔成立〕　瀧四一・九，慶一六左三，殿一六右四，凌一七右三。

索　王劭按紀年云宋易城盱廢其君辟而自立也　○游無此注十八字。

索　宋易城盱　○蔡耿慶彭凌殿「易城」二字作「剔成」。

索　廢其君辟而自立也　○辟，蔡耿慶彭凌殿璧。

〔自立爲王〕　瀧四二・二，慶一六左六，殿一六右七，凌一七右六。

索　戰國策呂氏春秋皆以偃謚曰康王也　○游無此注十五字。

索　皆以偃謚曰康王也　○彭殿無「曰」字。

〔淫於酒婦人〕　瀧四二・九，慶一六左九，殿一六右九，凌一七右九。○詳節淫虐號桀字淫於酒婦人　楓三淫於酒及婦人。

〔於是諸侯皆曰桀宋〕　瀧四三・二，慶一六左九，殿一六左一〇，凌一七右九。

索　晉太康地記言其似桀也　○游無此注十字。彭無「晉太康地記」五字。

〔王偃立四十七年〕　瀧四三・四，慶一七右一，殿一六左一，凌一七左一。

集　年表云偃立四十三年　○彭無此注九字。

*正　年表云魏昭王十年齊滅宋宋王死於温田完世家云湣王三十八年齊遂伐宋王亡死於温據年表宋滅周南化、楓、棭、三本「周」字作「同」。赧王二十九年各當宋王偃四十三年今云四十七年並南化、楓、棭、三、梅本「並」字作「恐」。誤也　南化楓棭三狩梅瀧

〔殷有三仁焉〕　瀧四三・八，慶一七右三，殿一六左五，凌一七左四。

集　仁者愛人　○井何晏曰仁者愛人彭按謂仁者愛人。

集　三人行異　○彭三人行本異。

集　而同稱仁者　○彭而乃同稱曰仁者。

集　以其俱在憂亂寧民也　○彭殿以其俱在憂亂而寧民也。

集　微子仁之窮也　○仁，景井紹蜀蔡耿慶彭毛凌殿仕　札記中統、游本「仁」，各本訛「仕」。

集　箕子比干智之窮也　○智，景井蜀紹蔡耿慶彭毛凌游志　札記各本「智」訛「志」，吴校改。

集　而其歸一揆也　○井耿慶凌「其」、「歸」互倒。

〈國以不寧者十世〉　瀧四四・二，慶一七右七，殿一六左八，凌一七左七。○世，索代。

索　按春秋公羊有此説左氏則無譏焉　○游無此注十四字。蔡慶凌殿「春秋公羊」四字作「公羊春秋」。

〈襄公之時〉　瀧四四・六，慶一七右八，殿一六左九，凌一七左八。○詳節無「之時」二字。

〈修行仁義〉　瀧四四・六，慶一七右八，殿一六左九，凌一七左八。○南化楓三井耿毛游詳節「行」、「仁」互倒。

〈其大夫正考父美之〉　瀧四四・七，慶一七右八，殿一六左九，凌一七左九。

*正　正考父佐戴武宣公見著南化、楓、三、梅本「著」字作「着」。於孔子世家按年表等在襄公前百年間豈得正

考父追道述而美之斯太史公疎誤矣　南化 楓 棭 三 梅

〔作商頌〕　瀧四四・八，慶一七右九，殿一六左一〇，凌一七左〇。

索　按裴駰引韓詩商頌章句至斯謬説耳九十二字　○游無此注九十二字。

索　按裴駰引韓詩商頌章句亦美襄公非也　○蔡 耿 慶 彭 凌 殿無此注十六字。

索　正考父於周之太師得商頌十二篇　○太，殿大。二，凌三。

索　斯謬説耳　○耿斯謬説云耳　彭斯謬甚之説者也「耳」字作「也」。

〔襃之也〕　瀧四五・四，慶一七左三，殿一七右四，凌一八右四。

索　襄公臨大事不忘大禮至故云襃之也四十八字　○游無此注四十八字。

索　且傷中國之亂闕禮義之擧　○擧，索史。

索　故太史公襃而述之　○蔡 耿 慶 彭 凌 殿無「故」字。

〔宋襄之有禮讓也〕　瀧四五・七，慶一八右二，殿一七右六，凌一八右八。

索　卒傳冢嗣　○冢，蔡 慶 彭 游 殿家。

索　天之弃殷　○弃，游亡。

史記會注考證校補卷三十九

晉世家第九

〔晉唐叔虞者〕 瀧二・七，慶一右二，殿一右七，凌一右三。○景井蜀紹耿慶彭凌游殿無「晉」字。札記索隱本有「晉」字。

索 按太叔以夢及手文而名曰虞 ○太，耿慶彭凌游殿唐。

索 至子燮 ○燮，耿慶彭凌游燮。

索 乃分徙之於許郢之閒 ○乃，耿慶彭凌游殿又。

索 即今之唐州也 ○耿慶彭殿——州者也。

***正** 餘南化、鳳、三、梅本「餘」作「徐」。 才宋國都城記云唐國堯之裔子所封爲唐南化、楓、三、梅本「唐」下有「侯至周成王滅唐而封」九字。 太叔因故唐侯之地封於唐在河汾之東方百里故曰唐叔虞叔者仲叔南化、楓、三、梅本「叔」下有「季之」二字。 次第虞名也 南化楓三梅狩瀧

〔初武王與叔虞母會時〕 瀧二・一〇，慶一右五，殿一右一〇，凌一右六。

集 齊太公女也 ○太，景井大。

〔余命女生子名虞〕 瀧三・一，慶一右六，殿一左一，凌一右八。○南化楓三梅名下有爲字。

〔唐有亂〕 瀧三・六，慶一右八，殿一左三，凌一右九。

正 有堯苗裔劉累者 ○裔，慶胄。

正 更遷唐人子孫于杜 ○彭凌無子孫二字，楓三校補「子孫」二字。

正 即范匄所云 ○匄，慶彭凌丐。

正 在周爲唐杜氏 ○慶彭凌殿金陵「唐」、「杜」互倒。按：瀧川氏以意改。

〔字子于〕 瀧四・六，慶一左九，殿二右三，凌二右一。○于，景子南化楓三梅井毛干。札記宋本、毛本作「干」。

〔唐叔子燮〕 瀧四・六，慶一左九，殿二右三，凌二右一。○燮，耿慶彭凌爕。下同。

〔是爲晉侯〕 瀧四・六，慶一左九，殿二右四，凌二右一。

正 燮先牒反 ○殿燮音先牒反。

正 宗國都城記云 ○殿無「云」字。慶彭凌無「宗」字。札記官本有「宗」字，説見周記。

正 唐者即燮父所徙之處 ○所，慶彭殿初。

正 其城南半入州城中削爲坊城牆北半見在 ○殿無此注十七字。按：殿本間脱正義。

〔是爲厲侯〕 瀧五、一，慶二右三，殿二右四，凌二右五。

索 作輴字 ○耿慶彭殿無「字」字。字，索焉。

〔厲侯之子宜臼〕 瀧五・一，慶二右三，殿二右七，凌二右六。○景井蜀紹耿慶毛游殿無「之」字。札記凌本有「之」字。

〔子穆侯費王立〕 瀧五・七，慶二右九，殿二左三，凌二左二。○費，索弗。王，南化楓三梅生。

〔有功〕 瀧五・一〇，慶二左一，殿二左五，凌二左五。

集 西河介休縣南 ○介，景井紹耿慶彭凌殿界。游無「介」字。

***正** 界休縣屬汾州本漢縣也 南化楓三梅狩瀧

〔犬戎殺幽王〕 瀧六・八，慶二左九，殿三右一，凌三右二。○犬，蜀游大。

〔而秦襄公始列爲諸侯〕 瀧六・九，慶二左九，殿三右二，凌三右二。○紹無「爲」字。

〔封文侯弟成師于曲沃〕 瀧七・一，慶三右一，殿三右三，凌三右三。

索 漢武帝改曰聞喜也 ○耿慶彭游索無「帝」字。

〔晉君都邑也〕 瀧七・二，慶三右二，殿三右四，凌三右五。

索 一號翼侯 ○一，詳節皆。

***正** 括地志云故翼城一名故絳在絳州⿰犭我（楓、三、梅本「⿰犭我」作「翼」。）城東南十五里諸侯譜云晉穆公遷都於絳曾孫孝公（楓三本公作侯）改絳爲翼至獻公又命曰絳 南化楓三梅狩瀧

〔成師封曲沃〕 瀧七・三，慶三右一，殿三右三，凌三右五。○師，紹都。

〔靖侯庶孫欒賓相桓叔桓叔〕 瀧七・四，慶三右四，殿三右六，凌三右六。○蜀 游不重「桓叔」二字。

〔晉人復立孝侯子郄爲君〕 瀧八・七，慶三左二，殿三左三，凌三左五。○郄，索都。

〔是爲郄侯〕 瀧八・七，慶三左三，殿三左四，凌三左五。

索 而他本亦有作都 ○耿 慶 彭 凌 殿無「有」字。

〔曲沃莊伯聞晉鄂侯卒〕 瀧八・九，慶三左四，殿三左一，凌三左六。○殿無「晉」字。耿 慶 彭無「鄂」字。札記王脱「鄂」字。

〔周平王使虢公將兵伐曲沃莊伯〕 瀧八・九，慶三左五，殿三左六，凌三左七。○平，南化 楓 三 梅桓。

〔晉人共立邵侯子光是爲哀侯〕 瀧九・一，慶三左八，殿三左七，凌三左八。○共，凌其。

〔是爲小子侯〕 瀧九・七，慶四右一，殿四右一，凌四右三。

集 鄭玄曰 ○玄，蜀 游立 按：據字形相似訛。

〔曲沃武公使韓萬殺所虜晉哀侯〕 瀧九・九，慶四右二，殿四右二，凌四右四。

集 賈逵曰 ○賈，彭晉 楓 三 梅校記「賈」。

〔盡以其寶器賂獻于周釐王〕 瀧一〇・八，慶四右一〇，殿四右九，凌四左二。○札記中統本無「以」字。

〔更號曰晉武公〕瀧一一・五，慶四左二，殿 四左一，凌四左四。○曰，南化楓三梅爲。

〔自桓叔初封曲沃〕瀧一一・一○，慶四左五，殿 四左四，凌四左七。○凌「初」字傍有「一本初作始」五字注。

〔周惠王弟積攻惠王〕瀧一二・四，慶四左九，殿 四左七，凌四左一○。○頹，耿慶彭凌殿頹。

〔居鄭之櫟邑〕瀧一二・四，慶四左九，殿四左七，凌五右一。

索 有櫟有華也 ○櫟，索樗。

〔俱愛幸之〕瀧一二・五，慶五右一，殿四左九，凌五右三。

集 在驪山也 ○山，梅戎。

*__正__ 殷周之驪戎國城也 南化楓三梅狩瀧

〔始都絳〕瀧一二・九，慶五右四，殿 五右一，凌五右六。

索 絳水出西南也 ○索無「出」字。

〔屈邊翟〕瀧一三・五，慶五右八，殿 五右五，凌五右一○。

集 今蒲阪 ○阪，井紹耿慶彭凌殿坂。

集 北屈 ○北，慶彭比。按：慶、彭本訛，景印慶元本「比」改「北」。游「屈」下有「縣」字。

〔皆有賢行〕瀧一四・四，慶五左四，殿 五左一，凌五左六。○楓三「有」「賢」互倒。

〔滅耿〕瀧一四・八，慶五左六，殿 五左四，凌五左一○。

集　三國皆姬姓　○皆，耿皮。

集　在晉之蒲阪河東也　○阪，耿慶彭凌殿坂。

索　按永安縣西南汾水西有霍城　○霍，耿北。

索　河東河北縣　○凌游無「河」字。札記官本有「河」字，與漢志合。

索　在蒲阪　○阪，耿慶彭凌殿坂。

索　地記又曰　○索杜預曰平陽皮氏縣東南有耿鄉地記又曰。

索　是故耿國也　○索此注五字作「是耿國服虔云三國皆姬姓也」十二字。

*正　晉州霍邑縣本漢彘縣也鄭玄注周禮云霍山在彘縣本春秋霍伯國　楓三梅狩瀧　按：各本校記此正義在上文「厲王出奔于彘」下。

〔而位以卿〕　瀧一五・三，慶六右二，殿五左八，凌六右二。○耿無「而」字。

〔先爲之極〕　瀧一五・三，慶六右二，殿五左九，凌六右四。○爲，毛謂。

〔猶有令名〕　瀧一五・五，慶六右四，殿六右一，凌六右七。

集　雖去猶可有令名　○猶，耿獨。

集　何與其坐而及禍也　○耿「其坐而」三字作「坐生兩」。

〔天開之矣〕　瀧一五・七，慶六右七，殿六右三，凌六右一〇。

集　是爲天開其福　○爲，彭凌謂。以下同。

〔今命之大〕　瀧一五・八，慶六右八，殿六右四，凌六右一〇。○今，毛令。

〔遇屯之比〕　瀧一五・九，慶六右九，殿　六右六，凌六左二。○遇，[慶][彭][游]逼，[楓][三][梅]遇。

〔吉孰大焉〕　瀧一六・二，慶六左一，殿　六右七，凌六左三。

集　屯險難也　○屯，[耿]巾。

集　比親密　○比，[耿]此。按：耿本訛。

〔晉侯使太子申生伐東山〕　瀧一六・三，慶六左二，殿　六右八，凌六左三。

集　赤狄別種　○狄，[耿][蜀][游]秋。按：「秋」，「狄」訛。[游]「種」下有「無」字。

*＊***正**　左傳云晉侯使太子申生伐東山皋落氏上黨記皋落氏在潞州壺岡縣城東南山中百五十里今名平皋赤壤其地險阻百姓不居今空之也　[梅][狩][瀧]

〔里克諫獻公曰〕　瀧一六・五，慶六左三，殿　六右九，凌六左六。

集　里克　○[蜀][游]無「克」字。

〔君行則守〕　瀧一六・七，慶六左五，殿　六左一，凌六左七。

*＊***正**　守音狩不同守者狩也若巡狩而令境内監守也　[南化][楓][三][梅]

〔禀命則不威〕　瀧一六・一〇，慶六左八，殿　六左五，凌七右一。○威，[耿]成。

〔將安用之〕　瀧一七・二，慶六左一〇，殿　六左六，凌七右三。

集　是爲師必不威也　○爲，[凌]謂。

〔毋懼不得立〕　瀧一七・六，慶七右四，殿　六左一〇，凌七右六。

集 不得立己也　○己，游似。

〔公衣之偏衣〕　瀧一七・八，慶七右五，殿　七右一，凌七右九。○游上「衣」作「依」。

集 左右異色　○左，慶彭游涅　南化楓三梅校記「左」。按：南化、楓、三、梅本「正義涅作左」五字，疑據正義本。

〔里克謝病不從太子太子遂伐東山〕　瀧一七・一〇，慶七右七，殿　七右三，凌七左一。○毛不重「太子」二字。札記宋本、毛本無「太子」二字。

〔十九年〕　瀧一八・一，慶七右八，殿　七右四，凌七左一。○十，耿子。按：耿本訛。

〔以歸〕　瀧一八・五，慶七左三，殿　七右八，凌七左六。

集 下陽虢邑也　○景井紹耿慶彭凌下夏陽虢邑也　○下，蜀游夏。

集 在大陽東北三十里　○大，景井蜀耿慶彭凌游太。

〔獻公私謂驪姬曰〕　瀧一八・六，慶七左三，殿　七右九，凌七左七。○謂，耿調。

〔奈何以賤妾之故〕　瀧一八・八，慶七左六，殿　七左一，凌七左九。○耿以奈何以——

〔居二日〕　瀧一九・三，慶八右一，殿　七左六，凌八右四。

索 左傳云六日不同　○耿慶彭凌游殿無「不同」二字。

〔地墳〕　瀧一九・五，慶八右四，殿　七左八，凌八右六。

集 將飲先祭　○將，耿新。

〔小臣死〕　瀧一九・五，慶八右四，殿　七左九，凌八右七。

集 小臣官名 ○官，毛宧。

集 今閹士也 ○士，游士。按：游本訛。

〔妾殊自失於此〕 瀧二〇・一，慶八右一〇，殿 八右三，凌八左三。○南化 楓 三 無「於此」二字。

索 今乃自以恨爲失也 ○耿——失者也。

〔乃誅其傅杜原款〕 瀧二〇・四，慶八右二，殿 八右五，凌八左五。○款，慶 彭 凌 殿 欵。

〔人誰内我〕 瀧二〇・七，慶八左六，殿 八右九，凌八左八。○凌「内」傍有「一本内作入」五字注。

〔申生自殺於新城〕 瀧二〇・七，慶八左六，殿 八右九，凌八左九。

索 申生乃雉經於新城廟 ○耿 彭 凌 無「經」字。

索 韋昭云曲沃也新爲太子城故曰新城 ○耿 慶 彭 凌 游 殿 無此注十五字。

〔因譖二公子〕 瀧二〇・九，慶八左八，殿 八左一，凌九右一。○南化 楓 三 因譖二公子曰。

〔吾誰適從〕 瀧二一・四，慶九右三，殿 八左五，凌九右六。

集 言君與二公子將敵 ○將，紹稱。

****正** 蒙茸言狼藉也 南化 楓 三 梅 狩 瀧

〔蒲人之宧者勃鞮〕 瀧二一・八，慶九右六，殿 八左八，凌九右九。○宧，紹官。下同。

正　勃白没反鞮都提反韋昭云伯楚寺人披之字也於文公時爲勃鞮也　○殿「韋昭云」至「勃鞮也」十九字爲集解。按：殿本誤。

正　寺人披之字也　○披，慶 彭 凌 殿勃　札記各本作「勃」，汪改。

*正　括地志云文城故城在慈州文城縣北四十里故老云此城晉文公爲子時避驪姬之難從蒲奔翟因築此城人遂呼爲文城風俗通云春秋傳曰狄本山戎之别種也其後分居號曰赤翟白翟　南化 楓 三 梅 狩 瀧

〔重耳遂奔翟〕　瀧二二一・二，慶九右八，殿　八左一〇，凌九左一。

〔藏於盟府〕　瀧二二二・八，慶九左四，殿　九右五，凌九左六。　○盟，游明。

〔脣之與齒〕　瀧二二三・一，慶九左六，殿　九右七，凌九左八。　○脣，凌唇。

〔宮之奇以其族去虞〕　瀧二二三・二，慶九左七，殿　九右七，凌九左九。　○以，游與　札記中統、游本「以」作「與」。

〔虢公醜奔周〕　瀧二二三・二，慶九左八，殿　九右八，凌九左一〇。

*正　左傳云童謡曰丙子南化、梅、狩本無「子」字。之辰南化、梅、狩本「辰」作「晨」。龍尾伏辰均服振振取虢之旂鶉之賁賁天策焞焞火中成軍虢公其奔其九月十月之交乎丙子旦日在尾月在策鶉火中必是時也冬十二月丙子朔晉公南化、梅、狩本無「公」字。滅虢虢公醜奔京師韋昭曰鶉火鳥星也賁賁鶉火星貌也天策尾上一星名傳説焞焞近日月之貌火鶉火也中晨中也成軍軍有成功也　南化 梅 狩 瀧

〔虜虞公及其大夫井伯百里奚〕　瀧二二三・五，慶九左九，殿　九右九，凌一〇右一。　○及，

毛并。

〔獻公笑曰〕　瀧二三・八，慶一〇右二，殿九左二，凌一〇右四。〇游空「獻公」二字。

〔齒亦老矣〕　瀧二三・八，慶一〇右二，殿九左三，凌一〇右四。

集　以馬齒戲喻荀息之年老也　〇齒，景紹毛歲　凌無「之」字。

〔獻公遂發賈華等伐屈〕　瀧二三・一〇，慶一〇右三，殿九左四，凌一〇右五。

〔夷吾將奔翟〕　瀧二四・一，慶一〇右四，殿九左五，凌一〇右六。〇凌「將」字傍有「一本將作欲」五字注。

集　晉右行大夫　〇右，慶彭古　按：景印慶元本「古」作「右」。

〔亦擊晉於齧桑〕　瀧二四・四，慶一〇右八，殿九左八，凌一〇左一。

索　按今平陽曲南七十里河水有采桑津　〇曲，殿縣。

〔東至河内〕　瀧二四・七，慶一〇左一，殿一〇右一，凌一〇左三。

＊正　河西謂同丹等州之地也河内謂懷州　梅狩瀧

〔驪姬弟生悼子〕　瀧二五・二，慶一〇左一，殿一〇右一，凌一〇左三。〇志疑秦紀、年表、齊世家皆作「卓」，徐廣於秦紀云「一作『倬』，古通」，此或「倬」字，傳寫訛「悼」耳。

〔諸侯弗平〕　瀧二五・五，慶一〇左五，殿一〇右四，凌一〇左七。〇平，井萃　札記宋本「萃」。

〔君弟毋會〕　瀧二五・六，慶一〇左五，殿一〇右四，凌一〇左七。○弟，[蜀][游]第。

索　弟但也　○弟，[耿][慶][彭][凌][殿]第。

〔使死者復生〕　瀧二五・八，慶一〇左八，殿一〇右七，凌一一右一。

索　是死者復生也　○[耿][慶][彭][凌][游][殿]是謂死者復生也。

〔生者不慙〕　瀧二五・九，慶一〇左八，殿一〇右七，凌一一右一。

＊正　國語云荀息曰昔君問臣事君於我我對以忠貞君曰何謂也對曰可以利公室力有所能無不爲忠也葬死者養生者死人復生（楓本「生」下有「不死人復生」五字。）不悔生人不（南化、梅本「慚」作「愧」。）作愧貞（南化、楓、三、梅本無「貞」字。）也吾言既往矣豈能欲行吾言而又愛吾身乎　[南化][楓][三][梅][瀧]

〔爲之驗〕　瀧二六・二，慶一〇左八，殿一〇右七，凌一一右一。○爲，[凌]謂。

〔里克殺奚齊于喪次〕　瀧二六・五，慶一一右四，殿一〇左二，凌一一右六。○[南化][楓][三]無「次」字。

〔荀息立悼子〕　瀧二六・七，慶一一右五，殿一〇左四，凌一一右八。○悼，[詳節]卓。下同。

〔十一月里克弒悼子于朝〕　瀧二六・七，慶一一右六，殿一〇左四，凌一一右七。○弒，[蜀][游]殺。

集　鞭殺驪姬于市　○鞭，[紹]不。

〔斯言之玷不可爲也〕　瀧二六・九，慶一一右八，殿一〇左六，凌一一右一〇。

集　言此言之玷難治　○玷，[井][蜀][紹][耿][慶][彭][毛][游][殿]缺。

集 甚於白珪 〇甚，凌其 按：凌本訛。

〔齒牙爲猧〕 瀧二七・三，慶一一右一〇，殿一〇左八，凌一一右二。

集 齒牙謂兆端左右釁坼 〇謂，凌爲。

集 以象讒言之爲害也 〇蜀無「之」字。

*＊***正** 國語曲獻公卜伐驪戎史（楓本「史」作「吏」。）蘇卜（南化、楓、三、梅本「卜」作「占」。）之曰勝而不吉公飲大夫酒令司正實爵與（南化、楓、三、梅本無「與」。）史蘇曰飲而無（南化、楓、三、梅本「無」作「有」。）肴驪戎之役汝曰勝而不吉故賞汝以爵罰汝（南化、楓、三、梅本無上四字。）以無肴克國得妃其吉孰大焉史蘇卒（梅本「卒」作「率」。）爵再拜稽首曰兆有之臣不敢蔽蔽兆之紀失臣之官有二罪焉何以事君大罰（南化、楓、三本「罰」作「罸」。）將及不唯無肴史（南化、楓、三、梅本無「史」。）蘇告大夫曰夫有（南化、楓、三、梅本上三字作「若無」二字。）男戎必有女戎若晉以男戎（南化、楓、三、梅本無「男戎」。）勝戎而戎亦必以女戎（南化、楓、三、梅本無「戎」字。）勝晉里克曰何如史（南化、楓、三、梅本無「史」字。）蘇曰夏桀伐有施有施人以妹喜女焉與伊尹比而亡夏殷辛伐有蘇有蘇（南化、楓、三、梅本「蘇」下有「氏」字。）以妲己女焉與膠鬲比而亡殷周幽王伐有褒有褒人以褒姒女焉與虢石甫比而亡周 南化 楓 三 梅 狩 瀧

〔欲立之〕 瀧二七・八，慶一一左二，殿一一右一，凌一一左五。

正 使屠岸夷告公子重耳於翟曰 〇慶 彭 凌 殿「岸」下有「迎」字，而「告」作「吾」。札記 各本「岸」下衍「迎」字，「告」訛「吾」，考證據晉語改。

〔呂省〕 瀧二八・二，慶一一左六，殿一一右四，凌一一左九。

正 名飴甥　○甥，慶彭凌生　札記官本「甥」，各本誤「生」。

〔即得入〕　瀧二八・五，慶一一左九，殿一一右六，凌一二右一。○詳節即得以入。

〔及遺里克書曰〕　瀧二八・七，慶一一左八，殿一一右七，凌一二右二。○及，井耿慶彭殿乃。

〔請遂封子於汾陽之邑〕　瀧二八・七，慶一一左一〇，殿一一右七，凌一二右三。

集 晉地也　○也，耿地。按：耿本訛。

索 命邳鄭以負蔡之田七十萬　○邳，耿慶彭游丕。

索 亦其疏略也　○慶彭凌游殿無「其」字。

〔秦繆公乃發兵送夷吾於晉〕　瀧二八・八，慶一二右一，殿一一右九，凌一二右四。○繆，耿慶彭凌殿穆。

〔始夷吾以河西地許君〕　瀧二九・二，慶一二右六，殿一一左二，凌一二右六。○詳節始夷吾以河西之地許君。

〔於是邳鄭使謝秦〕　瀧三〇・一，慶一二左四，殿一一左一〇，凌一二左六。○邳，井丕札記宋本「邳」作「丕」。

〔晉君改葬恭太子申生〕　瀧三〇・二，慶一二左五，殿一二右一，凌一二左八。

集 獻公時申生葬不如禮　○葬，耿分。

〔而告之曰〕　瀧三〇・四，慶一二左九，殿　一二右三，凌一二左九。〇南化楓三無「而告之」三字。

〔恭太子更葬矣〕　瀧三〇・一〇，慶一三右五，殿　一二右九，凌一三右七。〇葬，索喪。

索　更作也　〇作，耿慶彭游殿改。

索　更喪　〇喪，耿慶彭游殿葬。下同。

索　言後十四年晉不昌　〇耿慶彭凌游游殿無此注八字。

〔聞里克誅〕　瀧三一・二，慶一三右六，殿　一二左一，凌一三右八。〇誅，詳節死。

〔實爲不從〕　瀧三一・三，慶一三右七，殿　一二左一，凌一三右九。

集　不與秦賂也　〇賂，蜀游路。

索　呂省郄稱冀芮三子晉大夫　〇耿慶彭凌游殿無此注十一字。

〔誅七輿太夫〕　瀧三一・八，慶一三左三，殿　一二左七，凌一三左四。〇詳節無「七輿太夫」四字。

〔惠公禮倨〕　瀧三一・一〇，慶一三左四，殿　一二左八，凌一三左六。

索　事見僖十一年　〇一，殿二。

〔救菑恤鄰〕　瀧三二・三，慶一三左八，殿　一二左一〇，凌一三左八。〇南化楓三梅救菑恤患鄰。

〔今天以秦賜晉〕　瀧三二・八，慶一四右二，殿　一三右五，凌一四右三。〇天，耿年。

〔秦繆公將兵伐晉〕　瀧三三・一，慶一四右四，殿　一三右七，凌一四右六。○繆，【耿】【慶】【彭】【游】穆。

〔秦師深矣〕　瀧三三・一，慶一四右五，殿　一三右八，凌一四右七。

集　深猶重　○猶，【耿】【慶】【彭】【凌】【游】【殿】尤　【札記】宋本、舊刻「猶」，各本誤「尤」。

〔鄭不孫〕　瀧三三・五，慶一四右八，殿　一三左一，凌一四右九。○不，【毛】丕。孫，【彭】【凌】遜。

〔秦繆公晉惠公〕　瀧三三・七，慶一四右九，殿　一三左三，凌一四左一。○繆，【耿】【慶】【彭】【游】穆。

〔惠公馬鷙不行〕　瀧三三・八，慶一四右一〇，殿　一三左三，凌一四左二。○鷙，【耿】【毛】縶，【慶】鷙。下注同。

索　鷙音竹二反　○鷙，【耿】縶。

＊**正**　左傳云晉戎馬還梅、狩本無「還」字。濘而止國語云晉師潰戎馬濘而止韋昭曰濘泥也顏師古曰鄭玄云鷙狠也【梅】【狩】【瀧】

〔更令梁繇靡御〕　瀧三三・一〇，慶一四左三，殿　一三左五，凌一四左四。

正　梁由靡　○由，【殿】繇。

〔輅秦繆公〕　瀧三四・一，慶一四左三，殿　一三左五，凌一四左五。○繆，【耿】【慶】【游】穆。

集 服虔曰輅迎也　○索此集解六字混入索隱。

索 鄒誕音五額反　○音，索云五，耿慶彭凌游殿或。

〔繆公壯士冒敗晉軍〕　瀧三四・二，慶一四左四，殿一三左六，凌一四左六。○軍，蜀游君。

〔晉軍敗〕　瀧三四・二，慶一四左四，殿一三左七，凌一四左六。○軍，蜀游君。

〔遂失秦繆公〕　瀧三四・二，慶一四左五，殿一三左七，凌一四左六。○井無「繆」字。札記宋本脫「繆」字。

〔卜日立子圉〕　瀧三四・八，慶一四左一○，殿一四右二，凌一五右一。○日，慶彭游通志曰　按：景印慶元本「曰」作「日」。

〔秦繆公問呂省〕　瀧三四・九，慶一五右一，殿一四右二，凌一五右二。○問，毛聞。

〔以待秦命〕　瀧三五・二，慶一五右四，殿一四右六，凌一五右六。

*****正** 君惠公也知罪謂惠公倍秦河西地也言君子之人愛惠公知惠公倍秦河西地之罪欲歸惠公以待秦之命耳　梅狩瀧

〔餽之七牢〕　瀧三五・五，慶一五右六，殿一四右七，凌一五右七。○牢，蜀游年。

〔民力罷怨〕　瀧三六・一，慶一五左二，殿一四左二，凌一五左四。

集 溝塹也　○塹，景井毛壍。

〔子一國太子〕　瀧三六・六，慶一五左七，殿一四左七，凌一五左八。○[耿]無「一」字。

〔子圉之亡秦怨之〕　瀧三六・一〇，慶一五左一〇，殿一四左一〇，凌一六右一。○[楓]重「秦」字。

〔曰趙衰狐偃咎犯文公舅也〕　瀧三七・七，慶一六右九，殿一五右七，凌一六右一〇。○[南化][楓][三][梅]無「咎犯文公舅也」六字。[志疑]「文公舅也」四字，旁注溷入。

〔賈佗先軫魏武子〕　瀧三七・八，慶一六右一〇，殿一五右八，凌一六左一。

＊正　佗音陁即賈季解在後左傳曰五士無賈也乃（梅、狩本「乃」下有「有」字。）顛頡之屬也　[梅][狩][瀧]

〔重耳備蒲城守秦〕　瀧三八・九，慶一六左二，殿一五右一〇，凌一六左二。○[札記]「備」「守」疑當互易。

〔獻公使宦者履鞮趣殺重耳〕　瀧三九・二，慶一六左五，殿一五左二，慶一六左五。○[通志]「履」作「勃」。[攷異]前云「勃鞮」，後云「履鞮」，史駁文。或曰，本讀鞮爲履。「鞮」字後人溷入，正文轉去「勃」存「履」耳。

＊正　履鞮即勃鞮也亦曰（梅本無「亦曰」二字。）寺人披（梅本「披」作「是本」。）杜預曰寺人閹人　[梅][狩][瀧]

〔宦者遂斬其衣袪〕　瀧三九・三，慶一六左六，殿一五左三，凌一六左六。○宦，[紹]官。
逐，[毛][通志]遂。袪，[游]袂。

〔狄伐咎如〕　瀧三九・五，慶一六左八，殿一五左四，凌一六左八。○狄，[索]翟。

索　赤狄之别種也隗姓也　○耿慶彭凌游殿無此注九字。

〔生盾〕　瀧三九・七，慶一六左一○，殿一五左六，凌一七右一。○盾，景井遁。

索　伐廧咎如獲其二女　○索無「其」字。

索　以叔隗妻趙衰　○衰，凌哀。（凌本訛。）

索　生盾　○索無此二字。

索　公子取季隗生伯儵叔劉　○索重「隗」字。

索　則叔隗長而季隗少　○索無「而」字。

索　乃不同也　○乃，索而。

〔而晉獻公卒〕　瀧三九・八，慶一七右一，殿一五左八，凌一七右二。○蜀游無「公」字。

〔非以爲可用與〕　瀧四○・二，慶一七右五，殿一六右一，凌一七右六。○與，景井慶彭凌毛游殿興，楓三校記「與」。

索　與音余諸本或爲興　○耿慶彭凌游殿無此注八字。札記删去索隱首八字，蓋徑依或本改也，今從單本。

索　非翟可用興起　○翟，凌殿狄。

＊正　興起也本作與字者誤（梅、狩本「誤」作「非」。）也　梅狩瀧

〔衛文公不禮〕　瀧四○・一○，慶一七左二，殿一六右七，凌一七左二。

＊正　國語云衛文公有邢翟之虞不禮焉寧莊子言於公曰夫禮國之紀也親民之結也善德之建也國無紀

不可以終民無結不可以固德無建不可以立此|梅、狩本無「此」字。三者君之|梅本無「之」。所慎也晉公子善人也而衛親也君不禮焉棄三德矣　梅狩瀧

〔去過五鹿〕　瀧四一・三，慶一七左三，殿一六右八，凌一七左三。

集　陽平元城縣東　○景井蜀耿慶彭凌游殿「陽」、「平」互倒。札記各本倒，|吴校乙，與左傳注合。

〔會豎刁等爲内亂〕　瀧四一・七，慶一七左七，殿一六左二，凌一七左七。○豎，慶凌竪。

〔留齊凡五歲〕　瀧四一・八，慶一七左八，殿一六左二，凌一七左八。○志疑「五」乃「三」之誤。

〔齊女侍者在桑上聞之〕　瀧四一・九，慶一七左一〇，殿一六左三，凌一七左九。○上，殿下。

〔其主乃殺侍者〕　瀧四一・一〇，慶一七左一〇，殿一六左四，凌一七左一〇。

集　故殺之以滅口　○殿故殺之以滅其口。

*__正__　主齊女也　梅狩瀧

〔且不求何時得功〕　瀧四二・四，慶一八右四，殿一六左八，凌一八右四。○得，梅待。

〔諸侯亡公子過此者衆〕　瀧四三・七，慶一八左七，殿一七右九，凌一八左六。○楓諸侯亡公子過此者衆甚。

〔楚成王以適諸侯禮待之〕　瀧四三・九，慶一八左九，殿一七左二，凌一八左九。

*正　適音敵國語云重耳如楚梅、狩本重「楚」。成王以梅本無「以」字。周禮饗梅本「饗」作「亨」。之九獻庭實旅百韋昭云九獻梅、狩本「獻」下有「周礼」二字。上公之享梅本「享」作「亨」。庭實庭中之陳也百擧成數也周禮上公出入五積饔梅本「饔」作「饗」。餼九牢米百有二十筥醯醢百有二十饗禾十車芻薪倍禾梅、狩本「禾」作「米」。也　梅 狩 瀧

〔今重耳言不孫〕　瀧四四・八，慶一九右七，殿　一七左八，凌一九右六。○孫，楓 遜。

〔且言何以易之〕　瀧四四・九，慶一九右九，殿　一七左一〇，凌一九右九。○札記 攷異云「謂其不可移易。小司馬讀易爲去聲，非」。

索　言人出言　○耿 慶 彭 凌 殿 言人之出言。

索　不可輕易之　○之，凌 也。凌本訛。

〔司空季子曰〕　瀧四五・四，慶一九左四，殿　一八右四，凌一九左三。

集　胥臣臼季也　○臼，彭 游 曰。

〔其國且伐〕　瀧四五・五，慶一九左五，殿　一八右五，凌一九左三。○伐，南化 楓 三 梅 通志 代。

〔趙衰歌黍苗詩〕　瀧四五・七，慶一九左七，殿　一八右七，凌一九左六。

*正　芃音馮　梅 狩 瀧

〔河伯視之〕　瀧四六・九，慶二〇右九，殿　一八左七，凌二〇右七。

*正　河以爲誓　南化 楓 三 梅

〔是時介子推從在船中〕　瀧四七・二，慶二〇右一〇，殿　一八左八，凌二〇右八。○船，[耿][慶][彭][游]舡。

〔秦兵圍令狐〕　瀧四七・五，慶二〇左三，殿　一八左一〇，凌二〇左一。

＊**正**　令狐故城在蒲州猗氏縣西四南化、楓、三本無「四」字。十五里　[南化][楓][三][梅][狩][瀧]

〔晉軍于廬柳〕　瀧四七・五，慶二〇左三，殿　一八左一〇，凌二〇左一。

集　晉地也　○也，[慶][彭][凌][殿]名。

〔咎犯與秦晉大夫盟于郇〕　瀧四七・六，慶二〇左三，殿　一九右一，凌二〇左三。○[索]——盟于郇城。

索　又音環　○[彭][凌]郇又音環字也。

〔女斬予袪〕　瀧四八・三，慶二一右一，殿　一九右八，凌二〇左九。○女，[游]汝。

〔祿亦不及〕　瀧四九・一〇，慶二一左八，殿　二〇右二，凌二一左五。○及，[游]反。

〔況貪天之功以爲己力乎〕　瀧五〇・三，慶二二右一，殿　二〇右五，凌二一左八。○力，[楓]功。

〔介子推從者憐之〕　瀧五〇・八，慶二二右七，殿　二〇右一〇，凌二二右四。○憐，[井][蜀][耿][毛]伶　[札記]宋本、舊刻、毛本「憐」作「伶」。

〔五蛇爲輔〕　瀧五〇・九，慶二〇右八，殿　二〇左一，凌二二右六。○[札記]中統本作「虵」。

*正 龍文公也五蛇趙衰狐偃賈佗先軫魏武子也按上文從士五人其餘不名者數十梅、狩本「數十」作「十餘」。人然子推非五士數從者傷子推隱而死故作歌以感文公見世重五士耳即云五蛇爲輔不究子推不在五名之中後代賢者妄列五蛇之名以子推爲數徒虛語耳諸後君子無疑焉　梅　狩　瀧

〔遂求所在〕　瀧五一・六，慶二三左二，殿二〇左五，凌二三右八。○遂，楓　三　梅逐。

〔聞其入緜上山中〕　瀧五一・七，慶二三左二，殿二〇左五，凌二三右九。○緜，毛綿。

集　有地名緜上　○凌地名曰緜上。

〔卒以成立〕　瀧五二・五，慶二三左七，殿二〇左九，凌二三左四。○札記御覽六百三十三引「卒」上有「我」字。

〔此受次賞〕　瀧五二・六，慶二三左九，殿二一右一，凌二三左五。○札記襍志云無「復」字則文義不明。御覽治道部引此作「此復受次賞」。

〔晉人聞之皆說〕　瀧五二・七慶二三左九，殿二一右一，凌二三左六。○之，毛人。按誤。

〔後秦入之〕　瀧五二・九，慶二三右二，殿二一右三，凌二三左八。○南化　楓　三無「入之」二字。

〔使狐偃將上軍〕　瀧五三・八，慶二三右九，殿二一右一〇，凌二三右六。○偃，凌⿰女匽。

〔而以原封趙衰〕　瀧五四・二，慶二三左二，殿二一左三，凌二三右九。

集　河内沁水縣西北　○沁，凌心，毛泌。

〔還自河南度〕　瀧五四・四，慶二三左四，殿二一左五，凌二三右一〇。

*正　括地志曰南津亦名濟津又名梅、狩本「名」下有「石」。棘津在衛州汲縣南文公度河伐曹即是梅本「是」作「此」。也　[梅][狩][瀧]

〔衛侯欲與楚〕　瀧五四・七，慶二三左六，殿二一左六，凌二三左二。〇衛，[蜀][游]諸。

〔數之以其不用釐負羈言〕　瀧五四・一〇，慶二三左八，殿二一左九，凌二三左五。〇用，[紹]困。

〔其勢宜釋宋〕　瀧五五・五，慶二四右四，殿二二右四，凌二三左一〇。

索　而分曹衛之地與宋　〇與，[索]於。

〔願以閒執讒慝之口也〕　瀧五五・九，慶二四右一〇，殿二二右九，凌二四右六。〇[楓][三]無「閒」字。

集　但欲執蔿賈讒慝之口　〇欲，[凌]爲。

〔臣亦釋宋〕　瀧五六・三，慶二四左二，殿二二左一，凌二四右九。

集　楚大夫　〇[凌]楚之大夫。

〔執宛春以怒楚〕　瀧五六・六，慶二四左六，殿二二左五，凌二四左三。〇執，[蜀][游]此春，[蜀][游]人。

〔既戰而後圖之〕　瀧五六・七，慶二四左八，殿二二左七，凌二四左四。

集　須勝負決乃定計　○須，[耿]預。決，[耿]史。

〔擊晉師〕　瀧五六・九，慶二四左九，殿二二左七，凌二四左五。

集　即子玉　○[凌]即子玉字也。

〔晉師還至衡雍〕　瀧五七・四，慶二五右三，殿二三右一，凌二四左九。

集　今滎陽卷縣也　○[凌]——縣是也。

〔作王宮于踐土〕　瀧五七・五，慶二五右四，殿二三右二，凌二四左一〇。○[蜀][游]無「土」字。

集　賜命晉侯晉侯聞而爲之作宮　○作，[耿]踐。

*正　括地志云故王宮在鄭州滎澤縣北四十五里王（梅本無「王」。）宮城中今城内東北（梅本「北」下有「隅」。）有踐土臺（梅本「臺」下有「在」。）衡雍踐土相去二十餘里（梅本「去」下有「即」字，「二」作「三」。）　[梅][狩][瀧]

〔徒兵千〕　瀧五七・九，慶二五右八，殿二三右六，凌二五右五。

集　步卒也　○卒，[蜀]兵。

〔秬鬯一卣珪瓚〕　瀧五八・二，慶二五右一〇，殿二三右八，凌二五右七。○卣，[紹]卤。

*正　孔安國曰鬯香草也　[梅][狩][瀧]

〔虎賁三百人〕　瀧五八・三，慶二五左一，殿二三右九，凌二五右八。○百，[凌]千。

〔父義和〕　瀧五八・五，慶二五左三，殿二三左一，凌二五左一。

集　王順曰　○順，[耿]頗。

索 是平王命晉文侯仇之語 ○仇，游竹。按：訛。

索 今此文乃襄王命文公重耳之事 ○耿慶彭凌游殿無「文」字而「乃」下有「是」字。

索 爲一百三十餘歲矣 ○三，游二。

索 學者頗合討論之 ○討，游計。

索 而劉伯莊以爲蓋天子命晉 ○耿慶彭凌游殿無「而」字。

索 同此一辭 ○一，游二。

索 尤非也 ○耿慶彭凌游殿尤爲非也。

*正 王平王也孔安國曰文侯同姓故稱曰父義和字也稱父者非一人故以字别之按王若曰父義和至永其在位是尚書命文公（梅、狩本「文公」二字作「晉文侯」三字。）仇之文而太史公採左傳作此世家然平王至襄王六代文侯仇至（梅、狩本「至」下有「文公」二字。）重耳十一公縣隔一百三十餘年極疏謬矣及裴氏於孔馬注不考年代亦依前失矣左傳尚書各有文蓋周襄王自命文公作侯伯及賜弓矢左傳文分明而太史公引尚書平王命文侯之文太史公誤 梅狩瀧

〔布聞在下〕 瀧五九・五，慶二一五左八，殿 一三左七，凌二一五左六。

集 謂天下謂人 ○人，毛地。

〔繼予一人〕 瀧五九・六，慶二一五左一〇，殿 一三左八，凌二一五左八。○繼，南化楓三綏，梅緩。

〔永其在位〕 瀧五九・七，慶二一五左一〇，殿 一三左八，凌二一五左八。

集　孔安國曰　〇孔，毛張。按訛。

集　長安王位　〇王，慶彭凌殿在。

〔王子虎盟諸侯於王庭〕　瀧五九・八，慶二六右一，殿二三左九，凌二五左九。

索　服氏知王庭是踐土者　〇索「氏知」二字作「虔云」。

索　據二十八年五月　〇二，耿一。

索　作王宮于踐土　〇土，凌王。

索　即王宮也　〇耿即王宮是也。

〔勝楚而君猶憂〕　瀧六〇・一，慶二六右四，殿二四右二，凌二六右二。〇猶，詳節獨。

〔讓責子玉〕　瀧六〇・四，慶二六右六，殿二四右四，凌二六右四。〇讓，耿謂。

〔内外相應〕　瀧六〇・五，慶二六右七，殿二四右五，凌二六右五。〇井無此四字。札記宋本無此四字。

〔晉侯度河〕　瀧六〇・六，慶二六右九，殿二四右六，凌二六右六。〇度，井蜀毛游渡　耿慶彭凌無「侯」字。

〔軍事勝爲右〕　瀧六〇・八，慶二六左一，殿二四右八，凌二六右八。〇楓軍事以勝爲右

瀧川氏考證曰：楓山、三條本「事」下「勝」上有「以」字。按：三條本無此校記。考證多如此之誤，今一一不示。

〔吾用之以勝〕　瀧六〇・八，慶二六左一，殿二四右八，凌二六右九。〇吾，耿晉。

〔乃使人言周襄王狩于河陽〕　瀧六一・二，慶二六左四，殿二四左一，凌二六左二。

*正　賈逵云河陽晉之温踐土鄭地按王宮是　[梅][狩][瀧]

〔遂率諸侯朝王於踐土〕　瀧六一・四，慶二六左五，殿二四左一，凌二六左三。

索　公朝于王所　○[殿]無「公」字。

〔王狩河陽者〕　瀧六一・六，殿二六左七，殿二四左四，凌二六左五。○者，[井][慶][彭][毛][游]著，[耿]着　[札記]宋本、中統、游、毛並作「著」。

〔於是晉始作三行〕　瀧六一・一〇，慶二七右一，殿二四左七，凌二六左九。

*正　行胡郎反　[梅][狩][瀧]

〔先穀將右行〕　瀧六二・二，慶二七右二，殿二四左八，凌二六左一〇。

索　與此異　○[耿]與此稍異　[凌][殿]與此文異。

〔先蔑將左行〕　瀧六二・三，慶二七右二，殿二四左九，凌二七右一。

*正　注三行無佐疑大夫帥梅本「帥」作「師」。也不置佐者當避天子也或初置三行官未備耳云大夫帥梅本「帥」作「師」。者恐非也　[梅][狩][瀧]

〔晉文公奏繆公共圍鄭〕　瀧六二・五，慶二七右四，殿二四左一〇，凌二七右二。○繆，[井][蜀][紹][耿][慶][彭][毛][游][殿]穆。下同。

〔於晉得矣〕　瀧六三・一，慶二七右八，殿二五右四，凌二七右六。○得，[紹]失。

〔晉亦罷兵〕　瀧六三・二，慶二七右一〇，殿二五右五，凌二七右七。○兵，[紹]其。

〔秦兵過我郊〕　瀧六三・五，慶二一七左三，殿二一五右九，凌二一七左一。

*正　過古梅本「古」作「光」。　臥反郊一作鄗也瀧、狩本無「郊一作鄗也」五字。　梅狩瀧

〔以十二牛勞秦師〕　瀧六三・八，慶一一七左三，殿二一五右一〇，凌二一七左三。○二，游一。

〔虜秦三將孟明視西乞秫白乙丙以歸〕　瀧六四・三，慶二一七左一〇，殿二一五左四，凌二一七左八。○秫，蜀游秫，通志詳節術。

〔已在船中〕　瀧六四・六，慶二一八右四，殿二一五左八，凌二一八右一。○船，耿彭慶游舡。

〔取晉汪以歸〕　瀧六四・七，慶二一八右五，殿二一五左九，凌二一八右三。

索　按左傳文二年　○耿游無「按」字而「文」下有「公」字。慶彭凌殿此注六字作「左氏傳文公二年」七字。

索　止可晉伐秦取之　○伐，耿代。

索　今伐晉而收汪　○收，耿慶彭凌殿取。

索　是汪從晉來　○耿「汪從」二字作「三役」。

索　彭衙　○衙，耿衝。

索　在郃陽北　○北，耿此。

*正　左傳文公二年冬先且居等伐秦取汪彭衙而還括地志云彭衙故城梅本「城」下有「在」。　同州白水縣東北六十里今按汪與彭衙相近在同州北二百五十里當是秦使孟明視梅本無「視」。　等報殽之役取晉汪至冬晉使先且居伐秦取汪及彭衙也　梅瀧

〔度河取王官〕　瀧六五・二，慶二八右八，殿二六右二，凌二八右六。○度，蜀耿慶彭凌游殿渡。

正　左傳文公三年　○慶彭殿無「公」字。札記凌本有「公」字。

正　先言度河　○度，慶彭凌殿渡。

*正　括地志云又王官故城在蒲州猗氏縣南二里若渡河取蓋此城也　梅瀧

〔趙衰成子欒貞子咎季子犯霍伯皆卒〕　瀧六五・六，慶二八左一，殿二六右五，凌二八右一〇。

*正　咎季子犯杜預曰臼季胥臣也世本云梅本「云」下有「小」字。狐偃也　梅狩瀧

〔欲立長君〕　瀧六五・一〇，慶二八左四，殿二六右七，凌二八右一一。

集　晉國數有患難　○蜀游空「晉」字。

〔賈季曰〕　瀧六六・二，慶二八左六，殿二六右一〇，凌二八左四。

*正　賈季韋昭云賈季晉大夫狐偃之子射姑也食采於賈字季名陁梅本「陁」作「他」。世本云小狐射姑　梅狩瀧

〔不如其弟樂〕　瀧六六・三，慶二八左七，殿二六右一〇，凌二八左四。○南化楓三不如立其弟樂。

〔辰嬴嬖於二君〕　瀧六六・三，慶二八左七，殿二六右一〇，凌二八左五。

*正　欒即辰嬴子也辰嬴秦宗女子圉妻秦以妻重耳　梅狩瀧

〔班在九人下〕　瀧六六・四，慶二一八左八，殿二一六左一，淩二一八左六。○井蜀游通志無「下」字。井空「下」字。

〔僻也〕　瀧六六・六，慶二一八左一〇，殿二一六左三，淩二一八左八。○僻，井蜀紹游賤。

〔無威〕　瀧六六・六，慶二一九右一，殿二一六左四，淩二一八左九。

正　僻匹亦反　○僻，慶辟。下同。匹，慶彭淩殿疋。

正　無援也　○無，殿三。

〔使士會如秦迎公子雍〕　瀧六六・七，慶二一九右二，殿二一六左五，淩二一八左一〇。

*__正__　士會字季晉卿士蔿之孫成伯缺之子季武子也食采於隨梅本隨下有范故曰隨會又曰士會又曰范文梅本無文字子　梅狩瀧

〔以其殺陽處父〕　瀧六六・一〇，慶二一九右三，殿二一六左六，淩二一九右一。

集　此時賈他爲太師　○師，紹陽。

〔是歲秦繆公亦卒〕　瀧六七・一，慶二一九右四，殿二一六左七，淩二一九右三。○繆，慶彭游殿穆。

〔趙盾與諸大夫皆患繆嬴〕　瀧六七・七，慶二一九左二，殿二一七右四，淩二一九右九。○繆，井耿蜀慶游殿穆。

〔敗之令狐先蔑隨會亡奔秦〕　瀧六七・九，慶二一九左四，殿二一七右六，淩二一九左二。○井

無先字　札記宋本脱「先」字。

〔秦亦取晉之鄀〕　瀧六八・二一，慶二九左七，殿二七右八，凌二九左四　札記據此，則年表及此文集解「徵」上皆無「北」字。今本既兩增之，遂删去索隱首六字，而改下文「之徵」二字作「所謂」，不成文義。今依單本刊正，而附記之。則年表及集解增字之非自見。

索　徐云年表曰徵　○耿慶彭凌殿無此注六字。

索　然按左傳　○耿慶彭凌殿無「然」字。

索　夏　○夏，游下。

索　北徵即年表之徵　○耿慶彭凌殿「之徵」二字作「所謂」。

索　亦馮翊之縣名　○耿亦馮翊之縣名出地理志。

〔故不赴〕　瀧六八・八，慶三〇右三，殿二七左三，凌二九左一〇。

索　按春秋魯文十四年　○四，耿慶彭凌游殿金陵二。按：瀧本誤。按，凌曰。

〔而立匡王〕　瀧六八・一〇，慶三〇右四，殿二七左五，凌三〇右二。

索　文十四年傳又云　○耿此注七字作左傳文十四年六字慶彭凌游殿此注七字作左傳文十四年六字。

索　晉趙盾以諸侯之師八百乘納捷菑于邾　○捷，耿楚。

索　不克乃還　○克，凌祥。

索　多恐是誤也　○慶彭凌游殿此注五字作「恐此誤」三字。

＊正　八百乘六萬人也　梅狩瀧

〔厚斂以彫牆〕　瀧六九・三，瀧三〇右七，殿二七左八，凌三〇右五。○牆，耿游墻。

〔從臺上彈人〕　瀧六九・四，慶三〇左八，殿二七左八，凌三〇右六。

＊正　晉吳臺在絳州正平縣西北三十里　梅

〔觀其避丸也〕　瀧六九・四，慶三〇右八，殿二七左八，凌三〇右六。○避，井蜀紹毛耿游逃　札記中統、毛本「避」作「逃」。

〔宰夫胹熊蹯不熟〕　瀧六九・五，慶三〇右八，殿二七左九，凌三〇右七。

集　蹯熊掌　○蹯，耿路。

〔已又見死人手〕　瀧六九・六，慶三〇右一〇，殿二八右一，凌三〇右八。○已，慶彭面，南化楓三梅校記「已」。按：景印慶元本「面」作「已」。

〔鉏麑退歎曰〕　瀧六九・九，慶三〇左三，殿二八右三，凌三〇左一。○凌無「退」字，而有「一本麑下有退字」七字傍注。札記柯、凌無「退」字。

〔初盾常田首山〕　瀧六九・一〇，慶三〇左四，殿二八右四，凌三〇左二。○常，井紹耿嘗。

集　蒲阪縣有雷首山　○阪，耿慶彭凌游殿坂。

〔示眯明也〕　瀧七〇・一，慶三〇左五，殿二八右五，凌三〇左三。

索　鄒誕云　○云，[耿][慶][彭][游][殿]生。

索　示眯爲祁彌也　○[耿][慶][彭][游][凌]音示眯爲祁彌也。

索　即左傳之提彌明也　○[攷異]　按：古文神祇字作「示」。説文「祇，地祇，提出萬物者也」。是「示」與「提」義相通矣。鄭大夫高渠彌，史記亦作「眯」。

索　而此史記作示者　○此，[慶][彭][凌][游][殿]凡。

索　地神曰祇　○神，[彭][游]坤，[楓][三]校記「神」。

索　蓋由祇提音相近　○祇，[耿][慶][彭]祈，[凌]祈。

索　眯音米移反　○米，[耿]來。

索　又左氏桑下餓人是靈輒也　○[耿][慶][彭][凌][游][殿]又據左氏宣公二凌本作「三」。年桑下餓人——

索　其人鬬而死　○[耿][慶][彭][凌][游][殿]「其人」二字作「眯明」。

索　今合二人爲一人　○[索]即今合二人爲一人。

索　非也　○[凌][殿]殆非也。

〔宦三年〕　瀧七〇・四，慶三〇左九，殿二八右九，凌三〇左七。

集　宦學士也　○宦，[慶][彭][凌]官　士[景][井][蜀][紹][游][金陵]事[耿][索]仕。[札記]宋本「事」，毛本「仕」，它本並作「士」。宣二年傳杜注云「宦，學也」。疏云「宦者，學仕宦」。案：説文「宦，仕也」，又云「仕者，學也」。段注云「古事、士、仕通用」。

〔公宰示眯明知之〕 瀧七〇・七，慶三一右一，殿二八左一，凌三〇左一〇。○楓公宰夫示眯明知之。

〔三行可以罷〕 瀧七〇・八，慶三一右二，殿二八左二，凌三一右一。

*正 行酒三遍左傳云提彌明曰臣侍君宴過三爵非禮也遂扶以下 梅狩瀧

〔先縱嚻狗名敖〕 瀧七〇・一〇，慶三一右四，殿二八左三，凌三一右二。○札記王脱「狗」字。

索 又本作嗾 ○耿慶彭凌游殿無「本」字。嗾，慶族。按：景印慶元本「族」作「嗾」。

索 又作蹴 ○蹴，耿慶彭凌游殿就。

索 同素后反 ○凌無此注四字。

〔士不能進〕 瀧七一・三，慶三一右七，殿二八左六，凌三一右五。○井紹耿慶彭凌游殿伏士不能進。

〔盾遂奔〕 瀧七一・五，慶三一右九，殿二八左八，凌三一右七。○札記舊刻脱「盾」字。

〔故爲殺易〕 瀧七一・七，慶三一左一，殿二八左一〇，凌三一右九。○殺，井蜀耿慶彭凌殿金陵弒。按：索隱本作「殺」。

〔趙盾殺其君〕 瀧七一・八，慶三一左二，殿二八左一〇，凌三一右一〇。○殺，井蜀耿慶彭凌游殿金陵弒。

〔以視於朝〕　瀧七一・八，慶三一左三，殿二九右一，凌三一左一。○視，詳節示。

〔殺者趙穿〕　瀧七一・八，慶三一左三，殿二九右一，凌三一左一。○殺，井蜀耿慶彭凌游殿弑。

〔反不誅國亂〕　瀧七一・一〇，慶三一左四，殿二九右二，凌三一左二。○南化楓三梅反不能誅國亂。

〔孔子聞之曰〕　瀧七二・一，慶三一左五，殿二九右三，凌三一左二。○聞，紹問。

〔出疆乃免〕　瀧七二・三，慶三一左七，殿二九右五，凌三一左五。○疆，井壃　札記宋本「壃」字，類引同。

〔虜秦將赤〕　瀧七三・一，慶三二右二，殿二九右一〇，凌三一左一〇。

索　謂斥候之人也　○斥，游赤。

索　按宣八年左傳　○凌「宣」下有「公」字。

索　晉伐秦獲秦諜　○游「諜」上有「誅」字。

索　殺諸絳市　○游無「殺」字。

索　爲魯宣八年　○爲，耿慶彭凌游殿與。

〔卒度河〕　瀧七四・四，慶三二左二，殿二九左八，凌三二右一〇。○度，凌渡。

〔船中人指甚衆〕　瀧七四・五，慶三二左四，殿二九左一〇，凌三二左二。○船，蜀耿慶彭舡。

〔楚虜我將智罃歸〕 瀧七四・七，慶三二左四，殿 三〇右一，凌三二左二。

*正 智罃武伯荀罃 梅 狩 瀧

〔今楚已敗我師〕 瀧七四・九，慶三二左七，殿 三〇右三，凌三二左五。〇已，耿之。

〔伯宗謀曰〕 瀧七五・五，慶三三右二，殿 三〇右七，凌三二左九。

*正 世本伯宗伯州犁祖 梅 狩 瀧

〔乃使解揚紿爲救宋〕 瀧七五・六，慶三三右三，殿 三〇右八，凌三二左一〇。〇揚，井 紹 毛 凌 游楊。下同。

*正 紿詐也 南化 楓 三 梅 狩 瀧

〔卒致晉君言〕 瀧七五・八，慶三三右五，殿 三〇右一〇，凌三三右二。〇致，慶 彭 凌 游至 南化 楓 三 梅 校記「致」。 札記 宋本、毛本「致」，各本誤「至」。按：毛、殿本，通志「致」作「至」。景印慶元本「至」作「致」。

〔齊伐魯取隆〕 瀧七六・一〇，慶三三左三，殿 三〇左六，凌三三右九。

索 劉氏云 〇云，索音。

索 魯北有龍山 〇龍，耿 慶 彭 凌 游 殿隆。北，凌國。

索 又鄒誕及別本 〇耿「及」字作「生反」二字。

索 作倡字 〇倡，耿 慶 彭 游 殿 倡。

索　注曰俱即鄆也　○耿慶彭凌游殿此注六字作「鄆即俱也」四字。

索　東莞縣東也　○莞，慶彭凌游殿宛　耿此注五字作「宛縣東即其處也」八字。

〔晉乃使郤克欒書韓厥以兵車八百乘與魯衛共伐齊〕　瀧七七・三，慶三三左五，殿　三〇左九，凌三三左二。○慶彭游殿無「晉」字。

〔與頃公戰於鞍〕　瀧七七・三，慶三三左七，殿　三〇左一〇，凌三三左四。○殿「鞍」下有索隱「地名」二字注。

〔必得蕭桐姪子爲質〕　瀧七七・六，慶三三左九，殿　三一右二，凌三三左六。

索　左傳　○耿慶彭凌游殿無「左」字。

〔晉以巫臣爲邢大夫〕　瀧七八・一，慶三四右二，殿　三一右五，凌三三左一〇。

*正　昔殷時邢梅本「邢」作「刑」，下同。「邢」下有「侯」字。國也周公旦子復封爲邢侯都此瀧本空「此」字。按申公巫臣亦爲此大夫也　梅狩瀧

〔晉始作六卿〕　瀧七八・三，慶三四右四，殿　三一右七，凌三四右一。○札記「卿」當作「軍」。按：南本「卿」作「軍」。

集　初作六軍　○軍，凌卿。

〔韓厥鞏朔趙穿荀騅趙括趙旃皆爲卿〕　瀧七八・四，慶三四右五，殿　三一右七，凌三四右一。

索　音隹　○隹，慶佳。

〔智罃自楚歸〕　瀧七八・五，慶三四右六，殿　三一右八，凌三四右二。○楓智罃自楚歸晉。

〔梁山崩〕　瀧七八・七，慶三四右七，殿　三一右一○，凌三四右四。

集　在馮翊夏陽縣北也　○在，蜀游左。馮，紹焉。紹毛無「縣」字。

*正　括地志云梁山原在同州韓城縣東南十九里其山東西臨河東南崩跡存焉公羊傳云梁山崩雍河三日不流穀梁（梅本「穀梁」二字作「左」字。）傳云成公五年梁山崩晉侯召伯尊（梅本「尊」作「宗」。）伯尊（梅本無「伯尊」。）用輦者之言曰（梅本「曰」作「今」。）君率群臣哭斯流矣如其言河乃流也　梅狩瀧

〔伯宗以爲不足怪也〕　瀧七八・九，慶三四右八，殿　三一左一，凌三四右五。

*正　用輦者之言不書其名曰隱（梅本「日」作「是」，「隱」下有「其人」。）梅狩瀧

〔楚將子反怨巫臣〕　瀧七八・一○，慶三四右九，殿　三一左一，凌三四右六。○札記舊刻「怨」訛「怒」。

〔誅趙同趙括族滅之〕　瀧七九・四，慶三四左二，殿　三一左四，凌三四左九。○南化楓三無「族」字。

〔使呂相讓秦〕　瀧八○・二，慶三四左七，殿　三一左八，凌三四左三。

*正　杜預曰魏錡子也　梅狩瀧

〔三郤讒伯宗殺之〕　瀧八○・四，慶三四左九，殿　三一左一○，凌三四左五。

集　郤犨　○犨，殿犨，慶彭凌犫。

〔國人以是不附厲公〕　瀧八○・五，慶三四左一○，殿　三一右一，凌三四左六。

＊正　左傳云初伯宗每朝其妻必戒之曰盜憎主人民惡其上子好直言必及於難也　梅狩瀧

〔五月度河〕　瀧八〇・七，慶三五右二，殿　三二右三，凌三四左八。○度，慶彭凌游渡。

〔楚兵敗於鄢陵〕　瀧八〇・一〇，慶三五右五，殿　三二右五，凌三五右一。○詳節無「陵」字。

〔其侍者豎陽穀進酒〕　瀧八一・一，慶三五右六，殿　三二右七，凌三五右二。○札記攷異云左氏作「穀陽豎」。志疑云呂子權勳、淮南人閒並作「陽穀」。

〔實至召楚〕　瀧八一・九，慶三五左二，殿　三二左二，凌三五右八。○南化三梅實郤至召楚。

〔欲作亂內子周立之〕　瀧八一・一〇，慶三五左三，殿　三二左二，凌三五右九。

＊正　子周晉悼公也世本云襄公生桓伯捷捷生悼公周也　梅狩瀧

〔會與國不具〕　瀧八二・一，慶三五左三，殿　三二左三，凌三五右九。○具，毛俱。

〔願公試使人之周微考之〕　瀧八二・二，慶三五左四，殿　三二左四，凌三五右一〇。○周，紹用。

＊正　按周洛陽時周梅本「周」作「簡」。王都洛　梅狩瀧

〔以其黨襲捕厲公囚之〕　瀧八三・七，慶三六右八，殿　三三右六，凌三六右三。○黨，紹賞。

〔而辟難於周〕 瀧八四・八，慶三六左七，殿 三三左四，凌三六左二。○辟，凌避。

〔今大夫不忘文襄之意〕 瀧八四・九，慶三六左八，殿 三三左五，凌三六左三。○文，慶丈 南化校記「文」。按：景印慶元本改「文」。

〔大夫其亦佐寡人〕 瀧八四・一〇，慶三六左一〇，殿 三三左六，凌三六左五。○佐，毛助。

〔悼公問羣臣可用者〕 瀧八五・四，慶三七右二，殿 三三左九，凌三六左七。○南化悼公問羣臣誰可用者 可，毛何 札記毛本「可」訛「何」。

〔舉其子祁午〕 瀧八五・五，慶三七右四，殿 三三左一〇，凌三六左九。○午，毛牛 札記毛訛「牛」。

〔君子曰〕 瀧八五・五，慶三七右四，殿 三三左一〇，凌三六左九。○曰，蜀耿游謂。

〔外舉不隱仇〕 瀧八五・六，慶三七右四，殿 三三左一〇，凌三六左九。○隱，毛避。

〔悼公弟楊干亂行〕 瀧八五・七，慶三七右五，殿 三四右一，凌三六左一〇。

集 陳也 ○陳，凌陣。

〔魏子之力也〕 瀧八五・一〇，慶三七右九，殿 三四右五，凌三七右三。

集 一謂會于戚 ○札記「一」、「謂」二字疑倒。

集 二會城棣救陳 ○城，游成。

集 四會于邢丘　○丘，[殿]坵。

集 六會于相　○相，[蜀][游][毛]祖，[慶]相　[札記]宋本、游本「相」，中統、毛本訛「祖」，它本並訛「相」。

集 七戍鄭虎牢　○戍，[凌]戊。

〔秦取我櫟〕　瀧八六・二，慶三七右一〇，殿　三四右六，凌三七右五。○[蜀][游]無「我」字。

[志疑]「取」當作「敗」。

＊**正** 音歷括地志曰河内陽（梅本「内陽」作「南楊」。）翟縣古櫟邑也左傳云襄十一年秦庶長鮑帥師伐晉以救鄭於輔氏秦晉戰于櫟晉師敗績杜預云從輔氏度河也年表云使庶長鮑（梅本無「鮑」。）伐晉救鄭敗之櫟按此二文是陽翟也　[梅][狩][瀧]

〔晉使六卿率諸侯伐秦〕　瀧八六・五，慶三七左一，殿　三四右六，凌三七右六。

＊**正** 六卿韓魏趙范中行知氏也　[梅][狩][瀧]

〔度涇大敗秦軍〕　瀧八六・五，慶三七左一，殿　三四右七，凌三七右六。○度，[紹]反，[通志]及。

〔惟仁義爲本〕　瀧八六・七，慶三七左三，殿　三四右八，凌三七右八。○惟，[井][蜀][游]唯。

＊**正** 師曠晉樂太師（梅本「師」下有「子」。）野　[梅][狩][瀧]

〔齊師敗走〕　瀧八六・一〇，慶三七左四，殿　三四右一〇，凌三七右九。

索 劉氏靡音眉綺反　○[索]徐云靡一作歷劉氏——

〔絳不戒〕 瀧八七・五，慶三七左一〇，殿 三九左二，凌三七左四。〇札記 中統、游本脱「絳」字。

〔報太行之役也〕 瀧八八・一，慶三八右五，殿 三四左九，凌三七左九。〇太，景 井 紹 大。

〔六卿彊〕 瀧八八・七，慶三八右一〇，殿 三五右三，凌三八右五。

索 中行及智氏爲六鄉 〇智，耿 慶 彭 凌 晉。各本「鄉」字作「卿」。按：瀧本誤。

索 後韓 〇後，索 初。

〔王子爭立〕 瀧八八・九，慶三八左二，殿 三五右五，凌三八右六。〇王，景 公。

〔晉之宗家祁傒孫叔嚮子〕 瀧八九・三，慶三八左六，殿 三五右八，凌三八右一〇。〇傒，耿 奚。

〔欲殺午〕 瀧八九・一〇，慶三九右一，殿 三五左三，凌三八左五。

*正 趙鞅定十一 梅本無「一」。 年伐衛衛懼貢五百家鞅置之邯鄲今欲徙之晉陽 梅本「陽」下有「趙」。 午許諾歸告其父兄父兄不許倍言是不信 梅 狩 瀧

〔午與中行寅范吉射親攻趙鞅〕 瀧九〇・三，慶三九右一，殿 三五左五，凌三八左五。

索 士鞅之子 〇游 士鞅士之子。

〔荀櫟韓不信〕 瀧九〇・五，慶三九右三，殿 三五左五，凌三八左七。

＊正　世本云不信韓宣子孫簡子也　[梅][狩][瀧]

〔魏侈〕　瀧九〇・六，慶三九右三，殿　三五左五，凌三八左七。

＊正　即魏襄子梅本「子」作「女」。　左傳作魏曼多世本云魏襄子多也　[梅][狩][瀧]

〔卒長吴〕　瀧九一・一，慶三九右八，殿　三五左九，凌三九右二。

集　吴公先歃晉公次之　○[凌]「歃」下有「血」字。

＊正　黄池在汴州封丘縣南七里去梅本「去」作「在」。　汴州梅本「州」下有「北」。　四十三里　[梅][狩][瀧]

〔三十一年〕　瀧九一・二，慶三九右九，殿　三九左一〇，凌三九右三。　○[凌]無「三」字。

〔出公十七年〕　瀧九一・五，慶三九左一，殿　四〇右二，凌三九右五。　○[索]此下有「年表云十八年也」七字注。

〔知伯與趙韓魏共分范中行地以爲邑〕　瀧九一・五，慶三九左二，殿　四〇右三，凌三九右六。○知，[毛]智。

〔欲以伐四卿〕　瀧九一・六，慶三九左三，殿　四〇右四，凌三一右七。

索　猶有智氏與三晉　○智，[游]知。

〔出公奔齊〕　瀧九一・七，慶三九左一四，殿　四〇右五，凌三九右八。　○齊，[慶][彭]哀[南化][楓][三][梅]校記「齊」。　按：景印慶元本「哀」作「齊」。

〔是爲哀公〕　瀧九一・八，慶三九左五，殿　四〇右六，凌三九右九。

索 按趙系家云 ○按，凌曰。

索 昭公生桓子雍雍生忌 ○耿慶彭凌游殿「桓子雍」三字作「禮桓公子」四字。

索 雍生忌 ○耿慶彭凌游殿無「雍」字。

索 忌生懿公驕 ○索無「驕」字。

索 各各不同 ○耿慶彭凌游殿「各各」二字作「並皆」。

***正** 諸説並不同疑年表爲長 梅狩瀧

〔忌善知伯〕 瀧九二・一，慶三九左九，殿 三六右一○，凌三九左三。○知，毛智。下同。

〔乃立忌子驕爲君〕 瀧九二・二，慶三九左一○，殿 三六右一○，凌三九左四。○蜀游無「忌」字。

〔晉哀公不得有所制〕 瀧九二・七，慶四○右一，殿 三六左一，凌三九左五。○得，詳節能。

〔盡并其地〕 瀧九二・九，慶四○右三，殿 三六左三，凌三九左七。○索無「盡」字。

索 如紀年之説 ○慶「紀」、「年」倒。按：誤。

〔反朝韓趙魏之君〕 瀧九三・一，慶三九左四，殿 三六左四，凌三九左八。

索 爲衰弱故反朝韓趙魏也 ○衰，殿哀。索無「趙」字。

索 而畏字爲衰 ○爲，耿慶彭凌游殿作。

***正** 宋忠引此世家注世本云晉哀疑今本（梅本、今本作「世家」。）誤也 梅狩瀧

〔是爲烈公〕　瀧九三・六，慶四〇右九，殿 三六左八，凌四〇右三。

索　幽公生烈公止　〇耿 慶 彭 凌 游 殿 幽公生烈成公止。

〔周威烈王賜趙韓魏〕　瀧九三・六，慶四〇右一〇，殿 三六左九，凌四〇左四。〇井 蜀 耿 無「威」字。札記 宋本無「威」字。

〔子孝公頎立〕　瀧九三・七，慶四〇左一，殿 三六左一〇，凌四〇右五。

索　孝公傾　〇耿 慶 彭 凌 游 殿 孝公傾欣。

〔孝公卒〕　瀧九三・九，慶四〇左三，殿 三七右二，凌四〇右七。

*正　世本云靖公俱也梅本「公」作「旦」，無「俱」字。　梅 狩 瀧

〔魏武侯韓哀侯趙敬侯〕　瀧九四・一，慶四〇左五，殿 三七右四，凌四〇右一〇。〇毛 無「侯」字。

〔滅晉後而三分其地〕　瀧九四・二，慶四〇左六，殿 三七右四，凌四〇右一〇。〇後，殿 侯。

索　烈侯十六年　〇烈，耿 慶 游 殿 列。

索　肅侯遷晉君於屯留　〇遷，耿 慶 彭 凌 游 殿 徙　耿 慶 彭 凌 游 殿 無「君」字。

索　不同也　〇索 無「不同也」三字。

〔至厲大刻〕　瀧九四・七，慶四一右一，殿 三七右九，凌四〇左五。〇大，殿 太。

〔固不易哉〕　瀧九四・九，慶四一右三，殿 三右七一〇，凌四〇左七。

索　桐珪既削　○珪，慶彭凌游殿圭。

索　文侯雖嗣　○嗣，慶駉，南化校記「嗣」。按：景印慶元本「駉」作「嗣」。

索　曲沃日彊　○日，詳節是。

索　四卿侵海　○四，慶曰南化校記「四」。按：景印慶元本「曰」作「四」。

史記會注考證校補卷四十

楚世家第十

〔高陽生稱〕 瀧二・八，慶一右三，殿一右七，凌一右四。

正 尺證反 ○殿音尺證反。

〔卷章生重黎〕 瀧二・八，慶一右三，殿一右八，凌一右四。

索 卷章名老童故系本云老童生重黎 ○耿慶彭凌游殿無此注十四字。

索 案左氏傳 ○耿慶彭凌殿此注四字作「據左氏」三字。

索 仍是顓頊之子孫者 ○仍，耿慶彭毛游殿乃。

*正 帝繫云顓瑞娶（南化、梅本「娶」作「取」。）于騰埠（南化、楓、三、梅本「埠」作「墳」。）氏女（南化、楓、三、梅本「女」下有「而」。）生老童是爲楚先也世本云老童取根水氏（楓、三無「氏」字。）之子謂之嬌（南化、楓、三、梅本「嬌」作「驕」。）禍産（南化、楓、三、梅本「産」作「是生」二字。）重黎及吴回也 南化楓三梅狩瀧

〔重黎爲帝嚳高辛居火正〕 瀧二・四，慶一右七，殿一左二，凌一右八。

＊正　此重黎火正也小梅本「小」作「少」。昊之後重木正也則知此重黎則非彼重南化、楓、梅本「重」作「黎」。也
南化 楓 三 狩 瀧

〔坼剖而産焉〕　瀧三・九，慶一左二，殿一左六，凌一左三。

集　精核數理者也　○凌「數」、「理」互倒。

集　簡狄胷剖而生契　○胷，蜀胷。

集　汝南屈雍妻王氏生男兒　○凌無「兒」字。

集　不坼不副　○副，景 紹 慶 剖。

集　嘗有坼副而産者矣　○副，景 井 蜀 慶 彭 凌 游 殿 剖。

索　陸終娶鬼方氏妹　○慶 凌 殿 陸終娶鬼方氏之妹　案 毛 無「陸終」二字。

索　曰女嬇　○慶 凌 殿「曰」字作「謂」而「女」字上有「之」字。

＊正　陸終娶鬼方氏之妹謂之女嬇産六子孕而不毓三年啓其右脇六人南化、楓、三、梅本「六」作「三」。出焉
南化 楓 三 瀧

〔其長一日昆吾〕　瀧四・三，慶一左八，殿二右二，凌一左一〇。

索　長曰昆吾　○游無此注四字。

索　又曰昆吾者衛是　○耿 慶 彭 凌 游 殿 無此注七字。

索　昆吾臺是　○游無「是」字。

索　衛侯夢見披髮豈昆吾之觀　○披，慶 凌 被。

*正　虞翻云昆吾名樊未詳熟也　南化楓三梅狩

〔二日參胡〕　瀧四・六，慶一左一〇，殿二右五，凌二右三。

索　參胡者韓是　〇耿慶彭凌游殿無此注五字。

索　斟姓　〇斟，耿慶彭凌游殿斯。

〔三日彭祖〕　瀧四・七，慶二右一，殿二右六，凌二右四。

集　彭城是也　〇城，景姓。

索　三曰籛鏗　〇索無「鏗」字。

索　彭祖者彭城是　〇耿慶彭凌游殿無此注六字。

索　虞翻云名翦爲彭姓封於大彭　〇耿慶彭凌游殿此注十二字作「虞翻所云是也」六字。

〔四曰會人〕　瀧四・九，慶二右四，殿二右九，凌二右七。

索　鄶人者鄭是　〇耿慶彭凌游殿此注五字。

索　妘姓所出鄶國也　〇妘，耿慶彭凌游姬。

〔五曰曹姓〕　瀧五・一，慶二右六，殿二左二，凌二右一〇。

索　五曰安　〇耿慶彭凌游殿其五曰安。

索　曹姓邾是　〇耿慶彭凌游殿無此注四字。

索　宋忠曰　〇宋，游朱。按：游本訛。

正　在黃州黃岡縣東南百二十一里　〇岡，慶彭凌崗。

〔楚其後也〕　瀧五・二，慶二右八，殿二左四，凌二左二。

索　芊姓所出　○[耿][慶][彭][凌][游][殿]芊姓諸楚所出。

〔鬻熊子事文王蚤卒其子曰熊麗熊麗生熊狂熊狂生熊繹熊繹當周成王之時舉文武勤勞之後嗣而封熊繹於楚蠻〕　瀧五・八，慶二左四，殿二左九，凌二左八。○蚤，[毛]早　[詳節]此正文四十六字作「鬻熊子事文王其子曰熊繹文王封熊繹於楚蠻」十九字。

〔居丹陽〕　瀧六・一，慶二左七，殿三右二，凌三右一。

正　潁容云　○[慶][彭][凌]「潁容」二字作「潁客」。

〔與魯公伯禽衛康叔子牟晉侯燮齊太子公子呂伋俱事成王〕　瀧六・四，慶二左一○，殿三右四，凌三右四。○[游]空「燮」字。

〔熊艾生熊黮〕　瀧六・五，慶三右一，殿三右五，凌三右五。

索　音但與亶同　○[耿][慶][彭][凌]音與但反與亶同。[游]「但」與「互」倒。

〔熊勝以弟熊楊爲後〕　瀧六・六，慶三右二，殿三右六，凌三右六。

索　一作煬　○一，[耿][慶][彭][凌][游][殿]又。

〔楊粵〕　瀧六・九，慶三右六，殿三右一○，凌三右一○。

索　譙周亦作楊越　○[慶][彭][凌][游][殿]無「亦」字。[耿]「亦作揚越」四字作「然」字。

〔中子紅爲鄂王〕　瀧七・三，慶三左一○，殿三左四，凌三右一○。

索　有本作藝經二字　○耿慶彭凌游「藝經」作「褻紅」而無「二」字。

索　音摯紅　○摯，耿慶彭游殿贅。

索　從下文熊摯紅讀也　○摯，耿慶彭凌游贅。

索　摯經恐非也　○耿慶彭凌游殿「摯經」二字作「褻紅」。摯，金陵藝。

〔亦去其王〕　瀧七・六，慶三左四，殿三左七，凌三左九。○詳節亦去其王號。

〔毋康蚤死〕　瀧七・七，慶三左五，殿三左八，凌三左一〇。○蚤，景井耿慶彭游殿早。

〔子熊摯紅立〕　瀧七・七，慶三左五，殿三左八，凌三左一〇。

索　此云摯紅卒其弟殺而自立曰熊延　○殺，慶彭索游煞，殿弑。

索　元嗣熊渠者毋康　○慶彭游殿無「元嗣」二字而「者」下有「既卒」二字。康，索庸。

索　既蚤亡　○慶彭游殿此注三字作「又早卒」。蚤，耿早。

索　摯紅立　○慶彭游殿其摯紅立。

正　即上鄂王紅也　○殿此注六字作「即弑鄂王紅者也」七字。

〔曰熊延〕　瀧七・九，慶三左六，殿三左九，凌四右一。

正　此言弑　○弑，慶彭凌殺。

〔弟熊嚴爲後熊嚴十年卒〕　瀧八・四，慶四右一，殿四右四，凌四右六。○紹無「爲後熊嚴」四字。

〔少子季徇〕 瀧八・五，慶四右二，殿四右五，凌四右七。

索 旬俊反 ○耿慶彭游徇音旬俊反。

〔叔堪亡避難於濮〕 瀧八・七，慶四右五，殿四右七，凌四右一〇。

集 建寧郡南有濮夷 ○濮，景井蜀紹耿慶彭凌游卜。

〔子熊咢立〕 瀧八・一〇，慶四右八，殿四右一〇，凌四左三。○咢，索噩。

索 噩音鄂亦作咢 ○噩，耿慶彭游殿咢。咢，耿慶游殿噩。

〔子熊坎立是爲霄敖〕 瀧九・三，慶四左一，殿四左三，凌四左六。

索 坎苦感反 ○耿慶彭凌游坎音苦感反。

索 又作欽 ○作，游音。

〔子熊眗立〕 瀧九・三，慶四左二，殿四左四，凌四左七。

索 徐音舜 ○耿慶彭凌游殿無此注三字。

索 有字有從目者 ○耿慶彭凌游殿金陵無上「有」字。索此注六字作「即有字從目者」。

索 徐音舜非 ○耿慶彭凌游殿此注四字作「故劉氏有舜音非也」八字。索此注四字作「劉舜音非」。札記原誤作「劉舜音」，依上文改。

〔是爲蚡冒〕 瀧九・四，慶四左三，殿四左五，凌四左九。

索 音亡北反 ○亡，凌芒。

〔楚伐隨〕 瀧一〇・三，慶四左一〇，殿五右一，凌五右五。

正 是也 ○慶凌殿無此注二字。

〔還報楚〕 瀧一〇・七，慶四左一〇，殿五右五，凌五右一〇。○慶彭凌殿無「楚」字。南化校補「楚」。游「楚」字空。札記王本無「楚」字，游本空。殿考監本作「還報楚」，宋本無「楚」字，今依宋本刪。

〔三十七年〕 瀧一〇・七，慶五右五，殿五右五，凌五右一〇。○三，慶彭游二，三校記「三」。按：景印慶元本「二」作「三」。

〔蚤終〕 瀧一〇・八，慶五右六，殿五右六，凌五左一。○蚤，景井蜀耿慶彭凌游殿早。

〔而兵罷〕 瀧一一・三，慶五右一〇，殿五右一〇，凌五左五。

集 在汝南郡鮦陽縣葛陂鄉城東北 ○陂，景井蜀耿慶彭凌游陵。鮦，慶彭游鮦 南化校記「鮦」。按：景印慶元本「鮦」作「鮦」。札記官本「陂」，各本訛「陵」。

集 而銘曰楚武王 ○銘，景井蜀耿慶游殿金陵名 札記中統、舊刻、王、毛並作「名」，即「銘」字。

集 輒頹壞填壓 ○填，蜀塡。

〔文王二年〕 瀧一一・八，慶五左五，殿五左五，凌六右一。○二，游三 札記中統、游本「二」訛「三」。

〔伐申過鄧〕瀧一一・九，慶五左五，殿五左五，凌六右一。

正 在鄧州陽縣北二十里 ○二，慶彭凌殿金陵三。

〔十三年卒〕瀧一二・九，慶六右一，殿五左一○，凌六右七。○三，通志五。

〔是爲莊敖〕瀧一三・一，慶六右一，殿六右一，凌六右七。○莊，景蜀紹耿慶彭凌游殿杜。下同。

索 上音側狀反 ○耿慶彭凌游殿「上音」二字作「杜作壯」三字。

〔欲殺其弟熊惲〕瀧一三・二，慶六右二，殿六右一，凌六右八。

索 左傳 ○傳，耿慶彭凌游殿氏。

索 紆貧反 ○慶彭凌殿「紆貧」二字作「紆頻」。游作「紅頻」。貧，耿頻。

〔莊敖五年〕瀧一三・二，慶六右二，殿六右一，凌六右八。○莊，景井蜀耿慶彭凌游殿杜。

〔與隨襲弑莊敖代立〕瀧一三・三，慶六左三，殿六右二，凌六右九。○莊，景井紹耿慶彭凌游殿杜。

〔齊桓公以兵侵楚至陘山〕瀧一三・六，慶六右六，殿六右五，凌六左二。○陘，游涇

札記 中統、游本「陘」訛「涇」。

正 即此山也 ○慶彭即此山是也。

〔襄公遂病創死〕　瀧一四・八，慶六左七，殿六左五，凌七右三。○創，凌瘡。

〔晉公子重耳過楚〕　瀧一四・九，慶六左八，殿六左五，凌七右四。○景蜀耿慶彭游無「楚」字。札記凌本有「楚」字。

〔取穀〕　瀧一五・一，慶六左一〇，殿六左七，凌七右七。

集　濟北穀城縣　○濟，游齊。

〔夔不祀祝融鬻熊故也〕　瀧一五・三，慶七右二，殿六左九，凌七右八。

集　秭歸鄉是也　○秭，游稀，蜀陳　凌無「是也」二字。

索　即夔之地名歸鄉也　○耿慶彭凌游殿——歸縣之鄉也。

***正**　左傳云楚以其不祀祝融南化、梅本無「祝融」二字。鬻熊使鬪宜申帥南化、梅本「帥」作「師」。師滅夔以夔子歸是也　南化楓三狩瀧

〔不可立也〕　瀧一六・七，慶七左一，殿七右七，凌七左七。○也，井慶彭游通志之

札記中統、舊刻、游本作「之」，蓋涉下而誤。

〔告其傳潘崇曰〕　瀧一六・八，慶七左二，殿七右九，凌七左八。○告，彭皆，楓三校記「告」。

〔成王請食熊蹯而死〕　瀧一七・三，慶七左八，殿七左四，凌八右四。○蜀無「王」字。

集　冀久將有外救之也　○殿——之援也　札記舊刻「之」作「至」，疑是。

〔以其太子宮予潘崇〕 瀧一七・四，慶七左一〇，殿七左六，凌八右六。〇予，凌與。

〔滅江〕 瀧一七・六，慶八右一，殿七左七，凌八右六。

集 在汝南安陽縣 〇在，游社。

〔蜚將沖天〕 瀧一八・四，慶八右七，殿八右二，凌八左三。〇將，毛則 札記 毛本作「則」，下「鳴將」同。

〔鳴將驚人〕 瀧一八・五，慶八右八，殿八右三，凌八左三。〇將，毛則。

〔所進者數百人〕 瀧一八・七，慶八左一，殿八右五，凌八左六。〇蜀無「進者數百人」五字。

〔滅庸〕 瀧一九・一，慶八左二，殿八右六，凌八左七。

正 今房州竹山縣是也 〇慶彭凌殿此注八字作「房州竹邑縣今是也」八字。札記「今」字錯在「縣」下，考證改。

〔伐陸渾戎〕 瀧一九・三，慶八左三，殿八右七，凌八左八。

正 允姓之戎 〇允，慶彭凌殿尹 札記「允」誤「尹」，考證據左傳改。

〔觀兵於周郊〕 瀧一九・四，慶八左四，殿八右八，凌八左六。

集 陳兵示周也 〇示，毛于 札記 毛本「示」訛「于」。

〔楚王問鼎小大輕重〕 瀧一九・五，慶八左五，殿八右九，凌八左一〇。〇毛「小」「大」

互倒。

集 示欲偪周取天下　○偪，井慶彭凌游殿逼。

〔足以爲九鼎〕　瀧一九・七，慶八左七，殿八右一〇，凌九右三。

正 言鼎之易得也　○慶彭凌殿無「之」字。

〔載祀六百〕　瀧二〇・二，慶九右二，殿八左五，凌九右七。○載，井戴　札記宋本「載」作「戴」。

〔昔成王定鼎于郟鄏〕　瀧二〇・五，慶八右四，殿八左八，凌九右九。

集 河南縣西有郟鄏陌　○耿殿無「河南」二字。陌，詳節鼎。

索 雒北山名　○北，詳節地。

索 鄏謂田厚鄏　○凌上「鄏」字作「辱」。

〔相若敖氏〕　瀧二〇・八，慶九右七，殿九右一，凌九左三。

集 子越椒　○毛無「椒」字。札記毛脫「椒」字。

〔徵舒弑其君〕　瀧二一・一，慶九右一〇，殿九右三，凌九左五。○蜀無「徵舒」二字。

〔徑者則不直矣〕　瀧二一・三，慶九左二，殿九右五，凌九左七。○直，彭真。

〔莊王乃復國陳後〕　瀧二一・五，慶九左四，殿九右七，凌九左一〇。○凌殿「國」、「陳」互倒。札記王、柯、凌「國」、「陳」倒。

〔牽羊以逆〕　瀧二一・七，慶九左六，殿九右九，凌一〇右一。○逆，游迎。

〔敢不惟命是聽〕　瀧二一・八，慶九左八，殿九右一〇，凌一〇右三。〇惟，景井耿慶彭凌游殿唯。下同。

〔若君不忘厲宣桓武〕　瀧二一・一〇，慶九左九，殿九左一，凌一〇右四。

集　鄭桓公武公　〇景井蜀耿慶彭凌殿「桓公武公」四字作「武公桓公」。

〔非所敢望也〕　瀧二二・一，慶一〇右一，殿九左三，凌一〇右六。〇游「所」「敢」互倒。

札記中統、游本「所」、「敢」倒。

〔以殺楚使也〕　瀧二二・七，慶一〇右六，殿九左八，凌一〇左一。〇楓以殺楚使故也。

索　左傳宣十四年　〇索此注六字作「左傳魯宣公十二年」八字。

索　楚子使申舟聘于齊曰至九月圍宋是也六十二字　〇索此注六十二字作「楚子伐蕭蕭人囚楚相宜僚王曰勿殺吾退蕭人殺之是殺楚使也」三十六字。

〔康王立十五年卒〕　瀧二三・六，慶一〇左五，殿一〇右五，凌一〇左九。〇蜀無「卒」字。

〔康王寵弟公子圍〕　瀧二三・七，慶一〇左六，殿一〇右六，凌一〇左一〇。

集　史記多作回　〇回，紹向。

〔子比子晳弃疾〕　瀧二三・八，慶一〇左六，殿一〇右七，凌一一右一。〇晳，耿慶彭凌游殿晳。

〔絞而弒之〕　瀧二四・一，慶一〇左九，殿一〇右九，凌一一右三。〇弒，蜀殺。

〔共王之子圍爲長〕　瀧二四・四，慶一一右一，殿一〇左一，凌一一右六。

〔諸侯皆會楚于申〕　瀧二四・七，慶一一右四，殿一〇左三，凌一一右八。〇于，殿於。

集　使從禮告　〇使，慶凌游重。彭此注四字作「重從禮其告」五字。

〔昔夏啓有鈞臺之饗〕　瀧二四・八，慶一一右四，凌一一右九。

集　河南陽翟縣南有鈞臺陂　〇有，景當　陂，游坡。

〔用桓公〕　瀧二五・二，慶一一右九，殿一〇左八，凌一一左四。

集　用會召陵之禮也　〇用，游周　禮，殿意。

〔無效齊慶封弒其君而弱其孤〕　瀧二五・八，慶一一左五，殿一一右四，凌一一左九。

*＊***正**　崔杼弒莊公立其弟景公孤謂景公也以其幼少輕弱也　楓三

〔以盟諸大夫〕　瀧二五・八，慶一一左五，殿一一右四，凌一一左一〇。

集　故以弒君之罪責之也　〇景井耿慶游殿無上之字。

〔莫如楚共王庶子圍弒其君兄之子員而代之立〕　瀧二五・九，慶一一左七，殿一一右六，凌一二右一。〇游無上「之」字。札記中統、游本無上「之」字。

〔於是靈王使弃疾殺之〕　瀧二六・一，慶一一左八，殿一一右七，凌一二右二　札記襍志云當作「使疾殺之」。左傳作「使速殺之」，「弃」字因下文而誤衍。

〔就章華臺〕　瀧二六・二，慶一一左八，殿一一右七，凌一二右三。

集　南郡華容縣有臺　○郡，凌近。

〔其封皆受寶器〕　瀧二六・七，慶一二右二，殿一一左一，凌一二右七。○受，游及　札記中統、游本「受」作「及」。

〔其予君王哉〕　瀧二六・八，慶一二右四，殿一一左二，凌一二右八。

索　此是古尹子革之詞　○詞，凌殿辭。

索　史蓋誤也　○史，毛此。

〔華露藍蔞〕　瀧二六・九，慶一二右六，殿一一左四，凌一二右一〇。

集　素木輅也　○素，耿索。木，慶彭凌殿大。

〔跋涉山林〕　瀧二七・一，慶一二右七，殿一一左五，凌一二左一。○林，南化楓三梅川。按：各本校記有「正義」二字，疑謂正義本歟？

〔將惟命是從〕　瀧二七・五，慶一二右一〇，殿一一左八，凌一二右五。○惟，景井耿慶毛殿唯。

〔今吾大城陳蔡不羹〕　瀧二七・九，慶一二左五，殿一二右三，凌一二左九。

集　二國　○二，景井蜀紹耿慶彭凌游三。

集　潁川定陵有東不羹　○川，凌州。有，紹河。

正　此乃西不羹者也　○慶彭凌無「乃」字。殿無「者」字。

〔析父善言古事焉〕　瀧二八・一，慶一二左八，殿一二右五，凌一三右二。○善，蜀喜。

〔初靈王會兵於申〕　瀧二八・四，慶一三右一，殿一二右八，凌一三右五。○於，毛于。

〔僇越大夫常壽過〕　瀧二八・四，慶一三右一，殿一二右八，凌一三右六。

*正　姓常名壽過　南化楓三梅狩瀧

〔與盟於鄧〕　瀧二九・一，慶一三右五，殿一二左二，凌一三右一〇。○於，毛于。

集　潁川邵陵縣西有鄧城　○鄧，游登。

正　按在古召陵縣西十里也　○慶彭凌殿——十里是也。

〔請待於郊以聽國人〕　瀧二九・八，慶一三左三，殿一二左九，凌一三左七。

集　聽國人欲爲誰　○欲，游以。

〔於是王乘舟將欲入鄢〕　瀧三〇・一，慶一三左六，殿一三右二，凌一三右一〇。○札記毛作「將入于鄢」。

正　出襄州義清縣西界託仗山　○清，慶彭凌殿青。仗，慶彭凌伏。札記「清」訛「青」，考證據唐志改。官本「仗」，各本訛「伏」。

〔王行遇其故鋗人〕　瀧三〇・四，慶一三左一〇，殿一三右六，凌一四右五。○行，蜀耿乃。

集　今之中涓也　○涓，凌鋗。

〔鋗人曰〕　瀧三〇・六，慶一四右二，殿一三右七，凌一四右六。○鋗，游涓　札記中統、游本「鋗」作「涓」，下同。

〔王因枕其股而臥〕 瀧三〇・七，慶一四右三，殿一三右八，凌一四右八。○因，蜀 困。

〔遂飢弗能起〕 瀧三〇・八，慶一四右四，殿一三右九，凌一四右九。○飢，殿 饑。弗，景 井 蜀 紹 耿 慶 彭 凌 游 殿 不。

〔芋尹申無宇之子申亥曰〕 瀧三〇・八，慶一四右四，殿一三右一〇，凌一四右九。○芋，毛 芊 札記 毛本「芋」訛「芊」。

〔吾父再犯王命〕 瀧三〇・九，慶一四右五，殿一三右一〇，凌一四右一〇。

集 斷王旌 ○旌，游 於。

*正 芋尹種芋園之尹也 南化 楓 三 梅 狩 瀧

〔遇王飢於釐澤〕 瀧三〇・一〇，慶一四右七，殿一三左二，凌一四左一。○飢，殿 饑。

〔奉之以歸〕 瀧三〇・一〇，慶一四右七，殿一三左二，凌一四左一。

*正 釐澤上力其反左傳云乃求之南化、楓、梅本「之」作「王」。遇諸棘闈以歸杜預曰棘里名闈門也 南化 楓 三 狩 梅 瀧

〔雖得國猶受禍王曰餘不忍從曰人將忍王王不聽乃去棄疾歸〕 瀧三一・三，慶一四右一〇，殿一三左五，凌一四左五。○紹 無「雖得」至「乃去棄疾」二十四字正文。餘，毛 予。

〔國人愈驚〕 瀧三一・六，慶一四左三，殿一三左七，凌一四左七。

*正 江上即江邊也 南化 楓 三 梅 狩 瀧

〔平王以詐弒兩王而自立〕　瀧三二一・一，慶一四左八，殿一四右一，凌一五右二。

*正　兩王謂靈王及子比也　[南化][楓][三][梅][狩][瀧]

〔獲五率以歸〕　瀧三二一・三，慶一四左一〇，殿一四右三，凌一五右四。

集　囂尹午　○囂，[蜀]亦。

*正　率所類反五帥（南化、楓、三本「帥」作「師」。）謂伐（楓、三本「伐」作「代」。）徐時蕩侯等五大夫也督作裻音督　[南化][楓][三][梅][狩][瀧]

〔而陰與巴姬埋璧於室内〕　瀧三二一・六，慶一五右三，殿一四右六，凌一五右七。

集　共王妾　○共，[凌]其。按：凌本訛。[札記]凌本「巴」訛「已」。按：凌本不訛，札記誤矣。

〔召五公子〕　瀧三二一・八，慶一五右五，殿一四右七，凌一五右九。○[景][井][蜀][耿][慶][彭][毛][凌][游][殿]無公字　[札記]宋本，中統王、毛無「公」字。

〔平王幼抱而入再拜壓紐〕　瀧三二一・一〇，慶一五右七，殿一四右九，凌一五右一〇。○[南化][楓][三][井][蜀][金陵]此正文十字作「平王幼抱其上而拜」八字。紐，[慶][游]細。[南化]校記「紐」。按：景印慶元本「細」作「紐」。[札記]宋本如此，各本作「抱而入再拜」。

〔子此爲王十餘日〕　瀧三二二・三，慶一五右八，殿一四右一〇，凌一五左二。○子，[凌]于。按：凌本訛。

〔如市賈焉〕　瀧三二二・六，慶一五左一，殿一四左四，凌一五左六。

集　謂國人共惡靈王者　○王，[蜀]下。

集　如市賈之人求利也　〇凌無「之」字。

〔誰與同惡〕　瀧三三・七，慶一五左三，殿一四左五，凌一五左七。

集　當與誰共同好惡　〇與，蜀史。

〔一也〕　瀧三三・八，慶一五左四，殿一四左六，凌一五左八。

集　寵須賢人而固　〇賢，游質。固，游同。

〔二也〕　瀧三三・九，慶一五左四，殿一四左六，凌一五左八。

集　雖有賢人　〇雖，蜀難。

集　當須内主爲應　〇應，游慮。

〔可謂無人矣〕　瀧三四・一，慶一五左七，殿一四左九，凌一六右一。

集　晉楚之士　〇士，游亡。游本訛。

〔可謂無謀矣〕　瀧三四・三，慶一五左九，殿一五右一，凌一六右三。

集　言靈王尚在　〇王，蜀土。按：蜀本誤。

集　而妄動取國　〇而，蜀石。

〔可謂無德矣〕　瀧三四・五，慶一六右一，殿一五右三，凌一六右五。

集　楚人無愛念者　〇游「愛」字空。

〔私欲不違〕　瀧三四・八，慶一六右四，殿一五右六，凌一六右八。〇違，毛逞。札記毛訛「逞」。

〔王虐而不忌〕　瀧三四・五，慶一六右一，殿一五右三，凌一六右五。

集　靈王暴虐　○虐，蜀建。

集　無所畏忌　○毛無「無」字。札記毛脱「無」字。

〔先神命之〕　瀧三四・九，慶一六右五，殿一五右六，凌一六右九。

***正**　謂埋璧之時也　南化　楓　三　梅　狩　瀧

〔則右尹也〕　瀧三五・一，慶一六右六，殿一五右八，凌一六右一〇。○尹，蜀君。

〔有莒衛以爲外主〕　瀧三五・五，慶一六右一〇，殿一五左一，凌一六左四。

集　自莒先入　○先，慶　彭此，楓　三北。按：景印慶元本「此」作「先」。

〔以爲腹心〕　瀧三五・九，慶一六左四，殿一五左五，凌一六左八。

***正**　子餘趙衰子犯狐偃也　南化　楓　三　梅　狩　瀧

〔有欒郤狐先以爲内主〕　瀧三六・一，慶一六左六，殿一五左七，凌一六左一〇。

正　郤縠　○郤，楓　三郄。

〔民從而與之〕　瀧三六・二，慶一六左八，殿一五左九，凌一七右二。

正　以惠懷棄民　○殿「惠」、「懷」互倒。

〔卒立者弃疾〕　瀧三六・四，慶一七右一，殿一六右一，凌一七右五。

正　無苛慝也　○慝，慶　彭　凌匿。

〔如秦爲太子建取婦〕　瀧三六・七，慶一七右三，殿一六右四，凌一七右八。○取，楓　三景蜀紹游娶。

索 作無極 ○索無「無」字。

〔使太子建居城父守邊〕 慶三七・三，慶一七左一，殿一六右一〇，凌一七左四。

集 服虔曰城父楚北境邑杜預曰襄城城父縣 ○慶彭凌殿無此注十七字。札記王、柯、凌脱。

正 城父故城 ○慶凌上字「城」作「成」。

正 又許州襄城縣東四十里 ○許，慶彭凌汝。

正 杜預云言成父 ○札記「云」、「言」當衍其一。

〔平王召其傅伍奢責之〕 瀧三七・九，慶一七左七，殿一六左六，凌一八右一。○傅，凌傳。

按：凌本訛。

〔而召其二子而告以免父死〕 瀧三八・一，慶一七左九，殿一六左八，凌一八右四。○札記案：「召二子」在下文，此不當闌入，蓋後人妄竄。

〔乃令司馬奮揚召太子建〕 瀧三八・二，慶一七左一〇，殿一六左九，凌一八右四。○乃，慶彭功 南化楓三校記「乃」。札記王本「乃」誤「功」。按：景印慶元本「功」作「乃」。

〔胥不至〕 瀧三八・五，慶一八右四，殿一七右二，凌一八右七。

*正 左傳云伍尚爲棠君南化、楓、三、梅本「棠君」作「宗尹」。括地志云揚州六合縣本春秋時棠南化、楓、梅本「棠」作「尚三」。邑伍尚爲大夫也 南化楓三梅贊異瀧 按：各本校記不冠「正義曰」三字，瀧川本依大島

〔知也〕　瀧三九・一，慶一八右九，殿一七右六，凌一八左三。○知，景蜀紹耿慶彭毛凌游殿智　札記中統、游、王、毛「知」作「智」。贊川史記攷異爲正義，存疑。

〔父有罪何以召其子爲〕　瀧三九・二，慶一八右一〇，殿一七右八，凌一八左四。○殿「罪」「何」互倒。

〔使者還走〕　瀧三九・二，慶一八左一，殿一七右八，凌一八左五。○還，慶彭遂，三校記「還」。札記王本「還」作「遂」。按：景印慶元本「遂」作「還」。

〔亦發兵〕　瀧四〇・一，慶一八左九，殿一七左五，凌一九右三。○亦，毛乃。

〔楚乃恐而城郢〕　瀧四〇・三，慶一八左一〇，殿一七左六，凌一九右五。

索　是史記誤也　○凌是史記之誤也。

〔子西曰〕　瀧四〇・九，慶一九右四，殿一七左九，凌一八右七。○詳節無「子西」二字。

〔殺伍奢子父與郤宛〕　瀧四一・二，慶一九右六，殿一八右二，凌一九右九。○父，南化彭凌游殿尚　札記游、王、柯、凌作「尚」。

〔吳三公子奔楚〕　瀧四一・五，慶一九右九，殿一八右四，凌一九左二。

索　昭三十年二公子奔楚公子掩餘奔徐公子燭庸奔鍾離此言三公子非也　○蜀耿慶彭凌殿此注二十九字作集解。札記此條各本作集解，今依單本。凌殿「昭三十年」作「昭二十七年」。札記此在二十七年，不當在「三十年奔楚」下，蓋有脱文，又錯倒。

〔楚兵走〕 瀧四二・四，慶一九左六，殿一八左一，凌一九左一〇。○走，[慶][彭][凌][殿]奔

[札記]王、柯、凌作「奔」。

〔至雲夢〕 瀧四二・五，慶一九左八，殿一八左二，凌二〇右一。

＊**正** 括地志云雲夢澤在安州安陸縣東南五十里是 [南化][楓][三][梅][狩][瀧]

〔乃與王出奔隨〕 瀧四二・九，慶二〇右二，殿一八左六，凌二〇右五。○[蜀]無「出」字。

〔使申包胥請救於秦〕 瀧四三・五，慶二〇右八，殿一九右二，凌二〇左二。○包，[景][蜀][紹][詳節][金陵]鮑 [札記]宋本、舊刻並作「鮑」，與集韵引合。

〔楚封之堂谿〕 瀧四四・一，慶二〇左三，殿一九右五，凌二〇左六。

正 在予州郾城縣西八十有五里也 ○[慶][彭][凌][殿]無「有」字。[札記]王本無「有」字。

〔楚昭王滅唐〕 瀧四四・二，慶二〇左四，殿一九右六，凌二〇左七。

集 義陽安昌縣東南上唐鄉 ○安，[景]女。

〔吳復伐楚取番〕 瀧四四・四，慶二〇左六，殿一九右八，凌二〇左九。

正 今爲鄱陽縣也 ○今，[慶][彭][凌][金陵]漢。

〔北徙都鄀〕 瀧四四・六，慶二〇左七，殿一九右一〇，凌二一右一。

正 在襄州樂鄉縣東北三十二里 ○二，[慶][彭][凌][殿]三 [札記]王本「二」作「三」。

〔楚滅頓〕 瀧四四・九，慶二〇左九，殿一九左一，凌二一右二。

集 汝南南頓縣　○景、井、蜀、慶、彭、凌、殿不重「南」字。札記「南」字汪校增，與漢志合。

正 括地志云　○彭、凌無此四字。札記四字柯、凌脱。

〔滅胡〕　瀧四四・一〇，慶二〇左一〇，殿一九左三，凌二一右四。

集 汝南縣西北胡城　○南，蜀陰。北，毛比。札記毛訛「比」。

正 在予州郾城縣界　○郾，凌、殿偃。

〔夾日而蜚〕　瀧四五・六，慶二一右四，殿一九右六，凌二一右八。

集 惟楚見之　○惟，景、井、耿、慶、彭、凌、殿唯。

〔孤不佞〕　瀧四六・四，慶二一左二，殿二〇右四，凌二一左六。○佞，游倿。

〔迎越女之子章立之〕　瀧四七・一，慶二一左一〇，殿二〇左一，凌二二右三。

集 不通外使也　○耿不廣説通外使也。

索 故下云　○云，耿、慶、彭、凌、游、殿立。詳節無「故」字。下，索乃。下，詳節乃。

索 服虔説非　○游昭服虔説非。

〔鄭告急楚〕　瀧四八・二，慶二二右九，殿二〇左九，凌二二左三。○殿鄭告於楚。

〔乃遂與勇力死士石乞等〕　瀧四八・二，慶二二右一〇，殿二〇左一〇，凌二二左四。○與，游以　札記中統、舊刻、游本作「以」。

〔欲弑之〕　瀧四八・五，慶二二左二，殿二一右二，凌二二左五。

集 賈逵曰　○賈，景見　按：景本誤。

〔廣地至泗上〕　瀧四九・三，慶二二二左一〇，殿二一一右九，凌二三三右四。

正　謂廣陵縣徐泗等州是也　○慶彭凌殿無「是」字。札記王無「是」字。

〔子簡王中立〕　瀧四九・四，慶二二三右一，殿二一一右九，凌二三三右四。

正　中音仲　○慶彭凌中音仲反　札記各本下衍「反」字，今删。

〔北伐滅莒〕　瀧四九・五，慶二二三右一，殿二一一右一〇，凌二三三右五。

正　密州莒縣故莒國也　○慶彭凌殿金陵無下「莒」字。

〔至乘丘而還〕　瀧四九・九，慶二二三右五，殿二一一左四，凌二三三右九。

正　三晉公子伐我至乘丘　○札記案：表無「公子」二字，「乘」作「桑」，此衍誤。

〔敗我大梁榆關〕　瀧五〇・三，慶二二三右八，殿二一一左六，凌二三三左二。

正　年表云悼王三年歸榆關于鄭按榆關當鄭之南大梁之西也榆關在大梁之境此時屬楚故云敗我大梁榆關也　南化楓三梅贅異瀧按：各本校記不冠「正義曰」三字。瀧本據大島贄川史記攷異爲正義，今存疑。

〔取兹方〕　瀧五〇・六，慶二二三右一〇，殿二一一左八，凌二三三左四。

索　地名今闕　○慶彭凌殿無此注四字。今，游金。

正　即楚兹方　○慶彭凌殿無「楚」字。

〔敗之於徐州〕　瀧五〇・五，慶二二三左九，殿二一二右六，凌二三四右三。

集　齊説越令攻楚　○令，蜀今。

〔周天子賀秦獻公〕　瀧五一・一，慶二三左五，殿二二右二，凌二三左八。○公，[凌][游]王

[札記]游、凌誤「王」。

〔秦始復彊〕　瀧五一・二，慶二三左五，殿二二右三，凌二三左九。○[詳節]無「復」字。

〔齊孟嘗君父田嬰欺楚〕　瀧五一・五，慶二三左八，殿二二右五，凌二四右二。○[札記]「孟嘗君父」四字，疑後人旁注誤混正文。

〔張丑僞謂楚王曰〕　瀧五一・七，慶二三左一〇，殿二二右七，凌二四右四。○僞，[南化][梅]爲。

＊**正**　爲南化、梅本「爲」字上有「作張丑爲」四字。音僞言張丑爲田嬰故僞設此辭　[南化][楓][棭][三][梅][瀧]

〔田盼子不用也〕　瀧五一・八，慶二四右一，殿二二右八，凌二四右五。

索　盼子嬰之同族　○[殿]無「之」字。[彭][凌]無此注六字。[楓][三]校補此注六字。子，[索]則。

〔大臣不附〕　瀧五一・一〇，慶二四右三，殿二二右一〇，凌二四右六。○附，[南化][三]校記「與」。

〔復搏其士卒以與遇〕　瀧五二・二，慶二四右五，殿二二左一，凌二四右八。

索　搏音膊　○[索]無「搏音」二字。

索　亦有作附讀　○[索]音亦——

〔齊王患之〕　瀧五二・八，慶二四左一，殿二二左七，凌二四左四。

集　昭陽移和而攻齊　○而，[景]西。

集　軍門日和　○軍，[景]王。

〔此國冠之上〕　瀧五三・四，慶二四左六，殿二三右一，凌二四左九。○[札記]舊刻脱「上」字。

索　冠音官　○官，[耿][慶][彭][凌][游][殿]貫　[札記]單本「官」，各本作「貫」。

索　令尹乃尹中最尊　○[耿][慶][彭][凌][游][殿]無「乃」字。

*正　冠音官後同楚國之官令尹最高昭陽已（南化、楓、三本「已」作「以」。）爲令尹矣若人冠冕在首冠（瀧本空「冠」字。）之上不可更加　[南化][楓][三][狩][瀧]

〔冠之上不可以加矣〕　瀧五三・九，慶二五右三，殿二三右七，凌二五右五。○[楓]——加冠矣　[耿][慶][彭][凌][游][殿]此下有「索隱曰冠音官」六字注。

〔攻齊勝之〕　瀧五三・一〇，慶二五右三，殿二三右八，凌二五右六。○[札記]王脱「齊」字。

〔此爲蛇爲足之説也〕　瀧五四・一，慶二五右五，殿二三右九，凌二五右八。○[紹]無「蛇爲」二字。

〔秦使張儀與楚齊魏相會盟齧桑〕　瀧五四・三，慶二五右七，殿二三左一，凌二五右九。○[札記]柯脱「盟」字。

〔共攻秦〕　瀧五四・五，慶二五右八，殿二三左二，凌二五左一。○共，[凌][殿]兵　[札記]王本「共」訛「兵」。

〔無先大王〕　瀧五五・一，慶二五左三，殿二三左七，凌二五左六。○先，楓三過。

〔今使使者從儀西取故秦所分〕　瀧五五・五，慶二五左八，殿二四右一，凌二六右一。○今，紹令。

〔楚商於之地方六百里〕　瀧五五・六，慶二五左九，殿二四右一，凌二六右一。

索　商於在今慎陽　○耿慶彭凌游殿無此注六字。

索　今言順陽者是　○是，凌自。

***正**　荊州圖副云鄧州内鄉縣七里張儀所謂南化、梅本「謂」作「稱」。　商於之地　南化梅贄異瀧按：各本校記不冠「正義曰」三字，瀧本據大島贄川史記攷異爲正義，今存疑。

〔私商於以爲富〕　瀧五五・八，慶二六右二，殿二四右四，凌二六右四。○以，耿商。

〔乃置相璽於張儀〕　瀧五五・九，慶二六右三，殿二四右五，凌二六右五。○置，南化梅致。

〔夫秦又何重孤國哉〕　瀧五六・二，慶二六右六，殿二四右八，凌二六右八。○又，南化楓三梅有。

〔則兩國之兵必至〕　瀧五六・五，慶二六右一〇，殿二四左一，凌二六左二。

索　韓魏也　○耿慶彭凌游殿此注三字作「謂韓魏」。

〔因使一將軍西受封地〕　瀧五六・六，慶二六左一，殿二四左二，凌二六左三。○蜀「封」、

「地」互倒。

〔佯醉墜車〕　瀧五六・七，慶二六左二，殿二四左二，凌二六左四。○佯，井蜀紹耿慶彭凌殿金陵詳。

〔即以歸報懷王〕　瀧五七・三，慶二六左七，殿二四左七，凌二六左八。○歸，慶即，彭凌命，南化校記「命」。凌「命」傍有「本命下有歸字」六字注。札記游、王、柯、凌「歸」作「命」。按：景印慶元本「即」作「歸」。

〔與秦戰丹陽〕　瀧五七・九，慶二七右三，殿二五右二，凌二七右四。

索　此丹陽　○此，索北。

〔且儀以前使負楚以商於之約〕　瀧五八・一〇，慶二七左二，殿二五右一〇，凌二七左三。○儀，耿凌儒。使，耿凌侯。

〔今秦楚大戰有惡〕　瀧五九・一，慶二七左三，殿二五左一，凌二七左四。○今，南化三椩令。

〔楚不宜敢取儀〕　瀧五九・一，慶二七左四，殿二五左二，凌四七左五。○札記柯「儀」訛「秦」。

〔而王欲殺之〕　瀧五九・五，慶二七左八，殿二五左五，凌二七左九。○殺，南化楓椩梅出。

〔而夫人必斥矣〕　瀧五九・六，慶二七左一〇，殿二五左七，凌二八右一。〇斥，凌斤。

〔張儀已去〕　瀧五九・九，慶二八右三，殿二五左九，凌二八右四。〇去，耿凌出。

〔二十六年〕　瀧六〇・二，慶二八右五，殿二六右一，凌二八右五。〇景井耿慶彭凌無「六」。六，蜀一。

〔齊湣王欲爲從長〕　瀧六〇・二，慶二八右五，殿二六右一，凌二八右五。

索　按下文　〇耿慶彭凌游殿俗本或作二十六年按下文。

索　則此錯　〇耿慶彭凌游殿無「錯」字。

索　二十三年歸武遂　〇二，殿三。三，游五。

索　則此必二十年二十一年事乎　〇耿慶彭凌游殿——二十一年之事乎　耿慶彭凌游殿無「必」字。

〔則燕趙亦宜事秦〕　瀧六一・一，慶二八左二，殿二六右七，凌二八左二。〇亦，紹宜。

〔楚王業已欲和於秦〕　瀧六一・八，慶二八左一〇，殿二六左四，凌二八左一〇。〇業，楓故。

〔或曰聽齊〕　瀧六一・九，慶二九右一，殿二六左五，凌二九右一。〇曰，蜀紹毛言。

〔昭睢曰〕　瀧六一・九，慶二九右一，殿二六左五，凌二九右一。

索　睢七餘反　〇耿慶彭凌殿睢音七餘反。

〔而後足以刷恥於諸侯〕　瀧六一・一〇，慶二一九右三，殿二二六左七，凌二一九右三。〇後，【毛】后。

〔則王得韓齊之重以求地矣〕　瀧六二・一，慶二一九右四，殿二二六左八，凌二一九右四。〇【景】【井】【紹】【耿】【毛】【游】「韓」、「齊」互倒。

〔而秦之武遂去之七十里〕　瀧六二・三，慶二一九右六，殿二二六左九，凌二一九右六。

索　亦非河間之縣　〇【耿】【慶】【彭】【凌】【游】【殿】亦非河間國之縣。

〔然存韓者楚也〕　瀧六二・六，慶二一九右九，殿二二七右二，凌二一九右九。〇存，【紹】有。

〔以河山爲塞〕　瀧六二・七，慶二一九右一〇，殿二二七右三，凌二一九右一〇。

正　河蒲州西黄河也　〇州，【慶】【彭】【凌】【殿】河　【札記】各本誤「河」，考證改。

〔王甚善之〕　瀧六二・九，慶二一九左五，殿二二七右七，凌二一九左五。

＊**正**　昭睢言韓以得武遂於秦西界至河山必德（南化、楓、三、梅本「德」作「親」。）　楚是昭王之甚善楚　【南化】【楓】【三】【梅】【瀧】

〔今又益之以楚之重〕　瀧六三・一，慶二一九左四，殿二二七右七，凌二一九左四。〇又，【紹】人。

〔復與楚之侵地矣〕　瀧六三・二，慶二一九左五，殿二二七右七，凌二一九左五。

＊**正**　言齊韓尊重秦相秦（南化、梅本無下「秦」字。）　相樗里疾疾得齊韓尊重秦王而齊韓又與楚親疾必不敢棄也今又益楚之重樗里疾疾必言秦王歸楚侵地　【南化】【楓】【三】【梅】【狩】【瀧】

〔殺楚將唐昧〕　瀧六四・二，慶二三〇右四，殿二二七左五，凌二三〇右四。〇【游】「殺」、「楚」互倒。

〔大破楚〕　瀧六四・四，慶三〇右五，殿二七左六，凌三〇右五。〇【南化】大破楚軍。

〔乃使太子爲質於齊以求平〕　瀧六四・五，慶三〇右六，殿二七左七，凌三〇右六。〇【耿】無「求」字。

〔秦復伐楚取八城〕　瀧六四・六，慶三〇右七，殿二七左八，凌三〇右六。〇【紹】無「復」字。

〔故爲婚姻〕　瀧六四・一〇，慶三〇左二，殿二八右二，凌三〇左一。

正　壻之父爲姻婦之父爲婚婦之父母壻之父母相謂爲婚姻兩壻相謂爲婭　〇【慶】【彭】此注二十九字作「妻父曰十年父曰姻重姻曰王兩婿相謂曰婭」十八字。【殿】作「婿父爲姻婦父爲婚相謂曰婚姻兩婿相謂曰婭」十九字。【札記】王本此注訛脱，今依柯、凌。

〔則無以令諸侯〕　瀧六五・二，慶三〇左三，殿二八右三，凌三〇左二。〇令，【蜀】今。

〔面相約〕　瀧六五・二，慶三〇左四，殿二八右四，凌三〇左三。〇面，【毛】而　【札記】毛本「面」訛「而」。

〔昭王詐令一將軍伏兵武關〕　瀧六五・八，慶三〇左九，殿二八右八，凌三〇左八。〇【游】秦昭王詐令一將軍伏兵武關　【札記】中統、游本「昭王」上有「秦」字。

〔遂與西至咸陽〕　瀧六五・九，慶三〇左一〇，殿二八右九，凌三〇左九。

索　渭城縣　〇渭，【游】謂。

索　在水北山南故曰咸陽咸皆也　〇【耿】【慶】【彭】【凌】【游】【殿】無此注十二字。

〈不與亢禮〉瀧六五・一〇，慶三一右一，殿二八右一〇，凌三〇左一〇。〇亢，三方。

〈要以割地〉瀧六六・五，慶三一右五，殿二八左三，凌三一右四。〇楓三要以割地楚。

〈予我下東國〉瀧六七・一，慶三一左一，殿二八左九，凌三一右一〇。〇予，蜀金陵子。

〈吾爲王殺太子〉瀧六七・一，慶三一左二，殿二八左九，凌三一右一〇。

*正　楚之下國最在東故云下東國即楚淮北　南化楓三梅狩瀧

〈然則東國必可得矣〉瀧六七・三，慶三一左三，殿二八左一〇，凌三一左一。〇景井無「必」字。札記宋本無「必」字。

〈乃告于秦曰〉瀧六七・四，慶三一左四，殿二九右一，凌三一左三。〇秦，慶彭凌齊，南化楓校記「秦」。札記王、柯、凌誤「齊」。按：景印慶元本「齊」作「秦」。

〈取析十五城而去〉瀧六七・七，慶三一左七，殿二九右四，凌三一左五。

正　漢置析縣　〇縣，慶彭凌之　札記官本「縣」，各本誤「之」。按：景印慶元本「之」作「縣」。

〈趙主父在代〉瀧六七・九，慶三一左一〇，殿二九右七，凌三一左九。

索　主字亦或作王　〇慶彭凌游殿無「或」字。

*正　父音甫武靈王也　南化楓三狩梅瀧

〈遂與秦使復之秦〉瀧六八・一，慶三二右二，殿二九右八，凌三一左一〇。〇與，慶彭游使，南化棭三校記「與」。按：景印慶元本「使」作「與」。

〔秦歸其喪于楚〕　瀧六八・二，慶三二右三，殿二九右九，凌三二右二。○于，景 井 紹 耿 慶 彭 凌 殿 於。

〔秦使白起伐韓於伊闕〕　瀧六八・三，慶三二右五，殿二九左一，凌三二右三。○紹 秦使白起起伐韓於伊闕　闕，慶 彭 凌 闕，楓 校記「闕」。札記 王、柯、凌訛「關」。按：景印慶元本「關」作「闕」。

〔斬首二十四萬〕　瀧六八・四，慶三二右六，殿二九左二，凌三二右四。

正 伊闕山　○闕，慶 彭 門　札記 官本「闕」，各本訛「門」。按：景印慶元本「門」作「闕」。

〔楚頃襄王與秦昭王好會于宛〕　瀧六八・八，慶三二右八，殿二九左四，凌三二右八。○宛，詳節 鄢。

〔楚王與秦三晉燕共伐齊〕　瀧六八・九，慶三二左二，殿二九左六，凌三二右九。○共，凌 其。按：凌本訛。

〔楚人有好以弱弓微繳加歸鴈之上者〕　瀧六九・一，慶三二左三，殿二九左八，凌三二右二。

*__正__ 弱小也微細也繳弋射也歸雁北向也言南化、梅本「言」下有「用」字。小弓細弋射梅本「射」作「躬」。北歸之雁其矢加於背上　南化 楓 三 梅 狩 瀧

〔小臣之好射鶀鴈〕　瀧六九・四，慶三二左五，殿二九左九，凌三二左二。○小，楓 外　鶀，

南化鯕。

〔羅鸗〕瀧六九・四，慶三二左五，殿二九左一〇，凌三二左三。

集　音龍　◯慶彭凌游無此注二字。

索　吕静音聾　◯耿慶彭凌游殿無此注四字。

索　鄒亦音盧動反　◯耿慶彭凌游殿此注六字作「鄒誕鸗音盧動反」七字。

索　劉音龍　◯耿慶彭凌游殿劉氏音龍。

索　鸗小鳥　◯耿慶彭凌殿此注三字作「是小鳥名」四字耿本無「是」字。游作「龍小鳥名」四字。

〔齊魯韓衛者青首也〕瀧六九・八，慶三二左九，殿三〇右三，凌三二左六。

索　亦小鳧有青首者　◯耿慶彭凌游殿無「亦」字。

〔騶費郯邳者羅鸗也〕瀧六九・九，慶三二左一〇，殿三〇右四，凌三二左七。◯騶，景慶彭凌游殿鄒。下同。

索　鄒袐二音　◯耿游此注四字作「音鄒秘」三字。慶殿此注四字作「鄒費音騶騶，慶本作「鄒」。袐」。彭凌此注四字作「費音袐」三字。札記索隱本、各本「騶」作「鄒」，下同。

〔見鳥六雙〕瀧七〇・一，慶三三右一，殿三〇右五，凌三二左八。

索　以喻下文秦趙等十二國　◯二，耿三。

*正　謂上秦魏燕楓、三本無「燕」字。趙齊魯韓衛鄒梅本「鄒」作「雛」。費郯邳南化本「邳」作「到」。者合十二國也

南化　楓　三　梅　狩　瀧

〔某樂非特朝昔之樂也〕　瀧七〇・三，慶三三右三，殿三〇右七，凌三三右一。○昔，[景][井][蜀][紹][耿][慶][彭][凌][游]夕　[札記]索隱本「昔」，各本作「夕」。

索　昔猶夕也　○[耿][慶][彭][凌][游][殿]此注四字作「夕猶昔也」。[札記]各本「昔」「夕」互易。

〔其獲非特鳧鴈之實也〕　瀧七〇・四，慶三三右四，殿三〇右七，凌三三右一。○特，[凌]持。

按：凌本訛。

〔而上蔡之郡壞矣〕　瀧七〇・五，慶三三右六，殿三〇右九，凌三三右三。○郡，[紹]郤。

〔還射圉之東〕　瀧七〇・六，慶三三右六，殿三〇右九，凌三三右四。○圉，[井]國　[札記]宋本「圉」訛「國」。

〔而外擊定陶〕　瀧七〇・六，慶三三右九，殿三〇右一〇，凌三三右七。

索　謂繞也　○[耿][慶][彭][凌][游][殿]無「謂」字。繞，[耿][慶][彭][凌][游][殿]遶。

〔王結繳蘭臺〕　瀧七〇・一〇，慶三三左二，殿三〇左四，凌三三右九。

正　若膺擊郯圍大梁　○圍，[彭]國。

正　乃收弋繳於蘭臺。○[慶][彭]乃收戈弋繳於蘭臺。按：景印慶元本删「戈」字。

正　蘭臺桓山之別名也　○[慶][彭][凌]無「蘭臺」二字。[札記]官本有「蘭臺」二字，各本脱。

〔碆新繳〕　瀧七一・三，慶三三左五，殿三〇左八，凌三三左三。

集　以石傅弋繳曰碆　○弋，[毛]戈　[札記]毛訛「戈」。

索　音播　○播，[毛]番。

索　渚作磻　○磻，游播。

〔還蓋長城以爲防〕　瀧七一·四，慶三三左六，殿三〇左九，凌三三左四。

集　還音宦　○宦，景官。

集　濟北盧縣有長城　○城，蜀安。

索　噣音書　○書，凌畫。

索　長城　○耿慶彭凌游殿地理志云長城。

索　因以長城爲防也　○也，毛者。

索　當在濟南　○耿慶彭凌游殿無「當」字。

正　經濟州淄川　○川，慶凌殿州。

〔朝射東莒〕　瀧七一·八，慶三四右一，殿三一右四，凌三三左一〇。

正　春秋時徙居莒也　○徙，殿始。

〔顧據午道〕　瀧七一·一〇，慶三四右三，殿三一右六，凌三四右三。

索　亦未詳其處　○耿慶彭凌游蓋亦——

〔西結境於趙〕　瀧七二·二，慶三四右六，殿三一右九，凌三四右五。

正　定從約也　○約，慶彭親。

〔而北達於燕〕　瀧七二·三，慶三四右六，殿三一右一〇，凌三四右六。

索　言齊晉既伏　○伏，慶彭凌殿復。

索　收燕不難也　○收，耿慶彭凌游殿取。

〔三國布𦐊〕　瀧七二·四，慶三四右八，殿三一左一，凌三四右八。

集　一作屬　○札記毛本「一音屬」，疑皆誤，當云「一作翄」。說文「翄」重文「𦐊」。

索　亦作翅同　○耿慶彭凌游殿無此注四字。

索　式豉反三國齊趙燕也　○慶彭游此注九字作「三國齊趙燕也𦐊音式豉反」十一字。

***正**　𦐊亦作翅音式豉反三國共布翅言和同也楚趙燕和同而南化、楓、三本無「而」字。收關左南化、楓、三、梅本「左」作「東」。從不待南化、楓、三、梅本「待」下有「約」字。而可成　南化楓三梅狩瀧

〔北遊目於燕之遼東〕　瀧七二·六，慶三四右九，殿三一左二，凌三四右九。○目，游自。

〔擊趙而顧病〕　瀧七二·一〇，慶三四左二，殿三一左五，凌三四左二。○景井紹耿慶彭凌殿無「而」字。札記索隱本有「而」字。

〔漢中析酈〕　瀧七三·一，慶三四左四，殿三一左六，凌三四左三。○析，蜀祈。

〔負海內而處〕　瀧七三·五，慶三四左八，殿三一左一〇，凌三四左八。○札記柯脱「而處」二字。

〔膺擊韓魏〕　瀧七三·六，慶三四左九，殿三一右一，凌三四左九。

索　謂韓魏當秦之前　○耿慶彭凌游殿無「謂」字。

***正**　膺作鷹如鷹鳥之擊也　南化楓三梅瀧

〔垂頭中國〕　瀧七三·七，慶三四左一〇，殿三一右二，凌三四左一〇。

索 猶申頸也 ○頸，耿慶彭凌游殿頭。

〔勢有地利〕 瀧七三・七，慶三五右一，殿三二右二，凌三四左一○。○勢，耿執。下同。

〔白公子胥是也〕 瀧七四・一，慶三五右四，殿三二右六，凌三五右四。○白，凌曰。按：凌本訛。

〔周王赧使武公謂楚相昭子曰〕 瀧七四・六，慶三五右九，殿三二右九，凌三五右八。

集 定王之曾孫 ○曾，蜀魯 凌武公定王——

〔夫弑共主〕 瀧七四・九，慶三五左一，殿三二左一，凌三五右一○。○夫，游天。

〔臣世君〕 瀧七四・九，慶三五左一，殿三二左二，凌三五左一。○世，毛其 札記毛本「世」誤「其」。

〔大國不親〕 瀧七四・九，慶三五左二，殿三二左三，凌三五左二。

*正 天下共尊今欲殺之南化、楓、三、梅本無「之」字。 故言殺共主楓、三本「主」作「王」。 周世南化、楓、三、梅本「重世」字。 君天下故言世君也 南化楓三梅狩瀧

〔小國不附〕 瀧七四・一○，慶三五左三，殿三二左三，凌三五左二。○附，游輔 札記中統、游本誤「輔」。

〔不足以傷民〕 瀧七五・一，慶三五左四，殿三二左四，凌三五左三。○札記「傷民」疑誤。

〔公之無百韓以圖周〕 瀧七五・八，慶三五左九，殿三二左八，凌三五左八。

*正　言韓之圖周倍於楚也　[南化][楓][三][梅]

〔以塞騶魯之心〕　瀧七五・九，慶三五左一〇，殿三二左九，凌三五左九。

索　有禮義之國　○[彭][凌]無「義」字。義，[慶]三。按：景印慶元本「三」作「義」。

〔夫怨結於兩周〕　瀧七五・九，慶三五左一〇，殿三二左九，凌三五左九。○[游]「怨」、「結」互倒。

〔交絶於齊〕　瀧七五・一〇，慶三六右一，殿三二左一〇，凌三五左一〇。

正　楚本與齊韓和至故齊交絶於楚二十三字　○[札記]凌本誤作「索隱」。按：凌本不作「索隱」，札記誤矣。

正　楚本與齊韓和　○齊，[慶]十　[南化]校記「齊」。按：景印慶元本「十」作「齊」。

〔喜攻之臣〕　瀧七六・六，慶三六右七，殿三三右六，凌三六右七。○攻，[毛]政　[札記]毛訛「政」。

〔而忘弑君之亂〕　瀧七六・八，慶三六右九，殿三三右七，凌三六右八。○忘，[毛]亡。

〔夫虎肉臊〕　瀧七六・九，慶三六右一〇，殿三三右九，凌三六右九。○臊，[慶][彭]噪　[南化][楓][三]校記「臊」。按：景印慶元本「噪」作「臊」。

*正　亦作膠　[南化][狩]

〔其兵利身〕　瀧七六・九，慶三六左一，殿三三右九，凌三六右一〇。○而其兵利身。

索　謂虎以爪牙爲兵　○爪，[凌]瓜。按：凌本訛。

*正　虎有爪牙以衛其身若人身加南化、梅本「加」作「力」。兵故南化、梅本「故」下有「言」。其兵利身　[南化][楓]

三梅狩瀧

〔必萬於虎矣〕　瀧七七・二，慶三六左二，殿三三右一〇，凌三六左一。〇耿慶彭凌游殿此五字作「必萬之於虎」|游、明本有「矣」字。彭無「矣」字。札記各本「萬」下衍「之」，索隱本無。

正　其猶麋蒙虎皮矣　〇札記|柯本「麋」下有「鹿」字。

〔詘楚之名〕　瀧七七・三，慶三六左四，殿三三左二，凌三六左三。〇札記楚，|柯本誤「子」。

〔呑三翮六翼〕　瀧七七・五，慶三六右六，殿三三左三，凌三六左五。

索　事具小爾雅　〇索無「小」字。

*__正__　翮誤當作鬲音歷|南化、梅本「歷」作「曆」。爾雅云附耳外謂之釴款足謂之鬲曲足鼎也翼近鼎耳也三翮六翼即九鼎　南化楓三梅狩瀧

〔燒先王墓夷陵〕　瀧七八・一，慶三七右二，殿三三左九，凌三七右一。

索　陵名　〇陵，游地。

〔楚襄王兵散〕　瀧七八・二，慶三七右三，殿三三左一〇，凌三七右三。〇散，紹㪚。

〔楚使左徒侍太子於秦〕　瀧七八・八，慶三七右八，殿三四右四，凌三七右七。

*__正__　左徒官名爾時黄歇爲左徒侍太子於秦也　南化楓三梅狩瀧

〔是爲考烈王〕　瀧七八・一〇，慶三七右九，殿三四右九，凌三七左二。

索　系本元作完　〇耿慶彭凌殿金陵無「元」字。元，游本。

〔是時楚益弱〕　瀧七九・二，慶三七左二，殿三四右八，凌三七左一。

索　徐廣曰南郡有州陵縣　○各本此注九字爲集解。按：瀧本誤。

〔至新中〕　瀧七九・四，慶三七左三，殿三四右九，凌三七左二。

索　按趙地無名新中者　○耿慶彭凌游殿此注八字作「趙地無其名」五字。

索　中字誤　○慶彭凌殿無「中」字。游空格「中」字。

索　當爲市　○索疑當爲市。

正　秦莊襄王拔之　○襄，彭文　札記官本「襄」，王本誤「大」，柯、凌誤「文」。

〔秦兵去〕　瀧七九・六，慶三七左四，殿三四左一〇，凌三七左四。

集　十年徙於鉅陽　○鉅，蜀耿慶彭凌殿距。

〔命曰郢〕　瀧七九・九，慶三七左八，殿三四左三，凌三七左七。

正　在南壽州壽春縣　○殿無「南」字。

〔子幽王悍立〕　瀧七九・一〇，慶三七左九，殿三四左四，凌三七左八。○悍，游悼　札記中統、游本訛「悼」。

〔李園殺春申君〕　瀧七九・一〇，慶三七左九，殿三四左四，凌三七左八。○蜀無「君」字。

〔亡十餘城〕　瀧八〇・六，慶三八右四，殿三四左九，凌三八右三。○亡，游二　札記志疑云表作「十城」。

〔秦將王翦破我軍於蕲〕　瀧八〇・七，慶三八右五，殿三四左九，凌三八右四。

索　機祈二音　○彭此注四字。

*正　音機又音圻地理志云沛郡蘄縣也　南化楓三梅狩瀧札記志疑云秦避莊襄名，豈有置楚郡之理？案：疑「名楚」二字後人妄增。

〔名爲楚郡云〕　瀧八○・九，慶三八右七，殿三五右一，凌三八右六

集　以楚地爲三郡　○三，景蜀紹耿秦。

〔幾再亡國〕　瀧八一・六，慶三八左三，殿三五右五，凌三八左一。

索　幾音祈　○祈，彭游祁。

索　僻在荊蠻　○在，凌性。

索　文既伐申　○伐，慶彭凌殿代。

史記會注考證校補卷四十一

越王句踐世家第十一

〔越王句踐世家第十一〕　瀧一・九，慶一右一，殿一右六，凌一右二。○耿凌無「王句踐」三字。

*正　句踐越王名也今越州也周元王命爲伯也　南化楓三梅狩野瀧

〔越王句踐其先禹之苗裔〕　瀧二・八，慶一右二，殿一右七，凌一右三。

正　越絶書云　○書，慶彭凌殿金陵記。

〔至於允常〕　瀧三・三，慶一右六，殿一左一，凌一右九。○索下有「按越在蠻夷少康之後地遠國小春秋之初未通上國國史既微略無世系故紀年稱爲粵子據此文勾踐平吳之後周元王始命爲伯後遂僭而稱王」五十八字注。

〔而相怨伐〕　瀧三・六，慶一右八，殿一左三，凌一右一〇。○札記　襍志云「伐」字衍。文選鵩鳥賦注引無。

〔越王句踐使死士挑戰〕　瀧三・七，慶一右一〇，殿一左四，凌一左一。〇索「踐」下有「按紀年云晉出公十年十一月於粵勾踐卒是菼執」二十字注。

〔吳師敗於檇李〕　瀧三・八，慶一左一，殿一左六，凌一左三。〇耿無「吳師」二字。檇，凌檇。

＊**正**　檇音醉　南化　楓　三

〔敗之夫椒〕　瀧四・六，慶一左八，殿二右二，凌一左一〇。

索　音焦本又作湫　〇溂，游湫。

索　杜預云太湖中椒山也　〇耿　慶　彭　凌　游　殿　金陵無此注九字。

索　按國語云敗之五湖則椒山爲得　〇耿　慶　彭　凌　游　殿　金陵各本無「按」。國語云敗之五湖則杜預云在椒山爲非各本「得」字作「非」。

〔越王謂范蠡曰〕　瀧五・一，慶二右二，殿二右六，凌二右四。

正　會稽典録云　〇典，慶　彭　凌興。按：景印慶元本作「典」字。札記殿本「典」，各本訛「興」。

正　謂兄嫂曰　〇嫂，慶㛐。

〔持滿者與天〕　瀧五・三，慶二右六，殿二右一〇，凌二右八。

索　與天天與也　〇詳節與天者天與也。

索　言持滿不溢　〇詳節無「言」字。

索 與天同道故天與之　○詳節無「與天同道」四字而「故」字作「則」。

***正** 言執持滿南化、楓、三、狩各本「滿」下有「足」字。之德維天能之越絶云天道盈而不溢盛而不驕　南化 楓 三 梅 狩 野 瀧

〔節事者以地〕　瀧五・六，慶二右八，殿二左二，凌二右一〇。

索 此作以亦與義也　○慶 彭 凌 游 殿無「作」字。

索 言地能財成萬物　○詳節「能」下有「生」字，無「成萬物」三字。

索 人主宜節用以法地　○宜，詳節能。

索 故地與之　○故，詳節則。

***正** 定傾危之計唯人能之越絶云地貴定傾人貴節事與此文反也　南化 楓 三 梅 狩 野 瀧

〔乃令大夫種行成於吳〕　瀧五・一〇，慶二左二，殿二左五，凌二左四。

索 猶司馬司徒之比蓋非也　○耿 慶 彭 凌 游 殿「徒」字作「空」而無「蓋」字。

正 范蠡從犬竇　○犬，慶 彭 凌人。按：景印慶元本「人」字作「犬」。

〔夫吳太宰嚭貪〕　瀧六・六，慶二左九，殿三右二，凌三右二。○吳，慶吾　南化校記「吳」。按：景印慶元本作「吳」字。

〔令種閒獻吳太宰嚭〕　瀧六・七，慶三右一，殿三右四，凌三右四。

索 越飾美女八人　○八，耿 慶 彭 凌 游 殿 金陵二。按：南化、楓、三、梅各本校記云正義注作「八人」，蓋瀧川本據此校記改。

〈悉五千人觸戰〉 瀧六・一〇，慶三右四，殿三右七，凌三右七。〇慶彭凌無「悉」字。南化校補「悉」。札記王、柯、凌脱「悉」字。

〈必有當也〉 瀧六・一〇，慶三右五，殿三右七，凌三右八。

索 無乃傷君王之所愛乎 〇殿無「之」字。

索 是有當則相傷也 〇耿慶彭凌游殿無「相」字。

〈越以服爲臣〉 瀧七・二，慶三右六，殿三右九，凌三右九。〇以，南化楓棭三梅已。

〈句踐之困會稽也〉 瀧七・五，慶三右九，殿三左一，凌三左二。〇困，南化楓三梅圍。

〈由是觀之〉 瀧七・七，慶三左二，殿三左三，凌三左四。〇是，凌此。

〈置膽於坐〉 瀧七・八，慶三左三，殿三左五，凌三左六。〇置，詳節懸。

〈坐卧即仰膽飲食亦嘗膽也〉 瀧七・九，慶三左三，殿三左五，凌三左六。〇紹無「坐」字。仰，南化飲 楓三無「膽飲食亦嘗膽」六字。

〈衣不重采〉 瀧七・一〇，慶三左五，殿三左六，凌三左八。〇衣，慶方 南化校記「衣」。

按：景印慶元本作「衣」字。采，楓綵。

〈振貧弔死〉 瀧八・一，慶三左六，殿三左七，凌三左八。〇振，南化楓三棭梅賑。

〈填撫國家親附百姓蠡不如種〉 瀧八・二，慶三左七，殿三左八，凌三右一〇。〇填，景井蜀紹耿慶彭凌毛游殿鎮 札記索隱本「填」，各本作「鎮」。

索　填音鎮　○[耿][慶][彭][凌][游][殿]無此注三字。

〔拊循其士民欲用以報吳〕　瀧八・六，慶四右一，殿四右一，凌四右三。○[景][井][紹][耿][慶][凌][游][殿]重「士民」二字。[札記]凌本下重「士民」二字，衍。

〔大夫逢同諫曰〕　瀧八・七，慶四右一，殿四右二，凌四右四。

索　故楚有逢伯　○[耿][慶][彭][游][凌][殿]故楚有逢伯者是。

〔今乃復殷給〕　瀧八・八，慶四右二，殿四右三，凌四右五。○[札記]舊刻「乃」作「方」。

〔德少而功多〕　瀧八・一〇，慶四右五，殿四右五，凌四右七。○少，[詳節]小。

〔可克也〕　瀧九・二，慶四右七，殿四右七，凌四右九。○[殿]「可」、「克」互倒。

〔子胥諫曰未可〕　瀧九・三，慶四右八，殿四右八，凌四右一〇。○[南化][楓][三]無「未可」二字。

〔齊與吳疥癬也〕　瀧九・五，慶四右一〇，殿四右九，凌四左二。

索　疥癬音介尟　○尟，[耿][慶][彭][凌][游][殿]尠　[索]此五字作「介尠二音」四字。

〔後三年〕　瀧一〇・四，慶四左六，殿四左四，凌四左八。○年，[紹]王。

〔伍員果欺寡人役反〕　瀧一〇・九，慶五右一，殿四左九，凌五右三。○欺，[紹]難　役，[景][井][紹][耿][慶][彭][毛][凌][游]欲　[札記]殿本「役」，各本誤「欲」。

〔我令而父霸〕　瀧一一・一，慶五右三，殿四左一〇，凌五右四。

索　而汝也父闔廬也　○耿索「闔廬」二字作「夫差」。札記單本、中統本並誤作「夫差」。

〔我又立若〕　瀧一一・一，慶五右三，殿五右一，凌五右五。

索　若亦汝也　○殿無此注四字。

〔以觀越兵入也〕　瀧一一・四，慶五右六，殿五右三，凌五右八。

*正　越後滅吴從闔閭城東南開示浦以南化、楓、三各本無「以」字。子胥南化、楓、三各本「胥」下有「以」字。夢示之因爲名是從東門滅吴也　南化楓三梅狩瀧

〔惟獨老弱與太子留守〕　瀧一一・九，慶五右一〇，殿五右六，凌五左一。

索　據左氏傳太子名友　○耿慶彭凌游殿按各本「據」字作「按」。春秋左氏傳太子名友慶、彭、凌、游本「友」字作「文」，楓本核記「友」。

〔乃發習流二千人〕　瀧一二・一，慶五左一，殿五右八，凌五左三。○景井紹耿慶彭毛凌游殿無「人」字。南化楓校補「人」。札記索隱本有「人」字，各本脱。案：「習流」謂水卒，小司馬解爲流宥，非。

索　故有二千人　○耿慶彭凌游殿無「故」字。

〔教士四萬人〕　瀧一二・三，慶五左三，殿五右九，凌五左四。

索　謂常所教練之兵也　○彭無「常」字。

索　故孔子曰以不教民戰是謂棄之是也　○耿此十五字作「故孔子曰不教人戰是謂棄之者是也」。彭無「是」字。

〔君子六千人〕　瀧一二・四，慶五左四，殿五右一〇，凌五左八。

索　謂都邑之士有復除者　〇謂，耿慶彭凌游殿諸。

索　國語王以私卒君子六千人　〇耿慶彭凌游殿國語云王以私卒君子六千人也。

〔諸御千人〕　瀧一二・五，慶五左六，殿五左二，凌五左八。

索　謂諸理事之官　〇諸，索御。

索　在軍有職掌者　〇索「在」字作「任」而無「有」字。

〔乃使人厚禮以請成越〕　瀧一二・八，慶五左八，殿五左五，凌六右一。〇札記「以請成越」四字，襍志云文選答蘇武書注引作「請成於越」。

〔吳士民罷弊〕　瀧一二・一〇，慶五左一〇，殿五左六，凌六右二。〇弊，彭敝。

〔越遂復棲吳王於姑蘇之山吳王使公孫雄〕　瀧一三・一，慶六右二，殿五右七，凌六右四。〇札記案：吳郡志塚墓門引史記正義云夫差棲於姑蘇山，轉戰西北，敗於干遂，在蘇州西北四十里，萬安山有遂山云云，當在比下。今本失。

正　夫差棲於姑蘇山轉戰于西北敗于遂　〇慶彭凌殿金陵無此注十五字。按：瀧本據札記補此正義。

考　梁玉繩曰王孫雄國語今本作王孫雄　〇按：上「王」字，「公」字之訛。

〔夫差不敢逆命〕　瀧一三・五，慶六右四，殿五左一〇，凌六右六。〇逆，南化梅遂。

〔意者亦欲如會稽之赦孤臣之罪乎〕　瀧一三・六，慶六右六，殿六左一，凌六右八。〇南化楓三無「欲」字。

〈句踐不忍欲許之〉　瀧一三・七，慶六右七，殿六左二，凌六右八。○南化句踐不忍遂欲許之。

〈君忘會稽之戹乎〉　瀧一四・一，慶六左一，殿六左五，凌六左二。○戹，景井蜀紹耿慶彭毛凌游殿厄下同。

〈不者且得罪〉　瀧一四・三，慶六左三，殿六右七，凌六左五。○索無「者」字。

索　今望此文　○望，耿慶彭凌游殿案。

索　謂使者宜速去不且得罪於越　○且，耿慶彭凌游殿去。

〈吾置王甬東君百家〉　瀧一四・六，慶六左五，殿六右九，凌六左七。

集　杜預曰甬東會稽句章縣東海中州也　○州，景井慶毛殿金陵洲。

索　國語云　○國，耿慶彭凌游殿吴。

〈句踐已去〉　瀧一五・二，慶七右二，殿六左六，凌七右四。○已，毛以。

〈歸吴所侵宋地於宋〉　瀧一五・三，慶七右三，殿六左七，凌七右五。○於，毛與。

〈越王爲人長頸烏喙〉　瀧一五・九，慶七右八，殿七右一，凌七右一〇。○烏，各本作「鳥」，毛本作「烏」。札記毛本「烏」訛「烏」。按：札記引「鳥」字作「烏」。

〈子教寡人伐吴七術〉　瀧一六・一，慶七左一，殿七右四，凌七左三。

正　三曰貴耀粟蕇　○慶彭凌殿「貴耀」二字作「遺敵」。札記誤作「遺敵」，考證據越絶改。蕇，彭槀。

正　以熒其志　○熒，慶彭凌榮。按：景印慶元本作字「熒」。札記「熒」訛「榮」，考證改。

〔子王翳與立〕　瀧一六・五，慶七左五，殿七右八，凌七左八。

索　按紀年云於粵子句踐卒是菼執　○耿慶彭凌游殿無「是菼執」三字。

〔王不壽卒〕　瀧一六・七，慶七左七，殿七右一〇，凌七左九。

索　是爲盲姑　○盲，游育。按：據字形相似訛。

〔王翁卒〕　瀧一六・八，慶七左八，殿七左一，凌七左一〇。

索　三十五年滅郯　○三，彭二。

〔子王之侯立〕　瀧一六・一〇，慶七左九，殿七左二，凌八右二。

索　三十六年七月　○索三十六年卒七月。

索　粵殺諸咎粵滑吳人立子錯枝爲君　○滑，游伐。子，耿慶彭凌游乎。爲，索復。

索　立無余之　○耿慶彭凌游立初無余之。

索　寺區弟忠弒其君莽安　○忠，耿慶彭凌游殿思。

索　次無顓立　○索無「立」字。

索　是爲菼蠋卯　○蠋，殿⿰忄蜀。

索　逃乎丹穴　○乎，索於。

索　越人薰之以艾　○索無「以」字，而「艾」字下有「葉」字。

〔齊威王使人説越王曰〕　瀧一七・五，慶八右五，殿七左七，凌八右八。○説，紹詔。

〔爲不得晉也〕　瀧一七・七，慶八右六，殿七左九，凌八右九。

*正　晉即韓也爾時三晉滅其君已三十餘年矣　南化　楓　三　梅　狩　野　瀧

〔殺其將則葉陽翟危〕　瀧一七・九，慶八右七，殿七左一〇，凌八右一〇。

正　陽翟河南陽翟縣也　○慶　凌　殿無「南」字。札記「南」字考證據呂不韋傳及唐志補。

〔殺其將則陳上蔡不安〕　瀧一八・一，慶八右九，殿八右一，凌八左二。

正　今豫州上蔡縣也　○慶　彭　凌　殿今豫州上蔡邑縣也　札記「蔡」下衍「邑」字，考證删。

〔故二晉之事越也〕　瀧一八・二，慶八右一〇，殿八右三，凌八左四。

正　今令越合於二晉而伐楚　○殿無「今」字。

〔馬汗之力不效〕　瀧一八・三，慶八左一，殿八右四，凌八左五。○彭「馬」、「汗」互倒。三

校記「馬汗」。

〔所重於得晉者〕　瀧一八・四，慶八左二，殿八右四，凌八左五。

*正　重猶彌器也　南化　楓　三

〔願齊之試兵南陽莒地〕　瀧一八・七，慶八左六，殿八右八，凌八左九。

索　此南陽在齊之南界莒之西　○耿　慶　彭　凌　游　殿無「此」字。南，慶　彭　凌　游　殿西。

〔以聚常郯之境〕　瀧一八・八，慶八左六，殿八右八，凌八左一〇。

索 蓋田文所封邑 ○[耿][慶][彭][凌][殿]蓋田文所之封邑。

索 皆齊之南地 ○[耿]皆在齊之南地。

〔商於析酈〕 瀧一八・一○，慶八左九，殿八左一，凌九右三。○析，[索]枏。

索 四邑並屬南陽楚之西南也 ○[耿][慶][彭][凌][游][殿]四邑並屬南陽楚之西南是也。

正 酈音擲括地志云南洛縣則古商國城也 ○擲，[慶][彭][凌][殿]攤 [札記]各本訛「攤」。案：漢志注音持益反，則當音擲今改。南，[慶][凌][殿]商。

正 按商於析酈。○酈，[慶][彭][凌]攤。按：景印慶元作「鄰」。[札記]殿本「析酈」，各本訛「折攤」。

〔宗胡之地〕 瀧一九・二，慶八左九，殿八左一，凌九右三。○宗，[景][井][耿][慶][彭][毛][凌][游][殿]宋 [札記]索隱本「宗」，各本訛「宋」。

集 今之汝陰 ○今，[紹]令。

索 宗胡邑名 ○[慶][彭][凌][游][殿]宋胡作宗胡宗胡邑名。

〔夏路以左不足以備秦〕 瀧一九・三，慶九右二，殿八左六，凌九右七。

正 無土之處 ○土，[凌]上。

正 累石爲固楚襄王控霸南土 ○[慶][彭][凌][殿]「固」、「楚」互倒 [札記]各本「固」字與下「楚」字互倒，考證改。

〔則齊秦韓魏得志於楚也〕 瀧一九・七，慶九右七，殿八左九，凌九左二。

***正** 齊國泗上界楚秦出武關侵楚韓 楓、三、梅本「韓」下有「泗」字。 葉 南化、楓、三、梅本「葉」下有「昆」字。 陽翟鄰楚

魏南陳上蔡接楚言四國欲伐楚是得其志於楚也 [南化][楓][三][梅][狩][瀧]

〔不耕而穫之〕 瀧一九・九，慶九右八，殿八左一〇，淩九左三。

＊正 言齊秦攻楚韓魏（南化、楓、三本「魏」字作「雖」。）舉兵（南化、楓、三、梅本「兵」下有「猶」字。）未戰而以得地是猶（南化、楓、三、梅本無「猶」字。）不耕而穫之 [南化][楓][三][梅][狩][瀧]

〔以爲齊秦用〕 瀧一九・一〇，慶九右九，殿九右一，淩九左四。

＊正 言韓魏頓刃於黃河華山之間若此險固猶爲齊（南化、楓、三、梅、狩本無「齊」字。）秦使役也 [南化][楓][三][梅][狩][瀧]

〔所持者如此其失計〕 瀧一九・一〇，慶九右九，殿九右一，淩九左五。

＊正 其以失計猶爲王也 [南化][楓][三][梅][狩]

〔吾不貴其用智之如目見豪毛而不見其睫也〕 〇[南化][楓][三]吾實不貴其用—— [札記]襍志云「患」訛「貴」，後人加「不」字。韓子喻老篇「臣患王之智如目也，能見百步之外，而不能自見其睫」，語意正同。

＊正 吾齊使也言實不貴重越王韓魏失計此爲知惠也 [南化][楓][三][梅]

〔是目論也〕 瀧二〇・五，慶九左三，殿九右四，淩九左八。

索 猶人眼能見豪毛 〇豪，[彭][游]毫。

索 而自不見其睫 〇自，[彭][游]目。

＊正 論郎頓反齊使云越王知晉之失計不自知（南化、楓、三、梅本「知」下有「楚家」二字。）己分越王之過猶人眼

見毫毛而不見其睫故云目論　南化 楓 三 梅 狩 瀧

〔非其馬汗之力也〕　瀧二〇・七，慶九左四，殿九右五，凌九左九。○其，毛 金陵有，彭 凌 游「馬」、「汗」二字互倒。札記宋本、毛本同，中統本「有」作「其」，凌、游作「其汗馬」。

按：札記引「其」字作「有」。

〔北圍曲沃於中〕　瀧二〇・九，慶九左七，殿九右八，凌一〇右二。

*正　北圍曲沃於中於中屬上今此點屬下句恐非歟　南化 楓 三 梅

〔以至無假之關者三千七百里〕　瀧二〇・一〇，慶九左八，殿九右一〇，凌一〇右四。

正　西至漢中巴巫黔中千餘里皆備秦晉也　○巴，慶 彭 凌 殿邑。皆，慶 彭 凌 殿不。晉，慶 凌 殿魯。札記「巴」訛「邑」，考證改。「皆」訛「不」，「晉」訛「魯」，吳校改。

〔北聚魯齊南陽〕　瀧二一・二，慶九左一〇，殿九左一，凌一〇右五。○北，紹凡。

〔復讎寵長沙楚之粟也〕　瀧二一・五，慶一〇右四，殿九左五，凌一〇左三。

索　讎當作犨　○犨，耿 慶 凌 殿 金陵犨。按：瀧本誤。

索　下云竟澤陵　○耿 慶 彭 凌 游 殿無「下云」二字。

索　言竟陵之山澤出材木　○耿 慶 彭 凌 游 殿無「陵」字。

〔此四邑者不上貢事於郢矣〕　瀧二一・八，慶一〇右一〇，殿九左五，凌一〇右一〇。

正　則四邑不得北上貢於楚之郢都矣　○四，慶 彭 凌 殿西，札記「四」訛「西」，警校改。

〔然而不伯者王道失也〕　瀧二二・一，慶一〇左二，殿一〇右二，凌一〇左八。

*正 言圖王不得王其弊因猶可以伯然而不伯者其道猶在唯南化、梅本「唯」字作「只」。 先王道也 南化 楓 三 梅 狩 瀧

〔北破齊於徐州〕 瀧二二·三，慶一〇左四，殿一〇右四，凌一〇左一〇。

集 徐廣曰周顯王之四十六年 〇廣，景質 四，紹 詳節 三。

索 無楚敗越殺無彊之語 〇索 遂無楚敗越——敗，彭伐。

〔范蠡〕 瀧二四·二，慶一〇左九，殿一〇右九，凌一一右五。

集 太史公素王妙論曰蠡本南陽人 〇凌 殿 無「本」字。慶 彭 詳節 無「素」字。按：景印慶元本有「素」字。

正 在陶爲朱公 〇札記 柯脱「在」字。

正 又云居楚曰范伯 〇札記 王本「居」訛「君」。

正 天運歷紀 〇運，慶 彭 凌 連。按：景印慶元本作「運」字。札記 各本「運」訛「連」。

正 千歲一至 〇慶 彭 凌 無「歲」字。按：景印慶元本有「歲」字。札記「歲」字各本脱。

正 伍子胥以是挾弓矢于吴王 〇挾，慶 彭 凌 按。按：景印慶元本作「挾」字。札記 各本「挾」訛「按」，各本「干」訛「于」。

正 此時馮同相與共戒之 〇慶 彭 凌 無「共」字。札記「共」字各本脱。

正 自餘不能關其詞 〇關，慶 彭 凌 聞。札記 各本「關」訛「聞」。詞，殿 辭。

正 蠡曰吴越之邦 〇之，殿 二。

正　彼爲彼我爲我　○殿無此注六字。

正　乃入越　○慶彭凌「乃」字作「及」而無「入越」二字。札記各本「乃」訛「及」，脱「入越」二字。以上殿本並與越絶合。

正　盡日方去　○去，殿退。

*正　七略云素王妙論二卷司馬遷撰也　南化楓三梅狩野瀧　札記困學紀聞二十引太史公素王妙論下注史記正義「七略云司馬遷撰此」，蓋因集解引素王妙論而釋之也，今本缺。

〔而范蠡稱上將軍還反國〕　瀧二四・一〇，慶一一右六，殿一〇左六，凌一一左三。○反，紹東。

〔可與同患難與處安〕　瀧二五・一，慶一一右七，殿一〇左七，凌一一左四。○毛重「難」字。札記宋本、毛本下有「難」字。

〔變姓名自謂鴟夷子皮〕　瀧二五・八，慶一一左五，殿一一右三，凌一二右二。

索　蓋以吳王殺子胥　○殿無「蓋」字。

索　或曰生牛皮也　○游無此注六字。

*正　吳王誅子胥盛鴟夷子皮棄之江中蠡既去越比之子胥南化、楓、三、梅各本「胥」下有「故」字。自號楓、三無下「鴟夷子皮」四字。鴟夷子皮鴟夷用馬革爲之形若榼也韋昭曰鴟夷革囊也韓子云鴟夷子皮事田成子去齊之燕子皮從之南化、楓、三、梅各本「之」下有「蓋范蠡也」四字。　南化楓三梅狩野瀧

〔苦身戮力〕　瀧二五・一〇，慶一一左六，殿一一右五，凌一二右三。○札記御覽四百七

十一引「戮」作「務」，疑「勞」之訛。

〔致産數十萬〕 瀧二六・一，慶一一左七，殿一一右六，凌一二右四。○十，景 井 耿 慶 彭 凌 殿 千。

〔居官則至卿相〕 瀧二六・二，慶一一右八，殿一一右七，凌一二右五。○至，游 致。

〔以分與知友鄉黨〕 瀧二六・五，慶一一左一〇，殿一一右八，凌一二右六。○札記「友」字御覽引作「交」，疑古本作「反」，形近訛爲「友」。

〔止于陶〕 瀧二六・五，慶一二右一，殿一一右九，凌一二右七。

正 猶有朱公冢 ○冢，慶 彭 家。按：景印慶元本作「冢」。

〔父子耕畜廢居候時轉物逐什一之利〕 瀧二六・八，慶一二右四，殿一一左二，凌一二左一。○廢，紹 詳節 發。

***正** 畜許六反（南化、楓、三、梅各本「反」下有「養也」二字。） 耕耕田也畜（南化、楓、三各本重「也畜」。） 養五牸也廢停也居貯也停賤物貴而賣之也 南化 楓 三 梅 瀧

〔天下稱陶朱公〕 瀧二六・一〇，慶一二右五，殿一一左三，凌一二左二。○稱，殿 獨。

〔爲一封書遺故所善莊生〕 瀧二七・八，慶一二左三，殿一一左一〇，凌一二左九。

正 年表云周元王四年 ○殿 無「云」字。

正 從周元王四年至齊宣王年一百三十年 ○慶 彭 凌 殿 金陵 從周元王四年至齊宣王元年一

百三十年。

〔披藜藋到門〕　瀧二八・三，慶一二左七，殿一二右四，凌一三右四。○藋，凌藿。

〔有如病不宿誡後復歸勿動〕　瀧二八・九，慶一三右四，殿一二右一〇，凌一三右一〇。

*正　宿猶預也言此朱公之金有如病患須固看守而南化、楓、三各本「而」字作「勿」。言不預誡後南化、楓、三各本無「後」字。復歸朱公慎莫動也一云有如病此金欲用之也　南化 楓 三 梅 狩 瀧

〔言某星宿某〕　瀧二九・二，慶一三右六，殿一二左一，凌一三左二。○札記御覽六百五十二引宿作犯。

〔王乃使使者封三錢之府〕　瀧二九・四，慶一三右九，殿一二左三，凌一三左五。

集　銅錢爲下幣　○錢，金陵鐵　札記舊刻「鐵」，與國語注合，各本訛「錢」。按：札記引「錢」字作「鐵」。

集　古者有母權子　○權，景 井 蜀 紹 耿 慶 彭 毛 凌 游 殿 平　札記「權」誤「平」，考證據國語改。

集　然則三品之來　○則，毛而。

集　賈韋之説近之　○毛無「韋之」二字。札記毛無「韋之」二字，案：詳裴意，似不取韋説。此二字疑後人增。

〔曰何以也〕　瀧二九・六，慶一三左二，殿一二左七，凌一三左八。○南化 棭 三 梅曰何以知也。

〔昨暮王使〕　瀧二九・七，慶一三左三，殿一二左八，凌一三左九。○札記暮，舊刻「夜」。

〔使封之〕　瀧二九・七，慶一二左八，凌一三左九。

集　捕得七日赦出　○赦，[毛]放。

〔虛弃莊生無所爲也〕　瀧二九・九，慶一三左五，殿一二左一〇，凌一四右二。　○[南化][梅]虛弃莊生無爲無所爲也。

〔莊生知其意欲復得其金〕　瀧三〇・一，慶一三左八，殿一三右二，凌一四右四。　○[蜀]無「欲」字。

〔曰若自入室取金〕　瀧三〇・二，慶一三左八，殿一三右三，凌一四右五。　○[南化][梅]無「若」字。

〔長男即自入室取金持去〕　瀧三〇・二，慶一三左九，殿一三右三，凌一四右五　○[南化][楓][三]無「即自」二字。

〔獨自歡幸〕　瀧三〇・二，慶一三左九，殿一三右三，凌一四右五。　○[南化][楓][三][梅]無「歡」字。

〔莊生羞爲兒子所賣〕　瀧三〇・三，慶一三左九，殿一三右四，凌一四右六。　○[札記]御覽引「羞」作「耻」。

〔其家多持金錢賂王左右〕　瀧三〇・四，慶一四右二，殿一三右六，凌一四右八。　○[南化]無「其」字。　錢，[毛]銀　[札記]「持」字御覽引作「將」。「錢」字毛本「銀」。

〔寡人雖不德耳〕　瀧三〇・六，慶一四右四，殿一三右七，凌一四右一〇。○耳，南化楓三梅獨。

〔顧有所不能忍者也〕　瀧三〇・一〇，慶一四右八，殿一三左一，凌一四左三。○南化楓棭三梅顧有所不能忍者也何也。

〔是少與我俱見苦爲生難〕　瀧三〇・一〇，慶一四右八，殿一三左一，凌一四左四。○札記「見」「苦」御覽引倒。

〔故重棄財〕　瀧三一・一，慶一四右九，殿一三左二，慶一四左四。○游空「弃」字。

〔故輕棄之〕　瀧三一・二，慶一四右一〇，殿一三左三，凌一四左六。○棄，蜀耿慶彭凌殿去　南化楓三校記「棄」。札記「棄」字中統、凌本訛「去」。

〔吾日夜固以望其喪之來也〕　瀧三一・四，慶一四左一，殿一三左五，凌一四左八。○夜，南化楓三梅者。以，南化梅已。札記御覽引「固」字在「日夜」上。

〔故世傳曰陶朱公〕　瀧三一・八，慶一四左五，殿一三左七，凌一四左一〇。

集　張華曰陶朱公冢　○冢，景蜀耿游家。

正　按葬處有二未詳其處　○二，慶凌彭殿三。札記「二」，各本訛「三」，吴校改。

〔諸夏艾安〕　瀧三二・二，慶一四左一〇，殿一四右二，凌一五右六。○艾，詳節人。

集　字或宜然　○或，毛亦。

〔北觀兵中國〕　瀧三二・三，慶一五左一，殿一四右三，凌一五右七。○北，彭此，三梜

校記「北」字。

〔欲毋顯得乎〕　瀧三二・五，慶一五右三，殿一四右五，凌一五右九。

索　遂殄大邦　○慶彭凌游殿「大邦」二字作「吴疆」。

史記會注考證校補卷四十二

鄭世家第十二

〔鄭世家第十二〕 瀧一・九，慶一右一，殿一右六，凌一右二。

*正 毛詩譜云鄭國者南化、楓、三、梅各本「者」字下有「宗」字。周南化、楓、三、梅各本「周」下有「畿内之故」四字。宣王封其弟友南化、楓、三、梅各本「友」字、「宗周畿内」四字並無。於宗周畿内棫林之地是爲鄭桓公 南化 楓 三 梅 狩 野 瀧

〔宣王立二十二年〕 瀧二・八，慶一右三，殿一右八，凌一右四 札記 與表合，吴校金板下「二」字訛「三」。

〔友初封于鄭〕 瀧二・八，慶一右三，殿一右八，凌一右四。

索 屬京兆 ○屬，耿隸。

索 秦武公十一年 ○一，游二。

索 桓公居棫林 〇棫，耿減。

索 蓋是鄭武公東徙新鄭之後 〇慶彭凌游殿無「蓋」字。

索 其舊鄭乃是故都 〇耿無「是」字。

索 故秦始縣之 〇耿慶彭凌游殿故秦始改爲縣也耿、慶、彭、游本「之」字作「也」。出地理志。

〔封三十三歲〕 瀧二・一〇，慶一右五，殿一右一〇，凌一右六。〇蜀游「三十三」作「二十二」。札記中統、游本上「三」字訛「二」。凌引一本「封」作「立」，舊刻並同。

〔幽王以爲司徒〕 瀧三・一，慶一右六，殿一左一，凌一右七。

索 以幽王八年爲司徒也 〇耿慶彭凌游殿此九字作「以爲説耳」四字。

＊正 詩序曰鄭桓公爲司徒善於其職國人宜之故賦緇衣之詩是也左傳云桓公友入爲司徒及子武公亦爲之 南化楓三梅狩瀧

〔河雒之閒〕 瀧三・三，慶一右七，殿一左二，凌一右八。〇雒，毛洛。

〔人便思之〕 瀧三・三，慶一右七，殿一左二，凌一右九。

＊正 河雒之間黄河之南洛水之北 南化楓三瀧

〔諸侯或畔之〕 瀧三・四，慶一右九，殿一左三，凌一右一〇。〇畔，毛叛。

〔地近虢鄶〕 瀧三・七，慶一左一，殿一左五，凌一左二。

正 洛州汜水縣 〇汜，慶彭凌殿金陵氾。

正 故鄶城在鄭州新鄭縣東北三十二里 〇二，慶殿三。

〔百姓不附〕　瀧三・九，慶一左四，殿一左七，凌一左四。

索　鄶姓之國也　○鄶，耿慶彭游凌殿金陵妘。

〔虢鄶之君〕　瀧三・一〇，慶一左三，殿一左九，凌一左七。○鄶，耿劊。

〔何如〕　瀧四・三，慶一左九，殿二右三，凌二右一。

索　韋昭云謝申伯之國　○云，殿伯。

索　二千五百家爲州　○千，慶彭凌殿萬。按：景印慶元本作「千」。索此七字作「五州爲鄉」四字。

索　其説蓋異此　○索無「蓋」字而「此」字作「耳」。

〔伯翳之後也〕　瀧四・六，慶二右三，殿二右六，凌一右五。○翳，慶彭凌殿繄　南化楓三校記「翳」。

〔而周武王克紂〕　瀧四・七，慶二右四，殿二右七，凌二右六。○周，景井蜀紹毛彭游晉，楓三棭梅周。

〔後成王封叔虞于唐〕　瀧四・八，慶二右五，殿二右八，凌二右六。

索　何以知然者　○耿慶彭凌游殿無「者」字。

索　當武王邑姜方動　○動，南化梅凌娠。

索　大叔夢天命而子曰虞　○大，耿慶太　耿慶彭凌殿——天帝命而子曰虞。

索　及成王滅唐　○成，殿武。

索　杜預亦曰取唐君之名是也　○索故杜預亦曰——

〔與周衰並〕 瀧四・一〇，慶二右八，殿二左一，凌二右一〇。○南化 梅「周」、「衰」互倒。

〔而虢鄶果獻十邑〕 瀧五・一，慶二右九，殿二右二，凌二左一。

集 謂虢鄶鄢蔽補丹依睬歷莘也 ○莘，景 井 蜀 紹 耿 慶 彭 毛 凌 游 華。殿考 監本訛「丹」爲「舟」，訛「莘」爲「華」，今俱改正。札記 各本訛「華」，依天聖明道本國語改，下索隱同。

索 鄢蔽補丹依睬歷莘 ○莘，耿 慶 彭 凌 彭 華。 睬，索 野。

索 君之土也 ○土，彭 游 上。

索 虞翻注皆依國語爲說 ○慶 無「皆」字。 說，耿 慶 彭 凌 記。 殿考 說，監本訛作「記」，今改正。

*__正__ 括地志云故莘（南化、梅本「莘」字作「華」。）城在鄭州管城縣南三十里鄢今許州鄢陵是杜預曰鄢潁川鄢陵縣（南化、梅本「縣」字下有「號」字。）即汜水縣也餘邑皆相近（南化、狩、梅本「近」下有「未詳的所」四字。）毛詩疏曰（南化、狩、梅本無下「鄭世家云」至「雒東而」十六字，而有「世說」二字。然「說」字南化本作「家」。）鄭世家云桓公言於王東徙其民雒東而虢鄶果獻十邑如世家言則桓公自取十邑而詩譜（南化、狩、梅本無「詩譜」二字。）云死後武公取之（南化、狩、梅本無「之」字。）者司馬遷見國語（南化、狩本「語」下有「有」字。）史伯爲公謀取十邑之文不知桓公身未得故傅會爲此說耳外傳云皆子男之國虢鄶爲大則八邑各爲其國則虢鄶之地無由得獻之桓公也明司馬遷之說謬耳 南化 楓 三 狩 梅 野 瀧

〔并殺桓公〕 瀧五・九，慶二左二，殿二左五，凌二左四。○并，凌 拜。

〔是爲武公〕 瀧五・一〇，慶二左三，殿二左六，凌二左五。

索 太史公循舊失而妄記之耳　○[耿]——而遂妄記之耳　[札記]「失」疑「史」。

索 何以知其然者　○何，[游]所。

索 當是舊史雜記昭厲忽突之名　○是，[索]時。

索 遂誤以掘突爲武公之字耳　○[耿]——字耳今此所以分别之。

〔夫人愛之〕　瀧六・七，慶二左八，殿二左一〇，凌二左一〇。

集 十四年生寤生十七年生太叔段　○[耿]無「生寤生十七年」六字。

〔號太叔〕　瀧六・一〇，慶三右一，殿三右三，凌三右二。○太，[景][井][紹]大　[札記]宋本「太叔」作「大叔」。

〔段出走鄢〕　瀧七・四，慶三左五，殿三右七，凌三右七。

正 杜預云鄢今鄢陵也　○[殿]以此注八字爲集解。

〔潁谷之考叔〕　瀧七・八，慶三右九，殿三左一，凌三左二。

正 是潁考叔故居　○叔，[慶][彭][凌]之　[札記]殿本「叔」，各本誤「之」。

〔鄭侵周地取禾〕　瀧八・三，慶三左五，殿三左六，凌三左七。

索 隱三年左傳　○[耿][慶][彭][凌][游]此四字作「左傳隱三年」。[殿]作「左傳二年」。三，[金陵]二。

索 鄭武公莊公爲平王卿士　○士，[耿][凌][殿]土。

索 秋又取成周之禾是　○[耿][慶][彭][凌][游][殿]無「是」字。[索]無「秋又取」三字。及成周之禾是。

〔桓王怒其取禾弗禮也〕　瀧八・六，慶三左八，殿三左九，凌三左一〇。

索　桓王即位　○王，耿慶游公。

索　猶懼不蒇　○索「猶」、「懼」互倒。

〔與魯易祊許田〕　瀧八・八，慶三左一〇，殿四右一，凌四右三。○紹無「與」字。

索　許田近許之田　○耿慶彭凌游殿下「田」字作「地」。

〔莊公與祭仲〕　瀧九・二，慶四右三，殿四右四，凌四右六。

索　故傳云祭封人仲足是也　○仲，慶彭凌殿中。

索　在魯桓公五年　○耿慶彭凌殿無「公」字。

〔高渠彌〕　瀧九・三，慶四右三，殿四右四，凌四右六。

索　一作彌　○耿慶彭凌游殿無「一作」二字。

索　並名卑反　○耿慶彭凌游殿「名卑反」三字作「音迷」二字。

〔祝瞻射中王臂〕　瀧九・四，慶四右五，殿四右六，凌四右八。○瞻，井蜀耿慶彭毛凌殿瞻　札記各本訛「瞻」，依考異改。

索　左傳作祝聃　○傳，耿慶彭凌游殿氏。聃，耿慶彭凌殿䶳。

〔乃止夜令祭仲問王疾〕　瀧九・六，慶四右六，殿四右七，凌四右一〇。○南化無「乃」字。

〔齊使求救鄭〕　瀧九・七，慶四左七，殿四左八，凌四左一。○南化無「齊使求救」四字。札記舊刻無「王」字。

〔太子無大援〕　瀧九・一〇，慶四右一〇，殿四右一〇，凌四左三。○太，景井大。大，紹

慶彭太 南化 梅 校記「大」。按：景印慶元本作「大」字。

〔初祭仲甚有寵於莊公〕 瀧一〇・二，慶四左三，殿四左三，凌四左六。○南化無「甚」字。

〔生厲公突〕 瀧一〇・四，慶四左六，殿四左五，凌四左九。○突，景宋。

〔九月辛亥〕 瀧一〇・八，慶四左一〇，殿四左九，凌五右三。○志疑傳是丁亥。案：下文有「己亥」，則此文「辛」字誤可知。

〔戮之於市〕 瀧一一・三，慶五右五，殿五右四，凌五右八。○南化無「於」字。

〔死固宜哉〕 瀧一一・四，慶五右六，殿五右五，凌五右九。○札記舊刻無「固」字。

〔夏厲公出居邊邑櫟〕 瀧一一・四，慶五右六，殿五右五，凌五右九。

集 今潁川陽翟縣 ○耿 今潁川之陽——

〔因櫟人殺其大夫單伯〕 瀧一一・六，慶五右八，殿五右七，凌五左一。

索 檀伯鄭守櫟大夫 ○耿 慶 彭 凌 游 殿 無此注七字。

索 與周單伯會齊師伐宋相連 ○耿 慶 彭 凌 游 殿 無「周」字。

索 故誤耳 ○耿 故知此文爲誤也「耳」字作「也」。慶 彭 凌 游 殿 故知誤耳。

〔弗克而去〕 瀧一一・九，慶五左一，殿五右九，凌五左四。○紹無「而」字。

〔父莊公欲以高渠彌爲卿〕 瀧一一・一〇，慶五左二，殿五左一，凌五左六。○欲，慶 彭 游 秋 南化 楓 三 梅 校記「欲」。

〔且又何至是〕　瀧一二・九，慶六右三，殿五左一〇，淩六右五。〇且，南化其。

〔是爲鄭子〕　瀧一三・三，慶六右六，殿六右三，淩六右九。

索　左傳以鄭子名子儀　〇傳，慶彭淩游殿氏。

〔使人誘劫鄭大夫甫假〕　瀧一三・七，慶六左一，殿六右六，淩六左二。〇假，景蜀紹耿慶彭毛淩游殿瑕下同。　札記索隱本作「假」，故引左傳異文以證之。各本作「瑕」，蓋後人依左改。

〔初内蛇與外蛇鬭於鄭南門中〕　瀧一四・一，慶六左四，殿六右九，淩六左六。〇蛇，景井紹虵。下同。

〔厲公果復入〕　瀧一四・二，慶六左五，殿六右一〇，淩六左七。〇札記中統本、吴校金板「果」作「突」。

〔我亡國外居〕　瀧一四・三，慶六左六，殿六左一，淩六左八。〇南化梅「外」、「居」互倒。

〔燕衛與周惠王弟穨伐王〕　龍一四・八，慶六左一〇，殿六左五，淩七右二。〇穨，景井蜀紹慶耿彭淩游頹。下同。

索　莊王之妾主姚所生事在莊十九年　〇索無「莊王之妾」四字。　主后姚所生——姚游姬。

〔於是與周惠王歸〕　瀧一四・一〇，慶七右二，殿六左七，淩七右四。〇周，毛惠　札記毛本「周」誤「惠」。

〔居櫟十七歲復入〕　瀧一五・四，慶七右六。○六左一〇，凌七右八。○紹無「復」字。

〔夢天與之蘭〕　瀧一五・六，慶七右八，殿七右二，凌七右一〇。

集　賈逵曰香草也　○草，慶彭凌殿名。

〔曰余爲伯儵〕　瀧一五・七，慶七右九，殿七右三，凌七左一。○儵，耿儵。下同。

〔而予之草蘭爲符〕　瀧一五・八，慶七左一，殿七右四，凌七左三。○予，毛與。

〔使即反國〕　瀧一六・三，慶七左五，殿七右八，凌七左七。○即，南化楓三梅得。

〔於是鄭伐滑〕　瀧一六・七，慶七左七，殿七右一〇，凌七左九。

索　僖二十四年左傳　○耿慶彭凌游殿此七字作「左傳僖二十四年」。

〔周襄王使伯犕請滑〕　瀧一六・七，慶七左八，殿七左一，凌七左一。○毛無「使」字。

索　左傳王使伯服游孫伯如鄭請滑　○傳，耿慶彭凌游殿氏。

〔而惠王不賜厲公爵祿〕　瀧一六・九，慶七左一〇，殿七左三，凌八右二。○惠，耿慶厲。

索　王以后之鞶鑑與之虢公　○鞶，索盤。后，游治。

索　是太史公與丘明說別也　○耿慶彭凌游殿此十字作「非爵祿也故曰與左氏說異」十一字。

〔又怨襄王之與衛滑〕　瀧一七・一，慶八右二，殿七左四，凌八右四。○怨，凌恐　札記「怨」字凌訛「恐」。

〔而囚伯溉〕 瀧一七・一，慶八右三，殿七左五，凌八右四。○犕，毛犢。 札記犕，毛訛「犢」。

〔故背晉助楚〕 瀧一七・五，慶八右六，殿七左八，凌八右八。○背，毛倍。

〔溉逐羣公子〕 瀧一七・八，慶八右九，殿八右一，凌八左一。

集 溉一作瑕 ○瑕，景井蜀紹例。

索 音旣左傳作瑕 ○旣，耿慶彭凌游殿既。

〔時蘭事晉文公甚謹〕 瀧一八・一，慶八右一〇，殿八右二，凌八左二。○南化無「時」字。

〔鄭文公恐不敢謂叔詹言〕 瀧一八・三，慶八左二，殿八右三，凌八左三。○南化楓三無「言」字。

〔言於鄭君曰〕 瀧一八・三，慶八左二，殿八右四，凌八左四。○南化無「於」字。

〔卒而立子蘭爲太子〕 瀧一九・一，慶九右一，殿八左一，凌九右二。○卒，南化楓棭三梅平。太，景紹大。

〔晉敗之於崤〕 瀧一九・五，慶九右五，殿八左四，凌九右六。○崤，毛殽。

〔敗秦兵於汪〕 瀧二〇・一，慶九右七，殿八左六，凌九右八。○汪，紹注。

****正** 汪烏黄反在同州北二百里彭衙相近 南化狩瀧 按：各本校記不冠「正義曰」三字。

〔楚太子商臣弑其父成王代立〕 瀧二〇・二，慶九右七，殿八左七，凌九右八。○立，紹亡。

〔與宋華元伐鄭〕　瀧二〇・三，慶九右八，殿八左七，凌九右九。○南化「伐鄭」二字作「戰」字。

〔華元殺羊食士不與其御羊斟〕　瀧二〇・四，慶九右九，殿八左八，凌九右一〇。○南化楓梅——食士不與其御其御羊斟。

〔子公之食指動〕　瀧二〇・八，慶九左三，殿九右一，凌九左三。

集　第二指　○第，耿弟。

〔靈公召之〕　瀧二〇・一〇，慶九左五，殿九右三，凌九左六。○召，南化楓梅三梅苦。

〔獨弗予羹〕　瀧二〇・一〇，慶九左五，殿九右四，凌九左六。○予，毛與。

〔我將去之〕　瀧二一・七，慶一〇右二，殿九右九，凌九右二。○南化無「之」字。

〔鄭襄公肉袒掔羊以迎〕　瀧二二・四，慶一〇右七，殿九左四，凌一〇右七。○掔，南化楓三梅毛詳節牽。

〔使君王懷怒以及獘邑〕　瀧二二・五，慶一〇右八，殿九右五，凌一〇右八。○獘，景井紹耿慶彭凌殿弊。

〔敢不惟命是聽〕　瀧二二・六，慶一〇右九，殿九左五，凌一〇右八。○惟，毛唯。

〔或欲還〕　瀧二三・五，慶一〇左七，殿一〇右三，凌一〇左七。○欲，慶彭游從　南化楓三梅校記「欲」。札記游、王、柯「欲」誤「從」。

〈伯宗諫晉君曰〉瀧二三・八，慶一一右一，殿一〇右六，凌一〇左一〇。〇諫，南化三毛見札記毛「諫」誤「見」。

〈得霍人解揚字子虎〉瀧二三・八，慶一一右二，殿一〇右七，凌一一右一。〇揚，紹慶楊。下同。

〈誆楚〉瀧二三・一〇，慶一一右二，殿一〇右七，凌一一右一。〇誆，蜀殿誑。

〈於是楚登解揚樓車〉瀧二四・二，慶一一右四，殿一〇右九，凌一一右三。

集 兵法所謂雲梯也　〇也，彭殿者。

集 車上望櫓也　〇櫓，耿擼。

〈君能制命爲義〉瀧二四・五，慶一一右八，殿一〇左二，凌一一右七。〇制，南化楓誓。

〈有死無隕〉瀧二四・六，慶一一右九，殿一〇左三，凌一一右八。

*__正__ 有死亦不隕墜晉君命也　南化楓三梅狩瀧

〈顧謂楚軍曰〉瀧二四・八，慶一一左一，殿一〇左五，凌一一右一〇。〇軍，南化三梅景君。

〈無忘盡忠得死者〉瀧二四・八，慶一一左一，慶一〇左五，凌一一右一〇。〇無，景井耿慶彭毛游殿毋。

〔於是赦解揚使歸〕　瀧二四・八，慶一一左二，殿一〇左六，凌一一左一。○揚，游楊

札記 中統、游本作「楊」。

〔子悼公濆立〕　瀧二五・一，慶一一左四，殿一〇左八，凌一一左二。

索　劉音祕　○劉，凌濆。

索　鄒本一作沸一作弗　○慶彭游「沸」、「弗」錯置。

〔鄭公惡鄭於楚〕　瀧二五・二，慶一一左四，殿一〇左八，凌一一左三。○索「公」字下有「音許」二字注。

〔楚囚睔〕　瀧二五・四，慶一一左六，殿一〇左九，凌一一左四。

＊**正**　睔大目　南化三梅

〔子反言歸睔於鄭〕　瀧二五・五，慶一一左七，殿一〇左一〇，凌一一左六。○南化梅三棭子反言王歸睔於鄭。

〔二年楚伐鄭〕　瀧二五・六，慶一一左七，殿一〇左一〇，凌一一左六。○代，毛反。札記毛本「伐」誤「反」。

〔鄭成公孤有德焉〕　瀧二五・七，慶一一左九，殿一一右二，凌一一左八。○南化楓三梅鄭成公於孤有德焉。

〔公子如乃立成公庶兄繻爲君〕　瀧二五・一〇，慶一二右一，殿一一右四，凌一一右一〇。

○兄，楓弟。

索　鄒氏云一作纆音訓　○纆，耿慶凌游殿纆　凌殿無「音訓」二字。

〔晉悼公伐鄭兵於洧上〕　瀧二六・六，慶一二右六，殿一一右八，凌一二右四。

集　洧水名　○洧，蜀耿有。

〔子惲立是爲釐公〕　瀧二六・九，慶一二右九，殿一一左一，凌一二右七。

索　惲紆粉反　○凌游殿惲音紆粉反。

索　左傳作髡頑　○頑，耿慶彭凌游殿原　札記各本誤「原」，考證據左傳改。

〔釐公不禮〕　瀧二七・一，慶一二右一〇，殿一一左二，凌一二右八。○釐，毛僖　札記毛本「僖」作「釐」。按：札記引正文「釐」字作「僖」。

〔使廚人藥殺釐公〕　瀧二七・一，慶一二右一〇，殿一一左二，凌一二右九。

集　子駟使賊夜弑僖公　○僖，毛殿釐。

〔公子子孔使尉止殺相子駟〕　瀧二七・七，慶一二左五，殿一一左六，凌一二左四。○井紹無二「子」字。札記宋本脱二「子」字。

〔而代之〕　瀧二七・七，慶一二左六，殿一一左七，凌一二左四。○代，景伐。

〔子駟爲不可誅之〕　瀧二七・八，慶一二左七，殿一一左七，凌一二左五。○楓三子駟所爲不可誅之。

〔謂子産曰〕瀧二八・六，慶一三右四，殿一二右四，凌一三右二。○紹無「曰」字。

〔后帝弗臧〕瀧二九・四，慶一三左一，殿一二右一〇，凌一三右九。

集 臧善地　○地，景井蜀耿慶彭毛凌游殿金陵也。按：滝本誤。

〔主辰〕瀧二九・五，慶一三左二，殿一二左一，凌一三右一〇。

集 商丘　○丘，殿邱。下同。

〔故辰爲商星〕瀧二九・六，慶一三左三，殿一二左二，凌一三左一。

集 湯之始祖相土　○湯，毛殷。

〔服事夏商〕瀧二九・八，慶一三左五，殿一二左四，凌一三左三。

集 唐人謂陶唐氏之胤劉累　○景井毛游無「氏」字。

集 事夏孔甲封於大夏　○慶彭凌殿事夏帝孔甲封於大夏。

集 子孫服事夏商也　○慶彭凌子孫以服事無「夏」字。商也。

正 都城記云唐國　○國，慶彭凌因。

正 成王滅之而封太叔　○太，慶彭凌殿大。按：景印慶元本作「太」字。

正 范氏所云在周爲唐杜氏也　○慶彭凌無「云」字。札記殿本有「云」字、「也」字。

〔當武王邑姜方娠大叔〕瀧三〇・五，慶一四右一，殿一二左一〇，凌一三左一〇。○札記上文「叔虞」，索隱引此文作「方動」，今本「娠」字蓋後人所改，説詳禖志。

〔而國大叔焉〕瀧三〇・八，慶一四右四，殿一三右三，凌一四右三。○大，景井蜀紹

耿慶彭凌游太　殿考焉，監本訛作「爲」，今改正。

〔昔金天氏有裔子曰昧〕　瀧三〇・九，慶一四右六，殿一三右五，凌一四右四。○裔，景井蜀紹毛凌游殿褭。

〔宣汾洮〕　瀧三一・二，慶一四右八，殿一三右七，凌一四右七。

集　汾洮二水名　○凌無「名」字。

〔以處太原〕　瀧三一・二，慶一四右九，殿一三右八，凌一四右八。

集　臺駘之所居者　○者，慶彭凌殿也。

〔則水旱之菑禜之〕　瀧三一・七，慶一四左三，殿一三左一，凌一四左一。

集　若有水旱　○殿無「水」字。

〔而自立爲平王〕　瀧三二・五，慶一五右一，殿一三左八，凌一四左九。○南化楓三梅而自立是爲平王。

〔公欲禳之〕　瀧三二・九，慶一五右四，殿一四右一，凌一五右二。○禳，凌穰。

〔十三年定公卒〕　瀧三三・五，慶一五右八，殿一四右四，凌一五右六。○三，紹六　札記案：表云十六年，此「三」字誤。

〔鄭相子産卒〕　瀧三三・七，慶一五右一〇，殿一四右六，凌一五右八。

正　在潩水上　○潩，慶彭凌殿溼　札記「潩」誤「溼」，考證據水經注改。

〈孔子爲泣曰〉　瀧三四・四，慶一五左四，殿一四右一〇，凌一五左二。〇詳節孔子爲之泣曰。

〈古之遺愛也兄事子産〉　瀧三四・四，慶一五左四，殿一四右一〇，凌一五左二。〇金陵無「兄事子産」四字。札記各本「古之遺愛也」下有「兄事子産」四字，與上文「與子産如兄弟」云複，且不當襍出於此。志疑引滹南集辨惑説同。此蓋後人旁注誤混，葉校宋大本空，今删。

〈晉告急於鄭〉　瀧三四・六，慶一五左六，殿一四左二，凌一五左四。〇於，毛子。

〈齊伐鄭敗鄭軍於鐵〉　瀧三四・七，慶一五右六，殿一四左二，凌一五右四。〇齊，景井紹毛游晉。

正　鐵丘在滑州衛南縣東南十五里　〇丘，慶彭凌州。

〈二十六年晉知伯伐鄭〉　瀧三四・一〇，慶一五右九，殿一四左五，凌一五右七。〇二，金陵三　札記「三」訛「二」，吴校改，與六國表合。

〈共公三年〉　瀧三五・三，慶一六右二，殿一四左七，凌一五左一〇。〇三，景二，凌王。

〈三晉滅知伯〉　瀧三五・三，慶一六右二，殿一四左七，凌一五左一〇。〇景井紹耿慶彭毛凌游殿無「三」。札記「三」字，警引葉石君校增。

〈三十一年共公卒〉　瀧三五・四，慶一六右二，殿一四左七，凌一五左一〇。〇景井紹耿慶彭毛凌游殿無「一」。

〔子幽公已立〕 瀧三五・五，慶一六右二，殿一四左八，凌一六右一。○已，南化楓巴。

〔敗韓兵於負黍〕 瀧三五・八，慶一六右五，殿一四左一○，凌一六右四。

〔韓伐鄭取陽城〕 瀧三六・六，慶一六左二，殿一五右六，凌一六右一○。○伐，耿代。

正 故周邑也 ○周，慶彭凌殿國 札記「周」誤「國」，考證據秦本紀正義改。

〔二十一年〕 瀧三六・六，慶一六左二，殿一五右七，凌一六右一○。○一，詳節二。

〔權利盡而交疏〕 瀧三七・二，慶一六左四，殿一五右八，凌一六左二。○而，毛則。疏，景井蜀紹慶彭凌游疎。下同。

〔身死而不能存奚齊〕 瀧三七・六，慶一六左六，殿一五右一○，凌一六左四。○耿無「身」字。

〔變所從來亦多故矣〕 瀧三七・七，慶一六左七，殿一五右一○，凌一六左五。

索 祭祝專命 ○祝，慶凌殿足，南化校記「仲」。

索 夢蘭毓慶 ○毓，慶彭凌殿蹺。

索 伯服生囚 ○服，索儵。

索 叔瞻尸聘 ○聘，索政。

史記會注考證校補卷四十三

趙世家第十三

〔至中衍爲帝大戊御〕 瀧三・一，慶一右二，殿一右七，凌一右三。 ○戊，[毛]成。 [札記]「毛」訛「成」。

〔是爲宅皋狼〕 瀧三・三，慶一右五，殿一右一〇，凌一右六。

索 而徐廣云或曰皋狼地名 ○[耿][慶][凌][游][殿]無「或曰」二字。

索 在西河 ○[耿][慶][毛][凌][游][殿]在西河耿、毛本「西」、「河」互倒。 者毛本無「者」字。

索 蓋孟增幸於周成王 ○[毛]無「周」字。

〔造父取驥之乘匹〕 瀧三・六，慶一右八，殿一左三，凌一右九。

索 齊其力 ○力，[耿][慶][凌][游]分。

索 並兩曰匹 ○[殿]無「並」字。

〔與桃林盜驪騻騮緑耳〕　瀧三・七，慶一右九，殿一左四，凌一左二　緑，凌騄。

〔獻之繆王〕　瀧三・八，慶一左二，殿一左六，凌一左二。

＊**正**　盜騧騧淺色驪黑色騻黃色騮赤（瀧本「赤」字空格，據各本校記補「赤」字。）　色穆天子傳云赤驥盜驪白義渠黃騻騮騄耳踰輪山子此八駿也　南化 楓 三 梅 狩 瀧。

〔樂之忘歸〕　瀧四・二，慶一左三，殿一左七，凌一左四。

索　譙周不信此事而云　○慶 凌 殿 而譙周不信此事而云。

索　余常聞之　○常，耿 毛 游 殿 嘗。

索　或曰地名　○地，慶 彭 凌 殿 池。

索　有何見乎　○見，耿 慶 彭 凌 游 殿 據。　殿考 按：爾雅「觚竹、北户、西王母、日下謂之四荒」，烏得謂無據乎？

＊**正**　穆天子傳曰穆王觴西王母于瑤池之上西征至于崑崙之丘見西王母其年王母來見賓于昭宮括地志云崑崙山在肅州酒泉縣南八十里十六國春秋云酒泉南山崑崙之丘也（南化、楓、三、梅各本「丘也」二字作「體」字。）　周穆王見西王母樂而忘歸即謂此（南化、楓、三、梅各本「此」字作「北」字。）　山有石室王母臺瑤璣鏤飾煥若（南化、梅本重「若」字。）　神宮也　南化 楓 三 梅 狩 瀧。

〔而徐偃王反〕　瀧四・八，慶一左四，殿一左九，凌一左六。

正　在泗州徐城縣北三十里　○三，彭 二，梅 校記三。

〔繆王日馳千里馬〕　瀧四・一〇，慶一左七，殿二右一，凌一左九。　○南化 楓 三 無

「馬」字。

〔大破之〕　瀧五・一，慶一左七，殿二右二，凌一左一〇。

索　豈聞亂而獨長驅　〇驅，[慶][凌]駈。

*****正**　按穆王元年去楚文王元年三百一十餘年也　[南化][楓][三][梅][狩][瀧]。

〔伐戎爲御〕　瀧五・四，慶二右一，殿二右五，凌二右三。〇[南化][楓][三][梅]伐戎爲戎御。

〔及千畝戰〕　瀧五・四，慶二右一，殿二右五，凌二右三。〇戰，[毛]載。[札記]毛訛「載」。

〔五世而生趙夙〕　瀧五・七，慶二右四，殿二右八，凌二右七。〇[札記]襍志云「生」字涉上而誤。御覽封建部引作「至」。

〔晉獻公賜趙夙耿〕　瀧六・二，慶二右八，殿二左一，凌二右一〇。〇[楓][三]晉獻公賜趙夙趙耿。

索　杜預曰耿今河東皮縣耿鄉是　〇[耿][慶][凌][游][殿]「杜預曰耿」四字、「是」字並無。[彭]無「是」字。

〔字子餘〕　瀧六・四，慶二右九，殿二左一，凌二左一。

索　左傳云　〇[毛]在左傳云。

索　而此系家云　〇[耿][慶][彭][凌][游][殿]無「系家」二字。

索　譙周亦以此爲誤耳　〇[慶][彭][凌][游][殿]無「耳」字。耳，[耿]矣。

〔翟以其少女妻重耳〕　瀧六・九，慶二左三，殿二左六，凌二左五。〇[游]無「其」字。[札記]

中統、游本無「其」字。

〔居原任國政〕 瀧七・三，慶二左六，殿二左八，凌二左八。

索 今鴈門原平縣也 ○耿 慶 彭 凌 游「原」、「平」互倒。殿考「原平」，監本作「平原」，考後漢書地理志改正。

〔趙盾代成季任國政〕 瀧七・九，慶三右二，殿三右四，凌三右五。○代，慶伐。

〔太子母日夜啼泣〕 瀧八・一，慶三右五，殿三右六，凌三右七。○母，通志每。

〔迺遂立太子〕 瀧八・三，慶三右七，殿三右八，凌三右九。○耿無「遂」字。

〔發兵距所迎襄公弟於秦者〕 瀧八・三，慶三右八，殿三右八，凌三右一〇。○南化 楓 三 梅 發兵距所迎襄公弟雍於秦者。

〔靈公立十四年〕 瀧八・四，慶三右九，殿三右九，凌三左一。○紹 通志無「四」字。

〔及食熊蹯胹不熟〕 瀧八・五，慶三右一〇，殿三右一〇，凌三左二。

＊**正** 胹南化、梅本「胹」作「耎」。 煮熟也熊掌難熟如煮凡肉熊掌猶不熟也 南化 梅 狩 瀧。

〔反不討賊〕 瀧八・九，慶三左四，殿三左四，凌三左六。

＊**正** 君子謂孔子也 南化 梅 狩 瀧。

〔謚爲宣孟〕 瀧九・一，慶三左六，殿三左五，凌三左七。○謚，南化 楓 三是。

〔趙朔晉景公之三年〕 瀧九・二，慶三左六，殿三左六，凌三左八。○札記志疑云毛本「二年」史誤，故徐廣正之。若作「三年」，則複下文，而徐説贅矣。案：今毛本亦作「三」。札記中統本「乃」作「及」。

〔乃君之子〕瀧九·一〇，慶四右一，殿四右一，凌四右三。○乃，楓三梅及。

〔而今妄誅〕瀧一〇·六，慶四右八，殿四右六，凌四右九。○今，耿毛後，通志景井紹后札記宋本作「后」，毛作「後」。按：通志間與宋本合。

〔夫人置兒絝中〕瀧一一·四，慶四左六，殿四左三，凌四左七。○紹「夫人」二字作「大夫」。

〔誰能與我千金〕瀧一二·一，慶五右四，殿四左一〇，凌五右四。○札記御覽四百二十引「與」作「予」。

〔與我謀匿趙氏孤兒〕瀧一二·三，慶五右八，殿五右二，凌五右八。○匿，蜀耿毛立，札記「匿」字毛本「立」。吴校本同。

〔請活之〕瀧一二·四，慶五右八，殿五右四，凌五右八。○南化楓三「請」字作「諸相」。梅本「相」作「將」。

〔遂殺杵臼與孤兒〕瀧一二·五，慶五右九，殿五右四，凌五右九。○南化楓三梅遂并殺杵臼與孤兒。

〔厥知趙孤在〕瀧一二·一〇，慶五左二，殿五右七，凌五左二。○梅韓厥知趙孤在。

〔中衍人面鳥噣〕 瀧一三・一，慶五左四，殿五右八，凌五左四。○噣，游啄。

〔世有立功〕 瀧一三・三，慶五左六，殿五右一〇，凌五左六。○札記御覽引「功」作「功德」。

〔今吾君獨滅趙宗〕 瀧一三・四，慶五左七，殿五左一，凌五左六。○梅今及吾君獨滅趙宗。

〔趙尚有後子孫乎〕 瀧一三・五，慶五左八，殿五左二，凌五左七。○梅此七字作「趙後有子孫乎」六字。

〔徧拜諸將〕 瀧一四・一，慶六右四，殿五左七，凌六右四。○南化楓三梅重「諸將」二字。

〔復與趙武田邑如故〕 瀧一四・二，慶六右五，殿五左八，凌六右四。

集 注云終說之耳 ○終，蜀經。

〔我將下報趙宣孟與公孫杵臼〕 瀧一四・六，慶六右一〇，殿六右二，凌六右九。○下，游不。

〔故先我死〕 瀧一四・八，慶六左三，殿六右五，凌六左二。○故，南化楓棭三梅皆。

〔趙武服齊衰三年〕 瀧一四・九，慶六左三，殿六右六，凌六左三。○景「齊」、「衰」互倒。

〔春秋祀之〕 瀧一四・一〇，慶六左四，殿六右六，凌六左三。○祀，景井蜀耿慶彭凌游殿金陵祠。按：瀧川本訛。

〔趙氏復位十一年〕　瀧一六・五，慶六左六，殿六右八，凌六左五。○紹自趙氏復位十一年。

〔欒書畏及乃遂弒其君厲公〕　瀧一六・六，慶六左七，殿六右九，凌六左六。○南化無「及乃遂」三字。梅「及」字作「乃」而無「乃」字。楓三「及」字作「反」而無「乃遂」二字。弒，殿殺。

〔是爲悼公〕　瀧一六・六，慶六左八，殿六右一〇，凌六左八。

索　晉系家襄公少子名周　○慶凌游殿晉系家云襄公少子名周。

〔平公十二年〕　瀧一六・九，慶六左九，殿六左一，凌六左九。○南化楓三梅平公立十二年。

〔十三年〕　瀧一六・一〇，慶六左一〇，殿六左二，凌六左九。○十，南化楓三立。梅立十三年。

〔是爲簡子〕　瀧一七・六，慶七右六，殿六左七，凌七右五。○南化楓三梅是爲趙簡子。

〔簡子將合諸侯戍于周〕　瀧一七・七，慶七右七，殿六左八，凌七右六。○合，南化楓三梅令。

〔辟弟子朝之故也〕　瀧一七・八，慶七右八，殿六左九，凌七右七。○辟，梅避。

〔董安于問扁鵲曰〕　瀧一八・四，慶七左三，殿七右三，凌七左二。○南化　三　梅董安于問扁鵲扁鵲曰。

〔瘖之日告公孫支與子輿曰〕　瀧一八・五，慶七左四，殿七右四，凌七左三。○告，耿召。支，紹文。

索　二子秦大夫　○二，凌支。

索　公孫支子桑也　○游無「桑也」二字。

〔五世不安〕　瀧一八・八，慶七左七，殿七右六，凌七左五。

＊正　謂受帝（南化、楓、三、梅本「帝」字作「下」。）　教命也　南化　楓　三　梅　狩　瀧。

〔公孫支書而藏之〕　瀧一八・一〇，慶七左八，殿七右七，凌七左六。○藏，索籍。耿　慶　彭　凌　游　殿　此句之下有「索隱曰藏一作籍籍録也謂當時即記録書之於籍也」三十一字。

〔不類三代之樂〕　瀧一九・六，慶八右三，殿七左二，凌八右二。

＊正　淮南子（南化、楓、三、梅各本「子」下有「云」字。）　中央曰鈞天　南化　楓　三　梅　狩　瀧。

〔有一熊欲來援我〕　瀧一九・七，慶八右四，殿七左二，凌八右二。○熊，游能。按：游本訛。

〔七世而亡〕　瀧二〇・一，慶八右八，殿七左六，凌八右六。

正　謂晉定公出公哀公幽公烈公孝公靜公爲七世　○彭——靜公爲之七世。

正　靜公二年　○二，[彭]三。

正　簡子疾　○[慶][凌][殿]簡公子疾。[札記]「簡」下衍「公」字，汪校刪。

〔嬴姓將大敗周人於范魁之西〕　瀧二〇・二，慶八右九，殿七左七，凌八右七。

正　伐衛取都鄙七十三。○[慶][彭][凌][殿]無「伐」字。[札記]「伐」字汪校增。

正　川皐曰魁也　○川，[金陵]小。[札記]「小」訛「川」，汪校改，與國語注合。按：札記引正義「川」字作「小」。

〔配而七世之孫〕　瀧二〇・四，慶八左二，殿七左一〇，凌八右一〇。○[紹]無「之」字。[志疑]「十」訛「七」。論衡記妖篇是「十世」。

〔吾有所見子晰也〕　瀧二〇・九，慶八左六，殿八右四，凌八左五。

索　乃瘖曰譆　○譆，[慶][彭][毛][殿]嘻。

索　是吾前夢所見知　○[耿][慶][彭][凌][游][殿]是故吾前夢所見者知。

索　其名曰子晰者　○者，[凌][游]也。

〔主君之疾臣在帝側〕　瀧二一・一，慶八左八，殿八右六，凌八左七。○[三][梅]主君之疾日者臣在帝側。按：梅本有「日者本無」四字傍注。

〔帝令主君滅二卿〕　瀧二一・四，慶九右二，殿八右七，凌八左一〇。○滅，[慶][彭]減。[楓][三][梜][梅]校記「減」。[札記]王、柯「滅」訛「減」。

〔且有革政而胡服〕　瀧二一・九，慶九右八，殿八左四，凌九右六。

正　今時服也　○慶彭殿謂今時服也。

正　廢除裘裳也　○札記疑「冠裳」之誤。

「而延之以官」　瀧二一·一○，慶九右一○，殿八左六，凌九右八。

＊正　簡子問何姓又延之以（南化、楓、三、梅各本無「以」字。）何官也　南化楓三梅狩瀧。

「簡子徧召諸子相之」　瀧二三·三，慶九左二，殿八左八，凌九右一○。○召，耿告。

「簡子召子毋卹」　瀧二三·五，慶九左四，殿八左一○，凌九左二。○三簡子曰召子毋卹。

「簡子乃告諸子曰」　瀧二三·八，慶九左八，殿九右二，凌九左五。○乃，游盡。札記中統、游本「乃」作「盡」，涉上而誤。

「吾藏寶符於常山上」　瀧二三·八，慶九左八，殿九右三，凌九左六。○札記御覽七百二十九又八百二引「常山」下有「之」字。

「簡子曰奏之」　瀧二三·九，慶九左一○，殿九右四，凌九左七。○殿考「簡」，監訛作「節」，今改正。

「從常山上臨代」　瀧二三·一○，慶九左一○，殿九右五，凌九左八。○通志無「上」字。

「范中行作亂」　瀧二三·四，慶一○右三，殿九右八，凌一○右一。○殿考余有丁曰：范、中行氏因邯鄲、午而作亂，其說見下，此先言之誤。札記凌本余有丁云作亂在下，此先言誤。志疑云「五字衍」。

〔歸我衛士五百家〕　瀧二三・六，慶一〇右四，殿九右八，凌一〇右二。〇士，凌氏。

〔趙鞅捕午因之晉陽〕　瀧二三・九，慶一〇右七，殿九左一，凌一〇右四。〇因，景井蜀紹慶彭凌游殿金陵囚。按：瀧川本據字形相似訛。

〔晉君使籍秦圍邯鄲〕　瀧二四・一，慶一〇右九，殿九左三，凌一〇右七。

集　此時爲上軍司馬　〇軍，景單。

索　據系本晉大夫　〇耿慶彭凌游殿無「據」字。系本籍秦晉大夫。

〔董安于知之〕　瀧二四・四，慶一〇左四，殿九左八，凌一〇左三。〇董，紹黄。

〔十月范中行氏伐趙鞅〕　瀧二四・四，慶一〇左五，殿九左八，凌一〇左三。〇札記志疑云「七」訛「十」。

索　林父生宣伯庚宿庚宿生獻伯偃　〇耿慶彭凌游殿無兩「宿」字。

索　元與智伯同祖逝遨　〇伯，耿慶彭凌游殿氏。遨，毛敖。

正　元與智氏同承襲逝遨　〇同，慶彭凌殿因。札記「同」訛「因」，依索隱文改。

〔以范皋繹代之〕　瀧二四・九，慶一〇左八，殿一〇右二，凌一〇左六。〇繹，紹驛。

〔荀櫟言於晉侯曰〕　瀧二四・一〇，慶一〇左九，殿一〇右二，凌一〇左七。〇櫟，景井蜀紹耿慶彭凌游殿躒。下同。札記索隱本「櫟」，各本作「躒」。楓、三、梅、狩本有「躒正義作櫟」五字校記。按：所謂「正義」，疑「正義本」。瀧川考證曰：「今從索隱、正義本。」

索　申生智伯瑤　〇耿申生智伯瑤是也。札記單本「智瑤」下系此注。其「荀櫟」下但注「智文子」

三字，蓋傳寫誤。

〔十一月荀欒韓不佞〕　瀧二五・二，慶一一右二，殿一〇右五，淩一〇左一〇。〇佞，南化、梅信。按：各本校記上冠「正義」二字，疑正義本。

*正　韓簡子也（南化、梅、狩本「也」字下有「信」。）　本作佞也　南化、梅、狩、瀧。

〔魏哆〕　瀧二五・三，慶一一右三，殿一〇右六，淩一一右一。

索　魏簡子　〇簡，梅裏。

〔公擊之〕　瀧二五・五，慶一一右四，殿一〇右七，淩一一右二。〇之，景子。

〔韓魏以趙氏爲請〕　瀧二五・六，慶一一右五，殿一〇右八，淩一一右三。

集　以其罪輕於荀范也　〇荀，景省。

〔好直諫〕　瀧二六・五，慶一一左三，殿一〇左五，淩一一左二。〇直，蜀且。

〔諸大夫朝〕　瀧二六・七，慶一一左五，殿一〇左七，淩一一左三。〇札記裸志云：「文選辨亡論注引『朝』上有『在』字。」

〔不聞周舍之鄂鄂是以憂也〕　瀧二六・八，慶一一左六，殿一〇左八，淩一一左四。

集　願爲鄂鄂之臣　〇願，蜀廟。

集　而日有所記月有所成歲有所效也　〇景、井、紹、耿、慶、游、殿無二「所」字。

*正　鄂鄂直也　南化、楓、三、梅、狩、瀧。

〔衛不内居戚〕　瀧二七・二，慶一二右二，殿一一右二，淩一一左九。

正　括地志云故戚城　○城，慶彭戚。札記殿本城，各本並訛「戚」。

〔中行文子奔柏人〕　瀧二七・三，慶一二右三，殿一一右四，凌一二右一。○柏，耿慶彭凌游栢。下同。

〔范昭子遂奔齊〕　瀧二七・五，慶一二右四，殿一一右五，凌一二右二。

索　范吉射也　○耿游無「范」字。

〔趙名晉卿〕　瀧二七・六，慶一二右五，殿一一右六，凌一二右三。○楓三梅趙鞅名爲梅本無「爲」字。晉卿。

〔奉邑侔於諸侯〕　瀧二七・七，慶一二右五，殿一一右六，凌一二右三。○侔，毛侯。札記毛本「侔」訛「侯」。

〔爲能忍訽〕　瀧二八・五，慶一二左一，殿一一左一，凌一二右九。○訽，蜀詢。按：蜀本訛。

*正　訽火構反訽耻辱也　南化楓三梅。

〔越圍吳〕　瀧二九・二，慶一二左五，殿一一左五，凌一二左二。○圍，景國。按：景本訛。

正　年表及趙世家云　○札記「趙」當爲「越」之訛，「云」字疑衍。

正　從此以下　○以，慶此。

正　文脱誤在此耳　○脱，彭說。札記「說」疑「脱」。按：札記引「誤」字作「說」。

〔使楚隆問吳王〕　瀧二九・四，慶一二左七，殿一一左六，凌一二左五。

正　故減祭饌　○減，慶彭凌滅。札記殿本「減」，各本訛「滅」。

〔請代王〕　瀧二九・八，慶一三右一，殿一二右二，凌一三右一。○楓梅誘請代王。

〔使厨人操銅枓〕　瀧二九・九，慶一三右二，殿一二右二，凌一三右一。

正　音斗　○慶彭殿音斗合作枓。札記王、柯下衍「合作枓」三字，凌本無。

正　説文云勺也　○勺，慶彭凌殿鉤。

〔陰令宰人各以枓擊殺代王及從官〕　瀧二九・一〇，慶一三右三，殿一二右三，凌一三右二。○各，楓咎。紹無「各」字。

*正　各音洛　南化梅狩瀧。

〔名之爲摩笄之山〕　瀧三〇・四，慶一三右六，殿一二右五，凌一三右四。

正　亦名爲山　○札記水經㶟水注引魏土地記「摩笄山亦謂之爲鳴雞山」，疑「山」上脱「鳴雞」二字。

正　磨笄自刺而死　○刺，慶彭凌殿殺。

正　使者遂亦自殺　○慶殿無遂字。札記王脱「遂」字。

〔遂以代封伯魯子周〕　瀧三〇・九，慶一三右八，殿一二右八，凌一三右七。○札記「伯」、「魯」，凌本誤倒。按：今所見凌本不倒。

〔知伯與趙韓魏盡分其范中行故地〕　瀧三一・一，慶一三右一〇，殿一二右九，凌一三右九。○梅知伯與趙韓魏盡共分其范中行故地。札記志疑云「其」字衍。

〔是爲晉懿公〕　瀧三一・四，慶一三左三，殿一二左二，凌一三左二。

索　或作哀公　○毛驕懿公也或作哀公。

索　其大父名雍　○毛無「名」字。

〔且有伉王赤黑龍面而鳥噣〕　瀧三二・三，慶一四右二，殿一二左一〇，凌一四右一。○赤，慶彭凌游殿亦。南化楓三梅校記「赤」。札記宋本、毛本「赤」，它本訛「亦」。

〔鬢麋髭頾〕　瀧三二・三，慶一四右三，殿一三右一，凌一四右二。○鬢，通志鬚。麋，楓眉。

〔脩下而馮〕　瀧三二・三，慶一四右三，殿一三右一，凌一四右二。○脩，毛修。

〔左衽界乘〕　瀧三二・四，慶一四右四，殿一三右一，凌一四右二。

＊正　馮音憑依也左衽胡服也界即介也乘馬被甲　楓三梅狩瀧。

〔唯高共不敢失禮〕　瀧三三・六，慶一四右一〇，殿一三右七，凌一四右八。

集　徐廣曰共一作赫　○紹「一」作「二」。殿考　韓非子及淮南人間訓作「高赫」。呂氏春秋作「高赦」。

〔乃夜使相張孟同私於韓魏〕　瀧三三・八，慶一四右一〇，殿一三右八，凌一四右九。

索　遷例改爲同　○例，慶彭列，耿則，游則。

〔高共爲上〕　瀧三三・一〇，慶一四左三，殿一三右一〇，凌一四左一。○志疑　韓子難一第三十六淮南氾論、人間訓，説苑復恩及人表並作「赫」。案：「赫」，隸或作「⿱卄八八」，因訛爲

「共」。呂氏春秋作「赦」，亦「赫」之訛。

〔惟共不敢失人臣禮〕　瀧三四・一，慶一四左四，殿一三左一，凌一四左三。○惟，景井紹唯。

〔南井知氏〕　瀧三四・二，慶一四左五，殿一三左二，凌一四左四。○知，紹和。

〔其後娶空同氏〕　瀧三四・四，慶一四左七，殿一三左四，凌一四左六。○楓三其後娶空同氏女。

〔立爲太子〕　瀧三四・七，慶一五右一，殿一三左七，凌一四左一〇。

正　括地志云崆峒山在肅州福禄縣東南六十里　○肅，慶彭凌蕭。

索　代成君子起　○毛無「君」字而重「起」字。

索　不云伯魯非也　○毛「不云」二字作「無」字。

〔治中牟〕　瀧三四・九，慶一五右三，殿一三左九，凌一五右二。

集　趙獻侯自耿徙此　○紹「自耿」二字作「臣取」。

集　及三卿分晉　○卿，毛鄉。札記毛「卿」訛「鄉」。

正　鄴即相州蕩陰縣西五十八里　○陰，慶彭凌陽。札記各本訛「陽」，依唐志改。

〔逐獻侯自立於代〕　瀧三五・三，慶一五右七，殿一四右三，凌一五右七。○楓三梅逐獻侯自立立獻侯於代。

〔一年卒〕　瀧三五・三，慶一五右八，殿一四右四，凌一五右七。○楓一年桓子卒。

〔中山武公初立〕　瀧三五・四，慶一五右九，殿一四右五，凌一五右九。

索　西周桓公之子　○[毛]中山武公西周桓公之子。

索　蓋未能得其實耳　○[耿][慶][彭][凌][游][殿]「能」字、「耳」字並無。

〔子烈侯籍立〕　瀧三五・八，慶一五左二，殿一四右八，凌一五左二。○烈，[游]列。按：據字形相似訛。

〔夫鄭歌者槍石二人〕　瀧三六・五，慶一五左六，殿一四左二，凌一五左六。

索　槍七羊反　○[耿][游]槍音七羊反。

〔方使擇其善者〕　瀧三七・二，慶一六右五，殿一四左九，凌一六右四。○使，[南化][游]所，[梅]便。

〔任官使能〕　瀧三七・四，慶一六右七，殿一五右一，凌一六右六　○任，[蜀]住。按：據字形相似訛。

〔拔魏黃城〕　瀧三八・六，慶一六左九，殿一五左一，凌一六左八。

正　在魏州冠氏縣南十里　○[殿]無「十里」二字。

〔九年伐齊齊伐燕趙救燕〕　瀧三八・七，慶一六左一〇，殿一五左三，凌一六左九。○[札記]案：六國表「趙敬侯七年齊伐燕，取桑丘。魏、韓、趙伐齊至桑丘。九年，魏、韓、趙伐齊至靈丘。」田完世家正義前引魏、趙世家後引韓、魏、趙世家，文並合。今趙世家獨無此文，而又合救燕於敬侯九年，蓋有脱誤。志疑說同。

〔與中山戰于房子〕 瀧三八・一〇，慶一七右一，殿一五左三，凌一六左一〇。

正 是趙州房子縣 ○慶彭凌殿「是」字移在「縣」字下。

〔太戊午爲相〕 瀧三九・五，慶一七右五，殿一五左八，凌一七右四。○太，井慶彭凌游殿大。

〔伐衛取卿邑七十三〕 瀧三九・六，慶一七右六，殿一五左八，凌一七右五。○衛，殿魏。取，游與。札記表作「都鄙」，前「范魁」下正義引同。此疑誤。

〔魏敗我藺〕 瀧三九・八，慶一七右六，殿一五左八，凌一七右五。○魏，凌衛。札記凌本「魏」誤「衛」。

〔以與韓韓與我長子〕 瀧三九・一〇，慶一七右八，殿一五左一〇，凌一七右八。○慶彭凌無「與韓韓」三字。梅校補此三字。按：景印慶元本補此三字。札記王、柯本脱「韓韓與」三字。

〔伐魏敗湪澤〕 瀧四〇・二，慶一七右九，殿一六右一，凌一七右九。○湪，彭凌殿涿。札記「魏」、「敗」疑倒，凌本「湪」作「涿」。

〔侵齊至長城〕 瀧四〇・四，慶一七左一，殿一六右三，凌一七左一。

正 在濟州平陰縣 ○濟，慶彭凌殿齊。札記「濟」訛「齊」。考證據楚世家正義及唐志改。

〔與韓分周以爲兩〕 瀧四〇・六，慶一七左三，殿一六右五，凌一七左三。

正　史記周顯二年　○殿史記周顯王二年。

〔與齊戰阿下〕　瀧四〇・一〇，慶一七左五，殿一六右七，凌一七左五。

集　戰一作會也　○二，殿亦。

〔攻衛取甄〕　瀧四一・二，慶一七左六，殿一六右八，凌一七左六。○慶彭重「攻」字。按：景印慶元本不重「攻」字。甄，通志鄄。札記王本重「攻」字，衍。

〔秦獻公使庶長國伐魏少梁〕　瀧四一・四，慶一七左八，殿一六右一〇，凌一七左九。○國，南化楓三梅圍。

〔虜其太子痤〕　瀧四一・五，慶一七左九，殿一六左一，凌一七左九。○痤，紹慶凌座。札記王、柯作「座」。

〔封晉君以端氏〕　瀧四一・九，慶一八右二，殿一六左四，凌一八右二。○攷異按：三家分晉在敬侯十一年，晉之威已十有八年矣，或其猶存，故封以一城，使臣于趙也。

〔成侯與魏惠王遇葛孽〕　瀧四二・一，慶一八右三，殿一六左四，凌一八右三。○慶彭凌此下有「正義曰括地志云澮水縣在絳州冀城縣東南二十五里按皮牢當在澮之溯」三十字。札記此下王、柯、凌並衍，正義一條與「皮牢」下正義同，今刪。

*正　葛孽二城名孽魚桀反　南化楓三梅狩瀧。

〔與齊宋會平陸〕　瀧四二・四，慶一八右五，殿一六左五，凌一八右五。

正　平陸城即古厥國　○慶彭凌平陸城與即古厥國。

〔與燕會阿〕　瀧四二・五，慶一八右五，殿一六左六，凌一八右六。○阿，通志河。

正　徐兗二水並過其西　○札記考證云：案：水經注「兗」當作「滱」。

正　按燕會趙即此地　○慶彭凌殿無「會」字。地，慶彭凌殿也。札記「會」字考證增。殿本「地」，各本訛「也」。

〔魏獻榮椽〕　瀧四二・七，慶一八右八，殿一六左八，凌一八右八。○椽，紹掾。按：誤。

〔因以爲檀臺〕　瀧四二・七，慶一八右八，殿一六左八，凌一八右八。

索　其中有一高處　○耿慶彭凌游殿無「一」字。

索　斲飾有光榮　○斲，耿慶彭凌游殿登。

索　趙因以之以爲檀臺　○耿——檀臺者也。

正　在洺州臨洺縣北二里　○洺，彭凌洛。札記殿本「洺」，各本訛「洛」，下同。

〔齊亦敗魏於桂陵〕　瀧四三・二，慶一八左一，殿一七右二，凌一八左二。

正　在曹州乘縣東北二十一里　○殿在曹州乘氏縣東北二十一里　按：景印慶元本「乘」下有「氏」字。札記殿本有「氏」字，各本脱。

〔公子緤與太子肅侯爭立〕　瀧四三・四，慶一八左四，殿一七右四，凌一八左五。○慶彭凌殿「緤」字下有「音薛」二字注。札記合刻本「緤」下有「音薛」二字，宋本、中統、游、毛集解皆無，蓋後人旁注誤混，今删。

〔肅侯元年〕　瀧四三・六，慶一八左五，殿一七右五，凌一八左六。○[南化][楓][三][梅]趙肅侯元年。

〔十五年起壽陵〕　瀧四四・二，慶一九右一，殿一七左一，凌一九右二。

正 徐廣云在常山　○山，[慶][彭][凌][殿]州。[札記]「山」誤「州」，考證改。

〔出於鹿門〕　瀧四四・八，慶一九右三，殿一七左三，凌一九右四。

正 并州盂縣西有白鹿泓　○盂，[慶][彭][凌]孟。[札記]殿本「盂」，各本訛「孟」。

正 源出白鹿山南渚　○源，[慶][彭][凌]魏。白，[彭][凌]自。渚，[慶][彭][凌]海。[札記]殿本「源」，各本誤「魏」。殿本「渚」，各本訛「海」。

〔大戊午扣馬曰〕　瀧四四・八，慶一九右四，殿一七左四，凌一九右五。○[札記]盧氏札記云漢書人表「大成午」，韓非内儲作「大成牛」。

〔築長城〕　瀧四四・九，慶一九右七，殿一七左六，凌一九右八。

正 又疑此長城在潭水之北　○[札記]考證云：「趙南界無潭，疑『漳』之誤。」

〔我決河水灌之〕　瀧四五・二，慶一九右八，殿一七左八，凌一九右一〇。○[紹]無「我」字。

〔取我藺離石〕　瀧四五・四，慶一九右一〇，殿一七左九，凌一九左一。○我，[殿]代。

〔死于桑丘〕　瀧四五・六，慶一九左一，殿一七左一〇，凌一九左二。

正 不得在泰山有桑丘縣　○[札記]「有」疑「之」字誤。

〔來會葬〕　瀧四五・九，慶一九左四，殿一八右二，凌一九左五。○[南化][楓][三][梅]無

「會」字。

〔與韓會于區鼠〕　瀧四六・六，慶一九左九，殿一八右七，凌一九左一〇。○于，毛於。

〔令國人謂己曰君〕　瀧四六・一〇，慶二〇右一，殿一八右九，凌二〇右二。○曰，梅爲。

〔齊敗我觀澤〕　瀧四七・二，慶二〇右三，殿一八右一〇，凌二〇右四。○南化、楓、三、梅齊侯敗我觀澤。

〔秦取我西都及中陽〕　瀧四七・三，慶二〇右三，殿一八左一，凌二〇右五。○金陵此八字作「秦取我中都及西陽」。札記各本「中」、「西」互誤，考證據注及表改。按：札記引正文作「中都及西陽」。

〔王召公子職於韓〕　瀧四七・五，慶二〇右六，殿一八左三，凌二〇右七。○南化、楓、三、梅王召燕公子職於韓。

〔使樂池送之〕　瀧四七・六，慶二〇右六，殿一八左四，凌二〇右八。

集　無趙送公子職爲燕王之事　○王，耿主，彭玉。

集　遥立職爲燕王　○遥，游選，毛逕。

索　蓋是疏也　○疏，慶、彭、游踈。

索　其説又同　○又，耿只。

〔鼓琴而歌詩曰〕　瀧四八・一，慶二〇左二，殿一八左九，凌二〇左三。○楓、三鼓琴而歌詩歌詩曰。

〔顏若苕之榮〕　慶四八・一，慶二〇左二，殿一八左九，凌二〇左四。

正　蔓似勞豆而細葉　〇勞，[慶][彭][凌]瑩。

正　其華細綠色可生食　〇[札記]陳風疏作「其莖葉綠色」，此疑誤。

正　陵苕生下溼水中　〇溼，[慶][彭][凌]濕。

正　七八月生華　〇[殿]無八。

〔曾無我嬴〕　瀧四八・四，慶二〇左五，殿一九右二，凌二〇左六。

集　人莫知己貴盛盈滿也　〇滿，[景][井][蜀][耿][慶][彭][凌][游][殿]端。

正　重言名乎者　〇乎，[慶][彭][凌][殿]呼。[札記]「乎」訛「呼」，考證改。

〔異日王飲食樂〕　瀧四八・六，慶二〇左六，殿一九右三，凌二〇左八。〇[札記]襍志云「舊本、北堂書鈔引作『旦日』，御覽樂部同。」

〔孟姚也〕　瀧四八・八，慶二〇左八，殿一九右五，凌二〇左一〇。

索　而七代之孫是已　〇已，[耿][慶][彭][凌][游][殿]也。

索　然舜後封虞　〇[慶][彭][殿]無「舜」字。[凌]無「然」字。

索　在河東大陽山西上虞城　〇[慶][彭][凌][游][殿]在河東太陽山西有上虞城。

索　亦曰吳城　〇城，[耿]成。

〔王出九門〕　瀧四九・一，慶二一右一，殿一九右八，凌二一右三。

正　戰國策云本有宮室而居　○札記考證云：「今國策無此語。案：姚宏題戰國策後亦舉此爲逸文，然其文不類。」

〔以望齊中山之境〕　瀧四九・二，慶二一右三，殿一九右一○，凌二一右五。

正　在定州新樂縣西南六十三里　○慶彭凌殿無「新」字。慶彭凌——樂縣西南西南六十三里。按：景印慶元本不重「西南」。札記「新」字依唐志增，「西南」二字，王、柯、凌下複衍。此二字殿本無，與郡縣志合。

〔絶臏而死〕　瀧四九・三，慶二一右四，殿一九左一，凌二一右六。

集　音亡丁反　○丁，景井千。

〔至於房子〕　瀧四九・六，慶二一右七，殿一九左四，凌二一右一○。○景無「於」字。

〔以長南藩之地〕　瀧四九・九，慶二一右九，殿一九左六，凌二一左二。○藩，楓三蕃。

〔屬阻障滏之險立長城〕　瀧四九・一○，慶二一右一○，殿一九左六，凌二一左二。○障，毛殿漳。滏，南化楓三梅釜。

〔北有燕〕　瀧五○・二，慶二一左二，殿一九左八，凌二一左四。

正　又得涿郡之高陽鄚州鄉　○慶彭凌無「涿」字。鄚，慶彭凌鄭。札記「涿」字各本脱，各本「鄚」訛「鄭」。

正　東有清河河閒　○慶彭凌下「河」字作「之」。札記各本下「河」訛「之」。以上殿本並與漢志合。

正 又得渤海郡東平舒等七縣　○七，殿五。

〔東有胡〕　瀧五〇・三，慶二二左三，殿一九左九，凌二二左六。○通志無「有」字。

〔西有林胡樓煩秦韓之邊〕　瀧五〇・五，慶二二左四，殿一九左一〇，凌二二左七。

正 七國時趙邊邑也　○慶彭凌殿「邊」、「邑」互倒。札記各本倒，考證改。

正 晉洛潞澤等州　○洛，彭凌洛。札記殿本「洺」，各本訛「洛」。

〔簡襄主之烈〕　瀧五〇・八，慶二二左八，殿二〇右四，凌二三右一。○主，景游王。

〔寵有孝弟長幼順明之節〕　瀧五〇・九，慶二二左九，殿二〇右四，凌二三右二。○寵，游窮，殿考戰國策作「窮有辭讓之節」。弟，景井蜀紹慶彭凌游殿悌。札記游本「寵」作「窮」，與國策合，正對下「達」字。然正義據本已誤「弟」字。舊刻「弟」，它本並作「悌」。

〔今吾欲繼襄主之跡〕　瀧五一・二，慶二三右一，殿二〇右七，凌二三右四。○主，殿王。

〔開於胡翟之鄉〕　瀧五一・二，慶二三右二，殿二〇右七，凌二三右四。○札記「於」字疑衍，國策無。

〔用力少而功多〕　瀧五一・四，慶二三右三，殿二〇右九，凌二三右六。○札記舊刻「功」上有「成」字。

〔而序往古之勳〕　瀧五一・五，慶二三右四，殿二〇右九，凌二三右七。○序，南化楓三梅厚。札記襍志云：「張所見本作『厚』，故訓重。當依策作『享』。」

正 厚重也 ○厚，慶、殿序。

〔則王何疑焉〕 瀧五二・八，慶二三左三，殿二〇左七，凌二三左六。○南化、楓、三、梅然則王何疑焉。

〔狂夫之樂〕 瀧五二・九，慶二三左四，殿二〇左八，凌二三左七。○夫，游天。

〔吾必有之〕 瀧五三・一，慶二三左六，殿二〇左一〇，凌二三左九。

***正** 驅音區驅盡也驅世謂盡一世（南化、楓、三、梅各本「世」下有「間」字。）以笑我也 南化、楓、三、梅、狩、瀧

〔兄弟之通義也〕 瀧五三・五，慶二三左一〇，殿二一右二，凌二三右二。○札記志疑云「兄弟」當依策作「先王」。

集 兄弟作元夷 ○景、井、耿、慶、彭、凌、游、殿「兄弟」一作「元夷」。

〔明德先論於賤〕 瀧五三・七，慶二三右二，殿二一右五，凌二三右四。○楓「先論於」三字作「生於論」。論，三、梅、凌諭。

〔而功有所出〕 瀧五三・九，慶二三右四，殿二一右五，凌二三右六。○殿「出」下有「集解駰案出猶成也」八字。

正 爲人君止於仁爲人臣止於按出猶成也 ○殿無此注十六字。

〔事成功立然后善也〕 瀧五三・一〇，慶二三右五，殿二一右七，凌二三右七。○后，慶

彭凌游殿後。

〔使緤謁之叔〕　瀧五四・三，慶二三右八，殿二一右一〇，凌二三右一〇。○札記單本「緤」作「紲」。

索　爲句　○爲，耿慶彭凌游殿絶。

〔臣不佞〕　瀧五四・四，慶二三右一〇，殿二一左一，凌二三左二。

*正　佞才也　南化楓三梅。

〔蓋聰明徇智之所居也〕　瀧五四・六，慶二三左一，殿二一左二，凌二三左三。

集　幼而徇齊　○幼，彭初。三校記「幼」。

〔而佛學者〕　瀧五四・一〇，慶二三左六，殿二一左六，凌二三左八。

*正　拂戾不泄也　南化楓三梅。

〔使者以報王曰〕　瀧五五・一，慶二三左七，凌二一左七，凌二三左九。○南化楓三梅使者以報王王曰。

〔我將自往請之〕　瀧五五・二，慶二三左八，殿二一左八，凌二三左九。○請，南化楓三梅謂。

〔夫服者所以便用也禮者所以便事也〕　瀧五五・三，慶二三左八，殿二一左九，凌二三左一〇。○紹無「者所以便用也禮」七字。

〔錯臂左衽〕 瀧五五・五，慶二四右一，殿二三右一，凌二四右二。○衽，蜀袵。

〔甌越之民也〕 瀧五五・六，慶二四右二，殿二三右一，凌二四右三。

索 今珠崖儋耳 ○儋，游澹。

〔郤冠秫絀〕 瀧五五・八，慶二四右五，殿二三右五，凌二四右七。○志疑策「冠郤」作「鯷冠」，此「郤」字疑非。

集 絀亦縫紩之別名也 ○紩，游紋。

集 秫者綦鍼也 ○秫，景井蜀耿慶彭凌游殿鉥。

集 此蓋言其女功鍼縷之麤拙也 ○麤，彭游麄。

〔賢聖不能同〕 瀧五六・五，慶二四左一，殿二三右一〇，凌二四左三。○凌「賢」、「聖」互倒。

〔窮鄉多異曲學多辯〕 瀧五六・五，慶二四左一，殿二三右一〇，凌二四左三。○辯，慶彭殿辨。

〔異於己而不非者〕 瀧五六・六，慶二四左二，殿二三左一，凌二四左四。○不，毛小。

札記毛本「不」訛「小」。

〔吾國東有河薄洛之水〕 瀧五六・七，慶二四左四，殿二三左二，凌二四左五。

集 安平經縣西有漳水津 ○經，三洛。漳，耿湅。

正　按安平縣屬定州也　○殿無此注八字。

〔且昔者簡主不塞晉陽〕　瀧五七・四，慶二四左一〇，殿二三左八，凌二五右三。○主，毛王。

〔侵暴吾地〕　龍五七・七，慶二五右二，殿二三左一〇，凌二五右四。○南化楓三梅便侵暴吾地。

〔引水圍鄗〕　瀧五七・七，慶二五右三，殿二三右一，凌二五右五。○引，南化楓三梅利。

正　係累上音計下力追反　○殿無此注九字。

〔近可以便上黨之形〕　瀧五七・一〇，慶二五右五，殿二三右二，凌二五右七。○形，南化楓三梅刑。

〔如故法便〕　瀧五八・五，慶二五左二，殿二三右九，凌二五左四。

集　戰國策趙詔作紹　○按：據正文「趙詔」二字當作「周詔」。

〔先王不同俗〕　瀧五八・六，慶二五左三，殿二三右九，凌二五左四。○札記「先王」，策作「古今」。

〔虙戲神農教而不誅黃帝堯舜誅而不怒〕　瀧五八・七，慶二五左四，殿二三右一〇，凌二五左六。

*正 虙戲伏羲同南化本「同」字作「二」。 音 南化 狩 瀧。

〔衣服器械各便其用〕 瀧五八・九，慶二一五左六，殿二一三左一，淩二一五左七。

*正 内盛曰器盂椀之屬外盛曰械刀鋸南化、梅本「鋸」作「鏘」。 之屬也 南化 楓 三 梅 狩 瀧。

〔且服奇者志淫則是鄒魯無奇行也〕 瀧五九・五，慶二一五左九，殿二一三左四，淩二一五左一〇。〇札記 褋志云：「兩『奇』字皆讀爲『奇衺』之『奇』。」

索 是奇服非其志皆淫僻也 〇慶 殿 是奇服服非其志——，耿 淩 游 是奇服也服非其志皆淫僻耿、游本作「辟」。也。

*正 言鄒魯儒服長纓非志好奇淫蕩也而生孔子顏回會參閔損皆奇行也 南化 楓 三 梅 狩 瀧。

〔則是吳越無秀士也〕 瀧五九・七，慶二一六右一，殿二一三左六，淩二一六右二。

索 何得有延州來及大夫種之屬哉 〇毛「屬哉」二字作「等」字。

*正 言吳越僻處海隅其民疎誕簡易也而生巫咸楓山本無「巫咸」二字。 巫賢太公呂尚吳季札言偃皆秀士也 南化 楓 三 梅 狩 瀧。

〔以書御者〕 瀧六〇・三，慶二一六右五，殿二一三左九，淩二一六右六。〇通志 以書御馬者札記 國策「書」下有「爲」字，疑此脱。

*正 以儒學之人爲御 南化 梅。

〔仇液之韓〕 瀧六一・一，慶二一六右九，殿二一四右四，淩二一六左一。〇殿考 戰國策「仇液」二字作「仇赫」。

〔許鈞爲左軍〕　瀧六一・三，慶二六左二，殿二四右五，凌二六左三。○鈞，慶彭鈞。

〔趙與之陘〕　瀧六一・四，慶二六左三，殿二四右七，凌二六左四。○趙，南化楓三越。

〔攻取丹丘華陽〕　瀧六一・八，慶二六左七，殿二四左一，凌二六左八。

集　徐廣曰華一作爽　○慶彭凌殿無此注七字。

正　按北岳　○札記「北」訛「此」，汪改。

〔鴟之塞〕　瀧六一・一〇，慶二六左九，殿二四左二，凌二六左一〇。

集　徐廣曰鴟一作鴻　○慶彭凌殿無此注七字。札記王、柯、凌本無。

正　鴻上故關　○慶彭凌無「鴻」字。按：景印慶元本有「鴻」字。札記殿本有「鴻」字，各本脱。

正　按北岳恒山　○按，慶彭凌殿接。

〔中山獻四邑請和〕　瀧六二・四，慶二七右二，殿二四左六，凌二七右五。○景井蜀紹耿慶彭凌游金陵無「請」字。札記殿本「和」上有「請」字。按：瀧本據札記補「請」字。

〔二十五年惠后卒〕　瀧六二・五，慶二七右三，殿二四左七，凌二七右六。○攷異此即吴娃也，後文吴娃死，乃追敍此事。索隱非。

索　按謂武靈王之前后太子章之母惠文王之嫡母州　○毛無「王」字。耿慶彭凌游殿「前」、「后」互倒。

索　孟姚卒後何寵衰欲并立亦誤也　○耿慶彭凌游殿此注十三字作「吴娃死後娃子何寵衰憐彭、凌本無「憐」字，梅本校補。故太子欲兩王之是誤也」二十字。

〔而致其兵〕 瀧六三・一〇，慶二七左八，殿二五右一〇，淩二七左一〇。

集 徐廣曰元年以公子勝爲相封平原 ○耿 無此注十四字。

〔遷其王於膚施〕 瀧六四・一，慶二七左八，殿二五右一〇，淩二七左一〇。○膚，紹 慮。

按：據字形相似誤。

〔封長子章爲代安陽君〕 瀧六五・一，慶二七左一〇，殿二五左二，淩二八右二。

正 地志云東安陽縣屬代郡 ○慶 殿 地理志云——。

〔心不服其弟所立〕 瀧六五・二，慶二八右二，殿二五左四，淩二八右四。○立，南化 楓 棭 三 爲。

〔必有謀陰賊起〕 瀧六五・五，慶二八右五，殿二五左六，淩二八右七。○南化 楓 棭 三 梅 必有陰謀賊起。

〔而不顧其害〕 瀧六五・五，慶二八右七，殿二五左七，淩二八右八。○通志 無「而」字而「顧」字作「見」。

〔子必先患〕 瀧六五・八，慶二八右八，殿二五左九，淩二八右一〇。○患，南化 楓 棭 三 梅 忠楓、三、梅各本「患」字或作「志」。

〔義再拜受命而籍之〕 瀧六六・二，慶二八左二，殿二六右三，淩二八左四。

索 籍録也謂當時即記録書之於籍 ○札記 此索隱文，各本移置前文「公孫支書而藏」之下，又妄增「藏一作籍」四字，今依單本正。

〔累至而行明子則有腸而忠我矣〕　瀧六六・一〇，慶二八左八，殿二六右八，凌二八左九。○累，游潔。則，蜀別。札記游本「累」訛「潔」。

〔子勉之矣〕　瀧六七・一，慶二八左一〇，殿二六右九，凌二九右一。○游無「之」字。札記中統、游本無「之」字。

〔不子不臣〕　瀧六七・五，慶二九右三，殿二六左二，凌二九右五。○子，游予。

〔若有召王者〕　瀧六七・八，慶二九右八，殿二六左六，凌二九右九。○南化楓三梅令若無「有」字。召王者。

〔無故而王乃入〕　瀧六七・九，慶二九右九，殿二六左七，凌二九右一〇。○王，耿下。

〔見其長子章傫然也〕　瀧六八・一，慶二九左一，殿二六左九，凌二九左二。

*正　低垂貌南化、楓、三各本有上三字。傫失意也孔子世家傫然若喪家之狗　南化楓三梅狩瀧。

〔心憐之〕　瀧六八・三，慶二九左二，殿二六左一〇，凌二九左三。○南化楓三梅心甚憐之。

〔異宮〕　瀧六八・四，慶二九左四，殿二七右一，凌二九左四。

正　在邢州平鄉縣東北二十里也　○也，慶彭凌矣。

〔肥義先入殺之〕　瀧六八・六，慶二九左五，殿二七右三，凌二九左六。○南化楓三肥義先王入殺公子章之。

〔公子成與李兑自國至〕　瀧六八・八，慶二九左六，殿二七右三，凌二九左七。○南化楓三公子成與李兑自國而至。

〔主父開之〕　瀧六九・一，慶二九左九，殿二七右六，凌二九左一〇。○開，紹慶彭游通志聞。南化楓棭三梅校記「開」。按：景印慶元本作「開」字。札記中統、游、王、柯本「開」訛「聞」。

索　俗本亦作聞字者非也　○殿無「字」字。聞，凌開。

索　閉謂藏之也　○索「藏」之「互」倒。慶彭凌殿無「之」字。札記單本「藏」、「之」誤倒，今正。各本脱「之」字。

〔以章故圍主父〕　瀧六九・四，慶三〇右一，殿二七右八，凌三〇右二。○南化楓三梅無「故」字。

〔探爵鷇而食之〕　瀧六九・六，慶三〇右四，殿二七右一〇，凌三〇右四。

集　綦毋邃曰　○　綦，蜀紫。按：誤。

索　按曹大家云鷇雀子也　○耿慶彭凌游殿無此九字。

***正**　按鳥子受哺者謂之鷇鳥啄食者謂之鶵也　南化楓三梅狩瀧。

〔而餓死沙丘宮〕　瀧六九・七，慶三〇右四，殿二七左一，凌三〇右五。○景紹毛通志無「宮」字。

正　括地志云趙武靈王墓在蔚州靈丘縣東三十里應説是也　○殿無此注二十三字。

〔城南行唐〕　瀧七〇・九，慶三〇左二，殿二七左七，凌三〇左三。

集　徐廣曰在常山　○常，蜀當。

〔至魯關下〕　瀧七一・一，慶三〇左四，殿二七左九，凌三〇左四。

正　蓋在南河魯陽關　○河，殿金陵陽。札記殿本「陽」，各本誤「河」。

〔及十年〕　瀧七一・一，慶三〇左四，殿二七左九，凌三〇左五。○及，南化楓棭三梅反。

〔公主死〕　瀧七一・六，慶三〇左九，殿二八右三，凌三〇左一〇。○井紹「公主」二字作「主父」。札記宋本作「主父死」，蓋涉上而衍。

索　惠文王之姊　○姊，耿慶彭凌游殿妹。

〔相國樂毅將趙秦韓魏燕攻齊〕　瀧七一・六，慶三〇左九，殿二八右四，凌三〇左一〇。

索　然此下文十五年重擊齊　○五，游三。

〔與秦會中陽〕　瀧七一・九，慶三一右一，殿二八右六，凌三一右二。

正　在汾州偃城縣南十里　○偃，金陵隰，殿無「十里」二字。札記殿本「隰」，各本誤「偃」。按：今所見殿本作「偃」字。

〔趙與韓魏秦共擊齊〕　瀧七一・一〇，慶三一右三，殿二八右七，凌三一右四。○趙，蜀趨。

〈秦復與趙數擊齊〉 慶七二・二,慶三一右四,殿二八右八,凌三一右五。○秦,紹奉。

〈齊人患之〉 瀧七二・二,慶三一右四,殿二八右八,凌三一右五。○慶彭無「齊」字。南化楓三梅校補「齊」。札記王本脫「齊」字。

〈非數常於鬼神也〉 瀧七二・四,慶三一右六,殿二八右一〇,凌三一右七。○常,南化楓三賞,楓梅嘗。

〈甘露降時雨至〉 瀧七二・五,慶三一右七,殿二八左一,凌三一右八。○蜀「降時」二字作「將將」。

〈年穀豐孰〉 瀧七二・五,慶三一右七,殿二八左一,凌三一右八。○孰,景耿慶游殿熟。

〈非素深於齊也〉 瀧七二・八,慶三一右九,殿二八左三,凌三一右一〇。○殿考戰國策作「怨毒積惡非曾深陵於齊也」。

〈聲以德與國〉 瀧七三・三,慶三一左四,殿二八左七,凌三一左五。

索 帥之共趙伐齊 ○耿慶彭凌游殿無「帥之」二字。

〈實而伐空韓〉 瀧七三・四,慶三一左四,殿二八左七,凌三一左五。○凌殿「實」、「而」互倒。札記而猶則也,見釋詞。凌本解其義而乙之。

〈收二周西取祭器〉 瀧七三・七,慶三一左八,殿二九右一,凌三一左九。○收,慶彭攸,

楓 梴 梅 校記「收」。按：景印慶元本作「收」字。取，南化 楓 三 收。梅 無「取」字。

〔王之獲利〕 瀧七三・七，慶三一左九，殿二九右一，凌三一左一〇。〇獲，梅 名。

〔秦以三郡攻王之上黨〕 瀧七四・七，慶三二右五，殿二九右七，凌三二右六。

正 今澤潞儀沁等四州之地 〇沁，慶 彭 泌。按：景印慶元本作「沁」字。札記 王、柯訛「泌」，下同。

〔非王有已〕 瀧七五・一，慶三二右一〇，殿二九左一，凌三二左一。

＊**正** 音以爾反瀧本無下四字。 云己此己 南化 楓 三 梅 狩 瀧。

〔代馬胡犬不東下〕 瀧七五・五，慶三二左一，殿二九左二，凌三二左二。〇犬，紹 游 大。

〔昆山之玉不出〕 瀧七五・五，慶三二左二，殿二九左四，凌三二左四。

正 不東入趙 〇殿 無「趙」字。

〔此三寶者〕 瀧七五・六，慶三二左三，殿二九左四，凌三二左四。〇紹 無「此」字。

〔從彊秦攻韓〕 瀧七五・六，慶三二左三，殿二九左五，凌三二左五。〇攻，景 次。

〔秦廢帝請服〕 瀧七六・二，慶三二左九，殿二九左一〇，凌三二左七。〇服，游 復。

〔反高平根柔於魏〕 瀧七六・三，慶三二左九，殿二九左一〇，凌三三右一。〇孜異「根柔」，戰國策作「温枳」，皆河内地名。

集 紀年云魏哀王四年 〇哀，景 井 蜀 紹 耿 游 殿 褢。

集 改陽曰河雍 〇殿 改河陽曰河雍。河，紹 何。按：據字形相似瀧。

集 向曰高平 ○向，彭回。梅校記「向」。曰，慶彭殿日。

集 根柔一作捲 ○蜀無「一」。

〔反至分〕 瀧七六・五，慶三三右一，殿三○右二，凌三三右三。

集 徐廣曰一作王公 ○攷異疑「三公」之訛。常山郡元氏縣有三公山。

〔宜爲上佼〕 瀧七六・七，慶三三右四，殿三○右五，凌三三右六。○札記襍志云：「說文『佼，交也』。」

*正 佼音效南化「效」字作「効効」二字。 功勞也 南化楓三梅狩瀧。

〔而今乃抵皐〕 瀧七六・八，慶三三右五，殿三○右六，凌三三右七。○皐，毛罪。

〔臣恐天下後事王者之不敢自必也〕 瀧七六・九，慶三三右五，殿三○右六，凌三三右七。

○王，游下，札記王、中統、游本誤「下」。

〔義王以天下善秦〕 瀧七七・一，慶三三右八，殿三○右八，凌三三右一○。○南化楓棭三梅秦義王以天下善秦。

〔廉頗將攻齊昔陽取之〕 瀧七七・六，慶三三右一○，殿三○右一○，凌三三左二。

集 杜預曰樂平沾縣有昔陽城 ○殿無此注十一字。沾，景井蜀紹耿慶彭凌游治。札記各本訛「治」，王訛「治」，依杜注改。

正 昔陽服國所都也 ○服，殿肥。按：景印慶元本作「肥」。札記各本「肥」訛「服」。

正 樂平城沾縣東昔陽城 ○沾，慶彭凌治。札記各本「沾」訛「治」，下同。

正　服姓白狄別種也　○慶彭「服姓」二字作「肥」字。殿作「肥國」二字。白，凌自，札記「肥國」，各本誤作「服姓」，以上殿本並與杜注及釋例合。

〔樂毅將趙師攻魏伯陽〕　瀧七七・九，慶三三左三，殿三〇左二，凌三三左五。○伯，楓三柏。

〔伐趙攻我兩城〕　瀧七七・一〇，慶三三左四，殿三〇左四，凌三三左七。○攻，景井蜀紹耿慶彭毛凌游殿金陵拔。按：瀧本誤。

〔十八年拔我石城〕　瀧七八・二，慶三三左五，殿三〇左四，凌三三左七。○景井蜀紹耿慶彭毛凌游殿金陵十八年秦拔我石城。按：瀧本誤脱「秦」字。

集　地理志云右北平有石城縣　○慶彭凌殿此「集解」作「正義」。札記合刻各本並誤入正義，依宋、中統、游、毛各本正。

〔決河水伐魏氏〕　瀧七八・五，慶三三左六，殿三〇左六，凌三三左九。

正　東陽故城在貝州歷亭縣界　○慶彭凌東陽故城故城在貝州——。札記各本「故城」下複衍二字，殿本無。按：景印慶元本不重「故城」。

〔秦敗我二城〕　瀧七八・七，慶三三左八，殿三〇左八，凌三四右一。○志疑「敗」當作「取」。

〔不能取〕　瀧七九・三，慶三四右四，殿三一右三，凌三四右七。○能，南化楓三梅敢。

〔燕周將攻昌城高唐取之〕　瀧七九・六，慶三四右七，殿三一右六，凌三四左一。○景——
攻昌國城高唐取之。

正　在淄州淄川縣東北四十里也　○川，凌州。

〔取東胡歐代地〕　瀧七九・一〇，慶三四左一，殿三一右九，凌三四左三。○歐，南化 楓 三 梅 殴。札記 宋本「歐」，與索隱本合。

索　東胡叛趙故取之也　○耿 慶 彭 凌 游 殿 蓋東胡叛趙故取之也。

〔徙漳水武平南〕　瀧八〇・一，慶三四左二，殿三一右一〇，凌三四左五。○徙，游 取。

〔封趙豹平陽君〕　瀧八〇・一，慶三四左二，殿三一右一〇，凌三四左五。○景 井 蜀 紹 耿 慶 毛 彭 凌 游 殿 金陵 封趙豹爲平陽君。按：瀧本誤脱「爲」字。

〔燕將成安君公孫操弑其王〕　瀧八〇・四，慶三四左五，殿三一左三，凌三四左八。○三 燕將成安君公孫操將弑其王。

索　按樂資云其王即惠王　○王，殿 玉。

〔太后用事〕　瀧八〇・一〇，慶三五右二，殿三一左一〇，凌三五右六。○楓 三 梅 太后新用事。

〔齊曰必以長安君爲質〕　瀧八一・一，慶三五右三，殿三二右一，凌三五右七。○紹 無「齊」字。

〔兵乃出〕　瀧八一・一，慶三五右四，殿三二右二，凌三五右七。

索　孔衍云惠文后之少子也　○耿慶彭凌游殿孔衍云長安君惠文后之少子也。

〔復言長安君爲質者〕　瀧八一・二，慶三五右五，殿三二右三，凌三五右九。○南化楓三梅復言令長安君爲質者。

〔太后盛氣而胥之入〕　瀧八一・四，慶三五右七，殿三二右四，凌三五右一〇。○札記「入」字當屬下。集解連上「胥之」讀，非。

〔徐趨而坐〕　瀧八一・六，慶三五右七，殿三二右五，凌三五左一。○坐，南化楓三梅至。

〔老婦恃輦而行耳〕　瀧八一・八，慶三五右一〇，殿三二右七，凌三五左三。○景井蜀紹耿慶彭凌游殿無「耳」字。札記索隱本有「耳」字，各本脱。

索　按束皙云　○皙，慶彭凌殿晳。

索　娃嬴之子也　○娃，慶彭姓。

索　即武靈王十六年　○耿無「武」字。

索　夢吴娃而納入　○納，游内。

索　遣長安君質於齊　○遣，慶彭遺。毛無「質於齊」三字。

索　至此亦年六十左側　○耿慶彭凌游殿「亦年」二字作「在」字。

索　亦可稱老　○慶彭凌游殿亦可稱老矣。

〔曰食得毋衰乎〕　瀧八二・一，慶三五左二，殿三二右一〇，凌三五左六。〇曰，南化　楓　三　梅日。

〔老臣間者殊不欲食〕　瀧八二・一，慶三五左三，殿三二右一〇，凌三五左七。〇間，紹聞。

〔和於身也〕　瀧八二・二，慶三五左四，殿三二左一，凌三五左八。〇楓　棭　三　食和於身也。

〔願得補黑衣之缺〕　瀧八二・四，慶三五左六，殿三二左三，凌三五左一〇。〇南化　楓　三　願令得補黑衣之缺。缺，蜀　鈌。

〔太后曰敬諾〕　瀧八二・六，慶三五左七，殿三二左四，凌三六右一。〇紹無「曰」字。

〔今三世以前至於趙主之子孫爲侯者〕　瀧八三・四，慶三六右六，殿三三右一，凌三六右九。〇南化　楓　三　梅　今三世以前至於趙之爲趙趙主之子孫爲侯者。

〔而況於予乎〕　瀧八四・四，慶三六左七，殿三三左一，凌三六左一〇。

*正　持猶執　南化　楓　三　梅　狩　瀧。

〔齊安平君田單〕　瀧八四・六，慶三六左八，殿三三左一，凌三六左一〇。

正　安平城在青州臨淄縣東十九里　〇淄，慶　彭　凌　海。札記　殿本「淄」，各本訛「海」。

〔將趙師而攻燕中陽拔之〕　瀧八四・七，慶三六左八，殿三三左二，凌三七右一。

正　在定州唐縣東北四十里　〇慶　彭　凌　殿　在定州唐縣東北四十一里。

〔王夢衣偏裻之衣〕 瀧八四・九，慶三七右二，殿三三左五，凌三七右五。○偏，紹偏。

〔有城市邑十七〕 瀧八五・五，慶三七右八，殿三三左一〇，凌三七左一。○殿考戰國策作「七十」。札記杭氏考證云「策作『七十』」。

〔聽王所以賜吏民〕 瀧八五・五，慶三七右九，殿三四右一，凌三七左一。○聽，景井紹耿慶彭毛游金陵財，通志願，南化楓棭三梅校記「聽」。札記「聽」字宋、中統、游、王、柯、毛並作「財」，國策作「才」，凌本「聽」，非。

〔固自以爲坐而受上黨之地也〕 瀧八五・九，慶三七左二，殿三四右四，凌三七左五。○固，南化楓三因。

〔且夫秦以牛田之〕 瀧八六・三，慶三七左六，殿三四右七，凌三七左八。

集 徐廣曰一無此字 ○此，殿之。

〔水通糧〕 瀧八六・四，慶三七左八，殿三四右九，凌三七左一〇。○南化楓三梅水通食糧。

〔裂上國之地〕 瀧八六・八，慶三七左一〇，殿三四左二，凌三七左一〇。○裂，棭列。

〔踰年歷歲未得一城也〕 瀧八七・一，慶三八右三，殿三四左四，凌三八右六。○彭無「年歷」二字。楓二校補「年歷」。城，南化楓三梅地。

〔王召平原君與趙禹而告之〕 瀧八七・二，慶三八右五，殿三四左六，凌三八右八。○原，慶彭陵。

〔千戶都三封縣令〕 瀧八七・七，慶三八右九，殿三四左一〇，凌三八左二。〇梅以千戶都三封縣令。

〔爲主守地〕 瀧八七・一〇，慶三八左二，殿三五右二，凌三八左五。〇主，紹王。

〔固不義一矣〕 瀧八七・一〇，慶三八左二，殿三五右二，凌三八左五。〇固，南化楓棭三梅國。

〔趙遂發兵取上黨〕 瀧八八・二，慶三八左四，殿三五右四，凌三八左六。

集 趙封亭爲華陵君 〇景井蜀紹慶趙封馮亭爲華陵君。札記漢書馮奉世傳作「華陽君」。

集 官師將子爲代相 〇耿無「官師將」三字。

集 在壺關城西五里 〇西，紹之。

〔廉頗將軍軍長平〕 瀧八八・四，慶三八左六，殿三五右六，凌三八左九。

正 長平故城在澤州高平縣西三十一里 〇三，慶彭殿金陵二。札記王本與郡縣志合，柯、凌「二」作「三」，誤。

〔七年廉頗免〕 瀧八八・六，慶三八左七，殿三五右七，凌三九右一。〇免，景井蜀紹耿慶彭毛凌游殿金陵免。按：瀧本誤。

〔卒四十餘萬皆阬之〕 瀧八八・六，慶三八左八，殿三五右八，凌三九右二。

＊**正**　白起傳云斬首虜四十五萬人括地志云頭顱山一名白起臺在澤州高平縣西五里上黨記云秦阬趙兵（梅本「兵」作「衆」）。收頭顱築臺於壘中因（梅本「因」字作「困」）。山爲臺崔嵬桀起今稱（梅本「稱」字作「號」）。白起臺也　[南化][楓][三][梅][狩][瀧]。

〔王還不聽秦〕　瀧八八・九，慶三八左一〇，殿三五右九，凌三九右三。

＊**正**　還猶仍也　[南化][楓][三][梅][狩][瀧]。

〔率燕衆反燕地〕　瀧八九・一，慶三九右二，殿三五左一，凌三九右四。

正　武垣北是屬趙　〇[凌]「武垣北」三字作「又曰武垣此」五字。[慶][彭][殿][金陵]「北是」二字作「此時」。[札記]殿本「時」，各本誤「是」。按：瀧本「此」訛「北」。

〔及魏公子無忌亦來救〕　瀧八九・三，慶三九右四，殿三五左三，凌三九右七。

正　趙王以鄗爲公子湯沐邑　〇予，[慶][彭][凌][殿]子。

正　其文錯誤　〇[慶][彭][殿]其文錯誤耳。

〔趙將樂乘慶舍〕　瀧八九・六，慶三九右七，殿三五左七，凌三九左一。〇[南化][楓][三][梅]趙特將樂乘慶舍。舍，[紹][通志]合。按：通志「間」，與宋本合。

〔太子死〕　瀧八九・一〇，慶三九右一〇，殿三五左九，凌三九左三。

索　趙之太子也史失名　〇[耿][慶][凌][游][殿]無「之」字。

〔而秦攻西周拔之〕　瀧八九・一〇，慶三九右一〇，殿三五左一〇，凌三九左四。〇周，[凌]州。[札記]「周」字凌誤「州」。

〔徒父祺出〕　瀧九〇・一，慶三九左一，殿三五左一〇，凌三九左五。

索　趙大夫名祺　○祺，中統旗。

正　趙見秦拔西周故令徒父祺將兵出境也　○殿無此注十六字。祺，慶彭旗。

〔十二年邯鄲廥燒〕　瀧九〇・三，慶三九左三，殿三六右二，凌三九左七。

集　廥廄之名音膾也　○廥，景井紹耿慶彭凌游庫。廄，景井蜀慶彭凌殿廐。

〔以尉文封相國廉頗爲信平君〕　瀧九〇・五，慶三九左五，殿三六右四，凌三九左一〇。

正　言篤信而平和也　○殿無此注七字。

〔趙氏壯者皆死長平〕　瀧九〇・八，慶三九左九，殿三六右七，凌四〇右三。　○札記襍志云燕世家趙策皆作「趙民」。

〔二而伐一〕　瀧九〇・一〇，慶四〇右一，殿三六右九，凌四〇右五。　○梅以二而伐一。

〔卿秦將而攻代〕　瀧九一・三，慶四〇右四，殿三六左一，凌四〇右八。　○代，毛伐，札記毛訛「伐」。

〔虜卿秦樂閒〕　瀧九一・四，慶四〇右五，殿三六左二，凌四〇右八。

正　三人皆燕將姓也　○札記「姓」字疑衍。

〔延陵鈞率師從相國信平君〕　瀧九一・七，慶四〇右八，殿三六左五，凌四〇左二。

＊**正**　鈞名也　南化楓三梅狩瀧。

〔以龍兑〕　瀧九一・九，慶四〇右一〇，殿三六左七，凌四〇左四。

正 北新城故城在易州遂城縣西南二十里 ○慶彭凌——在易州遂南城縣——。札記各本「遂」下衍「南」字，殿本無。按：景印慶元本「遂」、「南」互倒。

正 蓋謂龍兑也 ○慶彭殿按蓋謂龍兑也。

*正 兑音奪 南化楓三梅狩瀧。

〔汾門〕 瀧九一・一〇，慶四〇左二，殿三六左七，凌四〇左六。

正 觸石成井 ○觸，慶彭凌解。成，慶彭凌城。按：景印慶元本「解」字作「觸」，而「城」字作「成」。札記殿本與水經滱水注合，各本「觸」訛「解」，「成」訛「城」。又案：「汾門」當引易水注，此以滱水注「龍門」當之，誤。

正 遂城及永樂安新城縣地也 ○安，慶殿北。

〔臨樂〕 瀧九二・四，慶四〇左四，殿三六左七，凌四〇左八。

正 臨鄉故城在幽州固安南十七里也 ○固，慶彭凌殿同。南，慶彭凌殿六。札記各本「固」訛「同」，「南」訛「六」，依下文「方城」正義改。

〔平舒〕 瀧九二・五，慶四〇左六，殿三七右六，凌四一右一。

正 平舒故城 ○凌此注四字作「故平舒城」。

〔悼襄王元年大備〕 瀧九三・一，慶四一右一，殿三七右七，凌四一右六。

正 謂行大備之禮也 ○慶彭殿無「謂」字。札記王本無「謂」字。

〔不成〕 瀧九三・二，慶四一右二，殿三七右八，凌四一右七。

正 相州蕩陰縣西五十八里有牟山 ○蕩，慶彭凌汾殿湯。凌殿——有中牟山。札記殿本「湯」，與前獻侯治中牟正義作「蕩陰」合，各本訛「汾」。

正 按中牟山之側 ○札記王本無「中」字，疑衍。

〔李牧將攻燕拔武遂方城〕 瀧九三・三，慶四一右三，殿三七右一○，凌四一右九。

正 方城故城在幽州固安縣南十七里 ○慶彭凌殿無下「城」字。

〔秦召春平君〕 瀧九三・五，慶四一右五，殿三七左二，凌四一左一。○平，蜀申。下同。殿考戰國策作「春平侯」。

〔因而留之〕 瀧九三・五，慶四一右五，殿三七左二，凌四一左一。

*正 春平未詳 南化楓三梅狩瀧。

〔故相與謀曰〕 瀧九三・八，慶四一右八，殿三七左三，凌四一左二。○謀，殿計。

〔而留平都〕 瀧九三・一○，慶四一右一○，殿三七左五，凌四一左五。○殿考戰國策「平都」下有「侯」字。

正 輿地理志云 ○殿「輿地理志」四字作「括地志」三字。札記當有疑，殿本作「括地志」。

正 平都縣在今新興郡 ○今，慶彭在。殿無「今」字。

〔春平君言行信於王〕 瀧九四・一，慶四一右一○，殿三七左六，凌四○左六。○南化楓三無「信」字。景井蜀紹耿慶彭毛凌游殿金陵春平君者言行信於王。按：瀧本誤脱「者」字。

〔城韓皋〕　瀧九四・三，慶四一左二，殿三七左八，凌四〇左八。

＊正　韓皋未詳　南化 楓 三 梅 狩 瀧。

〔燕之鋭師攻秦蕞〕　瀧九四・四，慶四一左四，殿三七左九，凌四〇左九。〇南化 楓 三 梅 燕之鋭師攻秦圍蕞。

〔移攻齊〕　瀧九四・五，慶四一左四，殿三七左九，凌四〇左九。〇齊，殿 徐。

〔慶舍將東陽河外師守河梁〕　瀧九四・七，慶四一左六，殿三八右一，凌四二右二。

正　河外河南岸魏州地也　〇慶 下「河」字作「阿」。

〔封長安君以饒〕　瀧九四・八，慶四一左八，殿三八右三，凌四二右三。

正　明長安縣是號也　〇縣，金陵 君。札記「君」誤「縣」，考證改。

〔趙攻燕取貍陽城〕　瀧九四・九，慶四一左九，殿三八右四，凌四二右四。

正　按趙東界瀛州　〇慶 彭 殿 按趙東界至瀛州。

〔幽繆王遷元年〕　瀧九五・一，慶四二右二，殿三八右七，凌四二右八。〇札記 六國表集解作「幽愍」。

集　徐廣又云湣王世本云孝成王丹生悼襄王偃偃生今王遷　〇毛「湣王世本」至「偃生今」十七字作「系本年表及古史考皆云今」十一字。

索　今惟此獨稱幽繆王者　〇惟，彭 游 唯。

索　太史公或別有所見而記之也　〇耿 慶 彭 游 殿 無「之」字。毛「而」上有「故得」二字，而

「也」字作「耳」。

〔秦攻武城〕 瀧九五・四，慶四二右四，殿三八右九，凌四二右一〇。

集 秦拔我平陽 ○拔，景井蜀紹耿慶彭凌游殿敗。我，彭凌武。札記宋本、毛本「拔」，與表合，各本誤「敗」。

〔北至平陰〕 瀧九五・九，慶四二右一〇，殿三八左五，凌四二左六。

集 徐一作除 ○殿樂徐一作除。

〔臺屋牆垣太半壞〕 瀧九五・一〇，慶四二左一，殿三八左五，凌四二左七。○太，毛大。牆，景井蜀紹慶彭游殿墻。

〔地坼東西百三十步〕 瀧九五・一〇，慶四二左一，殿三八左五，凌四二左七。

正 亦在晉汾二州之界也 ○慶彭殿無「之」字。

〔六年大飢民訛言曰〕 瀧九六・一，慶四二左二，殿三八左六，凌四二左七。○飢，毛饑。札記毛本「饑」，各本作「飢」。

〔視地之生毛〕 瀧九六・一，慶四二左三，殿三八左七，凌四二左九。

***正** 訛音訛 南化楓三梅狩瀧。

〔趙忽及齊將顔聚代之〕 瀧九六・三，慶四二左五，殿三八左九，凌四三右一。○忽，南化楓三梅忩，彭游殿忽。代，景游伐。札記宋本「忽」，與李牧傳、國策合，各本訛

「忽」，下同。

〔以王遷降〕　瀧九六・四，慶四二左六，殿三八左九，凌四三右二。

集　淮南子云趙王遷流於房陵思故鄉作爲山水之謳聞之者莫不流涕　○慶彭凌殿此集解爲正義。札記中統、游、王、毛各本，系「邯鄲爲秦」下，柯凌本誤混入此節正義，今參正。

〔吾聞馮王孫曰〕　瀧九六・七，慶四二左九，殿三九右二，凌四三右四。○殿考馮唐傳云「唐子遂字王遂，與余善」。

〔遂滅趙以爲郡〕　瀧九七・二，慶四三右三，殿三九左五，凌四三右八。

索　趙氏之系　○系，慶彭凌游殿世。

索　岸賈矯誅　○賈，毛霸。

史記會注考證校補卷四十四

魏世家第十四

〔畢公高與周同姓〕 瀧二・二，慶一右三，殿一右七，凌一右四。

索 有畢原豐郇 ○索「豐」、「郇」互倒。

〔其必有衆〕 瀧三・一，慶一左二，殿一左五，凌一左三。

*正 命名也 南化 楓 三 謙 梅 野 瀧

〔其必蕃昌〕 瀧三・三，慶一左三，殿一左六，凌一左四。

*正 屯難故須堅固比親近故云入 南化 楓 三 謙 梅 狩 野 瀧。

〔從其國名爲魏氏〕 瀧三・五，慶一左五，殿一左九，凌一左六。 ○札記 中統本「從」訛「徙」。

〔生武子〕 瀧三・六，慶一左五，殿一左九，凌一左六。

索　武子名犨　○犨，慶彭游殿犨。下同。

索　字異耳　○耿慶彭凌游殿「字異耳」三字作「字因以異」四字。

索　代亦不同　○殿考「同」監本訛作「周」，今改正。

〔魏武子以魏諸子事晉公子重耳〕　瀧三・七，慶一左六，殿一左一〇，凌一左七。○蜀耿無上「魏」字。札記吴校元板無上「魏」字是。按：札記所云吴校元板，間與蜀本、耿本合。

〔魏悼子徙治霍〕　瀧三・一〇，慶一左一〇，殿二右三，凌二右一。

索　霍今河東彘縣也　○耿慶彭凌游殿霍地名今河東彘縣也。

〔生魏絳〕　瀧四・三，慶二右二，殿二右五，凌二右三。

索　謚昭子　○耿慶彭凌游殿無此注三字。

索　莊子文錯也　○耿慶彭凌游殿無「莊子文」三字。攷異按：左氏傳亦作「莊子」，則世本不誤。「昭」、「莊」聲相近。

〔合諸侯以爲榮〕　瀧四・六，慶二右四，殿二右七，凌二右六。○榮，彭凌禜。按：誤。

〔魏獻子生魏侈〕　瀧六・二，慶二左七，殿二左八，凌三右二。

索　侈他本亦作哆　○哆，游侈。

索　取生襄子多　○多，殿侈。

索　魏曼多　○殿考「多」監本訛作「侈」，今改正。

*正　侈音他侈尺氏支　南化楓三謙梅狩野瀧。按：各本校記「侈尺氏反」提行，下四字非正義歟？

〔魏侈之孫曰魏桓子〕　瀧六・五，慶二左九，殿三右一，凌三右一。

＊**正**　世本云獻子棄南化、楓、三、謙本「棄」字作「荼」。生懿子游及簡子取取生襄子多多生桓子駒駒生文侯斯其與此不同古書誤也　[南化][楓][三][謙][梅][狩][瀧]。

〔與韓康子〕　瀧六・六，慶二左一〇，殿三右一，凌三右一。

索　名虔　○虔，[慶][彭][凌][游][殿]虎。

〔分其地〕　瀧六・七，慶三右一，殿三右二，凌三右二。

正　古今地名云　○[彭]無「云」字。

〔桓子之孫曰文侯都〕　瀧六・八，慶三右二，殿三右三，凌三右四。

索　系本云　○[慶][彭][凌][游][殿]無「云」字。

索　與此系代亦不同也　○[耿]空「代」字。

〔與韓武子趙桓子周威王同時〕　瀧七・一，慶三右四，殿三右五，凌三右六。○[殿考]按：「威」字下疑脱「烈」字。

索　康子子　○[耿][慶][彭][凌][游][殿]康子之子桓子名嘉襄子之子。

〔城少梁〕　瀧七・二，慶三右五，殿三右六，凌三右七。○城，[景]歲。

〔言不用〕　瀧七・一〇，慶三左二，殿三左二，凌三左三。○[札記]中統「言」誤「事」。

〔若脱躧然〕　瀧七・一〇，慶三左二，殿三左二，凌三左四。○躧，[耿]屣，[札記]吴校元板「躧」作「屣」。按：札記所云吴校元板間與耿本合。

〔二十二年〕　瀧八・三，慶三左五，殿三左五，凌三左六。○[毛]下二作一。[札記]與表合，毛訛：「二十一年」。

正　竺漆沮水也　○水，[彭]氷，[謙]校記「水」。

〔子擊生子罃〕　瀧八・四，慶三左七，殿三左六，凌三左八。

索　乙耕反擊武侯也罃惠王也　○[耿][慶][彭][凌][游][殿]罃音乙耕（凌本「耕」字作「耘」）。反擊武侯名罃。上「也」字作「名」而無「罃惠王也」四字。

〔文侯受子夏經藝〕　瀧八・五，慶三左七，殿三左七，凌三左九。○[殿考]六國年表在十八年，此入二十五年。

〔未嘗不軾也〕　瀧八・五，慶三左八，殿三左八，凌三左一〇。

正　過光臥反　○光，[慶][彭][凌][殿]先。[札記]各本「光」訛「先」，今正。

正　干木踰牆避之　○牆，[慶][彭][凌][殿]墻。

正　不趣勢利　○趣，[凌]趨。

正　踞於堂而與之言　○踞，[慶][彭][凌]𨂂。按：景印慶元本作「踞」。

〔而河内稱治〕　瀧九・六，慶四右六，殿四右五，凌四右八。

索　故名鄴爲河内　○名，[耿]治。

正　即東北入海　○即，[殿][金陵]折。[札記]官本「折」各本誤「即」。

〔今所置非成則璜〕　瀧九・八，慶四右九，殿四右八，凌四左二。○[南化][楓][三][謙]今所置相非成則璜。

〔疏不謀戚〕　瀧九・一〇，慶四右一〇，殿四右一〇，凌四左三。○疏，景井蜀慶彭凌游殿踈毛疎。戚，南化梅謙親。

〔中山已拔〕　瀧一一・一，慶四左一〇，殿四左八，凌五右二。○已，金陵巳。札記中統、游本「巳」，各本「已」。按：今所見游本「已」字作「臣」，蓋「巳」、「臣」據字形相似訛歟。

〔臣何以負於魏成子〕　瀧一一・二，慶五右一，殿四左九，凌五右三。○凌有「本無以字」四字傍注。

〔虢山崩壅河〕　瀧一二・一，慶五左一，殿五右八，凌五左三。

集　北虢在大陽　○大，景井紹慶彭毛凌游殿太。

正　今臨河有岡阜　○岡，慶彭殿崗。

正　似是積山之餘也。　○積，慶彭凌殿頹，金陵積。按：瀧本誤。

〔三十六年〕　瀧一二・四，慶五左五，殿五左二，凌五左七。○六，索五。

〔秦侵我陰晉〕　瀧一二・五，慶五左五，殿五左二，凌五左七。

索　今之華陰也　○耿凌今之華陰是其地也。耿本無「也」字。

〔得其將識〕　瀧一二・七，慶五左七，殿五左三，凌五左九。

正　一名武平城　○慶彭凌殿一名武之平城。札記「武」下衍「之」字。考證刪。

〔是歲文侯卒〕瀧一二・八，慶五左八，殿五左五，凌六右一。

索 三十八年卒 ○耿慶彭凌殿無此注五字。

〔魏武侯元年〕瀧一二・一○，慶五左九，殿五左五，凌六右一。○蜀無「魏武侯」三字。

〔趙敬侯初立〕瀧一三・一，慶五左九，殿五左六，凌六右二。

索 按紀年 ○耿慶彭凌游殿「按紀年」三字作「紀年云」。下同。

索 魏武侯之元年 ○耿慶彭凌游殿無「之」字。

索 常趙烈侯之十四年 ○烈，索列。

〔公子朔爲亂〕瀧一三・一，慶五左一○，殿五左七，凌六右三。○札記 杭氏考證云趙世家、六國表並「朔」作「朝」。殿考 趙世家、六國年表俱作「公子朝」。

〔城安邑王垣〕瀧一三・三，慶六右一，殿五左八，凌六右四。

集 徐廣曰垣縣有王屋山也 ○殿無此注十字。

索 十四年城洛陽及安邑王垣 ○四，耿慶彭凌游殿一。

索 垣縣有王屋山 ○有，索在。

〔翟敗我于澮〕瀧一三・六，慶六右五，殿五左一○，凌六右八。

正 澮水出此山也 ○此，慶彭凌北。按：景印慶元本作「此」。札記 官本「此」，各本訛「北」。

〔自趙入韓〕瀧一四・四，慶六左二，殿六右八，凌六左六。

索 頎音祈 ○祈，耿慶彭凌游殿祁。

〔魏罃與公中緩爭爲太子〕　瀧一四・六，慶六左三，殿六右一〇，凌六左八。

索　封公子緩　○子，耿干。緩，索瑗。

索　而惠王伐趙園濁陽　○耿慶彭凌游殿而惠成王伐趙圍濁（游本「濁」字作「蜀」）。陽。陽，南化謙澤。

索　是說此事矣　○矣，慶彭凌游殿也。

〔不可失也〕　瀧一四・九，慶六左七，殿六左二，凌七右一。

集　除一作倍　○倍，慶彭凌游陪。

〔戰于濁澤〕　瀧一四・一〇，慶六左八，殿六左三，凌七右二。　○殿考趙世家及年表俱作「涿澤」。按：瀧川考證云「年表、趙世家作『潒澤』」。

〔魏君圍〕　瀧一五・一，慶六左九，殿六左四，凌七右三。　○圍，慶彭凌游殿爲，南化楓三謙校記「圍」。札記宋本、毛本、凌引一本同，它本「圍」作「爲」，誤。

〔其國可破也〕　瀧一五・七，慶七右五，殿六左九，凌七右九。

＊**正**　適者（南化、謙本「者」字作「音」），嫡是故舊所言故曰故曰（南化、謙本不重「故曰」）。也　南化楓三謙梅野瀧。

〔敗趙于懷〕　瀧一五・九，慶七右六，殿六左一〇，凌七右一〇。

＊**正**　此馬陵在魏州元城縣東南一里　南化楓三謙梅狩瀧。

〔齊敗我觀〕　瀧一五・一〇，慶七右六，殿七右一，凌七右一〇。　○索齊敗我觀津。札記索隱本「觀」下衍「津」字。

集 今之衛縣也　○[索][殿]無「之」字。衛，[游]魏。

索 惠王請獻觀以和解　○[殿]無「解」字。

正 觀音館　○[殿]無此注三字。

正 魏州觀城縣　○觀，[殿]魏。

正 古之觀國國語注　○[凌]無「之」字。[彭]不重「國」字。注，[慶][彭][凌][游][殿]云。[札記]「注」誤作「云」，考證改。

〔與韓會宅陽〕　瀧一六・二，慶七右九，殿七右三，凌七左三。○[札記]「城」字當連下「武渚」爲句，表作「城武都」可證。然如正義引括地志，則已誤以「宅陽城」三字相屬矣。攷異、志疑說同。

〔爲秦所敗〕　瀧一六・四，慶七右一〇，殿七右四，凌七左四。

集 敗韓魏洛陰　○陰，[殿]陽。

〔伐取宋儀〕　瀧一六・四，慶七右一〇，殿七右四，凌七左四。

集 徐廣曰一作義臺　○[殿]無此注七字。[蜀][紹]無「一」。

索 按年表作義臺　○[耿][慶][彭][凌][游][殿]無「按年」二字。表亦作義臺。

〔與秦戰少梁〕　瀧一六・六，慶七左二，殿七右六，凌七左六。○秦，[慶][彭][游]韓。按：景印慶元本作「秦」。

〔虜我將公孫痤〕　瀧一六・六，慶七左二，殿七右六，凌七左六。○痤，景井紹耿慶彭毛游座。札記中統、游、王、柯作「座」。殿考商君傳作「公叔座」。

〔取龐〕　瀧一六・七，慶七左三，殿七右七，凌七左七。

＊正　龐近少梁　南化楓三謙梅狩瀧。

〔魯衛宋鄭君來朝〕　瀧一七・一，慶七左五，殿七右八，凌七左九。

索　皆在十四年是也　○耿慶彭凌游殿無「是也」二字。

索　改號曰鄭　○耿慶彭凌游殿遂改號曰鄭。

〔敗魏桂陵〕　瀧一七・八，慶七左九，殿七左二，凌八右三。○陵，凌林。札記凌「陵」誤「林」。

〔塞固陽〕　瀧一八・二，慶七左一〇，殿七左三，凌八右四。

正　棝陽縣　○陽，慶彭殿楊。

正　北達銀州　○達，慶彭庭。札記王、柯本「達」誤「庭」。

〔與盟漳水上〕　瀧一八・五，慶八右二，殿七左五，凌八右七。

正　洛州縣也　○洛，慶殿洺。下同。札記官本「洺」，各本訛「洛」，下同。

〔二十一年〕　瀧一八・五，慶八右三，殿七左六，凌八右八。○一，游二，札記與表合。游本「一」誤「二」。

〔中山君相魏〕　瀧一八・七，慶八右五，殿七左七，凌八右九。

索　按魏文侯滅中山　○滅，慶咸。

索　其弟守之　○耿慶彭凌游殿「其弟」二字作「使子擊」三字。札記單本不誤，各本改「子擊」，非。

〔趙告急齊〕　瀧一八・一〇，慶八右七，殿七左一〇，凌八左二。○耿「告」、「急」互倒。

〔貴不益爲王〕　瀧一九・六，慶八左三，殿八右六，凌八左八。

正　則齊士盡矣　○士，慶彭殿上。

〔敗於馬陵〕　瀧二〇・二，慶八左九，殿八右一〇，凌九右三。

集　在元城　○元，蜀无。按：景刊時之誤矣。

索　徐廣曰在元城　○耿慶彭凌游殿無此注六字。

索　與齊田朌戰于馬陵　○朌，游盼。下同。

索　又上二年　○索無「又」字。

索　桂陵與馬陵異處　○耿桂陵與馬陵地名各異。無「處」字。

正　澗谷深峻　○澗，慶彭殿間。

正　魏伐趙趙與韓親　○慶彭索凌不重「趙」字。按：景印慶元本增一「趙」字。札記各本脱「趙」字。

正　韓請救於齊　○慶彭凌金陵「韓請救於齊」五字作「韓氏請於齊」。

正　齊使田忌田嬰將　○慶彭凌無下「田」字。札記各本脱下「田」字。

正　救韓趙以擊魏　○慶彭凌「救韓趙以擊魏」六字作「救趙韓已擊魏」。札記各本「韓」、「趙」

倒，以上官本並與田完世家合。

正　虜魏太子申　○殿無「魏」字。札記官本與田完世家合，各本脫「魏」字。

正　大破魏軍　○慶彭凌大慶、彭本「大」字作「太」。破魏軍營。按景印慶元本作大。

正　戰困於南梁　○困，慶彭凌國。按：景印慶元本作「困」。札記官本「困」，各本誤「國」。

正　齊師走大梁　○大，慶彭太。按：景印慶元本作「大」。

正　豈合更渡河北至魏州元城哉　○元，慶彭凌先。按：景印慶元本作「元」。札記官本「元」，各本訛「先」。

〔軍遂大破〕　瀧二〇・八，慶九右六，殿八左八，凌九左三。○游無「軍」字。遂大破之。札記中統、舊刻、游本無「軍」字，末有「之」字。

〔惠王數被於軍旅〕　瀧二一・八，慶九左五，殿九右六，凌一〇右一。○被，慶彭凌游殿敗，南化楓三謙被。札記王、凌「被」作「敗」。

〔叟不遠千里〕　瀧二二・一，慶九左八，殿九右九，凌一〇右四。○札記舊刻下多「而來」二字，蓋依孟子增。

〔辱幸至獘邑之廷〕　瀧二二・一，慶九左八，殿九右一〇，凌一〇右五。○獘，景井慶彭凌游殿弊。

〔上下爭利〕　瀧二二・三，慶一〇右一，殿九左二，凌一〇右七。○札記中統本「爭」作「欲」。

〔追尊父惠王爲王〕　瀧二三・七，慶一〇右四，殿九左五，凌一〇左一。

集　二年伐趙　〇二，蜀三。

〔秦敗我龍賈軍四萬五千于雕陰〕　瀧二三・一〇，慶一〇右六，殿九左六，凌一〇左二。〇雕，毛彫。札記宋本，王、毛「雕」作「彫」。

〔圍我焦曲沃〕　瀧二四・二，慶一〇右六，殿九左七，凌一〇左三。

正　古虢城中東北隅　〇虢，凌號，慶號。按：景印慶元本作「虢」。札記官本「虢」，凌訛「號」，王、柯訛「號」。

正　曲沃故城　〇故，慶彭凌殿有。

〔予秦河西之地〕　瀧二四・三，慶一〇右八，殿九左八，凌一〇左四。〇殿考秦本紀惠文君七年敗龍賈，八年魏納河西地，是兩年事此併入一年。

〔秦取我汾陰皮氏焦〕　瀧二四・五，慶一〇右一〇，殿九左一〇，凌一〇左七。

正　在蒲州汾陰縣北九里　〇蒲，慶浦。

〔敗之陘山〕　瀧二四・七，慶一〇左一，殿一〇右一，凌一〇左八。

正　在鄭州新鄭縣西南三十里　〇慶彭凌殿無下「鄭」字。札記「新」字考證據楚世家正義增。按：札記所云「新」字當可改「鄭」字。

〔魏盡入上郡于秦〕　瀧二四・八，慶一〇左二，殿一〇右三，凌一〇左九。

正　濱洛至慶州洛源縣白於山　〇白，慶彭凌自。按：景印慶元本作「白」。札記官本「白」，各本訛

「自」。

〔秦降我蒲陽〕 瀧二四・一〇，慶一〇左四，殿一〇右五，凌一一右二。

正 在隰州隰川縣蒲邑故城是也 〇川，凌州。

〔秦取我曲沃平周〕 瀧二五・四，慶一〇左八，殿一〇右九，凌一一右五。

正 在汾州介休縣西五十里也 〇州，慶彭周。按：景印慶元本作「州」。札記王、柯「州」誤「周」。介，凌界。

〔子哀王立〕 瀧二五・六，慶一〇左九，殿一〇右一〇，凌一一右七。

索 無哀王 〇耿慶彭凌殿而無哀王，游即無哀王。

索 今此文分惠王之歷 〇耿慶彭凌游殿無「今」字。文，索又。

索 又有哀王凡二十三年 〇三，索二。

索 而孔衍敘魏語 〇耿慶彭凌游殿無「而」字。

索 蓋紀年之作 〇耿慶彭凌游殿「蓋」字作「然則是」三字。

索 即以襄王之年包哀王之代耳 〇耿——包哀王之代耳茍說非也。

〔二年〕 瀧二六・八，慶一一右六，殿一〇左七，凌一一左五。〇二，紹三。

〔秦使樗里子伐取我曲沃〕 瀧二六・一〇，慶一一右七，殿一〇左八，凌一一左六。

索 秦昭王弟疾 〇耿慶彭凌游殿樗里子秦昭王弟名疾。

索 因號焉 〇慶彭凌游殿故因號焉。

〔走犀首岸門〕　瀧二七・二，慶一一右八，殿一〇左九，凌一一左七。

索　徐廣云潁陰有岸門亭　○耿　慶　彭　凌　游　殿無此注九字。

〔攻齊〕　瀧二七・五，慶一一左一，殿一一右一，凌一一左一〇。

集　擊齊虜贅子於濮也　○虜，慶　彭魯。按：景印慶元本作「虜」。贅，殿聲。按：景印慶元本亦作「聲」。

〔伐衛〕　瀧二七・五，慶一一左二，殿一一右二，凌一二右一。○景　井　慶　彭　毛　凌　游　殿伐衛拔列城二。

索　八年翟章伐衛　○翟，耿君。

〔請罷魏兵〕　瀧二七・七，慶一一左三，殿一一右三，凌一二右二。○兵，耿君。

〔拔閼與〕　瀧二七・九，慶一一左五，殿一一右五，凌一二右五。

正　羊腸阪道　○阪，慶　彭　凌　殿坂。

正　則趙國東西斷而爲二也　○二，慶　彭　凌三。札記官本「二」，各本訛「三」。

〔魏爲從主也〕　瀧二八・二，慶一一左八，殿一一右八，凌一二右七。○爲，毛無。札記毛本「爲」訛「無」。

〔張儀魏章皆歸于魏〕　瀧二八・一〇，慶一二右六，殿一一左五，凌一二左五。

索　章爲魏將　○南化　謙章前爲魏將。

〔魏相田需死〕　瀧二九・一，慶一二右七，殿一一左六，凌一二左六。

*正　需南化、楓、三、謙本「需」下有「作需」二字。音須　南化　楓　三　謙　梅　瀧。

〔請爲君北必相之〕 瀧二九・七，慶一二左一，殿一二左九，凌一二左一〇。○南化 楓 三 謙 梅 請爲北見梁王必使相之。

〔然則寡人孰相〕 瀧三〇・三，慶一二左七，殿一二右四，凌一三右六。○南化 謙 梅 然則寡人孰爲相。

〔秦拔我蒲阪陽晉封陵〕 瀧三一・一，慶一三右四，殿一二左一，凌一三左三。○阪，景 井 紹 蜀 耿 慶 彭 毛 凌 游 金陵 反。下同。札記 舊刻及凌引一本作「阪」，表作「坂」，下同。

正 秦拔我杜陽晉陽 ○慶 彭 凌 無「拔我」二字。札記 官本與表合，各本此二字脱。

〔與秦伐楚〕 瀧三一・四，慶一三右七，殿一二左四，凌一三左六。

集 與齊王會于韓 ○札記 與表合，吳校元板「齊」誤「秦」。

〔與齊韓共敗秦軍函谷〕 瀧三一・四，慶一三右八，殿一二左五，凌一三左七。

集 河渭絶一日 ○耿 毛「河渭絶一日」五字作「一曰河渭絶」。凌 作「二日河渭絶」。札記 王、柯本與表合，中統、毛本作「一曰河渭絶」，誤。

〔哀王卒〕 瀧三一・六，慶一三右一〇，殿一二左六，凌一三左八。

索 始稱元年耳 ○耳，慶 彭 凌 游 殿 也。

〔芒卯以詐重〕 瀧三二・一，慶一三左三，殿一二左九，凌一四右二。

索　謂卯以智詐見重於魏　○殿無此注九字。謂，耿慶彭凌游言。殿考秦藩本此下有「索隱言卯以智詐見重于魏共」九字。

〔秦拔我安城〕　瀧三二・九，慶一三左一〇，殿一三右五，凌一四右九。

正　在豫州汝陵縣東南七十一里　○慶彭凌殿金陵無「在」字。按：瀧本從中井積德之説補「在」字。

〔兵到大梁去〕　瀧三二・一〇，慶一四右一，殿一三右六，凌一四右九。

集　徐慶曰十四年大水　○殿無此注八字。

〔楚王徙陳〕　瀧三二・一〇，慶一四右一，殿一三右六，凌一四右一〇。

索　郢楚都　○慶彭凌游殿金陵無此注三字。

〔又拔我二城〕　瀧三三・二，慶一四右三，殿一三右八，凌一四左二。○二，殿三。札記舊刻「二」訛「三」。案：表作「兩」。殿考六國年表作「秦拔我兩城」。

〔魏將段干子〕　瀧三三・四，慶一四右六，殿一三右一〇，凌一四左四。○子，南化梅謙木。

〔王獨不見夫博之所以貴梟者〕　瀧三三・九，慶一四左一，殿一三左四，凌一四左九。○梟，景慶彭凌游殿梟。下同。

〔不便則止矣〕　瀧三三・一〇，慶一四左二，殿一三左五，凌一四左一〇。

正　博頭有刻爲梟鳥形者　○札記通鑑集覽引「頭」作「骰」。殿無「鳥」字。

正　擲得梟者　○殿無「者」字。

〔秦拔我鄢丘〕　瀧三四・四，慶一四左五，殿一三左八，凌一五右三。

集　鄢丘一作廩丘　○景慶彭凌游殿無上「丘」字。

集　今爲宋公縣　○縣，毛孫。札記毛誤「孫」。

索　鄢七絲反　○絲，慶彭凌殿系，耿游鄢音七絲游本「絲」字作「系」。反。

正　鄢七私反　○七，凌十。

〔中旗馮琴而對曰〕　瀧三五・一，慶一五右一，殿一四右四，凌一五右一〇。○耿慶彭凌游無「而」字。札記官本有「而」字，與宋本合。按：景本亦有「而」字。札記所云宋本間與景本合。

索　作推琴者　○耿慶彭凌游殿無「者」字。

索　文各不同　○耿慶彭凌游殿五文各不同。

〔決晉水以灌〕　瀧三五・四，慶一五右五，殿一四右七，凌一五左三。○決，耿汶　南化楓三梅謙決晉汾水以灌。

〔不湛者三版〕　瀧三五・五，慶一五右七，殿一四右九，凌一五左六。○湛，游浸。札記游本、吳校元本作「浸」。殿考「湛」，一本作「浸」。

正　昔趙襄子堡晉陽　○札記「保」訛「堡」，考證據趙世家改。

〔魏桓子御〕　瀧三五・七，慶一五右八，殿一四右一〇，凌一五左六。○南化梅謙魏桓子爲御。

〔絳水可以灌平陽〕　瀧三五・九，慶一五右一〇，殿一四左二，凌一五左九。

正　韓都也　○慶彭凌殿金陵本韓都也。按：瀧本據鳳文館刊史記評林，重誤。

正　北注　○慶彭凌殿無「北」字。

正　縣流積壑二十許丈　○慶彭凌殿無「流」字。二，慶一。按：景印慶元本作「二」。

正　按引此灌平陽城也　○此，慶彭北，南化梅謙校記「此」。按：景印慶元本作「此」。札記王、柯訛「北」。

〔願王之勿易也〕　瀧三六・四，慶一五左六，殿一四左七，凌一六右四。○景紹耿慶彭凌游殿願王之必勿易也。札記各本「勿」上有「必」字，索隱本無。

〔年九十餘矣〕　瀧三六・七，慶一五左八，殿一四左九，凌一六右七。

索　睢七餘反　○殿無此注四字。慶彭凌游按游本「按」字作「案」。睢字音七余「餘」字作「余」。反。

〔遂約車而遣之〕　瀧三六・九，慶一五左一〇，殿一四左一〇，凌一六右八。○車，游乘。札記中統、游本「車」作「乘」。

〔丈人芒然乃遠至〕　瀧三六・一〇，慶一六右一，殿一五右一，凌一六右九。

*__正__　芒莫唐反　南化楓三梅謙。

〔以秦之彊足以爲與也〕　瀧三七・四，慶一六右五，殿一五右五，凌一六左三。

*__正__　與黨與人野瀧本無人字也　南化楓三謙梅野瀧。

〔使之大急〕　瀧三七・七，慶一六右七，殿一五右七，凌一六左五。○大，凌太。

〈謂使者曰〉　瀧三八・三，慶一六左三，殿一五左二，凌一七右二。

索　危棟上也　○耿慶彭凌游殿無此注四字。

索　蓋昇屋以避兵　○昇，殿升。

〈無忌謂魏王曰〉　瀧三八・一〇，慶一六左九，殿一五左七，凌一七右七。○無，金陵无。札記宋本「无」，各本作「無」。

〈秦與戎翟同俗〉　瀧三九・一，慶一六左九，殿一五左七，凌一七右七。○凌有「一本俗作族」五字傍注。

〈兩弟無罪〉　瀧三九・六，慶一七右三，殿一六右一，凌一七左一。○弟，毛地。札記毛誤「地」。

〈外交彊秦魏之兵〉　瀧三九・一〇，慶一七右七，殿一六右四，凌一七左五。○札記襍志云：「『交』當爲『支』，策作『外安能支强秦魏之兵』。」

〈與大梁鄴〉　瀧四〇・一，慶一七右八，殿一六右五，凌一七左六。○鄴，景耿慶彭凌游殿鄴，札記索隱本「鄴」，蓋所見史本如此。今本並作「鄴」，後人依策改，又改索隱文以就之。

索　鄴作鄴字　○鄴，耿慶彭凌游殿亦。

索　爲得　○耿慶彭凌游殿無「爲得」二字而有「俗本或作鄴非」六字。

〔絶漳滏水〕　瀧四〇・七，慶一七左四，殿一六右一〇，凌一八右二。○滏，耿慶彭凌游釜，札記中統、游、王、柯、凌本作「釜」。

〔伐楚道涉谷〕　瀧四〇・八，慶一七左六，殿一六左一，凌一八右三。○景紹耿慶彭凌游殿伐楚道涉山谷。

索　涉谷是往楚之險路　○涉，游步。

索　河内是東道　○内，殿外。

〔行三千里〕　瀧四〇・一〇，慶一七左七，殿一六左二，凌一八右四。

正　涉谷是西道河外是東道　○慶無「涉」字。南化校補「涉」。凌無兩「是」字。慶彭無下「是」字。按：景印慶元本改「谷」字作「涉」，而改「是」字作「谷」。然而無兩「是」字。札記王脱「涉」字，柯、凌脱兩「是」字。

正　攻石城山險阸之塞也　○阸，慶彭凌殿阨。下同。

〔而攻冥阸之塞〕　瀧四〇・一〇，慶一七左八，殿一六左四，凌一八右四。○阸，景蜀紹游阨。下同。

集　孫檢曰至或以爲今江夏鄳縣十九字　○凌此注十九字誤爲正義。札記此注十九字凌本誤混入上下正義。鄳，景黽，紹鄍。

正　上有故石城山　○慶彭凌「故」、「石」互倒。按：景印慶元本「故」、「石」不倒。札記官本「故石」，王、柯、凌誤倒。

正　水經注云　○慶彭凌金陵「水經注云」四字作「注水經云」。

正　此其一也　○札記王本「一」訛「三」。

〔右蔡左召陵〕　瀧四一・四，慶一八右二，殿一六左八，凌一八右一〇。

正　西從汴州南行　○彭無「西」字。謙校補「西」。

正　正南面向東　○正，慶彭殿在。札記王本「正」作「在」。

〔秦固有懷茅〕　瀧四一・八，慶一八右七，殿一七右二，凌一八左五。

正　在懷州獲嘉縣東北二十五里也。　○在，凌有。

正　古脩武也　○彭古修「脩」字作「修」。武是也。

〔邢丘〕　瀧四一・一〇，慶一八右九，殿一七右四，凌一八左五。

集　徐廣曰在平皋　○凌此注六字誤爲正義。札記此注六字，凌本誤混入上下正義中。

正　以其在河之皋地也　○彭以其在河之皋地者也。

〔城〕　瀧四二・一，慶一八右一〇，殿一七右五，凌一八左八。○楓三梅安城。

索　邢丘安城　○城，游成。

索　此少安字耳　○耿慶彭凌游殿無「耳」字。

〔垝津〕　瀧四二・一，慶一八右一〇，殿一七右五，凌一八左八。

索　垝音九毁反　○游無「音」字。

〔有鄭地〕　瀧四二・五，慶一八左三，殿一七右八，凌一九右二。

集　俱屬鄭　○俱，景慶彭凌游殿金陵亦，耿又。

〔得垣雍〕　瀧四二・五，慶一八左三，殿一七右九，凌一九右二。

集　卷縣屬魏也　○殿無「縣」字。

正　歷雍灌大梁城也　○城，慶彭凌金陵是。按：瀧本據鳳文館刊史記評林，殿本亦同。

〔決熒澤水灌大梁〕　瀧四二・七，慶一八左五，殿一七左一，凌一九右四。○熒，毛滎。

札記　毛本「熒」訛「滎」。

〔過而惡安陵氏於秦〕　瀧四二・八，慶一八左七，殿一七左三，凌一九右五。

集　召陵有安陵鄉　○鄉，景紹慶彭凌游郡。札記　官本與續漢郡國志合。各本「鄉」訛「郡」。

〔秦之欲誅之久矣〕　瀧四三・一，慶一八左八，殿一七左四，凌一九右八。○誅，南化楓三梅許。

〔秦葉陽昆陽〕　瀧四三・二，慶一八左八，殿一七左四，凌一九右八。○陽，凌縣。札記　凌誤「縣」。

〔與舞陽鄰〕　瀧四三・二，慶一八左九，殿一七左四，凌一九右八。○舞，慶彭凌游殿武。札記　宋本、毛本與國策及正義合，各本誤「武陽」。按：景本亦作「舞」。

正　在許州葉縣北二十五里　○殿無「許州」二字。

正　此時葉陽昆陽屬秦　○札記　王本「此」誤「州」。

〔南國必危〕　瀧四三・六，慶一九右二，殿一七左八，凌一九左二。

正　此時屬韓　○時，慶彭凌是。札記官本「時」，各本誤「是」。

正　地理志云　○理，慶里。

正　文叔所封　○文，殿大。按：景印慶元本「文」字作「大」。

〔去梁千里〕　瀧四四・一，慶一九右六，殿一八右二，凌一九左七。

集　又云河南梁縣有注城　○殿無此注九字。梁，耿慶彭凌游縣。

〔從林鄉軍以至于今〕　瀧四四・四，慶一九右八，殿一八右四，凌一九左九。

索　在宛陵也　○耿慶彭凌游殿「陵」字作「縣非」二字。

〔五入囿中〕　瀧四四・六，慶一九左一，殿一八右六，凌二〇右二。

索　徐廣云一作城而戰國策作國中　○耿慶彭凌游殿無「除廣曰一作城而」七字。

〔垂都焚〕　瀧四四・九，慶一九左三，殿一八右八，凌二〇右四。

索　有廟曰都　○廟，殿朝。

索　並魏邑名　○耿慶彭凌游殿並魏臺邑名。

〔北至平監〕　瀧四五・一，慶一九左六，殿一八左二，凌二〇右八。○志疑策作「北至乎闞」，則「平」字訛。

集　或作乎字至在東平須昌十八字　○殿無此注十八字。

〔又況於使秦無韓有鄭地〕　瀧四五・八，慶二〇右一，殿一八左五，凌二〇左二。○紹無

「使」字。

〔禍必由此矣〕　瀧四五・九，慶二〇右二，殿一八左七，凌二〇左四。○札記志疑云國策「由」作「百」。案：元龜七百三十五、七百三十六引並作「繇」，則所見史文不作「百」。

〔而韓不可得也〕　瀧四五・一〇，慶二〇右三，殿一八左八，凌二〇左五。

＊**正**　不可得合從也　南化楓三謙梅野瀧。

〔秦橈之以講〕　瀧四六・一，慶二〇右四，殿一八左八，凌二〇左六。○橈，凌游殿撓。

索　橈音尼孝反　○尼，耿慶彭凌游殿苦。

＊**正**　橈曲也講南化、梅、謙本有「謂」字。猶和也誘諸侯南化、楓、三本「侯」字作「國」。伐韓無不從者也　南化楓三梅謙野瀧。

〔識亡不聽〕　瀧四六・三，慶二〇右四，殿一八左八，凌二〇左六。

索　故戰國策云　○耿慶彭凌游殿無「故」字。

〔而臣海内必不休矣〕　瀧四六・五，慶二〇右四，殿一九右一，凌二〇左九。○南化楓三謙而臣海内之楓、三本無「之」字。士必不休矣。

〔是故臣願以從事王〕　瀧四六・六，慶二〇右七，殿一九右二，凌二〇左九。

索　從音足松反　○慶彭殿無「音」字。

索　言合從事王也　○言，耿慶彭凌游殿謂，毛「合從」二字作「信而」。

〔而又與彊秦鄰之禍也〕　瀧四六・一〇，慶二〇左二，殿一九右五，凌二一右四。○又，景人。札記褫志云「『又』當依魏策作『無』」。案：元龜七百三十六引「又」下有「免」字。

〔衛齊甚畏〕瀧四八・一，慶二〇左一〇，殿一九左四，凌二一左三。○札記中統本「甚」訛「其」。按：札記引正文之「衛」字作「魏」，誤。

〔入朝而爲臣不久矣〕瀧四八・一，慶二一右一，殿一九左四，凌二一左三。○朝，紹爲。

按：紹本涉下訛。

〔矯奪將軍晉鄙兵以救趙〕瀧四八・二，慶二一右二，殿一九左五，凌二一左四。

正 即公子無忌矯奪晉鄙兵故名魏德城也 ○殿即公子無忌無「矯」字。奪晉鄙兵地故名魏德城也。

〔敗之河外〕瀧四八・五，慶二一右五，殿一九左八，凌二一左七。○外，凌殿內。

〔公孫喜〕瀧四八・七，慶二一右七，殿一九左一〇，凌二一左九。

索 作公孫衍 ○衍，慶彭無「公」字。按：景印慶元本有「公」字。

〔固謂魏相曰〕瀧四八・七，慶二一右七，殿一九左一〇，凌二一左九。○固，游因。札記中統、游本「固」作「因」。

〔太子增立〕瀧四九・二，慶二一左一，殿二〇右三，凌二二右三。○毛「太子增立」四字作「立太子增」。札記毛本「立」字錯在「太子」上。

〔是爲景湣王〕瀧四九・二，慶二一左二，殿二〇右三，凌二二右四。

索 系本云 ○慶彭凌殿無「云」字。

索 安釐王生景湣王午　○湣，慶彭凌游殿愍。

〔衛徙野王〕　瀧四九・四，慶二一左四，殿二〇右五，凌二二右六。

集 衛從濮陽徙野王　○從，景耿慶彭毛凌徙。濮，游僕，毛漢。札記游本「從」，各本作「徙」，涉正文而誤。

〔秦拔我垣蒲陽衍〕　瀧四九・四，慶二一左五，殿二〇右六，凌二二右七。

集 獻城秦　○殿獻城於秦。

索 在隰洲隰川縣南四十五里　○洲，慶彭凌游殿金陵州。

〔魏雖得阿衡之佐〕　瀧五〇・四，慶二二右三，殿二〇左五，凌二二左六。○佐，南化梅謙索徒。

〔曷益乎〕　瀧五〇・四，慶二二右四，殿二〇左五，凌二二左七。

索 以予所聞　○予，慶彭游忌。按：景印慶元本作「予」。

索 所謂天之亡者　○耿慶彭凌游殿所謂國「天」字作「國」。之云亡者。

索 有賢而不用也　○耿慶彭凌游殿有賢者而不用也。

索 系載忠正　○系，慶彭凌游殿世。

史記會注考證校補卷四十五

韓世家第十五

〔與周同姓〕 瀧二・一，慶一右二，殿一右七，凌一右三。

索 邘晉應韓 ○邘，游邢。

索 是武王之子 ○耿慶彭凌游殿則韓是武王之子。

索 故詩稱韓侯出祖 ○故，耿慶彭凌游殿然。

索 是有韓而先滅 ○耿慶彭凌游殿則是有韓而先滅。

索 封于韓原曰韓武子 ○耿慶彭凌游殿無上「韓」字。武，游氏。

索 如此則與太史公之意亦有違 ○耿慶彭凌游殿——亦有（游本「有」字作「不」。）違耳。

〔得封於韓原〕 瀧二・五，慶一右二，殿一右七，凌一右三。

正 在同州韓城縣西南八里 ○城，慶彭凌地。按：景印慶元本作「城」。札記官本「城」，各本訛「地」。

正 古今地名云韓武子食采於韓原故城也　○殿無此注十六字。采，金陵菜。故，慶彭凌地。

札記「故」訛「地」，警依四庫提要改。

〔武子後三世有韓厥〕　瀧二・八，慶一右八，殿一左三，凌一右一〇。

索 簡生輿輿生獻子厥　○游兩「輿」字作「與」。

*__正__ 世本云桓叔生子萬萬生勝伯勝伯生定伯簡簡生輿輿生獻子厥並居韓按桓叔晉文侯弟南化、楓、三、梅、謙本有「獻」字。成師也晉昭公封之曲沃號曰桓叔　南化楓三梅謙狩野瀧。

〔大業之不遂者爲崇〕　瀧三・九，慶一左八，殿二右一，凌一左九。○崇，景井紹耿慶彭毛凌游殿金陵崇。按：瀧本據字形相似訛。

〔今後無祀〕　瀧四・一，慶一左八，殿二右二，凌一左一〇。○南化楓三梅今後絕無祀。

〔宣子徙居州〕　瀧四・四，慶二右一，殿二右四，凌二右三。

正 本周司寇蘇忿生之州邑也　○寇，慶冠。

〔卒歸於韓魏趙矣〕　瀧四・七，慶二右三，殿二右六，凌二右五。○歸，游居。

〔子貞子代立〕　瀧五・一，慶二右六，殿二右九，凌二右八。

*__正__ 世本云宣子起生平子須也　南化楓三梅謙狩野瀧。

〔貞子徙居平陽〕　瀧五・一，慶二右六，殿二右九，凌二右八。

索 作平子名須　○須，慶彭凌游殿頃。

〔子簡子代〕　瀧五・三，慶二右八，殿二右一○，凌二右九。

集　班氏亦同　○班，景斑。

索　徐廣云至班氏亦同二十二字　○耿慶彭凌游殿無此注二十二字。

〔簡子卒子莊子代〕　瀧五・五，慶二右九，殿二左二，凌二左一。○札記據徐廣説史云貞子生康子，則今本史文簡、莊二代，後人所增。

〔子景侯立〕　瀧五・八，慶二左三，殿二左五，凌二左五。

索　紀年及系本　○系，耿慶彭凌游殿世。

索　皆作景子名處　○處，凌殿虔。

〔聶政殺韓相俠累〕　瀧六・一，慶二左六，殿二左八，凌二左八。

索　俠侯累也　○慶彭凌游殿無「侯」字。

〔因徙都鄭〕　瀧六・九，慶三右二，殿三右三，凌三右四。

索　魏武侯二十一年　○一，慶彭二。按：景印慶元本作「一」。

索　謂韓惠王曰鄭惠王　○彭無「曰」字。

〔而子懿侯立〕　瀧七・一，慶三右五，殿三右六，凌三右七。

索　而立韓若山　○慶彭凌游殿「立韓若山」四字作「韓若山立」。

索　而戰國策又有韓仲子名遂　○慶彭凌游殿無「而」字而「韓」字作「嚴」。

〔魏取朱〕　瀧七・八，慶三右一○，殿三左一，凌三左三。○朱，凌宋。札記柯、凌「朱」訛

「宋」。

〔取陵觀邢丘〕　瀧七・九，慶三左一，殿三左一，凌三左三。

＊正　陵觀音館未詳　南化楓三梅謙狩瀧。

〔諸侯不來侵伐〕　瀧八・一，慶三左二，殿三左二，凌三左四。

＊正　不害河南人作申子三卷在法家也　南化楓三梅謙狩瀧。

〔韓姬弑其君悼公〕　瀧八・三，慶三左二，殿三左三，凌三左五。

索　紀年姬亦作玘　○耿慶彭凌游殿無「紀年」二字。

索　姬是韓大夫　○姬，游如。

索　而王邵亦云不知悼公何君也　○殿考徐孚遠曰：蓋以昭侯首尾二十六年中間特云「殺悼公」，故曰「不知悼公何君也。」蓋史誤。

〔此謂時絀舉贏〕　瀧九・二，慶三左九，殿三左九，凌四右一。○贏，景井紹蜀慶彭毛凌游殿羸。

集　時衰耗而作奢侈　○衰，毛襄。札記毛本「衰」訛「襄」。

〔昭侯卒〕　瀧九・五，慶三左一〇，殿三左九，凌四右二。

索　蓋亦不可復考　○耿慶彭凌殿「蓋亦不可復考」六字作「今亦不可考也」。游作「今下不可考也」。

〔魏敗我將韓擧〕　瀧九・八，慶四右三，殿四右三，凌四右六。○南化景井紹無

「將」字。

索　韓舉則是韓將不疑　○耿慶彭凌游殿「韓舉則」三字作「按此則舉」四字。

索　蓋舉先爲趙將　○慶彭凌游殿「先爲」二字作「本」字。

〔十一年君號爲王〕　瀧九・一〇，慶四右五，殿四右四，凌四右八。○殿考按：楚世家及六國年表韓君稱王，在楚懷之六年，是年於韓爲十年。此作「十一年」。

〔虜得韓將鯁申差於濁澤〕　瀧一〇・二，慶四右七，殿四右七，凌四右一〇。

集　一云鯁申差　○鯁，游鰒。

索　鰒申差二將　○慶彭凌游殿鰒，申差二將名。

正　敗魏趙觀澤　○慶彭凌殿「趙觀澤」三字作「世家云」。札記「趙觀澤」三字誤作「世家云」，考證據表改。

〔此以一易二之計也〕　瀧一〇・九，慶四左二，殿四左三，凌四左七。

＊正　一謂賂秦一名都二謂使秦不伐梅本「伐」字作「代」，下同。韓而又與之伐楚　南化楓三梅謙狩野瀧。

〔乃警公仲之行〕　瀧一〇・一〇，慶四左五，殿四左四，凌四左八。

索　作儆　○耿慶彭凌游殿作儆游本作「敬」。亦同。儆，索金陵衛。

＊正　唱說也　南化楓三謙梅狩野。

〔將西購於秦〕　瀧一一・一，慶四左五，殿四左五，凌四左九。

＊**正** 以金帛和求瀧本求字作交曰購也 [南化][楓][三][謙][狩][梅][野][瀧]。

〔韓必德王也〕 瀧一一・六，慶五右一，殿四左一〇，凌五右五。〇必，[索]之。[札記]索隱本「必」作「之」。

索 折入於秦 〇折，[游]析。

〔必不爲鴈行以來〕 瀧一一・七，慶五右二，殿五右一，凌五右六。〇[索]無「爲」字。[札記]索隱本無「爲」字。

〔不穀將以楚殉韓〕 瀧一二・五，慶五右一〇，殿五右七，凌五左三。〇殉，[景][井][蜀][紹][慶][彭][毛][凌][殿]徇。[札記]凌、毛「殉」訛「徇」。

＊**正** 徇行示也言爲前鋒 [南化][楓][三][謙][梅][狩][野][瀧]。

〔夫以實伐我者秦也〕 瀧一二・七，慶五左一，殿五右九，凌五左五。〇伐，[南化][楓][三][謙]告。

〔已有伐形〕 瀧一二・一〇，慶五左四，殿五左一，凌五左八。〇形，[景]刑。

〔因發兵救韓〕 瀧一二・一〇，慶五左五，殿五左二，凌五左八。〇[景][井][蜀][紹][慶][彭][毛][凌][游][殿][金陵]因發兵言救韓。按：瀧本誤脱。

〔二十一年〕 瀧一三・六，慶五左一〇，殿五左七，凌六右三。

集 周王赧之三年也 〇[殿]「王」、「赧」互倒。

〔與秦共攻楚〕 瀧一三・六，慶六右一，殿五左七，凌六右四。

集 圍景痤也 ○痤，慶彭凌殿座。

〔斬首八萬於丹陽〕 瀧一三・七，慶六右二，殿五左八，凌六右五。

索 在今均州 ○均，彭游灼。

正 左傳例云 ○札記「例」上當有「釋」字。

〔秦伐我取穰〕 瀧一四・四，慶六右九，殿六右四，凌六左三。

正 封公子悝爲穰侯 ○悝，彭俚。

〔公子蟣蝨爭爲太子〕 瀧一四・六，慶六左一，殿六右六，凌六左四。○蝨，景井蜀慶彭毛凌游殿虱。下同。

〔今楚兵十餘萬在方城之外〕 瀧一四・九，慶六左二，殿六右八，凌六左六。

索 北境之北也 ○慶彭凌游殿謂北境之地「北」字作「地」。也。

正 楚大夫屈完對齊侯曰 ○殿「侯」字作「恒公」二字。

正 杜注云 ○注，殿預。

〔楚圍雍氏〕 瀧一五・五，慶六左八，殿六左四，凌七右二。

集 秦本紀 ○秦，游案。按：據字形相似誤。

集 齊湣王十二年 ○二，游三。

集 是楚後圍雍氏 ○後，殿從。

〔使公孫昧入韓〕　瀧一五・七，慶七右二，殿六左八，凌七右七。○入，楓謙朝。

〔秦王必祖張儀之故智〕　瀧一六・三，慶七右七，殿七右二，凌七左一。

集　猶前時謀計也　○猶，殿謂。殿「謀」、「計」互倒。

〔是秦孤也〕　瀧一六・五，慶七右九，殿七右四，凌八右二。○慶彭凌殿「秦」、「孤」互倒。南化謙校記「秦孤」。札記王、柯、凌倒。

〔不如出兵以到之〕　瀧一六・六，慶七右九，殿七右四，凌七左四。札記褉志云：「策作『剄』。是隸書或从刀从至，因訛爲『到』。」

〔今其狀陽言與韓〕　瀧一六・一〇，慶七左一，殿七右五，凌七左五。○今，游令。

〔必易與公相支也〕　瀧一七・二，慶七左二，殿七右七，凌七左七。

索　亦必易爲公相支拒也　○爲，耿慶彭凌游殿與。

〔遂與公乘楚〕　瀧一七・三，慶七右三，殿七右八，凌七左八。○南化謙重「楚」字。

〔施三川而歸〕　瀧一七・三，慶七左四，殿七右八，凌七左八。○施，南化景井游毛弛。札記宋本、舊刻、中統、游、毛「施」並作「弛」。按：札記所云「弛」字當可作「弛」。

正　周天子都也　○周，慶彭凌各。按：景印慶元本作「周」。札記官本「周」，各本誤「各」。

〔司馬庚三反於郢〕　瀧一七・七，慶七左七，殿七左一，凌八右二。○反，游及。札記中統、游本「反」作「及」。

集　一作唐　○唐，凌康。

〔甘茂與昭魚遇於商於〕　瀧一七・八，慶七左七，殿七左二，凌八右二。

索　戰國策謂之昭獻　○獻，慶彭凌游殿獻，南化梅謙校記「敏」。

〔其言收璽〕　瀧一七・九，慶七左八，殿七左二，凌八右三。

索　詐言昭魚來秦　○詐，慶彭許。按：景印慶元本作「詐」。

*正　其言語云昭魚遇於商於擬相秦收其相璽而實類其終契謀伐梅本「伐」字作「代」。韓也　南化楓三謙梅狩瀧。

〔於是楚解雍氏圍〕　瀧一八・六，慶八右四，殿七左八，凌八右九。○於，游如。

集　斬首二萬　○二，游一。

集　然爾時張儀已死十年矣　○爾，慶游耳，彭凌殿其。南化校記「爾」。

正　楚圍雍氏以下　○以，慶彭凌殿金陵之。按：瀧本誤。

正　說韓相公仲耳　○梅說韓相公仲耳張儀是赧王之六年死至此已十年矣。

〔蘇代又謂秦太后弟芈戎曰〕　瀧一九・一，慶八右九，殿八右四，凌八左六。

集　徐廣曰號新城君　○殿無此注七字。

索　號新城君　○耿無此注四字。城，索成。

〔恐秦楚之内蟣蝨也〕　瀧一九・二，慶八左一，殿八右五，凌八左七。

索　按戰國策　○耿無「按」字。戰國策云。

索　故咎與蟣蝨又争立　○又，游以。

索　説伯嬰未立之先亦與蟣蝨争立　○先，耿慶凌游殿前。

索　故事重而文倒也　○倒，慶彭凌游金陵到，謙校記「倒」。游「事」、「重」互倒。

〔公何不爲韓求質子於楚〕　瀧一九・四，慶八左二，殿八右七，凌八左九。○景紹慶彭凌游殿無「子」字。謙校補「子」。札記索隱本有「子」字，與下「爲秦求質子」句法一例。國策亦有，各本並脱。

正　後同　○後，殿下。

〔楚王聽入質子於韓〕　瀧一九・六，慶八左五，殿八右八，凌九右三。○南化楓三梅謙楚王不聽入質子於韓。

正　質子蟣蝨　○殿無此注四字。

正　公叔伯嬰至楚王聽入質子於韓二十八字　○殿無此注二十八字。

正　楚王聽入質子於韓　○於，慶彭凌相，南化梅校記「於」。札記「於」誤「相」，警依提要改。

正　次下云知秦楚不以蟣蝨爲事重明脱不字　○殿無此注十七字。

〔齊魏王來〕　瀧二〇・五，慶九右三，殿八左六，凌九右一〇。○魏，紹侯。

〔秦敗我師于夏山〕　瀧二一・一，慶九右九，殿九右一，凌九左六。

*正　夏山未詳　南化三梅謙狩野瀧。

〔與秦會兩周閒〕　瀧二一・三，慶九左一，殿九右二，凌九左八。○兩，凌西。札記柯、凌

「兩」作「西」，涉上而訛。

〔韓相國謂陳筮曰〕　瀧二一・六，慶九左四，殿九右五，凌一〇右一。

索　徐廣云一作荎　○耿慶彭凌游殿無此注六字。

索　作田荼　○荼，游蔡。

〔是可以爲公之主使乎〕　瀧二一・八，慶九左七，殿九右七，凌一〇右三。

＊**正**　爲如字言使甚多獨筮爲主也　南化楓三謙梅狩野瀧。

〔公無見王〕　瀧二二・一，慶九左九，殿九右九，凌一〇右六。○公，殿君。

〔請今發兵救韓〕　瀧二二・一，慶九左九，殿九右一〇，凌一〇右六。○今，凌殿令。

〔秦擊我於太行〕　瀧二二・五，慶一〇右二，殿九左三，凌一〇右一〇。

正　在懷州河内縣北二十五里也　○河，慶彭沔。按：景印慶元本作「河」。札記官本「河」，各本訛「沔」。

札記王、柯、凌「今」訛「令」。

〔殺馬服子卒四十餘萬於長平〕　瀧二二・七，慶一〇右五，殿九左五，凌一〇左二。○子，楓三士。

〔秦拔我陽城負黍〕　瀧二二・八，慶一〇右五，殿九左五，凌一〇左三。

集　徐廣曰負黍在陽城　○殿無此注八字。

〔秦拔我城皋滎陽〕　瀧二二・一〇，慶一〇右七，殿九左七，凌一〇左四。○滎，紹游榮。

按：誤。

〔紹趙之孤子武〕　瀧二三・八，慶一〇左三，殿一〇右二，凌一〇左一〇。○紹慶彭凌游殿金陵「之」、「孤」互倒。札記史詮云「孤」字當在「之」下。按：瀧本據札記改。

〔宜乎哉〕　瀧二三・一〇，慶一〇左六，殿一〇右四，凌一一右三。

索　景趙俱侯　○俱，慶彭凌游殿據。

索　惠文僭主　○文，索又。

索　秦敗脩魚　○脩，凌儵。

史記會注考證校補卷四十六

田敬仲完世家第十六

〔陳厲公他之子也〕 瀧二・二，慶一右二，殿一右七，凌一右三。○他，景紹井耿慶彭毛凌游殿佗。

索 他音徒何反 ○徒，耿徙。

索 是厲公名躍 ○耿慶彭凌游殿是厲公名躍非名佗也。

*正 佗同何反譙周云春秋傳南化本無「傳」字。謂他即五父世家與傳違案左傳云厲公名躍而佗立未踰年南化本有「而」字。無謚又桓六年經云蔡人殺他又莊二十二年傳云陳厲公蔡出也故蔡人殺五父而立之則他與五父俱爲蔡所殺其名雖異其實梅本「實」字作「事」。則狩、梅本「則」字作「乃」。同他與五父是一人明矣而史記以他爲厲公以躍爲利公恐太史公誤又恐當有所南化、梅、狩本無「所」字。別見班固又以厲公南化、梅、狩本「公」字作「躍」。爲桓公弟重誤矣 南化梅狩瀧。

〔是爲觀國之光〕 瀧二・六，慶一右五，殿一右一〇，凌一右六。○札記句上當有「曰」字。

〔利用賓于王〕　瀧二・七，慶一右五，殿一右一〇，凌一右七。

＊正　杜預曰此周易觀卦六四爻辭也四爲諸侯變而之乾（南化、梅、狩本有「者」字。）有國朝王之象易之爲書六爻皆有變象又有互體聖人隨其義而論之易正義云居觀在近而得其位明習國之禮儀故宜利賓于王庭爲王賓也否卦義曰否閉之也（南化、梅本「也」字作「世」。）非是人道交通之時不利君子爲正也上下不交而天下無國也言利賓（南化、梅本無「賓」字。）于王庭值無國之世故刺君子爲不正必代君有國　南化　梅　狩　瀧。

〔而在異國乎〕　瀧二・一〇，慶一右六，殿一左一，凌一右七。

＊正　六四爻變内卦爲本國外卦（南化、梅本「卦」字作「封」。）爲異國六四在外故爲異國也　南化　謙　梅　狩　瀧。

〔在其子孫〕　瀧三・一，慶一右七，殿一左一，凌一右八。

＊正　内卦爲身外卦爲子孫六四爻變故知在子孫也　南化　謙　梅　狩　瀧。

〔必姜姓〕　瀧三・二，慶一右七，殿一左二，凌一右八。

＊正　六四爻是辛未爻觀上體巽未爲羊巽爲女（南化、梅、狩本「女」字作「大」。）以女乘羊故爲姜姜齊姓必知在齊也　南化　梅　狩　瀧。

〔四嶽之後〕　瀧三・三，慶一右七，殿一左二，凌一右九。

正　杜預云姜姓之先爲堯四嶽也　〇殿　此注十二字爲集解。

〔故陳完不得立〕　瀧三・一〇，慶一左五，殿一左九，凌一左六。〇完，毛　桓。札記　毛「完」

誤「桓」。

〔宣公十一年〕　瀧四・四，慶一左八，殿二右一，凌一左八。○南化楓三謙「十二」作「廿二」。

〔幸得免負擔〕　瀧四・六，慶一左一〇，殿二右三，凌一左一〇。○擔，景耿慶彭毛殿金陵檐，梅校記「擔」。

〔是謂鳳皇于蜚〕　瀧四・九，慶二右二，殿二右四，凌二右二。○皇，凌鳳。蜚，毛飛。

〔莫之與京〕　瀧四・一〇，慶二右三，殿二右六，凌二右四。

※正　賈逵曰京大也杜預曰敬仲八代孫陳常也田完世家云八代孫田常之子盤也而杜以常爲八代者以桓子無宇生武子開與釐子乞皆相繼事齊故以常爲八代　南化楓三謙梅狩瀧。

〔以陳字爲田氏〕　瀧五・四，慶二右六，殿二右八，凌二右六。○字，毛氏。

集　始食采地於田　○采，景井耿彭毛凌游金陵菜，景井耿慶彭毛凌游殿無「於田」二字。

索　據如此云　○耿慶彭凌游殿「據如此云」四字作「據史此文」。

索　遂以爲田氏　○耿慶彭凌游殿無「以」字。

索　應劭云至未詳其處十七字　○慶彭凌殿無此注十七字。

索　應劭云　○耿游而應劭云。

索　始食采於田　○采，耿游金陵菜。

索　則田是地名　○耿游則田或是地名也。

索　未詳其處　○耿游無此注四字。

正　不欲稱本國故號　○慶彭凌殿「國」、「故」互倒。

〔無宇卒〕　瀧六・三，慶二左二，殿二左四，凌二左三。○宇，紹字。按：據字形相似訛。

〔其粟予民〕　瀧六・四，慶二左四，殿二左六，凌二左五。○予，紹子。按：據形字相似訛。札記禚志云「粟」當爲「稟」。說文「稟，賜穀也。」御覽器物部引作「稟」。

〔由此田氏得齊衆心〕　瀧六・七，慶二左五，殿二左七，凌二左六。○由，紹田。按：涉下訛。

〔景公太子死〕　瀧七・三，慶三右一，殿三右二，凌三右二。○太，凌大。

〔兩相高國立荼〕　瀧七・六，慶三右四，殿三右四，凌三右四。○札記「高國」二字疑後人旁注誤混。

〔始諸大夫不欲立孺子〕　瀧七・一〇，慶三右七，殿三右七，凌三右七。○孺，景穤。札記宋本「孺」作「穤」，下同。按：景本間與札記所云宋本同。

〔遂返殺高昭子晏孺子奔魯〕　瀧八・四，慶三左一，殿三左一，凌三左二。○返，井慶彭凌殿反。札記凌本「反」。按：如上記所作「反」本多，何必凌本耳。攷異晏孺子，「晏圉」之誤也。使孺子果奔魯，安得還之駘而殺？當從齊世家爲是。

〔請諸大夫曰〕　瀧八・六，慶三左三，殿三左二，凌三左三。○請，南化謙梅謂。

〔田乞盛陽生橐中〕　瀧八・七，慶三左五，殿三左三，凌三左四。

索　謂皮橐之中　○耿無「之」字。

〔田乞誣曰〕　瀧八・九，慶三左七，殿三左五，凌三左六。○誣，南化謙梅詐。

〔吾與鮑牧謀共立陽生也〕　瀧八・九，慶三左七，殿三左五，凌三左七。○牧，彭叔，梅校記「牧」。

〔子常代立〕　瀧九・五，慶四右三，殿三左一〇，凌四右二。○代，景伐。

〔相簡公〕　瀧九・七，慶四右六，殿四右三，凌四右五。

索　名止　○耿慶彭凌游殿「名」、「止」互倒。

〔歸乎田成子〕　瀧一〇・一，慶四右八，殿四右五，凌四右八。

索　言嫗之采芑菜　○采，游金陵菜。

索　以刺齊國之政將歸陳　○耿慶彭凌游殿——政將歸陳氏也。

*正　嫗於丰南化、楓、三、謙本「丰」字作「竿」，梅本作「芊」，狩本作「半」。反芑音起芑白粱粟也言齊之婦嫗捃謙本「捃」字作「掃」。拾遺粟之穗以南化、楓、三、梅、狩本無「以」字。爲生産亦分歸南化、楓、三、謙、梅、狩本有「附」字。田成子此謙本有「齊」字。歌齊國之政將歸南化、楓、三本無「歸」字。田氏　南化楓三梅狩瀧。

〔御鞅諫簡公曰〕　瀧一〇・四，慶四右九，殿四右六，凌四右九。

*正　御鞅爲僕御官也鞅名南化、狩本有「也」字。亦田氏族也賈逵云齊大夫也　南化楓三謙狩瀧。

〔監止之宗人也〕　瀧一〇・六，慶四左一，殿四右八，凌四右一〇。

索　蓋太史誤也　○游無蓋字。也，耿慶彭凌游耳，殿爾。

*__正__　齊世家云闞止有寵狩本「寵」字作「籠」。焉賈逵云闞止子我也尋南化、楓、三、梅、狩本有「三」。世家文意子我闞止字也今云宗人蓋太史公誤也　南化楓三梅狩瀧。

〔常與田氏有郤〕　瀧一〇・八，慶四左二，殿四右九，凌四左二。○常，南化謙梅嘗。

〔需事之賊也〕　瀧一一・六，慶四左一〇，殿四左五，凌四左九。

*__正__　待闞止之事發必爲賊害也　南化楓三梅狩瀧。

〔田氏之徒追殺子我及監止〕　瀧一一・八，慶五右二，殿四左七，凌五右一。○楓三無「及」字。

〔追執簡公于徐州〕　瀧一一・九，慶五右二，殿四左八，凌五右二。○札記「徐州」亦當作「俆州」，然索隱本亦訛「徐」，故別之云「非九州之徐」。

〔遂殺簡公〕　瀧一二・一，慶五右五，殿五右二，凌五右五。○殺，凌弑。

〔南通吳越之使〕　瀧一二・七，慶五右八，殿五右三，凌五右八。○通，井之。札記宋本「通」誤「之」。按：井本間與札記所云宋本合。

〔自爲封邑〕　瀧一三・一，慶五左五，慶五右九，凌五左五。

索　則徐廣云在北海是　○耿慶彭凌游殿此七字作「徐廣説」三字。

〔田常乃選齊國中女子長七尺以上爲後宮〕 瀧一三・三，慶五左六，殿五右一〇，凌五左五。○南化楓三梅無子字。景井紹耿慶彭毛游殿「子」、「長」互倒。札記宋本、毛本「子」、「長」誤倒。

〔及田常卒有七十餘男〕 瀧一三・五，慶五左八，殿五左二，凌五左七。

索 故能自保固 ○慶彭凌游殿無「固」字。

索 夫成事在德 ○德，耿慶彭凌游殿姦。

索 雖有姦子七十 ○耿慶彭凌游殿無「有姦」二字。

索 祇以長亂事 ○祇，耿慶彭凌游殿秖。下同。

索 言其非實也 ○彭言其非實者也。

〔子襄子盤代立相齊〕 瀧一三・七，慶五左九，殿五左四，凌五左九。○盤，南化磐。

〔常謚爲成子〕 瀧一三・七，慶六右一，殿五左五，凌六右一。

索 徐廣云一作墍音許既反 ○耿慶彭凌游殿無「徐廣云一作」五字。耿無「音」字。

〔圍陽狐〕 龍一四・一，慶六右六，殿，五左九，凌六右五。

正 在魏州冠氏縣南十里 ○冠，慶彭殿寇。札記「冠」訛「寇」，考證據唐志改。

〔伐魯葛及安陵〕 瀧一四・二，慶六右七，殿五左一〇，凌六右六 ○札記考證云「表作『伐魯莒及南陽』」。

正 在許州長葛縣北十三里 ○三，慶彭凌殿二。

〔子太公和立〕　瀧一四・四，慶六右九，殿六右二，凌六右九。

索　所以作系本及記史者不得録也　○慶彭凌殿「記」、「史」互倒。

索　十二代而有齊國　○殿考徐孚遠曰：莊生在齊宣王時，豈得逆數王建以爲十二代？蓋總言田氏擅齊之數。

索　今據系本系家　○今，凌及。

索　唯祇十代　○耿慶彭凌游殿無「唯」字。

索　乃與莊子鬼谷説同　○耿慶彭凌游殿無「乃」字。

索　明紀年亦非妄　○耿慶彭凌游殿明紀年亦非妄説也。

〔取魯之郕〕　瀧一四・八，慶六左三，殿六右六，凌六左三。

正　魯孟氏邑是也　○慶彭凌殿無「氏」字。札記「氏」字考證增。

〔伐衛取毋丘〕　瀧一四・九，慶六左四，殿六右七，凌六左五。

正　今名蒙澤城　○慶彭凌殿故貫今名蒙（慶、彭、殿本「蒙」字作「濛」。）澤城。

〔三年〕　瀧一五・五，慶六左一〇，殿六左三，凌七右一。○札記案：依索隱似「三年」上有「又」字。

〔太公與魏文侯會濁澤〕　瀧一五・五，慶七右一，殿六左三，凌七右二。

索　徐廣云康公十六年　○耿慶彭凌游殿無「云康公十六年」六字。

索　明年會平陸　○平，南化謙于。

索 則是十八年 ○耿慶彭凌游殿無「則」字。

〔子桓公午立〕 瀧一五・一〇，慶七右六，殿六左八，凌七右七。

索 是爲桓侯 ○桓，耿相。按：據闕筆諱。

〔桓公午五年〕 瀧一六・二，慶七右八，殿六左一〇，凌七右九。○五，井元。札記宋本「五年」作「元年」。按：井本間與札記所云宋本合。

〔齊桓公召大臣而謀〕 瀧一六・二，慶七右八，殿七右一，凌七右一〇。

索 戰國策又有張田 ○田，慶彭凌游殿丑。札記吴校元板「田」字，與單本同，各本作「丑」。

索 其辭前後交互 ○辭，耿慶彭凌游殿詞。

索 是記史者所取各異 ○耿慶彭凌游殿無「史」字。

索 故不同耳 ○耳，耿慶彭凌游殿也。

〔騶忌曰〕 瀧一六・九，慶七左一，殿七右三，凌七左二。○殿考徐孚遠曰：騶忌始以鼓琴干成王，不宜在桓公已與廷議。且其事與下文所載亦相類。

〔段干朋曰〕 瀧一六・一〇，慶七左一，殿七右四，凌七左三。○殿考此與下文救趙之事，戰國策皆作「段干綸」，春秋後語作「段干萌」。

〔取桑丘〕 瀧一七・五，慶七左七，殿七右九，凌七左八。○丘，紹兵。

正 魏趙世家並云 ○札記案：韓世家亦有此文，此脱「韓」字。

〔桓公卒〕　瀧一七·一〇，慶七左八，殿七右一〇，凌七左一〇。

〔晉伐我至博陵〕　瀧一八·七，慶八右四，殿七左六，凌八右六。○札記考證云「博」，年表作「鱄」。案：御覽百六十三引「齊威王伐晉至博陵」，徐廣注「東郡之博陵也」以「晉伐齊」爲「齊伐晉」，傳寫誤，其徐注，則今本脱落矣。

索　梁惠王十二年　○二，耿慶彭凌游殿三。

〔趙伐我取甄〕　瀧一八·一〇，慶八右五，殿七左七，凌八右七。

正　音絹即濮州甄城縣也　○慶彭凌殿此注九字移在下文之「昔日趙攻甄」之下。而注文中之「縣」下有「北合在即墨字上」七字。又凌本「濮」字作「僕」。札記此注各本誤入後「攻甄」下，末有「此合在即墨字上」七字，蓋後人覺其誤而旁注之，致混入正義。今移正删去。

〔毀言日至〕　瀧一九·四，慶八右八，殿七左九，凌八右一〇。○札記御覽六百二十三引無「言」字，下「譽言」同疑衍。

〔譽言日聞〕　瀧一九·七，慶八左一，殿八右二，凌八左三。○日，紹曰。

〔惠王請獻觀以和解〕　瀧二〇·三，慶八左六，殿八右六，凌八左八。

*__正__　觀音館魏州觀城縣古觀國夏啓南化、楓、三、謙、野本有「之」字。子太謙本「太」字作「大」。康南化、楓、三、梅、謙、狩本有「第五」二字。弟之所封也夏相滅之漢爲縣　南化楓三謙梅狩瀧。

〔威王説而舍之右室〕　瀧二〇·七，慶八左九，殿八右九，凌九右一。

*__正__　右室上室　南化楓三謙梅狩野瀧。

〔小弦廉折以清者相也〕 瀧二一〇・九，慶九右二，殿八左一，凌九右四。

索 大弦濁以温者君也 ○耿 慶 彭 凌 游 殿 無此注八字。

索 凡弦以緩急爲清濁 ○弦，慶 彭 凌 殿 絃。此索隱注文中倣之。

索 其弦則濁 ○耿 慶 彭 凌 游 殿 其弦則濁清濁者言琴之聲也。

〔攫之深〕 瀧二一・二，慶九右四，殿八左四，凌九右六。

集 以爪持弦也 ○爪，游 瓜，耿 慶 彭 毛 游 殿 無「弦」字。景 空「弦」字。札記 宋本有「弦」字。按：井本有「弦」字，間與札記所云宋本合。

〔政令也〕 瀧二一・三，慶九右六，殿八左五，凌九右七。

集 徐廣曰愉一作舒 ○凌 無「除廣曰」三字。

索 與下文舍字並同 ○舍，耿 含。按：誤。

索 愉音舒也 ○札記 褋志云「醳」，下文作「舍」，古讀若舒。「愉」字，古音在侯部，絶不通。案：疑索隱「愉」字，後人所增。

〔鈞諧以鳴〕 瀧二一・四，慶九右六，殿八左五，凌九右八。○南化 梅 謙 無「諧」字。

〔大小相益〕 瀧二一・四，慶九右六，殿八左五，凌九右八。○益，南化 楓 三 謙 梅 蓋。下同。

〔而舍之愉者政令也〕 瀧二一・九，慶九左二，殿八左一〇，凌九左四，○舍，殿 醳。按：通志亦作「醳」。

〔淳于髡見之曰〕　瀧二三·三，慶九左七，殿九右四，凌九左八。○髡，南化彭昆。

〔失全全亡〕　瀧二三·四，慶九左九，殿九右六，凌九左一〇。

索　全具無失　○具，南化楓三謙其。

〔謹受令〕　瀧二三·五，慶九左一〇，殿九右七，凌一〇右一。○令，南化楓三謙命。

〔請謹毋離前〕　瀧二三·六，慶九左一〇，殿九右七，凌一〇右一。

索　常無離心目之前　○耿慶彭凌游殿此七字作「常無離君故曰謹毋離前」十字。

〔然而不能運方穿〕　瀧二三·七，慶一〇右一，殿九右九，凌一〇右三。

索　以棘木爲車軸　○軸，慶彭凌殿輪。

〔弓膠昔幹〕　瀧二三·一〇，慶一〇右四，殿九左一，凌一〇右五。○景井紹耿慶彭毛凌游殿金陵淳于髡曰弓膠昔幹。按：瀧本誤脫。

〔所以爲合也〕　瀧二三·一〇，慶一〇右四，殿九左一，凌一〇右五。

索　除廣又曰一作乾　○耿慶彭凌游殿無此注七字。

索　作㭊幹　○㭊，耿折，殿析。

索　則㭊昔　○㭊，慶彭殿析。

索　則是以勢令合耳　○耿慶彭凌游殿無「則」字。是猶以勢令人合也「耳」字作「也」。

〔然而不能傅合疏罅〕　瀧二三·一一，慶一〇右四，殿九左二，凌一〇右六。○罅，游鏬。下同。

索 音五嫁反 ○五，耿慶彭凌游殿呼

索 而久亦不能常傅合於疏罅隙縫 ○耿無「罅」字。罅，慶罅。

索 豈待拘以禮制法式哉 ○哉，耿慶彭游殿者。凌——法式者哉。

索 請自附於萬民 ○民，耿慶彭凌游金陵人。按：瀧本據鳳文館。評林、殿本亦同。

索 是也 ○耿慶彭凌游殿無「是」字。

〔狐裘雖敝〕 瀧二三·四，慶一〇右八，殿九左五，凌一〇右一〇。○敝，景井紹耿慶彭游殿弊。

〔不能成其五音〕 瀧二三·六，慶一〇左一，殿九左八，凌一〇左三。

索 若大車不較 ○耿慶彭凌游殿無「大」字。札記「大車」二字疑衍，各本無「大」字。

索 琴不能成五音也 ○耿慶彭凌游殿琴瑟不較則琴不能成五音也。

〔是人必封不久矣〕 瀧二三·一〇，慶一〇左五，殿一〇右一，凌一〇左六。

集 淳于髡之徒禮倨 ○倨，景井紹耿慶彭毛凌游殿踞。下同。

〔無有〕 瀧二四·五，慶一一右二，殿一〇右七，凌一一右三。

索 其説異也 ○耿慶彭凌游殿其説不同所以異也。

〔使守南城〕 瀧二五·一，慶一一右五，殿一〇左一，凌一一右七。

索 子美稱 ○耿慶彭凌游殿子男子美稱。

〔泗上十二諸侯皆來朝〕 瀧二五·二，慶一一右六，殿一〇左二，凌一一右九。

索　郛莒宋魯之比　○比，耿凌游北。

〔吾臣有肦子者〕　瀧二五・四，慶一一右七，殿一〇左三，凌一一右一〇。○肦，楓棭聁，景井游盼，毛眄。札記肦，宋本訛「盼」，毛訛「眄」。

〔徙而從者七千餘家〕　瀧二五・六，慶一一右一〇，殿一〇左五，凌一一左二。

集　言燕趙之人　○燕，耿其。

〔且不利〕　瀧二六・五，慶一一左五，殿一〇左一〇，凌一一左七。○紹無「不」字。

〔故不如南攻襄陵以獘魏〕　瀧二六・七，慶一一左七，殿一一右一，凌一一左九。○獘，景井紹耿慶彭凌游殿弊。下同。

〔而乘魏之獘〕　瀧二六・八，慶一一左八，殿一一右二，凌一一左一〇。○乘，南化楓謙梅承。

〔公孫閱〕　瀧二六・一〇，慶一一左九，殿一一右三，凌一二右一。

索　作公孫閎　○閎，慶彭凌殿閱，游閒。

〔田忌必將〕　瀧二七・一，慶一一左一〇，殿一一右四，凌一二右二。○田，井侯。札記宋本「田」誤「侯」。按：井本間與札記所云宋本合。

〔殺其大夫牟辛〕　瀧二七・六，慶一二右五，殿一一右八，凌一二右七。

索　徐廣曰一作夫人　○耿無此注七字。慶彭凌游殿無「曰一作夫人」五字。

索 案年表亦作夫人 ○案，耿慶彭凌游殿與，亦，耿慶彭凌游殿並，

索 王劭案紀年云 ○王，耿五。按：耿本據仿他本，有如此誤耳。

索 殺其君母 ○殺，耿慶彭凌游殿弑。

索 殺王后 ○耿慶彭凌游殿殺其王后。

索 或如紀年之説 ○耿「紀年之説」四字作「徐説」二字。

〔公何不令人操十金卜於市〕 瀧二七・八，慶一二右七，殿一一左一，凌一二右九。○卜，耿十。按：據字形相似，或涉上訛歟。

〔田忌聞之〕 瀧二八・一，慶一二右一〇，殿一一左四，凌一二左二。○忌，紹忍。

〔因率其徒〕 瀧二八・一，慶一二左一，殿一一左四，凌一二左三。○景井紹慶彭毛凌游因遂率其徒。

〔不勝而犇〕 瀧二八・二，慶一二左一，殿一一左四，凌一二左三。○不，紹以。

索 因被構不得入齊 ○構，耿慶彭凌游殿購。

索 非是居齊歷十年乃出奔也 ○慶彭凌游殿無「非是居齊」四字。

索 是時齊都臨淄 ○淄，耿菑。

〔不如蚤救之〕 瀧二九・四，慶一二左一〇，殿一二右二，凌一三右二。

索 戰國策 ○耿慶彭凌游殿戰國策云。

索 有張田對曰 ○田，南化謙梅丑，凌丏。札記單本「田」，各本作「張丏」，與今本國策合。

索　蚤救之　○蚤，耿慶彭游殿早。下或同。

索　此云鄒忌者　○鄒，游騶。下同。

索　又齊威時未稱王　○耿慶彭凌游殿又齊威此時未稱王。

索　又横稱鄒忌皆謬矣　○耿慶彭凌游殿又横稱鄒游本「鄒」字作「騶」。忌者蓋此説皆誤耳耿、慶、彭、游本「謬矣」作「誤耳」，殿本作「誤爾」。

〔必東面而愬於齊矣〕　瀧二九・九，慶一三右四，殿一二右六，凌一三右七。○愬，南化楓三梅謙遡。

〔孫子爲帥〕　瀧三〇・三，慶一三右八，殿一二右一〇，凌一三右一〇。○殿考帥，一本作「師」。

〔救韓趙以擊魏〕　瀧三〇・四，慶一三右八，殿一二右一〇，凌一三左一。○以，南化楓三謙梅已，毛臣，景井金陵㠯。札記宋本「㠯」，毛本「臣」，亦「㠯」之訛。葉校作「自」，蓋亦本作「㠯」也。它本作「以」。按：景、井本間與札記所云宋本合。

〔盟而去〕　瀧三〇・六，慶一三左一，殿一二左二，凌一三左三。

集　表曰　○紹空「表」字。

〔魏惠王卒〕　瀧三〇・九，慶一三左二，殿一二左四，凌一三左五。

索　明年梁惠王卒　○耿慶彭凌游殿無此注六字。

索　而系家以其後卽爲魏襄王之年　○以，慶彭凌游殿及。

〔𠂤如騶衍淳于髡〕　瀧三一・三，慶一三左七，殿一二左八，凌一三左一〇。○淳，凌浮。按：誤。

〔接予〕　瀧三一・四，慶一三左九，殿一二左九，凌一三左一〇。○予，景井紹耿毛子。按：板本據「予」與「子」字形相似相亂，然孟荀列傳「接予」作「接子」，不得定謂訛。

正　接子二篇　○子，慶彭凌予。札記案：今漢志有捷子二篇，云武帝時説。裸志以爲志誤。

〔慎到〕　瀧三一・四，慶一三左九，殿一二左一〇，凌一四右二。

正　藝文志　○志，慶彭凌云。按：景印慶元本作「志」。

〔皆賜列第爲上大夫〕　瀧三一・七，慶一四右一，殿一三右一，凌一四右三。○第，景井慶彭弟。

〔且數百千人〕　瀧三一・九，慶一四右二，殿一三右二，凌一四右五。

索　劉向別録曰至期會於其下二十二字　○耿慶彭凌游殿無此注二十二字。

索　齊城西門側　○側，游則。

索　又虞喜曰　○喜，耿慶彭凌游嘻。按：景印慶元本作「喜」。

索　盟于稷門　○耿慶彭凌游殿盟于稷門是也。

〔魏王謂韓馮張儀曰〕　瀧三三・六，慶一四右九，殿一三右一〇，凌一四左三。

集　韓之公仲侈也　○耿無「之」字，而「侈」字作「後」。

〔賁棗將拔〕　瀧三三・六，慶一四左一，殿一三左一，凌一四左四。

集 在濟陰宛朐　○宛，景井紹毛冤。

〔則魏氏轉韓從秦〕　瀧三三·一〇，慶一四左四，殿一三左三，凌一四左七。○南化梅謙重「從」字。

〔秦逐張儀〕　瀧三四·二，慶一四左四，殿一三左四，凌一四左七。

索 逐隨也　○慶彭凌游殿逐謂隨遂也。

***正** 魏氏棄韓從秦之後陳軫隨張儀交臂而事齊楚此陳軫之從反也　南化楓三謙梅野。

〔馮將以秦韓之兵東郤齊宋〕　瀧三四·四，慶一四左七，殿一三左六，凌一四左一〇。○郤，南化楓三謙梅劫。

〔馮因摶三國之兵〕　瀧三四·五，慶一四左七，殿一三左六，凌一四左一〇。○摶，景井慶彭凌殿金陵搏。下注同。札記毛「摶」訛「搏」。按：札記引正文訛「搏」。

集 專猶并合　○耿「專」字作「猶」而「合」字作「名」。

索 摶音團團謂握領也　○慶彭凌游殿不重「團」字。

索 徐作專　○慶彭凌游殿無「作專」二字。

〔乘屈丐之獘〕　瀧三四·六，慶一四左八，殿一三左七，凌一五右一。○乘，耿采。

〔儀將摶三國之兵〕　瀧三四·八，慶一五右一，殿一三左一〇，凌一五右四。○摶，毛游搏。

〔實伐三川而歸〕　瀧三四・九，慶一五右二，殿一四右一，凌一五右五。○伐，慶彭凌游代，楓三謙梅校記「伐」。

〔而王以施三川〕　瀧三五・二，慶一五右四，殿一四右三，凌一五右七。○施，耿弛。

正　言秦王於天子都張設迫脅也　○於，殿與。

〔且謂秦何〕　瀧三五・四，慶一五右六，殿一四右四，凌一五右九。○且，耿豆。按：據字形相似訛。秦，南化楓三梅謙奈。

〔劫於韓馮張儀〕　瀧三五・一○，慶一五左三，殿一四右一○，凌一五左五。○馮，耿爲。

〔公常執左券以責於秦韓〕　瀧三六・一，慶一五左三，殿一四左一，凌一五左六。

索　不正也　○正，耿五。按：據耿本仿他本而間有如此誤耳。

〔而惡張子多資矣〕　瀧三六・二，慶一五左六，殿一四左三，凌一五左九。

＊**正**　資藉也又材質也　南化楓三謙梅野。按：各本校記移在上文「之魏氏之欲不失齊楚者有資矣」之句下。

〔二十三年〕　瀧三六・五，慶一五左七，殿一四左四，凌一一五左一○。○三，殿二。

〔歸涇陽君于秦〕　瀧三六・七，慶一五左八，殿一四左六，凌一六右二。○涇，耿汪。

〔二十六年〕　瀧三六・七，慶一五左一○，殿一四左七，凌一六右三。

集　孟嘗君爲相　○凌時孟嘗君爲相。

〔秦與韓河外以和〕　瀧三六・九，慶一六右一，殿一四左八，凌一六右四。○志疑脱

「魏」字。

〔嘻善〕　瀧三七·四，慶一六右六，殿一五右二，淩一六右八。○南化 謙 梅 嘻善哉。

〔齊以攻宋〕　瀧四〇·三，慶一七左二，殿一六右六，淩一七左五。○以，南化 謙 梅 已。

〔則宋治不安〕　瀧四〇·五，慶一七左三，殿一六右七，淩一七左六。

索　作宋地不安　○作，游 則。

〔伏式結軼西馳者〕　瀧四〇·六，慶一七左五，殿一六右八，淩一七左七。○軼，游 鞅。

〔未有一人言善齊者也〕　瀧四〇·六，慶一七左五，殿一六右一〇，淩一七左九。

索　軼者車轍也　○淩 無「軼者」二字。

索　戰國策　○淩 無「戰」字。

索　作結軔　○軔，慶 彭 游 殿 軼。

〔伏式結軼東馳者〕　瀧四〇·七，慶一七左六，殿一六右九，淩一七左九。○景 井 紹 蜀 慶 彭 游 無「結軼」二字。按：景印慶元本有「結軼」二字。札記 宋、中統、游、王、柯本並脱「結軼」二字。

〔必議秦秦〕　瀧四〇·一〇，慶一七左八，殿一六左一，淩一八右一。○景 井 紹 蜀 耿 慶 彭 毛 淩 游 殿 金陵 上「秦」字作「齊」。按：瀧本涉下訛。

〔敗我濟西〕　瀧四一·四，慶一八右四，殿一六左四，淩一八右六。

集　年表云　〇年，[耿]平。按：耿本據仿他本而有如此誤耳。

〔而與私通焉〕　瀧四二・五，慶一八左二，殿一七右三，凌一八左四。〇[游]而與之私通焉。[札記]中統、游本「與」下有「之」字。

〔不以不覩故失人子之禮〕　瀧四二・一〇，慶一八左九，殿一七右九，凌一九右一。〇失，[耿]夫。按：是亦耿本據仿他本而有如此誤耳。

〔迎襄王於莒入臨菑〕　瀧四三・二，慶一八左一〇，殿一七右一〇，凌一九右二。〇菑，[毛]淄。

〔齊封田單爲安平君〕　瀧四三・三，慶一九右一，殿一七左一，凌一九右三。〇[慶][彭][凌][殿][金陵]此下有「正義曰安平城凌本無「城」字。在青州臨淄縣東十九里古紀之鄰邑也」二十二字注。按：瀧本據初板金陵本，脱此正義二十二字。

〔子建立〕　瀧四三・四，慶一九右三，殿一七左三，凌一九右五。〇[札記]柯「建」誤「楚」。

〔秦滅韓〕　瀧四四・八，慶一九左六，殿一八右四，凌一九左七。〇滅，[游]滅。

〔秦兵擊齊〕　瀧四五・一，慶一九左九，殿一八右七，凌二〇右一。〇秦，[彭]奉，[楓][三][謙][梅]校記「秦」。

〔歌之曰〕　瀧四六・二，慶二〇右一〇，殿一八左七，凌二〇左一。〇歌，[耿]欣。

〔松耶柏耶〕　瀧四六・三，慶二〇右一〇，殿一八左七，凌二〇左一。〇柏，[景][井][紹][耿]

慶彭毛凌游殿栢。下同。

集　秦處建於共松柏閒也　○秦，紹奏。按：據字形相似訛。

〔住建共者客耶〕　瀧四六・三，慶二〇左一，殿一八左七，凌二〇左一。

索　客說建住言　○住，游往。游本誤。

〔疾建用客之不詳也〕　瀧四六・四，慶二〇左二，殿一八左九，凌二〇左三。

索　謂不詳審用客不知其善否也　○殿考按：古字簡少，詳、佯、祥三字通爲「詳」。此「詳」字作「祥」解。

〔故周太史之卦田敬仲完〕　瀧四六・一〇，慶二〇左五，殿一九右一，凌二〇左六。○卦，耿封。

〔及完奔齊〕　瀧四六・一〇，慶二〇左六，殿一九右二，凌二〇左七。○及，南化又。

〔所以比犯二君〕　瀧四七・一，慶二〇左七，殿一九右二，凌二〇左八。

索　田氏比犯二君也。○犯，彭殺。

*****正**　乞南化、謙、梅、狩本「乞」上有「田」字。殺悼公田常殺簡公也　南化楓三梅謙狩瀧。

〔非必事勢之漸然也〕　瀧四七・三，慶二〇左八，殿一九右四，凌二〇左九。○勢，耿埶。下同。

〔蓋若遵厭兆祥云〕　瀧四七・三，慶二〇左九，殿一九右四，凌二〇左一〇。

*****正**　厭一冄反田僖子廢晏孺子南化、楓、三、謙本「子」字作「及」。田成子殺二君非是事勢之漸使如此疑似遵

奉厭禳楓、三、狩本「禳」字作「穰」。之兆吉祥矣南化、楓、三、狩本「矣」字作「云」　南化　楓　三　謙　梅　狩　野　瀧。

索　終然鳳皇　○然，彭　凌　游　殿焉，謙校記「然」。

索　祭急燕趙　○祭，慶　彭　凌　游　殿濟。

索　弟列康莊　○弟，南化　謙第。

史記會注考證校補卷四十七

孔子世家第十七

〔孔子世家第十七〕瀧一·九，慶一右一，殿一右六，凌一右三。

索 孔子非有諸侯之位 ○耿慶彭索凌游殿古慶、彭、凌、游、殿本無「古」字。教化主吾之師也爲帝王之儀表示人倫之準的自子思已慶、彭、凌、游、殿本「已」字作「以」。下代有哲人繼世象賢誠可仰同列國前史既定吾無間然矣慶、彭、凌、游、殿本無「矣」字。又孔子非有諸侯之位。

索 以是聖人爲教化之主 ○主，凌王。

索 故稱系家焉 ○耿慶彭凌游殿故亦稱系家焉。

正 自天子王侯 ○子，慶彭凌下。

〔孔子生魯昌平鄉郰邑〕瀧四·一，慶一右六，殿一左一，凌一右八。○攷異說文「郰，魯下邑，孔子之鄉。从邑，不从阜」。左傳作「郰」。杜預云「郰邑，魯縣東南莝城是也」。

集 孔子父叔梁紇所治邑 ○紹空「梁」字。

索　孔子居魯之鄹邑昌平鄉之闕里也　〇鄹，殿陬。

正　伍緝之述征記云背洙面泗　〇述，慶彭凌殿從，南化梅校記「術」。

正　背洙面泗　〇洙，慶彭凌金陵邾，南化梅校記「洙」。按：瀧本從各本校記。

〔曰孔防叔〕　瀧四・八，慶一右九，殿一左六，凌一左三。

索　畏華氏之逼而奔魯　〇逼，耿禍。

〔伯夏生叔梁紇〕　瀧四・一〇，慶一左三，殿一左八，凌一左六。

正　叔梁紇廟　〇廟，慶彭厲。南化梅校記「廟」。按：「廟」之簡體字「庿」，據「庿」、「厲」字形相似訛。又按：景印慶元本作「廟」。札記官本「廟」，各本作「厲」，蓋「庿」之訛。

正　在兗州泗水縣五十里尼丘山東趾　〇趾，殿址。

〔紇與顏氏女野合而生孔子〕　瀧五・一〇，慶一左四，殿一左一〇，凌一左八。

正　乃求婚於顏氏　〇於，慶彭殿爲。札記「於」誤「爲」，依索隱改。

正　據此婚過六十四矣　〇此，彭其。矣，慶明。彭——六十四明矣。

〔故因名曰丘云〕　瀧八・四，慶二右二，殿二右一〇，凌二右六。〇南化梅無「云」字。

索　圩頂　〇頂，耿慶彭凌鼎。

索　言頂上窳也　〇窳，游殿窊。

正　洒埽以告　〇洒，殿灑。

正　今俗名女陵山　〇今，南化彭於。

〔母諱之也〕　瀧八・九，慶二右七，殿二左三，凌二左二。

索　謂孔子少孤　○少，凌小。

索　非謂不知其塋地　○塋，耿慶彭凌游殿營。

索　非諱之也　○也，游耳。

***正**　梁紇葬時徵在既少不能教（南化、梅本「教」字作「數」。）往忠（瀧本上二字爲一空格。）其的處　南化楓三梅狩瀧。

〔常陳俎豆設禮容〕　瀧九・一，慶二右九，殿二左五，凌二左五。

正　大夫以上赤雲氣　○上，南化梅土。

〔郰人輓父之母〕　瀧九・六，慶二左三，殿二左八，凌二左九。　○郰，毛陬。札記「郰人」，毛本「陬人」。攷異檀弓「輓」作「曼」。曼、輓聲相近。

〔孔子要絰〕　瀧一〇・五，慶二左四，殿二左九，凌二左一〇。　○絰，南化經。

索　既練而見　○練，游繞。

索　故劉氏云嗜學之意　○嗜，游耆。

〔孔子與往〕　瀧一〇・六，慶二左四，殿二左一〇，凌二左一〇。

正　孔子與迎而往　○往，贅異坐。

〔魯大夫孟釐子病且死〕　瀧一一・三，慶二左九，殿三右三，凌三右五。

索　昭公七年左傳云　○慶彭游凌殿無「公」字。

索 是此文誤也　○是，索見。

〔誡其嗣懿子曰〕　瀧一一・六，慶二左一〇，殿三右五，凌三右六。○札記柯本「誡」訛「誠」。

〔滅於宋〕　瀧一一・八，慶三右一，殿三右六，凌三右七。

集 其子奔魯也　○景其子奔在魯也。

〔三命茲益恭〕　瀧一二・一，慶三右四，殿三右九，凌三右一〇。○紹無「益」字。

〔故鼎銘云〕　瀧一二・一，慶三右四，殿三右九，凌三左一。

考 杜預曰三命上卿也考父廟之鼎　○各本此考證全文爲集解。按：瀧本誤。

〔以餬余口〕　瀧一二・五，慶三右七，殿三左二，凌三左三。○餬，景蜀糊，南化笄，紹無「餬」字。

〔及長嘗爲季氏史〕　瀧一三・三，慶三左三，殿三左八，凌三左一〇。○按：瀧川考證云「張文虎曰：『史，宋本、王本作「史」，它本並作「吏」。然今不見所作「吏」本也。』」据札記，則此注當移在下文之「嘗爲司職吏」下。

〔嘗爲司職吏〕　瀧一三・五，慶三左五，殿三左九，凌四右一。○吏，景史。

〔魯君與之一乘車兩馬一豎子〕　瀧一四・五，慶三左一〇，殿四右四，凌四右七。○與，景耿予，井蜀紹子。豎，蜀豎。

〔仁人者送人以言〕瀧一四・八，慶四右二，殿四右六，凌四右九。○札記吴校删「人」字。

案：御覽三百九十引與今本同，家語無。

〔竊仁人之號〕瀧一四・九，慶四右三，殿四右七，凌四右一〇。

集 王肅曰　○王，蜀土。按：蜀本後間有如此之誤，一一不載。

集 謙言竊仁者之名　○殿無「者」字。

〔送子以言〕瀧一四・一〇，慶四右三，殿四右七，凌四右一〇。○言，蜀事。

〔博辯廣大危其身者〕瀧一五・一，慶四右四，殿四右八，凌四左一。○辯，井蜀辨。

札記御覽「廣」作「宏」。

〔毋以有己〕瀧一五・二，慶四右六，殿四右九，凌四左二。

集 父母之有　○紹無「有」字。

〔弟子稍益進焉〕瀧一五・四，慶四右八，殿四左一，凌四左五。○稍，紹利。按：紹本「因」下之「益」字訛。

〔而孔子蓋年三十矣〕瀧一五・九，慶四左一，殿四左四，凌四左八。○十，蜀丁。按：景刊時之誤。

〔得罪魯昭公〕瀧一六・七，慶四左九，殿五右一，凌五右六。

正 季氏介雞翼　○介，慶彭凌殿金陵芥。按：瀧本誤。

〔齊處昭公乾侯〕瀧一六・一〇，慶五右一，殿五右三，凌五右八。

正　相州成安縣東南三十里斥丘故城　○成，慶彭凌殿城。
〔三月不知肉味〕　瀧一七・七，慶五右四，殿五右五，凌五右一〇。
集　聞習韶樂之盛美　○習，紹音。
索　子語魯太師樂　○太，游大。
索　又子在齊聞韶　○又，南化梅夫。
〔而不可軌法〕　瀧一八・六，慶五左一，殿五左三，凌五左八。○札記舊刻「軌」訛「執」。
〔不可以爲下〕　瀧一八・九，慶五左二，殿五左四，凌五左九。○南化梅無「可」字。
〔禮樂缺有閒〕　瀧一九・三，慶五左四，殿五左五，凌六右一。
*正　大賢文王周公等也　南化楓三梅狩瀧。
〔君欲用之〕　瀧一九・七，慶五左六，殿五左七，凌六右三。○君，毛若。
〔吾不能〕　瀧二〇・三，慶五左九，殿五左九，凌六右五。
索　謂奉待孔子如魯季氏之職　○待，游殿侍。
*正　爾雅南化、梅本有「云」字。止待也　南化楓三梅狩瀧。
〔以季孟之閒待之〕　瀧二〇・四，慶五左九，殿五左九，凌六右六。○閒，紹聞。按：誤。
集　季氏爲上卿　○上，景蜀紹耿慶彭凌游殿正。札記「上」訛「正」，依論語集解改。
〔云得狗〕　瀧二一・七，慶六右六，殿六右六，凌六左三。
集　以孔子博物測之　○博，凌博蜀愽。

〔夔罔閬〕 瀧二三・八，慶六右七，殿六右七，凌六左四。

集 謂山也 ○[紹]謂山川也。

索 音兩 ○音，[耿]因。按：据聲相近訛。

〔龍罔象〕 瀧二三・一〇，慶六右九，殿六右九，凌六左六。

集 非常見 ○常，[慶][彭][凌]當。按：景印慶元本作「常」。

〔節專車〕 瀧二三・四，慶六左一，殿六左二，凌六左九。

***正** 按橫南化本無「橫」字。 骨屋兩廂 [南化][楓][三][梅][狩][瀧]。

〔禹殺而戮之〕 瀧二三・七，慶六左四，殿六左四，凌七右二。

集 故禹殺之 ○[彭]無「故」字。

〔其節專車〕 瀧二三・八，慶六左五，殿六左五，凌七右二。 ○[南化][楓][三]其骨節專車。

〔其守爲神〕 瀧二三・九，慶六左六，殿六左六，凌七右四。 ○守，[游]首。 [札記]守，游本誤「首」。

集 守山川之祀者爲神 ○祀，[紹]犯。按：據字形相似訛。

〔社稷爲公侯〕 瀧二三・一〇，慶六左七，殿六左七，凌七右五。

集 直爲公侯而已 ○[紹]直爲公侯而之已。

〔汪罔氏之君〕 瀧二三・二，慶六左九，殿六左九，凌七右七。 ○汪，[游]注。 按：据字形相近誤。

〔守封禺之山〕　瀧二三・二，慶六左九，殿六左九，凌七右七。

集　禺禺山　○紹兩「禺」字作「愚」。

集　改永安爲武康縣　○改，紹故。

集　今屬吴興郡　○郡，游縣。

〔短之至也〕　瀧二三・六，慶七右三，殿七右二，凌七左一。

集　韋昭曰至别名也十二字　○紹無此注十二字。

集　西南夔之别名也　○别，慶彭列，南化梅校記「别」。

正　按括地志在大秦國北也　○景井蜀耿慶彭凌游殿此正義爲集解。金陵按：上有空間。札記案：裴駰無引括地志之理。而各本集解中皆有之，不得獨咎合刻本以正義誤入。尋大宛傳正義引括地志，固有小人國一條云「在大秦南僬僥國」，蓋後人撮注其文於旁遂混入集解，又誤「南」爲「北」也，今空格以别之。

〔長者不過十之數之極也〕　瀧二三・七，慶七右三，殿七右三，凌七左二。○紹無此十字。

〔陽虎執懷〕　瀧二三・一〇，慶七右七，殿七右七，凌七左五。○執，蜀報。按：景刊時之誤。

〔與盟而醳之〕　瀧二四・一，慶七右七，殿七右七，凌七左六。○醳，游釋。

〔孔子循道彌久〕　瀧二四・一〇，慶七左六，殿七左三，凌八右四。○循，南化楓三梅脩。

〔莫能已用〕　瀧二四・一〇，慶七左六，殿七左三，凌八右四。○用，蜀周。

〔今費難小〕 瀧二五・一，慶七左八，殿七左六，凌八右六。○難，景井蜀紹耿慶彭毛凌游殿金陵雖。按：瀧本誤。

〔儻庶幾乎〕 瀧二五・一，慶七左八，殿七左六，凌八右六。

索 檢家語及孔氏之書 ○檢，彭索撿。

索 故桓譚亦以爲誣也 ○故，游改。

〔齊大夫黎鉏言於公曰〕 瀧二七・一，慶八右三，殿八右一，凌八左二。○景井蜀紹耿慶毛彭凌游殿金陵齊大夫黎鉏言於景公曰。按：瀧本誤脱「景」字。

〔會於夾谷〕 瀧二七・二，慶八右五，殿八右二，凌八左三。

集 今在祝其縣也 ○縣，紹餘。

〔具左右司馬〕 瀧二七・一〇，慶八右八，殿八右六，凌八左六。○耿此下有「案左傳曰孔丘以公退曰士兵之則知設左右司馬」二十字注。

〔鼓噪而至〕 瀧二八・五，慶八左二，殿八右九，凌八左一〇。

索 作萊人以兵鼓噪劫定公 ○劫，耿功。

索 故周禮樂有祓舞 ○樂，慶彭游譟，凌噪，耿故周禮樂譟有祓舞。

索 謂大楯也 ○慶彭凌游撥謂大楯也。

〔請命有司〕 瀧二九・六，慶八左九，殿八左六，凌九右八。

索 作營侮 ○營，耿慶彭凌游金陵煢。札記索隱本「營」，各本作「煢」。按：瀧本從索隱本。

〔君子有過則謝以質〕　瀧三〇・二，慶九右五，殿八左九，凌九左二。○質，[景][井][耿][慶][彭][游][殿]實。

〔以謝過〕　瀧三〇・四，慶九右七，殿九右一，凌九左四。

集　太山博縣北有龜山　○太，[凌]大。博，[游]傳，[凌]搏。北，[紹]此。

索　鄆讙及龜陰之田　○讙，[耿]驩。

正　今鄆州鄆城縣　○[彭]無「州鄆」二字。

正　在兗州龔丘縣東北五十四里　○丘，[殿]邱。下同。

〔定公十三年夏〕　瀧三〇・九，慶九右九，殿九右四，凌九左七。○三，[南化]二。

〔公與三子入于季氏之宮〕　瀧三一・八，慶九左三，殿九右八，凌一〇右一。○[南化][楓][梅]定公與三子入——。

〔費人攻之〕　瀧三一・九，慶九左四，殿九右九，凌一〇右三。○人，[南化][梅]入。

〔入及公側〕　瀧三一・一〇，慶九左五，殿九右一〇，凌一〇右三。

集　服虔曰人有入及公之臺側　○[紹]無此注十一字。

〔孔子命申句須樂頎下伐之〕　瀧三一・一〇，慶九左五，殿九右一〇，凌一〇右三。○[紹]無此十一字。

集　申句須樂頎　○頎，[紹]須。按：涉上訛。

〔敗諸姑蔑〕　瀧三二・一，慶九左六，殿九左一，凌一〇右五。

集　魯國卞縣南有姑蔑城　〇卞，[凌]十。按：誤。

正　按泗水縣本漢卞縣地　〇卞，[凌]下。地，[殿]也。

〔將墮成〕　瀧三二・三，慶九左八，殿九左三，凌一〇右六。〇成，[毛]城。[札記]毛「成」訛「城」。

集　泰山鉅平縣東南有成城也　〇泰，[耿]秦。鉅，[耿]距，[彭][游]鏵。

〔公斂處父〕　瀧三二・五，慶九左九，殿九左四，凌一〇右七。

集　服虔曰　〇[耿]「服虔」二字作「張晏」。

*__正__　斂力豔｜南化、梅、狩本「豔」字作「艷」。切處昌汝反父音甫杜預曰處父孟氏家臣｜南化本有「成寄」二字。｜梅狩本有「成宰」二字。公斂陽也　[南化][楓][三][梅][狩][瀧]。

〔於是誅魯大夫亂政者少正卯〕　瀧三三・六，慶一〇右四，殿九左九，凌一〇左三。〇正，[凌]政。

〔不求有司〕　瀧三四・三，慶一〇右七，殿一〇右一，凌一〇左五。

集　有司常供其職　〇其，[毛]具。[札記]毛本「其」訛「具」。

集　客求而有在也　〇求，[蜀]末。按：景刊時之誤。

〔齊人聞而懼曰〕　瀧三四・四，慶一〇右八，殿一〇右二，凌一〇左六。〇而，[紹]卯。

〔文馬三十駟〕　瀧三四・八，慶一〇左二，殿一〇右五，凌一〇左一〇。〇[紹]無「文」字。

札記宋本脱「文」字。按：通志亦無「文」字。

〔主於子路妻兄顏濁鄒家〕 瀧三六・四，慶一一右四，殿一〇左六，凌一一左二。

索 今此云濁鄒是子路之妻兄 ○鄒，耿雛。

〔衛人亦致粟六萬〕 瀧三六・六，慶一一右六，殿一〇左八，凌一一左六。

索 若六萬石似太多 ○太，彭大。

〔過匡〕 瀧三六・一〇，慶一一右一〇，殿一一右二，凌一一左八。

正 在滑州匡城縣西南十里 ○慶彭凌殿無「匡」字。札記「匡」字考證據唐志增。

〔由彼缺也〕 瀧三七・七，慶一一左一，殿一一右三，凌一一左一〇。

正 顏刻舉策指匡穿垣曰 ○刻，慶彭凌殿金陵淵，南化梅校記「刻」。按：瀧本從各本校記。指，凌措。

正 於是匡人有知孔子聖人 ○有，慶彭凌殿乃。

〔顏淵後〕 瀧三八・二，慶一一左六，殿一一右八，凌一二右五。

集 孔安國曰言與孔子相失故在後也 ○殿無此注十四字。

〔回何敢死〕 瀧三八・三，慶一一左七，殿一一右八，凌一二右六。

集 已無所致死也 ○致，贄異敢。

〔孔子曰〕 瀧三八・四，慶一一左八，殿一一右九，凌一二右七。○孔，紹名。

〔後死者不得與于斯文也〕 瀧三八・六，慶一一左九，殿一一左一，凌一二右九。

集　本不當使我知之　○耿無「本」字。

〔然後得去〕　瀧三八·一〇，慶一二右三，殿一一左四，凌一二左三。

索　蓋夫子再戹匡人　○戹，耿慶彭凌游殿厄。下同。

〔去即過蒲〕　瀧三九·二，慶一二右五，殿一一左七，凌一二左五。

正　括地志云　○殿無「云」字。

〔孔子辭謝〕　瀧三九·一〇，慶一二右九，殿一一左一〇，凌一二左九。○謝，毛誰。札記毛「謝」訛「誰」。

〔不得已見之〕　瀧三九·一〇，慶一二右九，殿一一左一〇，凌一二左九。○景井蜀紹耿慶彭毛凌游殿金陵不得已而見之。按：瀧本誤脱「而」字。

〔見之禮答焉〕　瀧四〇·三，慶一二左二，殿一二右二，凌一三右一。

索　下見音賢編反　○慶彭凌游無「賢編反」三字。殿無「音賢編反」四字。編，耿遍。

〔予所不者〕　瀧四〇·五，慶一二左三，殿一二右四，凌一三右三。○不，游否。

〔招搖市過之〕　瀧四〇·九，慶一二左六，殿一二右六，凌一三右六。○之，慶彭人，南化楓三梅校記「之」。

〔桓魋其如予何〕　瀧四一·七，慶一三右二，殿一二左二，凌一三左二。

集　故曰其如子何　○子，景井蜀紹耿慶彭毛凌游殿金陵予。按：瀧本因金陵本印刻不明訛。

〔形狀末也〕 瀧四二・七,慶一三右九,殿一二左八,凌一三左九。○末,南化楓三梅景井蜀末。按:通志亦作「末」。

〔而謂似喪家之狗〕 瀧四二・七,慶一三右九,殿一二左九,凌一三左九。○景井蜀紹耿慶毛彭凌游殿金陵無「謂」字。按:瀧本據札記補「謂」字。

〔楚圍蔡〕 瀧四三・一,慶一三左一,殿一三右一,凌一四右一。○札記舊刻「楚」下有「兵」字。

〔矢長尺有咫〕 瀧四三・三,慶一三左三,殿一三右二,凌一四右三。

集 鷙鳥 ○鷙,景耿慶游摯。

正 齊人謂之擊征 ○慶「擊征」二字作「摯正」。南化校記「鷙正」。彭凌作「鷙正」。札記官本與沔水疏及御覽九百二十六引陸疏合,各本訛「鷙正」。

正 或謂之題肩 ○肩,慶彭凌眉。札記汪校改與沔水疏合,各本「肩」訛「眉」。

正 省鴈 ○札記沔水疏、御覽引陸疏並作「雀鷹」。

〔陳湣公使使問仲尼〕 瀧四三・五,慶一三左五,殿一三右四,凌一四右五。

索 十三年亦在陳 ○陳,慶彭游陳,南化校記「陳」。按:景印慶元本作「陳」。

〔此肅慎之矢也〕 瀧四三・七,慶一三左七,殿一三右六,凌一四右七。

正 河六十日行。札記「河」字訛。御覽七百八十四引肅慎國記作「可」。

正 今之靺鞨國方有此矣 ○鞨,慶彭鞊殿鞈。矣,慶彭殿矢。

〔使各以其方賄來貢〕　瀧四三・九，慶一三左九，殿一三右八，凌一四右一〇。○賄，紹財。

〔使無忘職業〕　瀧四三・一〇，慶一三左一〇，殿一三右九，凌一四左一。

集　各以其方面所有之財賄而來貢　○各，景咎。耿無「面」字。

〔分異姓以遠方職〕　瀧四四・三，慶一四右三，殿一三左二，凌一四左四。○以，游而。

〔蒲人懼〕　瀧四五・二，慶一四左一，殿一三左九，凌一五右二。

索　我甯鬭死　○慶彭游凌殿「我」、「甯」互倒。

〔衛之所以待晉楚也〕　瀧四五・九，慶一四左六，殿一四右三，凌一五右六。

正　從西向東伐　○向，南化河。向，彭句，梅校記「河」。

〔婦人有保西河之志〕　瀧四六・一，慶一四左九，殿一四右六，凌一五右九。

索　在衛地　○地，游也。

〔三年有成〕　瀧四六・七，慶一五右二，殿一四右九，凌一五左二。

集　言誠有用我於政事者　○誠，紹成。

集　朞年而可以行其政教　○年，耿凌月。教，景發。

〔涅而不淄〕　瀧四七・七，慶一五右九，殿一四左五，凌一五左九。

集　君子雖在濁亂不能汙也　○濁，紹浮。

〔我豈匏瓜也哉〕　瀧四七・八，慶一五右一〇，殿一四左七，凌一六右一。○匏，慶彭瓠南化梅校記「匏」。下同。札記宋本，王、柯本「匏」訛「瓠」，注同。

〔焉能繫而不食〕　瀧四七・八，慶一五右一〇，殿一四左七，凌一六右一。

集　吾自食物　○蜀空「自」字。

〔硜硜乎〕　瀧四八・二，慶一五左二，殿一四左九，凌一六右四。○景不重「硜」字。

〔而已矣〕　瀧四八・二，慶一五左三，殿一四左一〇，凌一六右四。

集　此硜硜信己而已　○殿無「此」字。

〔孔子學鼓琴師襄子〕　瀧四八・四，慶一五左三，殿一四左一〇，凌一六右五。

索　吾雖以擊磬爲官　○磬，耿凌游鼓。

〔眼如望羊〕　瀧四九・二，慶一六右一，殿一五右七，凌一六左二。

集　王肅云望羊望羊視也　○耿彭游無注此九字。

〔如王四國〕　瀧四九・四，慶一六右一，殿一五右八，凌一六左三。○蜀殿心如王四國。凌有「一本如字上有心字」八字傍注。殿考一本無「心」字。

〔而聞竇鳴犢舜華之死也〕　瀧四九・八，慶一六右四，殿一五右一〇，凌一六左五。○札記如索隱則所據本作「慶華」。今單本出正文亦作「舜」，蓋後人所改。

集　又作竇犨鳴犢舜華也　○景耿慶彭凌游殿無「犨」字。札記「犨」字考證據家語增。

〔竇鳴犢舜華晉國之賢大夫也〕　瀧五〇・三，慶一六右八，殿一五左三，凌一六左九。○毛無「晉」字。札記毛脱「晉」字。按：通志亦無「晉」字。

〔須此兩人而后從政〕　瀧五〇・三，慶一六右九，殿一五左三，凌一六左一〇。○后，井耿慶彭凌游殿後。

〔則麒麟不至郊〕　瀧五〇・五，慶一六右一〇，殿一五左六，凌一七右二。○井毛「麒麟」二字作「騏驎」。札記宋本、舊刻、毛本作「騏驎」。按：通志亦作「騏驎」。

〔則蛟龍不合陰陽〕　瀧五〇・五，慶一六左一，殿一五左六，凌一七右二。

索　有角曰蛟龍龍能興雲致雨　○札記案：説文無「角曰蛟」，疑此本作「無角曰蛟有角曰龍能興雲致雨」，文有脱誤。

〔則鳳皇不翔〕　瀧五〇・八，慶一六左二，殿一五左七，凌一七右三。○皇，耿游凰。

〔遂居焉〕　瀧五二・二，慶一七右二，殿一六右六，凌一七左三。

*__正__　繞音問　南化楓三狩瀧。

〔齊助衛圍戚以衛太子蒯聵在故也〕　瀧五二・四，慶一七右三，殿一六右七，凌一七左四。○紹無「衛圍戚以」四字。按：紹本因「衛」字誤脱。耿毛無下「衛」字。

〔災必於桓釐廟乎〕　瀧五二・六，慶一七右五，殿一六右九，凌一七左六。

集　故孔子聞有火災　○聞，紹問。按：據字形相似訛。

集　知其必桓僖也　○必，景井蜀紹耿慶彭毛凌游金陵加。按：瀧本據殿本歟？

〔秋季桓子病〕　瀧五二・七，慶一七右六，殿一六右一〇，凌一七左七。○秋，南化楓棭

[三][梅]冬。

〈公之魚曰〉 瀧五三・一，慶一七右一〇，殿一六左三，凌一八右一。〇魚，[紹]魯。按：通志亦作「魯」。

〈歸乎歸乎〉 瀧五三・六，慶一七左四，殿一六左七，凌一八右五。

集 此辭見論語 〇見，[殿]出。

〈吾不知所以〉 瀧五三・八，慶一七左五，殿一六左七，凌一八右五。〇[南化][楓][三]無「吾」字。

〈子贛知孔子思歸〉 瀧五三・一〇，慶一七左七，殿一六左一〇，凌一八右八。〇贛，[凌][游][殿]貢，[札記]宋本、王、毛作「贛」。

〈公孫翩射殺昭公〉 瀧五四・三，慶一七左一〇，殿一七右三，凌一八左一。

集 哀公四年也 〇四，[紹]五。

〈齊景公卒〉 瀧五四・四，慶一八右一，殿一七右三，凌一八左二。

集 徐廣曰哀公五年也 〇[景]無此注八字。

〈他日葉公問孔子於子路〉 瀧五五・八，慶一八右三，殿一七右五，凌一八左四。〇葉，[耿]蔡。

〈子路不對〉 瀧五五・八，慶一八右三，殿一七右五，凌一八左四。

集 食采於葉　○采，景蜀耿凌游金陵菜。

〔爾何不對曰〕　瀧五五・九，慶一八右五，殿一七右六，凌一八左五。○南化楓三無「對」字。

〔豈若從辟世之士哉〕　瀧五六・九，慶一八左四，殿一七左六，凌一九右五。

集 從辟人之法者也　○蜀空「也」字。

〔耰而不輟〕　瀧五六・一〇，慶一八左六，殿一七左七，凌一九右七。

集 耰覆種也　○耰，慶彭凌殿金陵櫌。

集 不以津告也　○也，耿慶彭凌游殿者。札記舊刻「也」，各本誤「者」。論語集解無。

*正 按櫌塊椎也耕（狩本「耕」字作「畊」）。即椎碎之覆種子也　南化楓三梅狩瀧。

〔孔子憮然〕　瀧五七・一，慶一八左七，殿一七左八，凌一九右八。

集 爲其不達己意而非己　○爲，殿謂。

〔鳥獸不可與同羣〕　瀧五七・二，慶一八左七，殿一七左九，凌一九右八。

集 是同羣　○贅異是與鳥獸同羣。

〔丘不與易也〕　瀧五七・三，慶一八左八，殿一七左九，凌一九右九。

集 丘皆不與易也　○丘，殿已。

〔孰爲夫子〕　瀧五七・六，慶一九右一，殿一八右二，凌一九左二。

集 分植五穀　○贅異不分植五穀。

〔楚救陳〕　瀧五七・九　慶一九右三　殿一八右五　凌一九左五

集　哀公四年也　○四，紹二。

〔皆非仲尼之意〕　瀧五八・二，慶一九右七，殿一八右八，凌一九左八。○井無「皆」字。

札記宋本無「皆」字。　按：井本間與札記所云宋本合。

〔小人窮斯濫矣〕　瀧五八・一〇，慶一九左一，殿一八左二，凌二〇右三。

集　濫溢也　○濫，景温。

〔非與〕　瀧五九・三，慶一九左四，殿一八左四，凌二〇右五。

集　問今不然耶　○耶，殿也。

〔予一以貫之〕　瀧五九・三，慶一九左四，殿一八左五，凌二〇右六。

集　故不待多學　○景井蜀紹耿慶彭凌游金陵無「多」字。　按：瀧本據鳳文館刊評林。殿本亦同。

〔人之不我信也〕　瀧五九・八，慶一九左八，殿一八左八，凌二〇右一〇。

集　吾豈以未仁故乎　○吾，毛我。凌殿無「故」字。故，慶彭智。

〔使知者而必行〕　瀧六〇・一，慶二〇右二，殿一九右二，凌二〇左三。○知，耿慶彭凌游殿智。札記舊刻「知」，各本「智」。

〔而不能爲穡〕　瀧六〇・六，慶二〇右六，殿一九右六，凌二〇左八。

集　未必能斂穫之　○彭「未必」二字作「而不」。　穫，景積。

〔而求爲容〕　瀧六〇・一〇，慶二〇右九，殿一九右八，凌二一右一。

＊**正**　言求有爵士得居止　[南化][楓][三]。

〔今孔丘述三五之法〕　瀧六二・八，慶二一右四，殿二〇右二，凌二一左五。○五，[景][耿][慶][彭][凌][游][殿]王，[南化][楓][梅]校記「五」。

〔楚狂接輿歌而過孔子〕　瀧六三・七，慶二一右八，殿二〇右六，凌二一左一〇。

集　佯狂而來歌　○佯，[游]徉。

集　欲以感切孔子也　○孔，[井][慶][彭][游][殿]夫。

〔何德之衰〕　瀧六三・八，慶二一右一〇，殿二〇右七，凌二二右一。

集　孔安國曰至故曰衰也二十八字　○[紹]無此注二十八字。

集　比孔子於鳳鳥鳳鳥待聖君乃見　○比，[彭]此，[楓][梅]校記「比」。[景][蜀][耿][慶][彭][凌][游][殿][金陵]不重「鳳鳥」二字。[楓][三]校補「鳳鳥」。按：瀧本從各本校記。

〔往者不可諫兮〕　瀧六三・九，慶二一右一〇，殿二〇右八，凌二二右二。○[紹]無此六字。

集　孔安國曰已往所行不可復諫止也　○[紹]無此注十四字。

〔來者猶可追也〕　瀧六三・九，慶二一左一，殿二〇右八，凌二二右二。○[紹]無此六字。

〔今之從政者殆而〕　瀧六三・一〇，慶二一左二，殿二〇右九，凌二二右三。○[南化][梅]無「而」字。

〔數百牢〕　瀧六四・四，慶二一左六，殿二〇左三，凌二二右七。○數，[耿]𢿙。

正 在沂州丞縣 ○慶、彭、凌、殿無「州」字。殿考按「沂」下疑脫「州」字，唐書地理志「丞縣屬沂州」。

〔必也正名乎〕 瀧六五・一，慶二二右三，殿二〇左九，凌二二左四。

正 屬東海郡也 ○郡，慶、彭、凌縣。札記官本「郡」，各本誤「縣」。

集 安百事之名也 ○安，景、井、蜀、紹、耿、慶、彭、毛、凌、游、殿、金陵正。按：瀧本誤。

〔何其正也〕 瀧六五・三，慶二二右四，殿二〇左一〇，凌二二左六。○也，游哉。札記中統、游本「也」作「哉」。

〔則刑罰不中〕 瀧六五・五，慶二二右七，殿二一右三，凌二二左八。

集 禮以安上 ○上，慶、彭也，梅校記「上」。按：景印慶元本作「上」。

集 則有淫刑濫罰也 ○濫，慶、彭、凌於，南化、楓、三、梅校記「濫」。按：景印慶元本作「濫」。

〔則民無所錯手足矣〕 瀧六五・六，慶二二右七，殿二一右四，凌二二左九。○錯，游措。札記舊刻、游本「錯」作「措」。

〔言之必可行〕 瀧六五・六，慶二二右八，殿二一右五，凌二二左一〇。

集 必可得明言 ○明，殿名。

集 必可得遵行者 ○者，毛也。

〔冄有爲季氏將師〕 瀧六五・九，慶二二右一〇，殿二一右六，凌二三右二。○師，南化、梅帥。

〔克之〕　瀧六五・一〇，慶二二右一〇，殿二一右七，凌二三右二。

集　孔子自衛至陳也　○金陵「自衛至陳」四字作「自陳至衛」。札記官本與年表、衛世家合，各本「陳」、「衛」互誤。

索　按左傳及此文　○傳，耿慶彭凌游殿氏。

〔夫子不利也〕　瀧六六・五，慶二二左六，殿二一左二，凌二三右八。○札記各本此下有索隱一條云「二十五家爲社千社即二萬五千家」，單本無。案：書社前已有注，此後人妄竄，今刪。

索　二十五家爲社千社即二萬五千家　○金陵無此注十三字。

〔將攻太叔〕　瀧六六・九，慶二二左八，殿二一左四，凌二三左一。○太，紹大。

〔則枉者直〕　瀧六七・七，慶二三右七，殿二二右二，凌二三左九。○直，南化楓三服。

索　蓋太史公撮略論語爲文　○慶彭凌殿無「公」字。

〔雖賞之不竊〕　瀧六七・一〇，慶二三右八，殿二二右三，凌二三左一〇。

集　不從其所令　○令，蜀今。

〔足則吾能徵之矣〕　瀧六八・七，慶二三左一，殿二二右八，凌二四右六。

集　杞宋二國　○二，紹三。

〔後雖百世可知也〕　瀧六八・九，慶二三左四，殿二二右九，凌二四右七。

集　何晏曰　○楓三「何晏」二字作「馬融」。

〔吾從周〕　瀧六九・一，慶二三左六，殿二二右一〇，凌二四右八。

集　監視也　〇也，[南化]已。

集　當從之也　〇也，[紹][耿][慶][彭][凌][游]周。[札記]各本誤「周」，官本「也周」。論語集解無。

〔孔子語魯大師〕　瀧六九・三，慶二三左七，殿二二左一，凌二四右九。〇大，[慶][彭][凌][游]太。

〔樂其可知也〕　瀧六九・三，慶二三左七，殿二二左二，凌二四右一〇。〇也，[梅]已。

〔始作翕如〕　瀧六九・三，慶二三左七，殿二二左二，凌二四右一〇。

集　何晏曰　〇何，[耿]柯。按：耿本因仿他本誤。

〔皦如縱之純如〕　瀧六九・四，慶二三左八，殿二二左三，凌二四左一。〇[景][井][蜀][紹][耿][慶][彭][凌][游][殿][金陵]此六字作「縱之純如皦如」。按：瀧本因「如」字錯置。

集　言五音既發　〇五，[紹]立。按：誤。

集　和諧也　〇[殿]「和」、「諧」互倒。

〔雅頌各得其所〕　瀧六九・六，慶二三左一〇，殿二二左五，凌二四左三。

集　魯哀公十一年冬　〇哀，[凌]衰。按：據字形相似誤。

〔至幽厲之缺〕　瀧六九・九，慶二四右三，殿二二左八，凌二四左六。〇缺，[耿]鈌。

〔以爲風始〕　瀧七二・三，慶二四右四，殿二二左八，凌二四左七。

正　金口鶚也　〇鶚，[慶][彭][凌][殿]鴞。

〔鹿鳴爲小雅始〕　瀧七二・七，慶二四右七，殿二三右一，凌二四左一〇。

正　鹿得苹　〇苹，凌萃。

正　以興嘉樂賓客　〇興，慶彭與，南化校記「興」。

〔清廟爲頌始〕　瀧七二・九，慶二四右九，殿二三右五，凌二五右四。

正　周公既成雒邑朝諸侯　〇雒，彭雄。

〔以備王道成六藝〕　瀧七三・二，慶二四左二，殿二三右八，凌二五右七。〇札記中統本「備」作「唯」，疑「維」之訛。

〔序〕　瀧七三・三，慶二四左四，殿二三右八，凌二五右八。〇序，梅易。

〔彖〕　瀧七三・四，慶二四左五，殿二三右一〇，凌二五右一〇。

正　下彖卦爻下辭　〇慶彭凌殿「卦」、「爻」互倒。按：瀧本誤倒。金陵無「爻」字。札記「卦」上衍「爻」字，今刪。

〔繫〕　瀧七三・五，慶二四左七，殿二三左二，凌二五左二。

正　又言繫辭者　〇繫，慶彭系，凌糸。

〔我於易則彬彬矣〕　瀧七五・四，慶二五右三，殿二三左八，凌二五左八。

*正　彬音斌斌文也孔子言假借我三數年間我於易則文質備矣　南化楓三梅狩瀧。

〔頗受業者甚衆〕　瀧七五・九，慶二五右五，殿二三左一〇，凌二六右一。

正　須濁鄒非七十二人數也　〇二，慶彭凌金陵七。按：景印慶元本作「二」。札記閣本作「七十二

人」，與上史文合。按：瀧本從札記

〔毋意〕　瀧七六・一，慶二五右六，殿二四右一，凌二六右二。○毋，景无，紹無下同。札記「毋」字宋本作「无」，舊刻作「無」，下同。按：景本間與札記所云宋本合，又紹本間與札記所云舊刻合。

集　故不在意也　○在，景井蜀紹耿慶彭毛凌游殿金陵任。按：瀧本誤。

〔毋必〕　瀧七六・二，慶二五右七，殿二四右一，凌二六右二。

集　用之則行　○行，紹天。

〔所慎齊戰疾〕　瀧七六・五，慶二五右八，殿二四右三，凌二六右四。○齊，慶彭凌齋。

〔子罕言利與命與仁〕　瀧七六・六，慶二五右九，殿二四右四，凌二六右五。○罕，井紹𦊅。下注同。札記宋本「罕」作「𦊅」。言，慶彭與，南化楓三梅校記「言」。按：景印慶元本作「言」。

〔則弗復也〕　瀧七六・一〇，慶二五左一，殿二四右六，凌二六右七。

集　心憤憤口悱悱　○口，耿曰。

集　説則舉一端以語之　○語，殿詔。

〔唯謹爾〕　瀧七七・三，慶二五左四，殿二四右九，凌二六右一〇。

集　唯辯而謹敬也　○唯，景雖，凌殿推。

〔色勃如也〕　瀧七八・一，慶二五左七，殿二四左二，凌二六左四。

集　必變色　○紹必變色之。

〔君命召〕　瀧七八・二，慶二五左七，殿二四左二，凌二六左四。○南化梅無「君命召」三字。

〔不俟駕行矣〕　瀧七八・二，慶二五左七，殿二四左三，凌二六左四。

集　行出而車駕隨之　○耿慶彭凌游殿既行出——，景井行出而車既駕隨之。札記舊刻與論語集解合，各本「行」上衍「既」字。

〔魚餒肉敗〕　瀧七八・二，慶二五左八，殿二四左三，凌二六左五。○餒，景井蜀耿慶彭殿餧下同。札記中統、王本作「餧」。按：通志亦作「餧」。

〔見齊衰瞽者〕　瀧七八・五，慶二五左、一○，殿二四左五，凌二六左七。○南化楓三梅見齊衰者南化、梅本無「者」字。與瞽者。

〔雖童子必變〕　瀧七八・五，慶二五左一○，殿二四左五，凌二六左七。

集　瞽盲　○盲，耿音。按：據字形相似訛。

〔必得我師〕　瀧七八・六，慶二六右一，殿二四左六，凌二六左八。○得，游有。

集　本無賢愚　○耿有本無賢愚。

集　無常師　○楓三故無常師。

〔聞義不能徙〕　瀧七八・九，慶二六右二，殿二四左七，凌二六左九。○徙，南化梅從。

〔然后和之〕 瀧七九・一，慶二六右三，殿二四左八，凌二六左一〇。〇后，慶彭凌殿後。札記宋本後作后。

集 故使重歌而自和也 〇故，耿汝。

〔子不語怪力亂神〕 瀧七九・二，慶二六右四，殿二四左九，凌二七右一。

集 亂謂臣弑君 〇亂，游餒。耿「謂」字作「請」，而「君」字作「者」。

集 子弑父也 〇弑，耿我。

集 或無益於教化 〇於，紹之。

集 或所不忍言也 〇或，蜀弑。

〔可得聞也〕 瀧七九・四，慶二六右六，殿二五右二，凌二七右四。

集 可以耳目循也 〇楓三可得以耳目循也。循，耿慶彭脩，紹凌殿修。札記舊刻、游本與論語集解合，各本訛「修」。

〔夫子循循然善誘人〕 瀧七九・八，慶二六右一〇，殿二五右五，凌二七右八。

集 言夫子正以此道進勸人 〇此，耿是。

〔既竭我才〕 瀧七九・九，慶二六左二，殿二五右七，凌二七右一〇。〇我，凌游吾。札記游、王、柯、凌「我」作「吾」。

〔蔑由也已〕 瀧七九・一〇，慶二六左三，殿二五右八，凌二七右一〇。

集 使我欲罷不能已竭吾才矣 〇矣，耿失。按：誤。

集　言已雖蒙夫子之善誘　○蒙，耿家。按：誤。

〔達巷黨人童子曰〕　瀧八〇・二，慶二六左四，殿二五右九，凌二七左二。○札記「童子」二字似因「闕黨童子」而誤衍。三家無辨，或所據本無。

〔博學而無所成名〕　瀧八〇・二，慶二六左五，殿二五右一〇，凌二七左三。

集　美孔子博學道藝　○博，耿傳。

〔我執御矣〕　瀧八〇・四，慶二六左七，殿二五左二，凌二七左五。

集　欲明六藝之卑　○明，南化名。

〔不試故藝〕　瀧八〇・五，慶二六左七，殿二五左三，凌二七左六。

集　故多伎藝也　○楓三故多能伎藝也。

〔狩大野〕　瀧八〇・七，慶二六左九，殿二五左四，凌二七左七。

正　國都城記云　○殿宗國都城記。無「云」字。

〔叔孫氏車子鉏商獲獸〕　瀧八〇・八，慶二七右一，殿二五左六，凌二七左九。○此句之下瀧川考證云「張文虎曰：『子，宋、中統、游本作「士」。』」今按：札記所云者，索隱之「車士」也。蓋瀧川氏誤引札記。

集　車子　○蜀重「車」字。

集　鉏商　○蜀子姓鉏商。景姓鉏商。

索　春秋傳及家語並云　○耿「及」字作「反」，而「並」字作「孟」。

索　今以車子爲主車　○車，殿軍。

索　車士　○士，凌子。札記士，中統、游本與單本同，它本作「子」。

*正　鉏音鋤服虔云車車（狩本不重「車」字。）士（南化、梅、狩本「士」字作「子」。）微者也子姓鋤商（南化、梅本無「商」字。）名按姓鋤名商車子御車（南化本「車」字作「主」。）之人也　南化楓三梅狩瀧。

〔吾已矣夫〕　瀧八一・三，慶二七右五，殿二五左一○，凌二八右四。

集　傷不得見也河圖　○景耿慶彭凌游殿金陵「傷」字、「也」字並無。

〔顏淵死〕　瀧八一・四，慶二七右五，殿二六右一，凌二八右五　○淵，游子。

〔天喪予〕　瀧八一・五，慶二七右六，殿二六右一，凌二八右五。

集　天生顏淵　○生，殿出。

〔吾道窮矣〕　瀧八一・六，慶二七右七，殿二六右二，凌二八右六。

集　麟者太平之獸　○太，凌大。獸，景井蜀狩，楓三符。

集　時得而死　○三時得麟而死。

集　此天亦告夫子將殁之證　○證，紹正，楓三闕，贅異徵。

集　故云爾　○紹故云爾之。

〔何爲莫知子〕　瀧八一・八，慶二七右九，殿二六右四，凌二八右八。○爲，游如。下注同。

集　子貢怪夫子言何爲莫知己　○莫，紹貢。按：紹本涉上訛。

〔下學而上達〕　瀧八一・九，慶二七右一○，殿二六右六，凌二八右九。

集　下學人事　○下，景不，紹無「學」字。

〔廢中權〕　瀧八二・四，慶二七左四，殿二六右九，凌二八左四。

集　純絜也　○絜，蜀耿慶彭。潔，凌殿潔。

〔十二公〕　瀧八二・九，慶二七左八，殿二六左三，凌二八左八。

＊**正**　夫子脩春秋據魯十二公（南化本無「公」字。）年月而視（南化、梅本「視」字作「觀」。）周及諸侯行事也　南化楓三梅狩瀧。

〔據魯親周故殷〕　瀧八三・三，慶二七左八，殿二六左三，凌二八左八。札記攷異以爲即公羊家「新周」。故宋之說，正義訓殷爲中，非。

〔運之三代〕　瀧八三・四，慶二七左九，殿二六左五，凌二八左八。

索　親周蓋孔子之時　○慶彭凌游殿無「親周蓋孔子之」六字。

〔舉而開之〕　瀧八四・五，慶二八右三，殿二六左八，凌二九右三。○開，南化楓棭三梅闕。

〔聽訟文辭〕　瀧八四・八，慶二八右四，殿二六左九，凌二九右四。○紹無「訟」字。

〔至於爲春秋〕　瀧八四・九，慶二八右五，殿二六左一〇，凌二九右五。○蜀無「於」字。

〔子夏之徒〕　瀧八四・九，慶二八右六，殿二六左一〇，凌二九右五。○札記困學紀聞云曹子建與楊德祖書注引史記「子游子夏之徒」，今本無「子游」。志疑云楊荅牋注引作「子夏之徒」。

〔而罪丘者亦以春秋〕　瀧八五・一，慶二八右七，殿二七右一，凌二九右七。

集　在王公之位見貶絶者　○紹——見貶絶者他。

〔梁柱摧乎〕　瀧八五・一〇，慶二八右一〇，殿二七右四，凌二九右一〇。○毛無此四字。札記毛脱此四字句。按：札記所引正文「柱」字作「木」。

〔周人於西階〕　瀧八六・二，慶二八左三，殿二七右六，凌二九左二。梅周人殯於西階。

〔予始殷人也〕　瀧八六・三，慶二八左四，殿二七右七，凌二九左三。○始，景井耿慶彭凌游殆。札記游、凌本「始」訛「殆」。

〔後七日卒〕　瀧八六・四，慶二八左四，殿二七右八，凌二九左三。

集　明聖人知命也　○明，毛謂。

正　漢封夫子十二代孫忠爲褒成侯　○忠，慶彭志。成，慶彭殿城。札記王、柯「成」訛「城」，下同。

正　後魏封二十七代孫爲崇聖大夫　○慶彭凌「後」、「魏」互倒。按：景印慶元本不倒。札記後魏，官本不誤，各本倒。二十七代孫，文獻通考名乘，此脱。

〔孔子年七十三〕　瀧八六・八，慶二八左八，殿二七左二，凌二九左八。○三，游二。札記中統、游本「三」作「二」。

〔以魯哀公十六年四月己丑卒〕 瀧八六・八，慶二一八左八，殿二一七左二，淩二一九左九。

索 致使孔子壽數不明 ○耿慶彭淩游殿無「致」字而「孔」字作「夫」。殿考攷年表，自襄公二十二年庚戌至哀公十六年壬戌，正七十三年。若自襄二十一年己酉壬戌，則七十四矣。索隱不知如何計算。

〔失禮爲昏〕 瀧八七・七，慶二一九右四，殿二一七左八，淩三〇右五。○禮，景蜀紹耿慶彭淩游殿金陵。志，南化楓三梅校記「禮」。按：瀧本從各本校記。

〔失所爲愆〕 瀧八七・七，慶二一九右四，殿二一七左八，淩三〇右五。○所，楓名。愆，索僁。

索 左傳及家語皆云失志爲昏失禮爲僁與此不同也 ○金陵失禮爲昏失所爲僁左傳及——。按：初板金陵本無「失禮爲昏失所爲僁」八字。耿慶彭淩游殿此二十字作「左傳及家語文皆同」八字。札記案：索隱本所出正文與今本不合。上云「禮失則昏」，乃復云「失禮爲昏」，「禮」字明誤。「僁」即「愆」之俗字，見玉篇。其所引左傳、家語下句又作「失禮爲僁」，亦不合。各本遂易其注云「左傳及家語文皆同」，則又失小司馬之真矣。

〔非名也〕 瀧八七・八，慶二一九右六，殿二一七左九，淩三〇右六。

集 非諸侯所當名也 ○所，南化梅名。

〔孔子葬魯城北泗上〕 瀧八七・九，慶二一九右六，殿二一七左一〇，淩三〇右七。

集 孔子冢 ○冢，紹家。按：據字形相似訛。

集 高一丈二尺 ○二，游三。

集　冢前以瓴甓爲祠壇　○瓴，紹瓴。

集　冢塋中樹以百數　○中，毛間。

集　民傳言孔子弟子異國人　○傳，紹僧。

集　其樹柞枌雒離安貴五味毚檀之樹　○景紹耿慶彭凌游殿「安貴」二字作「女貞」。

索　雒離各離二音又音落藜藜是草名也　○耿慶彭凌游殿「雒」字、「各離二音又」五字、「落」字、「是」字並無。

索　安貴香名　○慶彭凌游殿女貞一作安貴香名。

索　藥草也　○也，耿慶彭凌游殿名。

〔三年心喪畢〕　瀧八八・六，慶二九右一〇，殿二八右四，凌三〇左二。○心，南化楓梭三梅之。

〔相訣而去〕　瀧八八・七，慶二九右一〇，殿二八右四，凌三〇左二。

索　訣者別也　○耿慶彭游無「訣者」二字。殿無「者」字。

〔唯子貢廬於冢上凡六年〕　瀧八八・八，慶二九左一，殿二八右五，凌三〇左三。○貢，索金陵贑。

〔然後去〕　瀧八八・八，慶二九左三，殿二八右六，凌三〇左三。

索　無上字且禮云　○且，游曲。

索　蓋上者亦是邊側之儀　○慶彭凌游殿無「是」字。

〔字伯魚〕　瀧九〇・七，慶二九左九，殿二八左二，凌三一右一。

索　娶於宋之亓官氏之女　○亓，耿慶彭凌游上，索笄，金陵并。慶無「之」字。札記單本訛「笄」，各本訛「上」，依家語正。按：瀧本據殿本歟。

索　魯昭公使人遺之鯉魚　○昭，游招。按：誤。

索　因以名其子也　○耿慶彭凌游殿因以名其子爲鯉也。

〔子思作中庸〕　瀧九一・一，慶三〇右三，殿二八左六，凌三一右四。

＊正　中庸一卷在禮記中又作子思子八卷爲魯穆公師　南化梅狩瀧。

〔子上生求〕　瀧九一・二，慶三〇右四，殿二八左七，凌三一右五。○生，彭在，楓棭三梅校記「生」。

〔子家生箕〕　瀧九一・三，慶三〇右四，殿二八左七，凌三一右六。○紹無「子」字。

〔字子京〕　瀧九一・三，慶三〇右五，殿二八左七，凌三一右六。○京，南化楓三真。

〔遷爲長沙太守〕　瀧九二・二，慶三〇右八，殿二九右一，凌三一右一〇。○守，南化楓三狩傳。

〔子襄生忠〕　瀧九二・三，慶三〇右九，殿二九右一，凌三一右一〇。○攷異按：上云「鮒弟子襄」，此云「子襄生忠」，是子襄爲鮒弟矣。漢書孔光傳「鮒弟子襄生忠」，則襄爲鮒弟之子矣。孔光爲孔子十四世孫，鮒、襄各爲一世，乃合十四之數。此文蓋衍一「子」字。

〔高山仰止〕 瀧九三・一，慶三〇左二，殿二九右四，凌三一左三。〇止，楓之。

〔景行行止〕 瀧九三・一，慶三〇左二，殿二九右四，凌三一左三。〇止，景之。札記襍志云：「王應麟詩攷引作『行之』。」案：古「之」字作「㞢」，與「止」形近相亂。然如亦既見「止」，亦既覯「止」與「之」字義亦同用。

〔余祗廻留之〕 瀧九三・三，慶三〇左四，殿二九右六，凌三一左五。〇景蜀慶彭毛游「祗廻」二字作「低回」。廻，耿凌殿回，下同。金陵廻。

〔不能去云〕 瀧九三・四，慶三〇左五，殿二九右六，凌三一左六。

索 祗敬也 〇祗，南化楓三梅低。

集 音祗敬遲回 〇回，耿慶彭凌廻。

集 有本亦作低回 〇回，耿慶彭凌廻。低，游祇。

〔折中於夫子〕 瀧九三・七，慶三〇左八，殿二九右九，凌三一左九。

索 王叔師云 〇耿慶彭凌游殿金陵「叔」、「師」互倒。札記案：後漢書文苑傳「王逸字叔師」，而索隱皆作「師叔」。屈賈傳注同。或別有所據，仍之。按：瀧本據札記改。

索 宋均云 〇均，游灼。

索 故以言其折中也 〇耿慶彭凌游殿無此注七字。

〔可謂至聖矣〕 瀧九三・八，慶三〇左九，殿二九右一〇，凌三一左一〇。

索 孔子之胄出于商國 〇慶彭凌游殿孔子之先胄凌本「胄」字作「冐」，而各本無「出」字。于商國。

索 鄒人倚足　○鄒，[慶][彭][游][殿]陬，[凌]聊，[南化][楓][三]校記「陬」。足，[慶][彭][凌][游][殿]立。

索 闕里生德　○闕，[慶][彭]鬪。

索 卯誅兩觀　○卯，[慶][彭][凌][游][殿]行。

索 歌鳳衰　○歌，[慶][彭][凌][游][殿]歎。

史記會注考證校補卷四十八

陳涉世家第十八

〔陳涉世家第十八〕 瀧一・九，慶一右一，殿一右七，淩一右二。

索 亦稱系家者 ○系，淩世。

索 以其首事也 ○耿慶彭淩游殿「以其」二字作「爲」字，「事」下有「故」字。

索 然時至列傳也三十九字。 ○索金陵無此注三十九字。

索 歷歲不永 ○歲，耿慶彭淩游殿年。

*__正__ 勝立數月而死無後爲世家者以唱始起兵滅秦雖不終享亦世家之道也 南化楓三梅狩瀧。

〔陽城人也〕 瀧二・四，慶一右四，殿一右九，淩一右六。

索 蓋陽城舊屬汝南 ○耿無「舊」字。

索 他皆放此 ○放，索倣。攷異按：漢書地理志潁川、汝南皆有陽城縣，而汝南之陽城則爲侯國宗室劉德所封，傳三世至王莽，敗而國除。故後漢志有潁川之陽城，無汝南之陽城，非水潁汝南而後分隸潁川也。小司馬讀史不子細如此，何佐後人？

〔陳涉少時嘗與人傭耕〕　瀧二・七，慶一右七，殿一左二，淩一右九。○傭，景井蜀耿毛庸。札記宋本、毛本「傭」作「庸」，與字類引合，下同。

索　傭役也　○耿無「役也」二字。

〔悵恨久之〕　瀧二・七，慶一右八，殿一左三，淩一左一。○恨，南化楓三梅然。

〔苟富貴〕　瀧二・九，慶一右八，殿一左三，淩一左一。○苟，井紹可。札記宋本「苟」訛「可」。

〔傭者笑而應曰〕　瀧二・九，慶一右九，殿一左三，淩一左一。○傭，景井蜀耿慶彭毛游金陵庸。札記「傭」字中統、游、王、柯並與宋本、毛本合，下同。

〔若爲傭耕〕　瀧二・一〇，慶一右九，殿一左四，淩一左一。○傭，景井蜀耿慶彭毛游金陵庸。

〔燕雀安知鴻鵠之志哉〕　瀧二・一〇，慶一右一〇，殿一左五，淩一左二。

索　若鳳皇然　○皇，耿凰。

索　非謂鴻鴈與黃鵠也　○耿慶彭淩游殿無「謂」字。耿——也小顏説非。

〔發閭左〕　瀧三・三，慶一左一，殿一左六，淩一左四。

索　兼取貧弱者也　○耿慶彭凌游殿——者而發之者也。

〔屯大澤鄉〕　瀧三・八，慶一左二，殿一左七，凌一左五。

＊正　屯猶營也　南化楓三梅瀧。

〔法皆斬〕　瀧三・一〇，慶一左七，殿二右一，凌一左一〇。○南化楓三法皆當斬。

〔死國可乎〕　瀧四・一，慶一左八，殿二右二，凌二右一。

索　猶愈爲戍卒而死也　○愈，索勝。

＊正　爲反亂取國不得而南化、楓、三、梅、狩本無「而」字。死猶勝戍卒而死　南化楓三梅狩瀧。

〔小子也〕　瀧四・三，慶一左九，殿二右三，凌二右二。

索　李斯爲二世廢十七兄而立今王　○爲，索云。立，慶彭王。

索　則二世是始皇第十八子也　○索則二世師是——。

〔未知其死也〕　瀧四・六，慶二右二，殿二右六，凌二右六。

索　或以爲不知何坐而死　○索無「爲」字。

索　其意亦得　○耿慶彭凌游殿此注四字作「或說爲非」。

索　故欲詐自稱之也　○耿慶彭凌游殿無「之」字。

〔然足下卜之鬼乎〕　瀧五・一，慶二右八，殿二左二，凌二左二。

集　假託鬼神以威衆也　○託，蜀訖。

索　悪指斥言之　○斥，游兵。

索　反依鬼神起怪　○反，慶彭凌殿用。

索　蓋亦得本旨也　○慶彭凌游殿「本旨」二字作「其指」。

＊正　故稱公子扶蘇楚將南化、楓、三本無「將」字。項燕爲天下倡宜多應者卜之是卜之鬼也　南化楓三梅狩瀧。

〔陳勝吳廣喜念鬼〕　瀧五・五，慶二左一，殿二左四，凌二左五。

索　謂思念欲假鬼神事耳　○耿慶彭凌游殿「神」字下有「之」字而無「耳」字。

＊正　言常思扶蘇項燕曰卜者以南化、楓、三、梅、狩無「卜者以」三字。此教我先威衆也　南化楓三梅狩瀧。

〔此教我先威衆耳〕　瀧五・六，慶二左一，殿二左五，凌二左五。○游「我」、「先」互倒。

〔陳勝王〕　瀧五・六，慶二左二，殿二左五，凌二左六。○楓三陳勝當王。

〔卒買魚烹食〕　瀧五・七，慶二左三，殿二左六，凌二左七。○烹，殿亨。

〔又間令吳廣之次近所旁叢祠中〕　瀧五・八，慶二左四，殿二左七，凌二左八。○索金陵無「近」字。札記各本「次」下有「近」字，索隱本無，與漢傳合。襍志云「近」字衍。

索　謂竊令人行也　○竊，彭切。

索　孔文祥又云　○殿無「又」字。又，游而。

索　竊伺閒隙　○耿慶彭凌游殿「竊」、彭本「竊」作「切」。「伺」互倒。

索　叢祠神祠叢樹也　○索金陵此注七字作「叢神祠也叢樹也」。

〔夜篝火〕 瀧六・二，慶二左七，殿二左一〇，淩三右一。○篝，游冓。

索 篝音溝 ○耿慶彭淩游殿無此三字。

索 漢書作構 ○耿慶彭淩殿——構火。

索 是也 ○慶彭游索金陵無「是」字。

〔將尉醉〕 瀧六・五，慶二左九，殿三右三，淩三右四。

索 將尉官也 ○耿慶彭淩殿無「將」字。

索 大縣二人 ○二，耿慶彭淩游殿三。

*正 尉爲將領戍人也 南化楓三梅狩瀧。

〔廣故數言欲亡〕 瀧六・七，慶二左一〇，殿三右三，淩三右四。○亡，紹忘。

〔忿恚尉〕 瀧六・七，慶二左一〇，殿三右四，淩三右五。○楓三無「恚」字。

〔尉劍挺〕 瀧六・八，慶三右一，殿三右四，淩三右六。

索 徐廣云挺奪也 ○耿慶彭游殿無此注六字。

索 按奪即脱也 ○耿慶彭淩游殿此注五字作「按脱即奪也」。

索 案謂尉拔劍 ○慶彭游淩殿「拔」、「劍」互倒。

*正 梁丘賀傳云前旌頭劍挺是也 南化楓三梅狩瀧。

〔籍弟令毋斬〕 瀧七・一，慶三右四，殿三右七，淩三右八 ○弟，彭第。

〔而戍死者固十六七〕 瀧七・一，慶三右六，殿三右九，淩三左一。

集 次弟也　○弟，[蜀][耿][慶][彭][凌][殿]第。

集 言今失期當斬　○[景][井][耿][慶][彭][凌][游][殿][金陵]無「言」字。[楓][三]校補「言」。

集 就使藉弟幸得不斬　○弟，[蜀][耿][慶][彭][凌][殿]第。

集 弟且也　○弟，[耿][慶][彭][凌][殿]第，[南化][楓][三]「集解」下有言「假令且失期不斬也」九字。

索 蘇林云藉第假借且令失期不斬則戍死者固十七八然弟　○[慶][彭][凌][游][殿]無「蘇林」至「然」二十二字，而「弟」字作「第」。[耿]無此注二十三字。

索 一音次第之第　○[耿]且一音——。一[游]且。[游]「第」字並作「弟」。

索 又小顏云　○[耿][慶][彭][凌][殿]無「又」字。

索 弟但也　○弟，[耿][慶][彭][凌][殿]第。

索 云藉吏士之名藉也　○[耿][慶][彭][凌][游][殿]無此注八字。

索 蘇説爲近之也　○[耿][慶][彭][凌][游][殿]無「之」字。

〔死即舉大名耳〕　瀧七・三，慶三右八，殿三右一〇，凌三左二。

索 謂大名稱也　○[索]「名」、「稱」互倒。大[彭]太。

〔收而攻蘄〕　瀧七・八，慶三左一，殿三左三，凌三左五。○[南化][楓][三]收兵而攻蘄。

索 縣名屬沛郡　○郡，[索]縣。

〔蘄下〕　瀧七・九，慶三左一，殿三左三，凌三左五。

索 下降也　○[耿][慶][彭][凌][游][殿]下者降也。

索　謂以兵臨而即降也　○耿慶彭凌游殿謂以兵臨蘄而即降也。

〔攻銍酇苦柘譙〕　瀧八・一，慶三左三，殿三左五，凌三左八。○苦，慶彭若，南化三校記「苦」。按：景印慶元本「若」作「苦」。

〔皆下之〕　瀧八・一，慶三左三，殿三左五，凌三左八。

集　屬陳　○陳，井索東。

索　屬淮陽　○淮，彭惟。

〔比至陳〕　瀧八・二，慶三左四，殿三左六，凌三左九。○比，游殿北。

〔陳守令皆不在〕　瀧八・三，慶三左六，殿三左八，凌三左一〇。○陳，索郡。札記各本「陳」字，與漢傳合。索隱本作「郡」，蓋後人誤據注中「張晏云」改也。觀小司馬注本，是「陳」字，不作「郡」。

索　郡守及令　○及，慶彭凌游殿縣。

索　按地理志云　○云，耿慶彭凌游殿及。

索　言守令　○耿慶彭凌游殿今言字令。

索　則皆字是衍字　○耿慶彭凌游殿無上「字」字。衍，彭縣，楓三校記「衍」。

〔獨守丞與戰譙門中〕　瀧八・五，慶三左七，殿三左九，凌四右二。

索　一名麗譙　○名，索曰。

索　前已下故也　○索金陵此注五字作「已下訖故也」。

〔與皆來會計事〕　瀧八・七，慶四右二，殿四右三，凌四右七。○蜀無「與」字。

〔葛嬰至東城〕　瀧九・五，慶四右七，殿四右七，凌四左一。

索　地理志屬九江　耿慶彭凌殿東城縣名地理志——。

〔陳王徵國之豪傑與計〕　瀧九・九，慶四左一，殿四左二，凌四左六。○南化楓三——國中之——。

〔以上蔡人房君蔡賜爲上柱國〕　瀧九・一〇，慶四左二，殿四左三，凌四左七。

索　蔡賜其姓名　○耿慶彭凌游殿無此注五字。

〔陳之賢人也〕　瀧一〇・二，慶四左五，殿四左五，凌四左一〇。○陳，游秦。札記中統、游本「陳」誤「秦」。

〔嘗爲項燕軍視日〕　瀧一〇・三，慶四左五，殿四左五，凌五右一。○爲，游與。

〔事春申君〕　瀧一〇・三，慶四左五，殿四左六，凌五右一。

集　司馬季主爲日者　○日，毛目。

〔西擊秦〕　瀧一〇・四，慶四左七，殿四左七，凌五右二。○蜀慶彭凌游殿無「秦」字。南化楓三校補「秦」。札記「秦」字吳校增，與漢傳合。

〔秦令少府章邯免酈山徒人〕　瀧一〇・七，慶四左八，殿四左八，凌五右三。○酈，景井毛驪。

〔奴產子生〕　瀧一〇・七，慶四左九，殿四左八，凌五右四。〇景紹蜀慶彭凌游殿無「生」字。

索　按漢書無生字　〇耿慶彭凌游殿無此注六字。

索　猶今言家產奴也　〇產，三生。

〔止次曹陽〕　瀧一〇・九，慶四左一〇，殿四左一〇，凌五右五。

索　在弘農東十二里　〇二，耿慶彭凌游殿三。

索　魏武帝謂之好陽也　〇耿慶彭凌游殿「謂之」二字作「改爲」。

〔復走次澠池十餘日〕　瀧一一・二，慶五右三，殿五右三，凌五右九。

正　河南府縣是也　〇府，凌符。

〔周文自剄〕　瀧一一・四，慶五右四，殿五右四，凌五右一〇。〇剄，景蜀到。

集　十一月也。〇按：景印慶元本「一」訛「二」。

〔張耳召騷爲左右丞相〕　瀧一一・五，慶五右六，殿五右六，凌五左二。〇騷，凌騒。按：凌本訛。

〔陳王怒〕　瀧一一・六，慶五右七，殿五右六，凌五左三。〇南化楓三梅陳王勝怒。

〔而封耳子張敖爲成都君〕　瀧一一・九，慶五右一〇，殿五右九，凌五左六。〇耳，景蜀耿慶彭凌殿其。

〔必加兵於趙〕　瀧一一・一二，慶五左一，殿五左一，凌五左八。〇紹無「於」字。

〔北有燕代〕 瀧一二・三，慶五左五，殿五左三，凌五左九。○代，游伐。

〔趙乘秦之弊〕 瀧一二・四，慶五左五，殿五左三，凌五左一○。○南化 梅 趙乘秦楚之獘。○獘，慶 彭 凌 殿弊。

〔而遣故上谷卒史韓廣〕 瀧一二・六，慶五左六，殿五左五，凌六右二。○遣，慶 彭 游還，南化 楓 三 梅 校記「遣」。史，殿使。札記 游、王、柯「遣」訛「還」。按：景印慶元本「還」作「遣」。

〔諸將之徇地者〕 瀧一三・二，慶六右三，殿六右一，凌六右八。○之，游又。札記 中統、游本「之」訛「又」。

〔欲立魏後故甯陵君咎爲魏王〕 瀧一三・五，慶六右六，殿六右一，凌六左一。

集 魏之諸公子 ○景 耿 慶 彭 游 殿無「之」字。

集 名咎 ○慶 彭無「名」字。

〔秦軍至〕 瀧一四・一，慶六左二，殿六右九，凌六左七。○軍，蜀兵。

〔不如少遺兵〕 瀧一四・一，慶六左二，殿六右九，凌六左七。○遺，景 蜀 耿 慶 彭 凌 游 殿遣。札記 索隱本「遺」，漢書同，各本訛「遣」。

〔足以守滎陽〕 瀧一四・一，慶六左三，殿六右九，凌六左七。○滎，井 金陵 熒。

〔悉精兵迎秦〕 瀧一四・一，慶六左三，殿六右九，凌六左八。

索　按遺謂留餘也　○慶彭凌游殿無「按」字，而「遺」上有「遺作遺」三字。

〔因相與矯王令〕　瀧一四・三，慶六左五，殿六左一，凌六左一〇。○令，南化楓三梅命。

〔陳王使使賜田臧楚令尹印〕　瀧一四・四，慶六左七，殿六左一，凌六左一〇。○紹無「陳王」二字。

〔自以精兵西迎秦軍於敖倉〕　瀧一四・六，慶六左七，殿六左三，凌七右二。○蜀「自」、「以」互倒。西，南化迺。

〔將兵居郯〕　瀧一四・八，慶六左九，殿六左五，凌七右四。

索　小顏云　○索無此注三字。

索　此郯別是地名　○地，慶也。按：慶元本訛。

索　或見下有東海郯故誤　○耿慶凌殿或者是陝陝下「陝」字耿本作「峽」，凌本作「陜」。字邑或在右又慶本無上十字，殿本無「又」字。見下有東海郯縣故知慶本、殿本無「知」字。誤也耿本無「也」字。彭——郯縣故誤也。

正　今汝州郯城縣　○慶彭凌殿「城」、「縣」互倒。札記城縣，各本倒，考證據下文改。

〔銍人伍徐〕　瀧一四・一〇，慶七右五，殿七右一，凌七右九。

索　銍縣名　○索無「名」字。

〔陵人秦嘉〕　瀧一五・三，慶七右七，殿七右二，凌七左三。

集　泗水國有陵縣也。○毛無「國」字。

〔符離人朱雞石〕　瀧一五・四，慶七右七，殿七右三，凌七左三。○人，紹之。雞，游離。

札記　中統、游本「雞」訛「離」。

〔將兵圍東海守慶於郯〕　瀧一五・五，慶七右九，殿七右五，凌七左五。

索　取又音子臾反　○音，游有。

〔臘月〕　瀧一五・一〇，慶七左五，殿七右一〇，凌八右一。○臘，蜀耿慶彭凌游殿臈。

集　秦之臘月　○臘，蜀耿慶彭凌游殿臈。

索　瓚云建丑之月也　○耿慶彭凌游殿無此注七字。

索　二世二年十月　○慶彭凌殿無「二年」二字。

索　十二月陳涉死是也　○耿凌殿——死瓚説是也。

索　宗懍荊楚記云　○懍，耿慶彭凌游殿稟。札記「懍」訛「稟」，考證改。

索　臘節　○臘，蜀耿慶彭凌游臈。

索　故因是謂之臘月也。○臘，蜀耿慶彭凌游臈。

〔還至下城父〕　瀧一六・二，慶七左七，殿七左二，凌八右三。

索　按舊以陳王從汝陰還至城父縣　○耿慶彭凌游殿按舊讀以——。

索　因降之　○耿慶彭凌游殿因降下之。

〔其御莊賈殺以降秦〕　瀧一六・四，慶七左八，殿七左三，凌八右五。○游「莊」「賈」互倒。

〔陳王故涓人將軍呂臣〕　瀧一六・五，慶七左一〇，殿七左四，凌八右六。

集　涓人如謁者　○如，景蜀耿慶彭凌游殿知，楓三校記「如」。札記「如」訛「知」，考證據漢書注改。

集　晉灼曰　○灼，蜀均。

集　令謁者駕　○駕，蜀鴐。

索　給涓通也　○耿慶彭凌游殿「涓」字、「也」字並無。

索　如今謁者　○謁，殿竭。

〔爲蒼頭軍〕　瀧一六・七，慶八右一，殿七左六，凌八右八。○蒼，景井慶彭索游殿倉。

索　軍皆著青帽　○耿慶彭凌游殿——青帽故曰倉（耿、凌本「倉」作「蒼」。）頭。

〔復以陳爲楚〕　瀧一六・九，慶八右四，殿七左八，凌八右一〇。

索　謂又以陳地爲楚國　○耿慶彭凌游殿無「又」字。

〔欲擊秦軍定陶下〕　瀧一七・五，慶八右九，殿八右三，凌八左六。○蜀耿無「欲」字。

〔當令於天下〕　瀧一七・八，慶八左三，殿八右七，凌八左九。○令，蜀今。

〔秦左右校復攻陳〕　瀧一七・九，慶八左四，殿八右七，凌八右一〇。○陳，蜀秦。

〔下之〕　瀧一七・九，慶八左四，殿八右八，凌九右一。

索　按即左右校尉軍也　○[耿]「尉」、「軍」互倒。

〔鄱盜當陽君黥布之兵相收〕　瀧一八・一，慶八左五，殿八右九，凌九右二。

集　布帰番君吳芮　○番，[蜀]鄱。

集　故謂之鄱盜也　○[紹][耿][慶][彭][凌][殿][金陵]——盜者也。

〔破之青波〕　瀧一八・二，慶八左七，殿八右一〇，凌九右三。

集　地名也　○地，[游]池。

〔會項梁立懷王孫心爲楚王〕　瀧一八・三，慶八左七，殿八右一〇，凌九右四。○立，[慶][彭]王，[南化][楓][三][梅]校記「立」。[井]「孫」上「王」字作「立」。

〔陳勝王凡六月〕　瀧一八・四，慶八左八，殿八左一，凌九右四。○王，[三]立。

〔其故人嘗與傭耕者聞之〕　瀧一八・四，慶八左九，殿八左一，凌九右五。○傭，[蜀][紹][耿][慶][彭][游][凌][金陵]庸。

〔自辯數〕　瀧一八・六，慶八左一〇，殿八左三，凌九右六。○辯，[景][耿][慶][彭][凌][殿]辨。下注同。[札記]索隱本「辯」，各本作「辨」。

索　一音疏主反　○一，[耿][慶][彭][凌][游][殿]數。

索　此數猶朋友數之數也　○[耿][慶][彭][凌][游][殿]無此九字。

〔涉之爲王〕　瀧一八・八，慶九右三，殿八左六，凌九右六。

索　庶物夥多　○庶，[彭][凌][游][殿]其，[慶]無。按：景印慶元本「無」作「庶」。

〔沈沈者〕 瀧一八・九，慶九右三，殿八左六，凌九右一〇。

集 宮室深邃貌 〇景 耿 慶 彭 凌 游 殿 金陵 ——邃之貌也。

集 沈音長含反 〇景 耿 慶 彭 凌 游 殿 金陵 ——反含一作金。札記 各本下衍「含一作金」四字，蓋校者旁注誤混，今刪。

索 應劭以爲沈沈宮室深邃貌故音長含反 〇耿 慶 彭 凌 游 殿 無此注十六字。

索 而劉伯莊以沈沈猶談談 〇耿 慶 彭 凌 游 殿 無「而」字。

索 謂故人呼爲沈沈者 〇耿 慶 彭 凌 游 殿 無「者」字。

索 猶俗云談談漢是 〇彭 凌 游 殿「漢是」二字作「深也」。是，耿 慶 也。漢，南化 深。

〔顓安言輕威〕 瀧一九・五，慶九右八，殿八左一〇，凌九左四。〇顓，楓 專。

〔由是無親陳王者〕 瀧一九・六，慶九右九，殿九右一，凌九左五。

索 怙强而傲長者 〇强，耿 慶 彭 凌 游 殿 號。

〔至令之不是者〕 瀧一九・八，慶九左一，殿九右三，凌九左八。

索 不辭而云 〇南化 楓 三 梅「去」下有「陳王跪謝遂不爲視王心慙焉」十二字。

〔陳王信用之〕 瀧一九・九，慶九左三，殿九右五，凌九左一〇。

索 謂朱房胡武等 〇朱，索 吳。胡，索 朱。

*__正__ 言諸將不如令及己所不善者不下吏朱房胡武梅、狩本「武」作「氏」。輒自治之以苛察爲忠正陳王乃任用瀧本無「用」。之 南化 楓 三 梅 狩 瀧。

〔爲陳涉置守家三十家碭〕　瀧二〇・三，慶九左六，殿九右七，凌一〇右三。〇殿考高祖紀作「十家」。

〔褚先生曰〕　瀧二〇・六，慶九左七，殿九右九，凌一〇右四。

集　駰案班固奏事云　〇奏，景秦。

集　太史遷取賈誼過秦上下篇　〇上，蜀二。下，蜀十。

集　以爲秦始皇本紀陳涉世家下贊文　〇下，蜀十。

索　徐廣與裴駰據所見別本　〇耿慶彭凌游殿無「與」字。本，游今。

索　加此贊首地形險阻數句　〇索——數句之言。

索　已下義並見始皇本紀　〇耿慶彭索凌游金陵——並已見始皇之本紀訖耿、慶、彭、凌、游本無「訖」。

〔兵革刑法〕　瀧二〇・九，慶九左一〇，殿九左二，凌一〇右八。〇刑，耿慶彭形，南化楓三梅刑校記。

〔秦孝公據殽函之固〕　瀧二一・一，慶一〇右二，殿九左四，凌一〇右一〇。

集　謂二殽　〇殽，紹蜀崤。

〔以窺周室〕　瀧二一・二，慶一〇右四，殿九左六，凌一〇左一。〇室，游至。

〔秦人拱手而取西河外〕　瀧二一・四，慶一〇右七，殿九左八，凌一〇左四。〇游「西」、「可」到。札記西河，中統、游本誤倒。

〔兼韓魏燕趙宋衛中山之衆〕 瀧二二・一〇，慶一〇左三，殿一〇右五，凌一一右一。○毛「燕」、「趙」倒。札記 宋本倒。按：今所見宋本不倒。

〔仰關而攻秦〕 瀧二二・四，慶一〇左八，殿一〇右九，凌一一右六。

索 有作叩字 ○索 亦有——。

〔執敲朴以鞭笞天下〕 瀧二三・二，慶一一右七，殿一〇左七，凌一一左六。○朴，景 井 蜀 毛 扑。

〔俛首係頸〕 瀧二三・三，慶一一右九，殿一〇左九，凌一一左七。○係，凌 殿 繫。

〔乃使蒙恬北築長城而守藩籬〕 瀧二三・三，慶一一右一〇，殿一〇左九，凌一一左八。○藩，景 井 蕃。

〔卻匈奴七百餘里〕 瀧二三・四，慶一一右一〇，殿一〇左一〇，凌一一左九。○卻，景 蜀 慶 彭 凌 游 殿 却。

〔士亦不敢貫弓而報怨〕 瀧二三・五，慶一一左一，殿一一右一，凌一一左九。

索 音烏還反 ○還，索 彎。

索 謂上弦也 ○弦，耿 慶 彭 凌 殿 絃。

〔銷鋒鍉〕 瀧二三・七，慶一一左四，殿一一右三，凌一二右二。

***正** 鍉音的注鏑同音 南化 楓 三 梅 狩 瀧。

〔鑄以爲金人十二〕　瀧二三・八，慶一一左四，殿一一右三，凌一二右三。

索　坐高二丈　○二，凌十。

〔陳利兵而誰何〕　瀧二三・一〇，慶一一左七，殿一一右六，凌一二右六。○何，索呵。

索　音呵亦何字　○耿慶彭凌游殿無此五字。

〔俛仰仟佰之中〕　瀧二四・五，慶一二右三，殿一一左二，凌一二左一。

索　謂千人百人之長也　○索謂在千人——。

索　音千百　○慶彭凌游殿無此注三字。

索　漢書作阡陌　○索無此注五字。

索　時皆僻屈在阡陌之中　○索無「僻」字。

〔轉而攻秦〕　瀧二四・六，慶一二右四，殿一一左三，凌一二左三。○景蜀耿慶彭凌游殿「轉」、「而」互倒。

〔斬木爲兵揭竿爲旗〕　瀧二四・六，慶一二右四，殿一一左三，凌一二左三。○慶彭無「爲兵揭竿」四字。南化楓三梅校補此四字。札記王、柯脱「爲兵揭竿」四字。按：景印慶元本增「爲兵揭竿」四字。

〔且天下非小弱也〕　瀧二四・八，慶一二右六，殿一一左五，凌一二左五。○景井蜀耿毛游且夫天下——。凌有「本且下有夫字」六字傍注。

〔且櫌棘矜〕　瀧二四・九，慶一二右八，殿一一左七，凌一二左七。○且，景井蜀紹耿

[慶][彭][毛][索][淩][游][殿][金陵]鉏。按[瀧]本誤

索 戟柄也。○[索]無「戟」字。

***正** 鉏音鋤耰音憂矜音勤鉏鉏柄也耰塊椎也槿矛柄也棘木戟也　[南化][楓][三][梅]。

〔非及鄉時之士也〕　瀧二五・一，慶一二左一，殿一一左九，淩一二左一○。○鄉，[南化][楓]嚮。

索 蓋謂孟嘗信陵蘇秦陳軫之比也　○[索]無「蓋」字。

〔仁義不施〕　瀧二五・七，慶一二左八，殿一二右七，淩一三右七。○義，[索]心。

〔而攻守之勢異也〕　瀧二五・七，慶一二左八，殿一二右六，淩一三右七。

索 施式豉反　○[慶][彭][殿]施音式豉反，[淩]無此注四字。

索 其仁義不施及於天下　○義，[耿][慶][彭][索][游][殿]心。

索 掎鹿爭捷　○掎，[游]椅。爭，[游]箏。

史記會注考證校補卷四十九

外戚世家第十九

〔外戚世家第十九〕 瀧一・九，慶一右一，殿一右九，凌一右二。

索 漢書則編之列傳之中 ○慶 彭 凌 殿 無下「之」字。

索 王隱則謂之爲紀 ○慶 中統 彭 凌 殿 無「爲」字。

〔及繼體守文之君〕 瀧二・三，慶一右三，殿一右九，凌一右五。

索 謂非創業之主 ○主，耿 王。

索 守文猶守法也 ○耿 慶 中統 彭 凌 殿 守文者——。 札記「守文」下衍「者」字，「法」上脱「守」字，考證刪增。

*正 繼體謂嫡子繼先祖者也守文謂守先祖法制瀧本作「令」。也 南化 楓 三 謙 梅 狩 瀧。

〔非獨内德茂也〕 瀧二・五，慶一右四，殿一右一〇，凌一右七。 ○德，毛 悳。

〔蓋亦有外戚之助焉〕　瀧二一・五，慶一右五，殿一左一，凌一右七。

索　而亦有賢后妃外戚之親　○耿慶中統彭凌殿無「而」字。

索　以助教化　○耿「以」、「助」互倒。

*正　內德謂皇后也外戚謂皇后親戚也　南化楓三謙梅狩瀧。

〔夏之興也以塗山〕　瀧二一・六，慶一右六，殿一左二，凌一右八。

索　大戴云　○耿慶彭凌大戴禮云。殿無此注三字。

索　謂之僑　○耿慶中統彭凌謂之女僑。殿無「謂之」二字。僑，謙嬌。

索　僑產啓　○耿慶中統彭凌殿無「僑」字。　產，耿慶中統彭凌殿生。

〔而桀之放也以末喜〕　瀧二一・七，慶一右八，殿一左三，凌一右一○。○末，中統求。

索　有施人以妹喜女焉　○妹，耿慶中統凌殿末。

索　韋昭云有施氏女姓喜　○耿慶中統彭凌殿「有施氏女姓喜」六字作「有施喜姓之國末喜其女也」十一字。殿本此「索隱」爲「集解」。

〔殷之興也以有娀〕　瀧二一・八，慶一右九，殿一左四，凌一左一。

索　韋昭云契母簡狄有娀國女音嵩　○耿慶中統彭凌殿此注十三字作「有娀國名其女簡狄吞燕卵而生契故詩云天命鳦耿、凌、殿本「鳦」作「玄」。鳥降而生商是也」二十七字。

〔紂之殺也嬖妲己〕　瀧二一・九，慶一右一○，殿一左五，凌一左二。

索　殷辛伐有蘇氏　○耿慶中統彭凌殿無「氏」字。

〔周之興也以姜原〕　瀧二・一〇，慶一左一，殿一左六，凌一左三。

索　帝嚳上妃有邰氏之女曰姜原　○氏，殿女。

索　嫄名　○嫄，耿源。

索　履大人跡而生后稷　○耿慶中統彭凌殿無「而」字。

〔書美釐降春秋譏不親迎〕　瀧三・四，慶一左五，殿一左一〇，凌一左八。○南化三謙景井蜀紹無此正文十字。

索　紀裂繻來逆女　○耿慶彭凌殿——女傳曰外逆女不書此。中統——女不書此。

索　譏不親迎也　○耿慶中統彭凌殿何譏爾始不親迎也。

〔夫婦之際〕　瀧三・六，慶一左六，殿二右二，凌一左八。○南化楓三謙陰陽夫婦之際。

〔可不慎與〕　瀧三・八，慶一左八，殿二右三，凌二右一。

索　而陰陽變　○耿慶中統彭凌殿而陰陽變陰陽變。

〔況卑下乎〕　瀧四・一，慶二右一，殿二右六，凌二右六。

＊**正**　言臣子有親愛之情君父雖尊猶不能南化、楓、三、謙「能」下有「除」字。奪況乎卑下而能止制南化、楓、三、謙本「止」、「制」互倒。乎　南化楓三謙梅狩瀧。

〔或不能成子姓〕　瀧四・四，慶二右三，殿二右八，凌二右六。○紹或不能成子姓矣。

索　姓者生也　○耿慶彭凌殿無「生也」二字。

索 謂衆孫也按即趙飛燕等是也 ○燕，耿慶中統彭凌殿薨。

＊正 言無子孫 南化楓三謙梅狩瀧。

〔能成子姓矣〕 瀧四・五，慶二右四，殿二右九，凌二右八。○紹無此正文五字。

〔或不能要其終〕 瀧四・六，慶二右四，殿二右九，凌二右八。○索無「其」字。

〔呂娥姁爲高祖正后男爲太子〕 瀧五・一，慶二右九，殿二左二，凌二左二。

索 音況羽反 ○耿彭凌無此注四字。

索 按漢書呂后名雉 ○耿慶中統彭凌殿按漢書小顔云呂后名雉字娥姁。

〔及晩節色衰愛弛〕 瀧五・二，慶二右一○，殿二左四，凌二左三。○弛，景井蜀紹耿慶凌㢮。

＊正 下式支反謂閝「閝」，謙本作「閑」。 展也言姬嬪多也 南化楓三謙梅狩瀧。

〔呂后夷戚氏〕 瀧五・四，慶二左二，殿二左五，凌二左五。○后，慶彭凌殿氏。

〔唯獨無寵疏遠者得無恙〕 瀧五・五，慶二左三，殿二左六，凌二左六。○疏，景井蜀耿慶凌殿踈。

索 爾雅云 ○凌無此注三字。

索 得無恙乎 ○乎，耿凌耳。

〔詐取後宮人子爲子〕 瀧五・八，慶二左六，殿二左九，凌二左九。○謙上「子」字作「兒」。

〔合葬長陵〕 瀧六・一，慶二左九，殿三右二，凌三右二。

集 漢帝后同塋 ○塋，耿瑩。

〔合葬長陵〕 瀧六・一，慶二左九，殿三右二，凌三右二。

集 諸陵皆如此 ○紹無「諸陵」二字。

〔生薄姬〕 瀧六・七，慶三右七，殿三右八，凌三右八。

索 及王媼劉媼之屬是也 ○王，耿慶中統彭凌殿劉。劉，耿慶中統彭凌殿衛。

〔而薄父死山陰〕 瀧六・一〇，慶三右八，殿三右九，凌三右一〇。○南化楓棭三謙

梅 而薄姬父——。

〔因葬焉〕 瀧六・一〇，慶三右八，殿三右一〇，凌三右一〇。

索 在會稽縣西北檝山上 ○檝，耿慶中統彭凌殿襟，金陵重「縣」字。

索 今猶有兆域 ○域，耿或。按：耿本訛。

索 檝音莊洽反 ○檝，耿慶中統彭凌殿襟。洽，中統治。

〔相薄姬云〕 瀧七・二，慶三左一，殿三左三，凌三左三。○南化謙無「云」字。

〔而薄姬輸織室〕 瀧七・六，慶三左五，殿三左六，凌三左七。○輸，南化三謙繫。

〔與管夫人趙子兒相愛〕 瀧七・七，慶三左八，殿三左七，凌三左八。○管，彭官。

〔漢王坐河南宮成皐臺〕 瀧七・九，慶三左七，殿三左九，凌三左一〇。

索 按是河南宮之成皐臺 ○宮，耿官。按：耿本訛。

〔於是乃追尊薄父爲靈文侯〕 瀧九・二，慶四左二，殿四左一，凌四左三。○南化楓棭

三謙梅——薄姬父——。

〔早失父母〕 瀧九・五，慶四左五，殿四左四，凌四左六。○南化楓三謙梅無「母」字。

〔諸魏有力者〕 瀧九・六，慶四左六，殿四左四，凌四左七。○南化楓三謙無「者」字。

〔薄太后後文帝二年〕 瀧九・八，慶四左七，殿四左五，凌四左八。○後，紹從。

〔葬南陵〕 瀧九・八，慶四左八，殿四左六，凌四左九。

索 故謂南陵 ○耿慶中統彭凌殿故謂之南陵。

索 按今在長安東滻水東東原上 ○耿慶中統彭凌殿不重「東」字。

〔以呂后會葬長陵〕 瀧九・一〇，慶五右一，殿四左八，凌五右二。○以，南化楓棭三謙梅由。會，南化楓棭三謙梅合。

〔故特自起陵〕 瀧九・一〇，慶五右一，殿四左九，凌五右二。○特，景時。

〔近孝文皇帝霸陵〕 瀧一〇・一，慶五右一，殿五右一，凌五右二。

集 霸陵縣 ○景無「縣」字。

〔請其主遣宦者吏〕 瀧一〇・五，慶五右六，殿五右三，凌五右七。

正 主發遣宮人也 ○主，凌至。

〔誤置其籍代伍中〕 瀧一〇・六，慶五右八，殿五右四，凌五右八。○誤，景請。

〔而代王王后生四男〕 瀧一〇・八，慶五右一〇，殿五右六，凌五左一。○南化謙無

「而」字。

〔及代王立爲帝〕　瀧一〇・九，慶五左一，殿五右七，凌五左二。○及，慶役，中統彭殿後南化謙梅校記「及」。南化又作「反」字。按：景印慶元本「役」作「及」。

〔竇皇后親蚕卒〕　瀧一一・四，慶五左六，殿五左一，凌五左六。○蚕，景井蜀紹耿慶毛殿早。

〔葬觀津〕　瀧一一・五，慶五左六，殿五左一，凌五左六。

索　人閒號曰竇氏青山也　○曰，慶中統彭凌殿爲。

〔長丞奉守〕　瀧一一・七，慶五左九，殿五左四，凌五左一〇。○南化謙長丞吏奉守。

〔比靈文園法〕　瀧一一・七，慶五左一〇，殿五左五，凌五左一〇。○法，紹注。

〔字少君〕　瀧一一・八，慶六右一，殿五左六，凌六右一。

正　在冀州武邑縣東南二十七里　○二，彭三。

〔爲其主入山作炭〕　瀧一一・一〇，慶六右二，殿五左七，凌六右三。○南化棭三謙梅爲其主人入山作炭。

〔盡壓殺臥者〕　瀧一二・二，慶六右三，殿五左八，凌六右四。○壓，毛厭。按：毛本訛。

〔自卜數日〕　瀧一二・二，慶六右四，殿五左八，凌六右四。○日，南化楓棭三謙梅曰。

〔從其家之長安〕瀧一二・四，慶六右五，殿五左九，凌六右五。○從，紹徙。

索　而皆往長安也　○耿慶中統彭凌殿——安爲居也。

〔雖小識其縣名及姓〕瀧一二・六，慶六右六，殿五左一〇，凌六右七。○小，楓三少。

〔又常與其姊采桑墮〕瀧一二・六，慶六右七，殿六右一，凌六右七。○常，南化謙嘗。南化楓棭三謙梅又常與其姊采桑墮樹。

〔與我決於傳舍中〕瀧一二・九，慶六右一〇，殿六右三，凌六右一〇。

索　決者別也　○耿慶中統彭凌殿無「者」字。

〔丐沐沐我〕瀧一二・九，慶六左一，殿六右四，凌六左一。○凌「沐沐」二字作「沭沭」。注同。

索　謂后乞潘爲弟沐　○耿慶中統彭凌殿無「后」字。

〔侍御左右皆伏地泣〕瀧一三・二，慶六左二，殿六右六，凌六左三。○御，耿卻。

〔封公昆弟〕瀧一三・二，慶六左三，殿六右七，凌六左四。○封，南化楓三謙梅令。

〔家於長安〕瀧一三・三，慶六左四，殿六右七，凌六左四。

〔又復效呂氏大事也〕瀧一三・六，慶六左七，殿六右一〇，凌六左七。○效，三放。

索　即皇后之兄子之比　○耿慶中統彭凌殿「之兄」二字作「從昆弟」三字。

〔孝文帝崩〕瀧一三・九，慶六左一〇，殿六左二，凌六左一〇。○南化謙梅孝文帝崩後。

〔建元六年崩〕　瀧一四・七，慶七右七，殿六左九，凌七右八。

索　是當武帝建元六年　○耿 慶 中統 彭 凌 殿無「是」字。

〔賜長公主嫖〕　瀧一四・八，慶七右九，殿六左一〇，凌七右九。

***正**　東宮太后宮　狩 瀧。

〔槐里人〕　瀧一四・九，慶七右一〇，殿七右一，凌七右一〇。

正　犬丘故城　○犬，慶 殿太，彭 凌大。

〔因欲奇兩女乃奪金氏〕　瀧一五・三，慶七左六，殿七右六，凌七左五。○南化無「因」字。

索　倚者依也　○耿 慶 中統 彭 凌 殿無「者」字。

***正**　奇作倚南化、謙、狩本「倚」下有「曰」。倚於綺反倚依也問問南化、謙本作「間」。卜筮兩女當貴乃依恃之故奪金氏之女　南化 楓 三 謙 梅 狩 瀧。

〔先是臧兒又入其少女兒姁〕　瀧一五・九，慶八右一，殿七右一〇，凌八右一。

索　況羽反　○耿 慶 中統 彭 凌 殿姁音況羽反。

〔兒姁生四男〕　瀧一五・九，慶八右一，殿七左一，凌八右一。

索　清河王乘　○乘，耿 慶 中統 彭 凌 殿舜。

索　常山王舜也　○舜，耿 慶 中統 彭 凌 殿憲。

〔皇后毋子〕　瀧一六・一，慶八右三，殿七左三，凌八右三。○札記毛本「毋」訛「母」。

〔栗姬妒〕 瀧一六・三，慶八右六，殿七左五，凌八右六。○妒，景井蜀耿慶中統彭凌殿妬。

〔常使侍者祝唾其背〕 瀧一六・六，慶八右一〇，殿七左八，凌八右一〇。○背，紹皆。

按：紹本訛。

〔景帝以故望之〕 瀧一六・七，慶八左一，殿七左九，凌八右一〇。

*正 望猶南化、楓、三、謙本「猶」作「御」。梅、狩本作「銜」。恨也 南化楓三謙梅瀧。

〔景帝嘗體不安〕 瀧一六・八，慶八左二，殿七左九，凌八左一。○嘗，慶中統彭凌常，南化謙校記「嘗」。

〔百歲後〕 瀧一六・八，慶八左二，殿七左一〇，凌八左二。○百，慶可，南化校記「百」。

按：景印慶元本「可」作「百」。

〔心嗛之〕 瀧一六・九，慶八左四，殿八右一，凌八左三。○嗛，索慊。

〔而未發也〕 瀧一六・九，慶八左四，殿八右一，凌八左三。

索 嗛音銜 ○銜，慶彭凌殿銜。

索 銜謂恨也 ○慶中統彭凌殿漢書作銜銜慶、彭、凌、殿本「銜」作「御」，中統本作「銜」。猶「謂」作「猶」。恨也。

〔王夫人知帝望栗姬〕 瀧一七・一，慶八左六，殿八右三，凌八左五。○帝，紹常。按：紹本訛。

〔陰使人趣大臣〕　瀧一七・二，慶八左六，殿八右四，凌八左六。○趣，紹越。按：紹本訛。

〔母以子貴〕　瀧一七・三，慶八左八，殿八右五，凌八左七。

索　此皆公羊傳文　○耿慶中統彭凌殿此皆公羊傳之文。

〔栗姬愈恚恨〕　瀧一七・六，慶八左一〇，殿八右七，凌八左九。○南化謙無「恨」字。

〔而廢太子爲臨江王〕　瀧一七・六，慶八左一〇，殿八右七，凌八左九。○臨，紹号。

〔封皇后兄信爲蓋侯〕　瀧一七・七，慶九右二，殿八右八，凌九右一。

索　蓋縣屬太山　○耿慶中統彭凌殿「蓋縣」二字作「縣名」。

〔太子襲號爲皇帝〕　瀧一七・八，慶九右三，殿八右九，凌九右二。

正　即武帝。○按：各本無此注三字，瀧川本或本之傍注誤爲正義歟？

〔封田蚡爲武安侯〕　瀧一七・九，慶九右四，殿八右一〇，凌九右三。

索　屬魏郡　○魏，中統上。

〔王太后長女〕　瀧一八・二，慶九右八，殿八左四，凌九右七。○太，紹大。

〔次爲林慮公主〕　瀧一八・四，慶九右一〇，殿八左五，凌九右九。

正　林慮相州縣也　○彭此注六字作「林相林州縣也」。

〔王仲蚤死〕　瀧一八・六，慶九左二，殿八左七，凌九左一。○蚤，景井蜀紹慶中統彭毛殿早。死，南化謙卒。

〔子夫爲平陽主謳者〕　瀧一九・一，慶九左九，殿九右四，凌九左八。○南化楓三梅子夫爲平陽公主謳者。

〔武帝祓霸上還〕　瀧一九・四，慶一○右一，殿九右五，凌九左一○。

索　蘇林音廢　○耿慶中統彭凌殿「蘇林」二字作「小顏祓」三字。

〔因過平陽主〕　瀧一九・五，慶一○右二，殿九右七，凌一○右一。○南化梅——平陽公主。

〔上望見獨説衛子夫〕　瀧一九・六，慶一○右三，殿九右八，凌一○右二。○夫，景天。狩、景本訛。

〔軒中得幸〕　瀧一九・七，慶一○右四，殿九右九，凌一○右四。

正　於主衣車中得幸也　○主，凌王。

〔上還坐〕　瀧一九・九，慶一○右五，殿九右九，凌一○右四。○南化謙無「上」字。

〔賜平陽主金千斤〕　瀧一九・九，慶一○右五，殿九右一○，凌一○右四。○南化梅賜平陽公主金千斤。

〔武帝擇宮人不中用者〕　瀧二○・一，慶一○右八，殿九左二，凌一○右七。○擇，南化謙梅釋。

〔尊寵日隆〕　瀧二○・三，慶一○右一○，殿九左二，凌一○右八。○南化楓三謙無

「日隆」二字。

〔召其兄衛長君弟青爲侍中〕 瀧二〇・三，慶一〇右一〇，殿九左三，凌一〇右九。○其，蜀而。兄，蜀立。君，蜀若，南化楓三謙無「爲」字。

〔凡生三女〕 瀧二〇・四，慶一〇左一，殿九左四，凌一〇右一〇。

索 後封當利公主是 ○耿慶中統彭凌殿後封爲當利公主。無「是」字。

〔姓陳氏〕 瀧二〇・五，慶一〇左三，殿九左六，凌一〇左二。

索 傳至父午 ○耿慶中統彭凌殿無「父」字。

〔於是廢陳皇后〕 瀧二一・一，慶一〇左七，殿九左一〇，凌一〇左六。

索 相連誅者三百人 ○耿慶中統彭凌殿——三百餘人。

索 怨悶悲思 ○怨，耿慶中統彭凌殿愁。

索 乃爲作頌以奏 ○奏，慶彭秦，南化謙梅校記「奏」。按：景印慶元本「秦」作「奏」。

索 作頌信有之也 ○耿慶中統彭凌殿「有之」二字作「工」字。

〔與醫錢凡九千萬〕 瀧二一・七，慶一一右三，殿一〇右六，凌一一右二。○錢，南化楓三謙金。

〔青三子在襁褓中〕 瀧二一・九，慶一一右六，殿一〇右八，凌一一右五。○耿凌「襁褓」二字作「繦緥」。

〔及衛皇后所謂姊衛少兒〕 瀧二一・一〇，慶一一右七，殿一〇右八，凌一一右五。○及，南化謙梅乃。

〔以軍功封冠軍侯〕　瀧二三・一，慶一一右八，殿一〇右九，凌一一右六。〇封，景井蜀耿毛爲。

索　子夫姊少兒之子去病封也　〇耿慶中統彭凌殿無此十一字。

〔及衛后色衰〕　瀧二三・三，慶一一右一〇，殿一〇左一，凌一一右八。〇衛，紹將。

〔趙之王夫人幸〕　瀧二三・三，慶一一左一，殿一〇左二，凌一一右九。

索　生齊王閎　〇慶中統彭凌殿無「生齊王」三字，「閎」上有「名」字。耿生齊王名閎。

〔王夫人蚤卒〕　瀧二三・四，慶一一左一，殿一〇左二，凌一一右九。〇蚤，景井蜀紹耿慶中統彭毛殿早。

〔而中山李夫人有寵〕　瀧二三・四，慶一一左一，殿一〇左二，凌一一右一〇。

索　生昌邑哀王髆　〇耿慶中統彭凌殿無「生昌邑哀王」五字，「髆」上有「名」字。

〔李夫人蚤卒〕　瀧二三・六，慶一一左三，殿一〇左三，凌一一左一。〇蚤，景井蜀紹耿慶中統彭毛殿早。

索　此史記以爲王夫人最寵武帝悼惜新論亦同史記爲王夫人　〇耿慶中統彭凌殿無此注二十四字。

〔乃封爲海西侯〕　瀧二三・一，慶一一左六，殿一〇左七，凌一一左五。

正　國近西海　○西，慶彭凌四，南化謙梅校記「西」。按：景印慶元本「四」作「西」。

〔則有尹婕好之屬〕　瀧二三・五，慶一一左九，殿一〇左九，凌一一左七。○好，耿好。

〔更有寵〕　瀧二三・五，慶一一左一〇，殿一〇左九，凌一一左八。○南化謙無「有」字。

〔非王侯有土之士女〕　瀧二三・五，慶一一左一〇，殿一〇左一〇，凌一一左八。○耿慶中統彭凌殿士女互倒。南化楓三謙梅「士女」二字作「世」字。

〔褚先生曰〕　瀧二三・八，慶一二右二，殿一一右一，凌一〇右一〇。○殿考按：正義文，則是張守節時尚無「褚先生曰」四字，故有此注此四字，後人所加。札記謍云「據正義，則舊本當無此四字」。

〔問習漢家故事者鍾離生〕　瀧二三・八，慶一二右二，殿一一右一，凌一一左一〇。○問，南化楓三梅聞。按：景印慶元本「問」作「聞」。

〔王太后在民閒時所生子女者〕　瀧二三・九，慶一二右三，殿一一右二，凌一二右一。

集　名俗　○俗，中統谷。札記中統、游本「俗」作「谷」。

〔王太后獨在〕　瀧二四・一，慶一二右五，殿一一右四，凌一一右三。○獨，南化謙梅猶。

〔承閒白言〕　瀧二四・二，慶一二右六，殿一一右四，凌一二右四。○白，慶彭曰。按：景印慶元本「曰」作「白」。

〔何不蚤言〕瀧二四・二，慶一二右七，殿一一右五，凌一二右五。○蚤，景井蜀耿慶中統彭毛殿早。

〔旄騎出横城門〕瀧二四・三，慶一二右八，殿一一右七，凌一二右六。

正 在雍州咸陽縣東南二十二里 ○雍，慶彭凌殿淮。札記「雍」訛「淮」，考證改。

〔當小市西入里〕瀧二四・五，慶一二右一〇，殿一一右八，凌一二右八。○市，慶彭帝，南化楓棭三謙梅校記「市」。按：景印慶元本「帝」作「市」。

〔通至金氏門外止〕瀧二四・六，慶一二左一，殿一一右九，凌一二右一〇。○止，楓棭三上。

〔扶持出門〕瀧二四・八，慶一二左三，殿一一左二，凌一二左二。○持，南化謙梅將。

〔武帝下車泣曰嚄〕瀧二四・九，慶一二左四，殿一一左二，凌一二左二。○嚄，景擭，蜀獲。

索 蓋驚怪之辭耳 ○耿慶中統彭凌殿「驚怪」二字作「恠」字。耳，殿爾。

正 嚄嘖 ○嘖，慶彭凌殿責。

〔男號爲脩成子仲〕瀧二五・七，慶一三右四，殿一二右一，凌一三右二。

索 金氏甥修成君之子也 ○耿慶中統彭凌殿金氏之甥——。

索 又與大外祖王氏同字 ○慶中統彭索凌殿無「又」字。大，殿帝。

〔女爲諸侯王王后〕　瀧二五·九，慶一三右五，殿一二右二，凌一三右三。○南化無「侯」字。

索　嫁爲淮南王安太子妃也　○妃，紹如。按：紹本訛。

〔后弟衛青〕　瀧二六·一，慶一三右八，殿一二右五，凌一三右六。○青，紹毒。

〔長子伉爲侯世子〕　瀧二六·二，慶一三右九，殿一二右六，凌一三右七。○世，南化　楓　三　謙太。

〔侯世子常侍中貴幸〕　瀧二六·二，慶一三右九，殿一二右六，凌一三右七。○世，南化　楓　三　謙太。

〔當用列侯尚主〕　瀧二六·八，慶一三左六，殿一二左二，凌一三左四。○當，景　紹　毛嘗。

〔富貴振動天下〕　瀧二七·一，慶一三左九，殿一二左六，凌一三左八。○振，南化　謙震。

〔邢夫人號娙娥〕　瀧二七·七，慶一四右七，殿一三右二，凌一四右五。

索　美貌謂之娥　○耿　慶　中統　凌　殿——娙娥。

〔容華秩比二千石〕　瀧二七·一〇，慶一四左一，殿一三右六，凌一四右八。○比，蜀北。按：蜀本訛。

索　按是二萬斗也　○斗，慶　耿　凌　殿㪷。中統本印刻不明。

索　按此則是真二千石也　○慶耿凌殿無「按此」二字。

〔尹夫人前見之曰〕　瀧二八・八，慶一四左七，殿一三左二，凌一四左七。○南化謙無「前」字。

〔視其身貌形狀〕　瀧二八・九，慶一四左九，殿一三左三，凌一四左八。○身，南化楓棭三謙梅躰。

〔自痛其不如也〕　瀧二九・二，慶一五右一，殿一三左六，凌一四左一〇。○痛，南化謙病。

＊正　俛音俯　南化謙梅狩瀧。

〔美女入室〕　瀧二九・三，慶一五右二，殿一三左六，凌一五右一。○室，南化謙梅宮。

〔馬不必騏驥〕　瀧二九・四，慶一五右三，殿一三左八，凌一五右二。○驥，紹⿰魚冀。

〔入室見妒〕　瀧二九・六，慶一五右五，殿一三左一〇，凌一五右四。○妒，景井蜀耿慶中統彭凌殿妬。室，南化謙宮。

〔鉤弋夫人〕　瀧二九・八，慶一五右七，殿一四右二，凌一五右六。

索　按夫人姓趙河間人　○耿慶中統彭凌殿無此八字。

索　天子乃使使召之　○乃，耿慶中統彭凌殿亟。

索　手即時伸　○耿慶中統彭凌殿無「時」字。

索　由是幸　○慶 中統 彭 凌 由是得幸。

索　故號焉　○耿 慶 中統 彭 凌 故號焉黄圖云鉤戈宮在外。

索　宮在直城門　○耿 慶 中統 彭 凌 無「城」字。

索　不可記名也　○慶 中統 彭 凌 不可記其名也。

〔姓趙氏〕　瀧二九・一〇，慶一五右七，殿一四右二，凌一五右六。

索　漢書昭帝即位　○耿 慶 中統 彭 凌 殿 無「漢書」二字。

〔昭帝立時年五歲耳〕　瀧三〇・二，慶一五左二，殿一四右七，凌一五左一。○耳，殿 爾。

索　按徐廣依漢書以武帝年七十崩崩時昭帝年八歲　○耿 慶 中統 彭 凌 殿 無此注二十字。

索　昭帝生誤也　○耿 慶 中統 彭 凌 殿 此注五字作「生昭帝又誤」。

索　按元始富爲太始　○爲，耿 慶 中統 凌 殿 作。

*正　漢書曰後元二（南化、楓、三、謙、梅、狩本無「二」字。）年上疾病遂立昭帝爲（南化、楓、三、狩本無「爲」字。）太子年八歲明日武帝崩太子即皇帝位五歲者褚先生誤矣　南化 楓 三 謙 梅 狩 瀧。

〔夫人死雲陽宮〕　瀧三〇・九，慶一五左九，殿一四左三，凌一五左九。○宮，凌 官。按：凌本訛。

索　發棺視之　○耿 慶 中統 彭 凌 殿 無「視之」二字。

正　黄帝以來祭圜丘處也　○圜，慶 彭 凌 殿 圓。

〔使者夜持棺往葬之〕　瀧三一・三，慶一六右二，殿一四左六，凌一六右二。

正 少好清静 ○少，凌小。

〔何去其母乎〕 瀧三一・七，慶一六右七，殿一五右三，凌一六右八。○南化 謙 梅 何爲去其母乎。去，毛棄。

〔固非淺聞愚儒之所及也〕 瀧三二・二，慶一六左二，殿一五右六，凌一六左三。○及，南化 彭 見，謙 梅 及，楓 三 謙——所能及也。

〔豈虛哉〕 瀧三二・三，慶一六左二，殿一五右七，凌一六左四。

索 逮我炎曆 ○逮，慶 中統 彭 凌 殿 建。

索 竇喜玄言 ○喜，慶 中統 彭 凌 殿 善。玄，慶 云，南化 校記「玄」。按：景印慶元本「云」作「玄」。

史記會注考證校補卷五十

楚元王世家第二十

〔高祖之同母少弟也〕　瀧二・一，慶一右二，殿一右七，凌一右三。

索　言同父者　○耿慶中統彭凌殿無「者」字。

〔嘗辟事〕　瀧二・五，慶一右四，殿一右九，凌一右五。○嘗，中統常，札記中統、游本「嘗」訛「常」。

〔時時與賓客過巨嫂食〕　瀧二・五，慶一右四，殿一右九，凌一右五。

索　漢書作丘　○耿慶中統彭凌殿無此注四字。

索　巨一作丘　○一，彭亦。

〔叔與客來〕　瀧二・七，慶一右六，殿一左一，凌一右七。○南化謙無「叔」字，「客」下有「日」字。

〔櫟釜〕　瀧二·七，慶一右七，殿一左一，凌一右八。○南化 楓 三 謙櫟釜邊。

索　謂以杓歷釜旁使爲聲　○殿考「杓歷釜」，監本訛作「枸歷蚤」，今改正。

〔於是乃封其子信爲羹頡侯〕　瀧三·一，慶一左一，殿一左五，凌一左二。

索　羹頡爵號耳　○耿 慶 中統 彭 凌 殿無「耳」字。

索　非縣邑名　○慶 中統 彭 凌 殿無「邑」字。

〔而王次兄仲於代〕　瀧三·四，慶一左三，殿一左七，凌一左四。

集　次兄者喜字仲　○者，景 井 蜀 耿 慶 中統 彭 毛 凌 殿名。

集　謚頃王　○頃，井 毛項。景本印刻不明。札記宋本、毛本「頃」訛「項」。

〔即位二十三年卒〕　瀧三·七，慶一左六，殿一左一〇，凌一左七。

索　王薛郡東海彭城三十六縣也　○縣，耿 慶 中統 彭 凌 殿郡。

〔夷王四年卒〕　瀧三·九，慶一左七，殿一左一〇，凌一左八。○南北 謙夷王郢立四年卒。

〔削東海郡〕　瀧三·一〇，慶一左八，殿二右一，凌一左九。

索　蓋以罪重故至削郡也　○彭 殿無「蓋」字。

〔破棘壁〕　瀧四·六，慶二右一，殿二右四，凌二右二。○壁，紹璧。

正　在宋州寧陵縣西七十里即梁棘壁　○慶 彭 凌 殿——里州即——。札記即上衍州字考證删。

〔孝景帝欲以德侯子續吳〕　瀧四·九，慶二右四，殿二右七，凌二右六。

集 其父曰仲　○[彭]「曰仲」二字作「名仲」。

〔是時禮爲漢宗正〕　瀧五・二，慶二右八，殿二右一〇，凌二右九。○[紹]無「是」字。

〔子襄王注立〕　瀧五・四，慶二右一〇，殿二左二，凌二左一。○注，[景][井][耿][慶][中統][彭][凌][殿]經。

〔王純立〕　瀧五・五，慶二左一，殿二左三，凌二左二。○[南化][楓][三][謙]無「王純立」三字。

〔地節二年中〕　瀧五・五，慶二左一，殿二左三，凌二左二。○[南化][楓][三][謙]至地節二年中。

〔爲彭城郡〕　瀧五・六，慶二左二，殿二左四，凌二左三。

集 謚節王　○王，[慶][彭][殿]三。

正 蓋褚先生誤也　○誤，[南化][楓][三][謙][梅]說。

〔謚曰幽〕　瀧六・一，慶二左六，殿二左八，凌二左九。○[南化][楓][謙]謚曰幽王。

〔立遂弟辟彊〕　瀧六・三，慶二左九，殿三右一，凌三右一。

索 音壁强二音又音闢彊　○[耿][慶][中統][彭][凌][殿]無「二音」二字，彊[索]壃。

〔坐鼂錯以適削趙王常山之郡〕　瀧六・七，慶三右三，殿三右四，凌三右四。○鼂，[耿][慶][中統][彭][凌][殿]晁。

〔發兵屯其西界〕　瀧六・九，慶三左五，殿三右六，凌三右七。○屯，南化 楓 三 謙 梅往。

〔邯鄲遂降〕　瀧七・七，慶三右一〇，殿三右一〇，凌三左一。

正　洛州縣也　○洛，彭 凌 殿洛，札記「洛」誤「洛」，考證據唐志改。

〔誠哉是言也〕　瀧八・六，慶三左七，殿三左六，凌三左九。

索　王於彭城　○於，慶 中統 彭 凌 殿失。

索　穆生置醴　○置，慶 中統 彭 凌 殿致。

史記會注考證校補卷五十一

荆燕世家第二十一

〔荆王劉賈者〕 瀧二・二,慶一右二,殿一右七,凌一右三。○井耿慶中統彭毛凌殿無「者」字。謙校補「者」字。札記舊刻本有「者」字,與下文「燕王劉澤者」書法一例。各本「者」字在下句「諸劉」下,誤也。

〔諸劉〕 瀧二・二,慶一右二,殿一右七,凌一右三。○井蜀耿慶中統彭毛凌殿諸劉者。南化楓三謙梅無「者」字。札記索隱本「諸劉」下無「者」字,正與舊刻本合。

〔初起時〕 瀧二・三,慶一右三,殿一右八,凌一右四。

索 賈高祖從父兄 ○耿慶中統彭凌殿無此注六字。

〔劉賈爲將軍定塞地〕 瀧二・五,慶一右四,殿一右九,凌一右五。○南化謙——定三

塞地

索 賈將兵之塞地 ○耿慶中統彭凌殿無此六字。

〔使劉賈將二萬人〕 瀧二・七，慶一右六，殿一右一〇，凌一右七。○殿考按：高紀此事在三年。項羽本紀與此俱作漢四年。

〔入楚地〕 瀧二・七，慶一右八，殿一左一，凌一右七。

正 在滑州白馬縣北三十里 ○十，慶彭凌千，南化謙校記「十」。按：景印慶元本「千」作「十」。

〔已而楚兵擊劉賈〕 瀧二・九，慶一右九，殿一左三，凌一右一〇。○景井耿慶中統彭毛「已」、「而」二字互倒。札記「已而」二字，漢書同宋本，中統、舊刻、游毛各本作「而已」，則當屬上句。

〔賈輒壁〕 瀧二・九，慶一右九，殿一左三，凌一右一〇。○壁，南化謙避，紹壁。按：紹本訛。

〔漢五年漢王追項籍至固陵〕 瀧二・一〇，慶一右一〇，殿一左四，凌一左一。○殿考高紀在四年。札記王本「項」作「逐」。

〔使人閒招楚大司馬周殷〕 瀧三・二，慶一左二，殿一左六，凌一左三。○慶謙無「招」字。

〔王淮東五十二城〕 瀧三・九，慶一左一〇，殿二右三，凌二右一。○二，南化三。札記志疑云漢書高紀作「五十三縣」。

索 故云淮東也 ○耿慶中統彭凌殿故云王淮東也。

〔諸劉遠屬也〕 瀧四・七，慶二右八，殿二右一〇，凌二右九。

索 按注引漢書云高祖從昆弟 ○耿慶中統彭凌殿無此注十一字。

索 又楚漢春秋 ○耿慶中統彭凌殿無「又」字。

〔澤以將軍擊陳豨〕 瀧四・八，慶二右一〇，殿二左二，凌二左一。○毛——陳陳豨。

札記 毛本重「陳」字，誤衍。

〔爲營陵侯〕 瀧四・九，慶二左一，殿二左二，凌二左二。

正 在青州北海縣南三十里 ○凌「海縣」二字作「義」字。

〔齊人田生游乏資〕 瀧五・一，慶二左二，殿二左三，凌二左三。

集 田子春 ○田，蜀曰。

〔以畫干營陵侯澤〕 瀧五・二，慶二左三，殿二左四，凌二左四。○干，凌于。按：凌本訛。

索 畫一音樹畫之畫又音圖畫之畫 ○樹，索金陵計。耿慶中統彭凌殿無此注十三字。

索 兩家義並通也。○耿慶中統彭凌殿兩家之義並通也。

〔不見澤而假大宅〕 瀧五・五，慶二左六，殿二左七，凌二左七。○蜀「澤而」二字空格。

〔令其子求事呂后所幸大謁者張子卿〕 瀧五・六，慶二左六，殿二左八，凌二左八。○幸，毛宰。按：毛本「宰」，「幸」訛。

*正 張子卿漢書作睪卿音睪高后已見功事作睪子卿字也 南化楓三棭梅狩龍。

〔田生子請張卿臣〕　瀧五・七，慶二左八，殿二左九，凌二左九。○南化謙「田生子請張卿
曰臨。

〔田生盛帷帳共具〕　瀧五・九，慶二左九，殿二左一〇，凌二左一〇。○南化楓三謙

梅無「盛」字。南化謙「盛帷帳共具」五字作「帷帳盛」三字。

〔臣觀諸侯王邸第百餘〕　瀧五・一〇，慶二左一〇，殿三右一，凌三右一。○第，井弟。

〔又親戚太后之重〕　瀧六・二，慶三右四，殿三右五，凌三右五。

索　此略同臣瓚之意也　○耿慶中統彭凌殿無此注八字。

〔太后欲立呂産爲呂王王代〕　瀧六・五，慶三右五，殿三右五，凌三右六。○后，毛呂

〔乃風大臣語太后〕　瀧七・一，慶三右一〇，殿三右一〇，凌三左一。

按：毛本「呂」，「后」訛。

*正　語魚呂反以卑言尊之意也　南化楓三梅狩瀧。

〔獨此尚觖望〕　瀧七・五，慶三左四，殿三左三，凌三左四。

索　又音企　○耿慶中統彭凌殿「企」字作「窺睡反」三字。

〔列十餘縣王之〕　瀧七・六，慶三左四，殿三左四，凌三左五。○列，南化楓三謙

梅裂。

〔乃引兵與齊王合謀西〕　瀧八・一，慶三左一〇，殿三左八，凌三左一〇。

集　爲齊王所劫　○劫，景井刼。

索　使祝午劫琅邪王至齊　○劫，耿慶中統結。

索　太史公聞疑傳疑　○聞，耿慶中統彭凌殿間。耿慶中統彭凌殿無「傳疑」二字。

〔聞漢遣灌將軍屯滎陽〕　瀧八・四，慶四右三，殿四右一，凌四右四。○南化楓三謙——屯兵滎陽。

〔乃復以琅邪予齊〕　瀧八・七，慶四右六，殿四右四，凌四右七。○乃，南化謙而。

〔傳子嘉〕　瀧八・八，慶四右七，殿四右四，凌四右八。○嘉，南化謙喜。

〔奪弟妻爲姬〕　瀧八・九，慶四右九，殿四右七，凌四右九。○奪，耿奔。

〔安國有所欲誅殺臣肥如令郢人〕　瀧八・一〇，慶四右一〇，殿四右七，凌四右一〇。○令，紹令。按：紹本譌。

索　然按地理志肥如在遼西也　○耿慶中統彭凌殿無「然」字。

〔定國使謁者以他法劾捕〕　瀧九・四，慶四左二，殿四右一〇，凌四左三。○劾，景井刻，毛劫。按：毛本「劫」，「劾」譌。

〔亂人倫逆天〕　瀧九・六，慶四左五，殿四左二，凌四左六。○南化楓三謙亂人倫逆天道。

〔故劉賈雖屬疏〕　瀧九・九，慶四左七，殿四左四，凌四左八。○疏，蜀大慶彭凌殿跦，南化謙梅校記「跡」。

〔填江淮之閒〕瀧九・一〇，慶四左八，殿四左五，凌四左九。○殿江淮互倒。填，南化楓三謙梅鎮。

〔事發相重〕瀧一〇・二，慶四左一〇，殿四左七，凌五右一。

索　我亦得其功　○耿慶中統彭凌殿而我亦得其功。

＊**正**　謂事發動皆得尊位故云相重　梅狩瀧。

〔豈不爲偉乎〕瀧一〇・五，慶五右一，殿四左七，凌五右一。○南化謙梅無「爲」字。

乎，索哉。

索　偉者盛也　○耿慶中統彭凌殿無「者」字。

史記會注考證校補卷五十二

齊悼惠王世家第二十二

〔皆予齊王〕 瀧二・五，慶一右四，殿一右九，凌一右五。

索 謂其語音及名物異於楚魏 ○異，彭其。

索 一云 ○凌殿「二」作「孟康」二字。

＊**正** 諸齊民言語與楚魏燕趙異者隨地割屬齊也 南化楓三謙梅狩瀧。

〔惠帝與齊王燕飲〕 瀧二・七，慶一右六，殿一右一〇，凌一右七。○中統「燕」、「飲」互倒。

札記「燕飲」二字中統、游本倒。

〔亢禮如家人〕 瀧二・七，慶一右六，殿一左一，凌一右七。

索 而乃亢敵如家人兄弟之禮 ○耿慶中統凌殿而乃自亢敵如家人行兄弟之禮。

＊**正** 不尊惠帝如家人兄弟禮 南化楓三謙梅狩瀧。

〔割齊之濟南郡爲呂王奉邑〕　瀧三・五，慶一左六，殿一左九，淩一左六。

索　並音孚　○並，耿慶中統彭淩殿皆。

索　鄜縣名　○耿無「名」字。

索　酈縣在南陽　○南，慶彭高。按：景印慶元本「高」作「南」。

索　台音胎呂后兄子也　○胎，慶彭胎。耿無此注八字。

正　在淄州長山縣西北二十五里　○二，慶彭淩殿三。

〔高后割齊琅邪郡〕　瀧三・一〇，慶一左九，殿二右二，淩二右一。

正　今沂州也　○沂，慶所，南化校記「沂」。按：景印慶元本「所」作「沂」。

〔臣謹行法斬之〕　瀧五・三，慶二左一，殿二左二，淩二左一。○南化楓三謙梅臣謹行軍法斬之。

〔因立齊王爲帝〕　瀧五・九，慶二左八，殿二左八，淩二左八。○蜀無「立」字。

〔乃發卒衛王宮〕　瀧六・一，慶三右一，殿三右一，淩三右一。

索　以父功封黎侯也　○耿以父功封黎侯也黎縣名。

〔呂氏作亂〕　瀧六・一〇，慶三右八，殿三右七，淩三右七。○作，南化謙爲。

〔大王自高帝將也〕　瀧七・一，慶三右九，殿三右八，淩三右九。○南化謙——帝立初將也。

〔西馳見齊王〕　瀧七・四，慶三左二，殿三左一，淩三左二。○西，南化謙梅迺，楓棭

[三]便。

〔齊遂舉兵〕　瀧八・一，慶三左一〇，殿三左七，凌三左九。○[南化][謙]齊王遂舉兵。

〔西攻呂國之濟南〕　瀧八・一，慶三左一〇，殿三左七，凌三左九。○濟，[慶][彭]齊，[南化][楓][三][謙][梅]校記「濟」。按：景印慶元本「齊」作「濟」。

〔悼惠王於齊〕　瀧八・三，慶四右二，殿三左九，凌四右一。○[南化][楓][三][謙][梅]悼惠王王於齊。

〔又殺三趙王〕　瀧八・五，慶四右四，殿四右一，凌四右三。

正　徙王趙並高祖子也　○王，[慶][凌][殿]燕。[札記]誤作「徙燕趙」，考證改。

〔分齊國爲四〕　瀧八・七，慶四右五，殿四右二，凌四右五。

索　謂濟南琅邪城陽　○濟，[凌]齊。

〔皇帝春秋富〕　瀧八・八，慶四右八，殿四右四，凌四右七。

索　言年幼也　○[慶][中統][彭][凌][殿]無「言」字。

〔今諸呂又擅自尊官〕　瀧八・九，慶四右九，殿四右五，凌四右八。○擅，[紹]檀，[南化][楓][三][謙][梅]今諸呂又擅權自尊官。

〔諸呂將兵居關中〕　瀧九・三，慶四左三，殿四右九，凌四左二。○將，[南化][謙]持。

〔朱虛侯與太尉勃丞相平等誅之〕　瀧九・七，慶四左七，殿四左三，凌四左六。○[南化][楓]

三謙梅朱虛侯章與——。朱毛諸。按：毛本「諸」一「朱」訛。下同。

〔虎而冠者也〕　瀧九・一〇，慶五右一，殿四左六，凌四左一〇。

集　如虎而著冠　○著，井紹慶彭毛箸。按：景印慶元本「箸」作「著」。

〔而遣朱虛侯以誅呂氏事告齊王〕　瀧一〇・三，慶五右五，殿四左一〇，凌五右四。○朱，毛諸。

〔豈暇先言大人而後救火乎〕　瀧一〇・六，慶五右八，殿五右二，凌五右六。○大，南化丈。

〔股戰而栗恐不能言者〕　瀧一〇・八，慶五右一〇，殿五右三，凌五右八。○楓三謙梅股戰而爲栗南化、謙本「栗」作「慄」。恐不能言者。瀧川考證曰「古鈔本，楓、三本『恐』上有『爲』字」。案：誤矣。

〔魏勃父以善鼓琴見秦皇帝〕　瀧一一・一，慶五左二，殿五右六，凌五左一。○南化楓三謙無「父」字。

〔乃常獨早夜埽齊相舍人門外〕　瀧一一・三，慶五左四，殿五右七，凌五左二。○埽，景井紹慶中統彭凌殿掃。下注同。

〔皆爲列侯〕　瀧一二・五，慶六右八，殿五左九，凌六右六。

正　罷音不　○慶彭無此正義。南化楓三謙梅狩校補「罷音擺」。

〔地入于漢〕　瀧一二・八，慶六右九，殿五左一〇，凌六右六。○于，中統王，札記中統誤

「王」。

〔齊孝王將閭以悼惠王子楊虛侯爲齊王〕　瀧一二・九，慶六左一，殿六右一，凌六右八。○楊，殿揚。南化楓三「爲」下無「齊」字。

〔與城陽齊凡七王〕　瀧一三・二，慶六左四，殿六右四，凌六左一。

索　雄渠膠東王　○慶中統凌殿雄渠爲膠東王。

〔三國兵共圍齊〕　瀧一三・五，慶六左八，殿六右八，凌六左三。

集　濟南也　○也，蜀已。

〔齊王使路中大夫告於天子〕　瀧一三・七，慶六左九，殿六右八，凌六左六。○天，毛太。

索　按路姓爲中大夫官　○耿慶中統彭凌殿無此注八字。

索　史失其名　○耿慶中統彭凌殿無「其」字。

〔天子復令路中大夫還告齊王〕　瀧一三・八，慶六左一〇，殿六右一〇，凌六左七。○天，蜀毛太，南化楓棭三謙梅——還報告齊王。

〔三國將劫與路中大夫盟曰〕　瀧一三・一〇，慶七右二，殿六左一，凌六左九。○南化無「劫」字。

〔齊趣下三國〕　瀧一四・一　慶七右三，殿六左二，凌六左一〇。○齊，毛楚。

〔已而復聞齊初與三國有謀〕　瀧一四・七，慶七右一〇，殿六左八，凌七右七。○復，南化謙後。

〔而膠西膠東濟南菑川王咸誅滅〕　瀧一四·一〇，慶七左四，殿七右一，凌七右一〇。○南化無「咸誅」二字。

〔子次景立〕　瀧一五·一，慶七左五，殿七右三，凌七左二。○景，南化謙昌。札記杭氏考證云「年表作『次昌』」。

〔太后取其弟紀氏女爲厲王后〕　瀧一五·二，慶七左六，殿七右三，凌七左三。○南化謙太后取其弟子紀氏女爲厲王后。

〔太后欲其家重寵〕　瀧一五·三，慶七左七，殿七右四，凌七左四。

索　重直龍反　○龍，耿慶凌寵。

〔令其長女紀翁主入王宮〕　龍一五·三，慶七左八，殿七右五，凌七左四。○翁，耿公。

索　故謂之紀翁主　○翁，耿公。

〔脩成君非劉氏〕　瀧一五·七，慶八右一，殿七右八，凌七左八。○紹無「脩成君」三字。

集　王太后　○王，毛皇。按：「皇」，「王」訛。

〔宦者甲乃請使齊〕　瀧一五·九，慶八右三，殿七右一〇，凌七左一〇。○使，謙以。下同。

〔必令王上書請娥〕　瀧一五·九，慶八右四，殿七右一〇，凌七左一〇。○王，蜀主。

〔紀太后大怒曰〕　瀧一六·一，慶八右七，殿七左三，凌八右三。○大，耿太。

〔然有一害〕 瀧一六・五，慶八右一〇，殿七左六，凌八右七。〇南化謙然事有一害。

〔不得聞於天子〕 瀧一六・七，慶八左三，殿七左八，凌八右九。〇南化謙無「不」字。

*正 浸潯二南化、楓、三、謙本「二」作「侵尋」。音一音尋南化、楓、三、謙本無「一音尋」三字。又音淫浸潯猶漸潤澤南化、楓、三、謙、梅本「澤」作「深」。也 南化楓三謙梅狩瀧。

〔市租千金〕 瀧一六・九，慶八左五，殿七左一〇，凌八左一。

索 謂所賣之物出稅 〇稅，慶凌殿租。

索 言齊人衆而且富也 〇且，耿禮。

*正 謂臨菑之市所賣之物日出稅利千金言齊人之南化、楓、三、謙本「之」作「衆」梅本無「之」字。殷富也千金萬貫也 南化楓三謙梅狩瀧。

〔巨於長安〕 瀧一六・一〇，慶八左六，殿八右一，凌八左二。〇巨，凌臣。按：凌本誤。

〔懼大罪爲吏所執誅〕 瀧一七・四，慶九右一，殿八右五，凌八左七。〇大，紹太。

〔乃上書言偃受金及輕重之短〕 瀧一七・六，慶九右四，殿八右八，凌八左九。

索 謂言臨菑富及吴楚孝王時事 〇謂，耿慶彭凌殿蓋。

*正 言舉輕重大小之事故訴謙本「訴」作「許」。之 南化楓三謙梅狩瀧。

〔國入漢〕 瀧一七・九，慶九右七，殿八右九，凌九右二。〇南化謙國入于漢。

〔菑川地比齊〕 瀧一八・一，慶九右八，殿八左一，凌九右三。〇比，蜀北。

〔子喜立〕 瀧一八・六，慶九左四，殿八左七，凌九右九。〇耿無「子」字。

〔功少〕　瀧一九・五，慶一〇右三，殿九右四，凌九左八。〇少，耿小。

〔請與太僕嬰入清宮廢少帝〕　瀧一九・五，慶一〇右四，殿九右五，凌九左八。〇太，景紹大。

〔聞朱虛東牟之初欲立齊王〕　瀧一九・九，慶一〇右八，殿九右九，凌一〇右三。〇南化謙聞朱虛侯東牟侯之初欲立齊王。

〔章與居自以失職奪功〕　瀧二〇・一，慶一〇右一〇，殿九右一〇，凌一〇右四。〇南化謙章與居意自以失職奪功。

〔以勒侯孝文十六年爲濟南王〕　瀧二〇・八，慶一〇左九，殿九左九，凌一〇左三。

索　並音力　〇並，耿慶中統彭凌殿皆。

〔漢擊破殺辟光〕　瀧二〇・一〇，慶一一右一，殿九左一〇，凌一〇左五。〇辟，蜀辟。

〔以濟南爲郡〕　瀧二〇・一〇，慶一一右一，殿九左一〇，凌一〇左五。〇耿無「以」字。

〔志亦齊悼惠王子〕　瀧二一・四，慶一一右五，殿一〇右四，凌一〇左九。〇亦，慶彭凌以，南化楓三謙校記「亦」。

〔齊悼惠王子〕　瀧二三・一，慶一一左二，殿一〇右九，凌一一右六。

正　高苑故城　〇高，慶彭凌西。

正　在韶州長山縣北四里　〇韶，慶彭凌殿金陵淄。按：瀧川本誤。山，慶凌川。

〔十一年〕　瀧二三・六，慶一一左七，殿一〇左四，凌一一左一。〇楓三無「十」字。

〔以填萬民之心〕　瀧二三・九，慶一一右一〇，殿一〇右七，凌一一左四。〇填，南化楓三謙梅鎮。

〔齊惠悼王世家第二十二〕　瀧二三・一〇。〇瀧本「惠」、「悼」誤倒。

史記會注考證校補卷五十三

蕭相國世家第二十三

〔蕭相國世家第二十三〕　瀧一・九，慶一右一，殿一右六，淩一右二。

索　蕭相國曹相國留侯絳侯五宗三王右六篇請各爲一篇　○耿慶中統淩殿無「右」字，而「請客」二字作「可合」。耿、慶、中統、淩本此索隱在「曹相國世家第二十四」下。索金陵無此注二十二字。

〔蕭相國何者〕　瀧二・二，慶一右二，殿一右八，淩一右六。　○毛無「何」字。紹無「者」字。

〔以文無害〕　瀧二・二，慶一右二，殿一右八，淩一右七。

索　雖爲文吏而不刻害也　○慶中統彭淩殿無「文」字。

〔爲沛主吏掾〕　瀧二・七，慶一右四，殿一右九，淩一右七。　○掾，索椽。

〔常左右之〕　瀧二・九，慶一右七，殿一左二，淩一左一。　○南化謙「左右」二字作「佐」字。

〔何獨以五〕　瀧二・一〇，慶一右八，殿一左三，淩一左二。

索　錢三百謂他人三百何獨五百也　○耿慶中統彭凌殿無此注十三字。

〔秦御史監郡者〕　瀧三・一，慶一右九，殿一左五，凌一左三。○秦，凌奏。按：凌本「秦」訛「奏」。郡，紹毛都。

〔常辨之〕　瀧三・一，慶一右一〇，殿一左五，凌一左四。○辨，毛辯。

索　故張晏曰何與共事修辨明何素有方略是也　○耿慶中統彭凌殿無此注十八字。

〔何乃給泗水卒史事〕　瀧三・三，慶一左一，殿一左六，凌一左五。○史，索吏。下注同。

集　又秦以沛爲泗水郡　○殿無「又」字。又，蜀文。

〔何常爲丞督事〕　瀧三・八，慶一左四，殿一左九，凌一左九。

索　常監督庶事也　○耿無「監」字。

〔何獨先入收秦丞相御史律令圖書藏之〕　瀧三・九，慶一左六，殿二右一，凌二右一。○入，殿人，殿考「人」一本作「入」。

〔漢王以信爲大將軍〕　瀧四・三，慶一左一〇，殿二右五，凌二右四。○南化謙無「信」字。

〔何以丞相留收巴蜀填撫諭告〕　瀧四・四，慶二右一，殿二右六，凌二右六。○填，南化謙鎮。

〔何守關中〕　瀧四・五，慶二右三，殿二右七，凌二右七。○南化謙梅使何守關中，楓三令何守關中。

〔治櫟陽〕　瀧四・六，慶二右三，殿二右七，凌二右七。○櫟，梅樂。

〔封爲酇侯〕　瀧五・七，慶二左四，殿二左七，凌二左八。

集　音贊　○贊，梅讚。

集　今南鄉酇縣也　○鄉，紹蜀慶彭凌殿陽。　酇，蜀贊。按：中統本印刻不明。

集　今多呼嵯　○井紹無「多」字。

集　嵯舊字作䣜　○䣜，慶彭凌䣜，井殿金陵䣜。　札記毛本訛「䣜」，各本或作「䣜」，或作「䣜」，皆誤。汪校改「䣜」，亦非也。今依說文正。

索　鄒氏云屬沛郡音嵯屬南陽音贊又臣瓚按茂陵書蕭何國在南陽則字當音贊今多呼爲嵯也注○耿慶中統彭凌殿無此注三十八字。

索　今南鄉酇縣　○鄉，耿慶彭凌殿陽。　按：中統本印刻不明。

索　南鄉郡名也　○鄉，耿慶彭凌殿陽。　按：中統本印刻不明。

索　太康地理志云　○彭無「太康地」三字。

索　晉武帝又曰順陽郡也　○耿慶中統彭凌殿晉武帝改「又」字作「改」。曰順陽郡是也。

〔今蕭何未嘗有汗馬之勞〕　瀧六・一，慶二左九，殿三右一，凌三右三。○南化「汗」、「馬」互倒。

〔身被七十創〕　瀧六・一〇，慶三右七，殿三右八，凌三右一〇。○南化謙梅身被七十餘創。

〔上已橈功臣〕　瀧六・一〇，慶三右八，殿三右九，凌三左一。○橈，蜀凌殿撓。

〔關内侯鄂君〕　瀧七・二，慶三右九，殿三右一〇，凌三左三。

索　鄂君即鄂千秋　○耿慶中統彭凌殿無「鄂君即」三字。

〔逃身遁者數矣〕　瀧七・四，慶三左二，殿三左二，凌三左五。○者，南化謙去。凌有「本逃作跳」四字傍注。

〔然蕭何常從關中遣軍補其處〕　瀧七・五，慶三左二，殿三左三，凌三左六。○何，蜀相。

〔陛下雖數亡山東〕　瀧七・七，慶三左五，殿三左五，凌三左八。○南化謙無「數」字。

〔蕭何第一〕　瀧七・九，慶三左八，殿三左八，凌四右一。○南化楓三謙梅蕭何當第一。

〔曹參次之〕　瀧七・一〇，慶三左九，殿三左八，凌四右二。○南化謙曹參當次之。

〔於是乃令蕭何賜帶劍履上殿〕　瀧七・一〇，慶三左九，殿三左九，凌四右二。○南化楓三謙於是乃令蕭何第一賜——。札記　襍志云下脱「第一」二字，當依漢書補。御覽治道部引有。

〔封爲安平侯〕　瀧八・一〇，慶四右二，殿四右一，凌四右五。

集　以謁者從定諸侯有功　○者，紹諸。

〔何送我獨贏奉錢二也〕　瀧九・三，慶四右五，殿四右四，凌四右八。○耿無「獨」字。

通志「何送我」三字作「何所送」。

〔陳豨反〕 瀧九・四，慶四右六，殿四右五，凌四右九。○豨，紹豨。下同。

〔從召平以爲名也〕 瀧九・一〇，慶四左二，殿四右一〇，凌四左五。○楓三——以來爲名也。梅以爲二字作來字。南化謙「爲名」二字作「來」字。

〔非被矢石之事〕 瀧一〇・二，慶四左四，殿四左二，凌四左六。○事，通志難。

〔相國爲上在軍〕 瀧一〇・七，慶四左八，殿四左六，凌五右一。○通志曰相國爲——。

〔君常復孳孳得民和〕 瀧一〇・一〇，慶五右二，殿四左一〇，凌五右四。○常，通志尚。凌有「當作尚是」四字傍注。

〔今君胡不多貰田地〕 瀧一一・一，慶五右三，殿四左一〇，凌五右六。○貰，景蜀耿慶中統彭凌殿買。

〔上心乃安〕 瀧一一・二，慶五右四，殿五右一，凌五右六。

正 貸天得反 ○得，凌殿待。

〔上書言相國賤彊買民田宅數千萬〕 瀧一一・三，慶五右六，殿五右二，凌五右八。○萬，南化謙梅人。通志「賤」、「彊」互倒。

〔夫相國乃利民〕 瀧一一・五，慶五右七，殿五右三，凌五右九。

索 謂相國取人田宅以爲利 ○耿慶中統彭凌殿——以爲己利。

〔願令民得入田〕　瀧一一・七，慶五右一〇，殿五右五，凌五左二。

*正　言上林苑中南化、楓、三、謙、梅本「中」下有「多」字。空地虛棄不如令民得入田之　南化楓三謙梅狩瀧。

〔毋收稾爲禽獸食〕　瀧一一・八，慶五右一〇，殿五右六，凌五左二。

*正　其稾艸留苑中爲禽獸食之　楓三狩瀧。

〔陛下奈何乃疑相國受賈人錢乎〕　瀧一二・六，慶五左七，殿五左二，凌五左九。○乃，中統自。錢，中統金。

〔陛下自將而往〕　瀧一二・七，慶五左八，殿五左三，凌五左一〇。○往，紹征。

〔相國守關中〕　瀧一二・七，慶五左九，殿五左三，凌五左一〇。○凌有「一本中下再有關中字」九字傍注。

〔李斯之分過〕　瀧一二・九，慶六右一，殿五左五，凌六右三。○南化謙梅夫李斯——。

索　按上文至是分過十三字　○彭無此索隱。謙校補此索隱十三字。

索　按上文李斯歸惡而自予　○耿慶中統凌殿無「按上文」三字。

〔陛下何疑宰相之淺也〕　瀧一二・一〇，慶六右二，殿五左六，凌六右四。○南化梅陛下又何——。

〔入徒跣謝〕　瀧一三・二，慶六右四，殿五左八，凌六右五。○入，慶彭又。按：景刊慶元本

「又」作「入」。札記柯本「入」訛「又」。

〔何置田宅〕 瀧一三・九，慶六右九，殿六右三，凌六左一。○置，南化楓棭三謙買。

〔何謹守管籥〕 瀧一四・九，慶六左六，殿六右九，凌六左八。○謹，南化謙梅慎。何，楓棭三信。

〔因民之疾奉法〕 瀧一四・一〇，慶六左七，殿六右九，凌六左九。○奉，南化楓棭梅紹詳節秦。志疑漢書「奉」作「秦」，班馬異同本史亦作「秦」，則「奉」字誤，當以「法」字絶句。

〔淮陰黥布等皆以誅滅〕 瀧一五・一，慶六左七，殿六右一〇，凌六左九。○以，南化謙已。

〔位冠羣臣〕 瀧一五・二，慶六左八，殿六左一，凌六左一〇。○羣，南化謙功。

史記會注考證校補卷五十四

曹相國世家第二十四

〔曹相國世家第二十四〕　瀧一・九，慶一右一，殿一右六，凌一右二。○井蜀耿慶中統彭「相國」二字作「參」字。南化楓三謙梅校記「相國」。

〔將擊胡陵方與〕　瀧二・八，慶一右七，殿一右一〇，凌一右八。

索　二縣皆屬山陽郡　○耿慶中統彭凌殿無「郡」字。

正　在方與之南　○慶彭殿無「之」字。

〔攻秦監公軍大破之〕　瀧二・九，慶一右八，殿一左二，凌一右九。

索　按注公者監之名然本紀泗水監名平　○耿慶中統彭凌殿無「按注公者監之名然」八字。

〔擊秦司馬𡰱軍碭東破之〕　瀧三・三，慶一左二，殿一左五，凌一左三。○𡰱，蜀紹耿慶中統彭殿通志𡰥，景凌毛尼。札記宋本「𡰱」，毛訛「尼」，它並訛「𡰥」。

〔取碭狐父〕　瀧三・三，慶一左三，殿一左六，凌一左四。

索　拒而敗處　○耿無「而敗」二字。

〔祁善置〕　瀧三・五，慶一左五，殿一左八，凌一左六。

索　漢謂驛爲置　○慶彭無此注五字。耿彭殿此注五字作「漢爲驛置館」五字。

正　在宋州下邑縣東北四十九里　○彭無「四十九里」四字。

〔又攻下邑以西至虞〕　瀧三・六，慶一左七，殿一左一〇，凌一左九。

正　在州東百一十里　○彭無「百一十里」四字。

正　在州北五十里　○彭無「五十里」三字。

〔攻爰戚〕　瀧三・八，慶一左九，殿二右二，凌二右一。

集　屬山陽　○耿「山陽」二字作「梁國」。

〔及亢父〕　瀧三・九，慶一左一〇，殿二右二，凌二右一。

索　地理志縣名屬東平　○凌此索隱八字爲正義。札記凌本誤混入正義。

〔遷爲五大夫北救阿〕　瀧三・一〇，慶二右一，殿二右五，凌二右四。○景井蜀紹耿慶中統彭凌殿——北救東阿。札記各本作「東阿」，索隱本無「東」字，與注合。說具襍志。按：讀書雜志念孫案：「阿」上本無「東」字，此後人依漢書加之也。東阿故城在今陽穀縣東北，本戰國時阿邑，田完世家所謂齊威王烹阿大夫者也。漢始置東阿縣，故史記中或謂之阿，或謂之東阿。索隱本出「北救阿」三字，注云「阿即東阿也」。正義曰「今濟州東阿也」，則正文内無「東」字甚明。今本既加「東」

字，又删去注内「阿即東阿也」五字，其失甚矣。絳侯世家「擊秦軍阿下」，亦不稱東阿。

索 按阿即東阿也　〇耿慶中統彭凌殿無此注六字。

〔取臨濟〕　瀧四・一，慶二右三，殿二右六，凌二右五。

正 淄州高苑縣西北二里　〇彭無「二里」二字。

正 有狄故城　〇有，慶彭凌殿北。札記「有」訛「北」，考證改。

正 安帝改曰臨濟　〇帝，慶彭凌縣。札記官本「帝」，各本誤「縣」。按：景印慶元本「縣」作「帝」。

〔秦將章邯破殺項梁也〕　瀧四・三，慶二右五，殿二右八，凌二右七。〇中統秦將軍章邯——。札記中統本「將」下衍「軍」字。

〔沛公與項羽引而東〕　瀧四・四，慶二右五，殿二右八，凌二右八。〇南化楓三謙梅通志——引兵而東。按：通志間與古本合。

〔遷爲戚公屬碭郡〕　瀧四・八，慶二右八，殿二右一〇，凌二右一〇。

正 是時屬沛郡　〇郡，凌縣。

〔擊王離軍成陽南〕　瀧四・九，慶二右一〇，殿二左二，凌二左二。

正 史記云武王封弟季載於成其後遷於成之陽故曰成陽也　〇彭殿無此二十三字。

〔大破之〕　瀧五・一，慶二左二，殿二左三，凌二左四。

*__正__ 杠音工（狩本「工」字作「江」。）　地名　南化楓三梅狩瀧。

〔追北西至開封〕　瀧五・一，慶二左二，殿二左四，凌二左五。

*正　敗軍曰北　南化、楓、三、梅、狩。

〔西擊秦將楊熊軍於曲遇破之〕　瀧五・三，慶二左四，殿二左五，凌二左六。○楊，景、井、紹揚，札記「宋本『揚熊』」。

索　曲丘禹反遇牛凶反　○牛，中統半。凶，彭、凌恭。

正　曲丘羽反遇牛恭反　○彭、殿無此注八字。

〔遷爲執珪〕　瀧五・四，慶二左六，殿二左七，凌二左八。

*正　周禮曰王執鎮珪尺二寸公執桓珪九寸侯執信珪七寸伯執躬珪亦七寸子執梅本無上文六字。穀珪五寸男執蒲珪亦五寸　南化、楓、三、梅。

〔從攻陽武〕　瀧五・五，慶二左七，殿二左八，凌二左九。○通志從西攻陽武。

正　在鄭州陽武縣東北十八里　○北，慶立，南化校記「北」。

〔下轘轅緱氏〕　瀧五・六，慶二左七，殿二左九，凌二左一〇。○札記「王、柯『轘』訛『環』，下同。

正　在洛州緱氏縣東南四十里　○彭無四十里三字。

正　是險道　○殿此注三字作「險道也」。

〔絶河津〕　瀧五・八，慶二左九，殿二左一〇，凌三右二。

正　在洛州洛陽縣東北五十里　○彭無「五十里」三字。

〔戰陽城郭東〕　瀧五・一〇，慶三右二，殿三右三，凌三右五。

集 應劭曰今赭陽 ○赭，[殿]堵。下同。

索 赭陽是南陽之縣 ○[彭]無「之」字。

〔從西攻武關嶢關取之〕 瀧六・一，慶三右四，殿三右五，凌三右七。

正 在商州商洛縣東九十里 ○[彭]無「九十里」三字。

〔前攻秦軍藍田南〕 瀧六・二，慶三右六，殿三右六，凌三右九。

正 在州東南八十里 ○[彭]無「八十里」三字。

〔又夜擊其北〕 瀧六・三，慶三右七，殿三右七，凌三右一〇。

****正** 其北藍田縣北也 [南化][楓][三][梅][狩][瀧]。

〔遂至咸滅秦〕 瀧六・四，慶三右七，殿三右七，凌三右一〇。○咸，[凌]成。按：凌本「成」訛「咸」。

〔初攻下辯故道〕 瀧六・六，慶三右九，殿三右九，凌三左二。

索 地理志二縣名皆屬武都 ○[殿]無此注十字。[慶][中統][彭][凌]無「皆」字。

索 音皮莧反 ○莧，[凌]菓。

正 鳳州兩當縣 ○鳳，[凌]成。

正 在州西五十里 ○[凌]無「五十里」三字。

〔雍斄〕 瀧六・七，慶三左一，殿三左一，凌三左三。

索 地理志二縣名屬右扶風斄音胎 ○二，[殿]云。[殿]「屬右扶風斄音胎」七字爲正義。[凌]此注混入正義。胎，凌名，殿貽。

正　蘗作部音胎　○蘗，耿凌一。部，慶彭凌蘗。胎，慶彭凌殿貽。札記索隱「蘗音胎」。部無貽音，蓋「胎」之訛。此條正義所引括地志有脱誤，當參周、秦本紀正義正之。詳考證。

〔破之〕　瀧六・一○，慶三左四，殿三左三，凌三左七。

索　然盡在右扶風　○耿慶中統彭凌殿無「然盡」二字。

正　音歷　○凌殿無此注二字。

正　是高櫟　○彭是乃高櫟。

〔更名曰新城〕　瀧七・三，慶三左七，殿三左六，凌三左一○。○名，景蜀慶彭凌殿命。札記索隱本「名」，各本作「命」。

〔賜食邑於寧秦〕　瀧七・四，慶三左九，殿三左八，凌四右三。○秦，南化楓三泰。

集　今華陰　○陰，蜀耿凌陽。

〔參以將軍引兵圍章邯於廢丘〕　瀧七・五，慶三左一○，殿三左九，凌四右三。

正　漢更名槐里　○槐，慶魏，南化校記「槐」。按：景印慶元本「魏」作「槐」。

〔東取碭蕭彭城〕　瀧七・一○，慶四右六，殿四右五，凌四右一○。

*****正**　碭音唐宋州碭山縣是也蕭彭城　南化楓三梅狩野瀧。

正　徐州二縣　○二，凌工。

〔王武反於黃〕　瀧八・一，慶四右七，殿四右六，凌四左一。○通志王武反於外黃。

*正　故黃縣南北、楓、三本「故」上有「括地志曰」四字，「縣」作「城」。在曹州黃城縣東二十四里左傳注南北、楓、三本無「注」字。云陳留外黃縣東有黃城是也　南化楓三狩瀧。

〔柱天侯反於衍氏〕　瀧八・四，慶四右九，殿四右七，凌四左二。○蜀索毛「柱」、「天」互倒。札記　索隱、毛本並作「天柱」。案：柱天乃其自號，志疑引洪編修亮吉以爲後書齊武王傳柱天都尉、柱天大將軍之類是也。索隱本誤。

索　天柱侯　○慶中統彭凌殿「天」、「柱」互倒。下同。

〔敗還至滎陽〕　瀧八・九，慶四左三，殿四左一，凌四左七。○南化無「敗」字。

〔擊魏王於曲陽〕　瀧九・四，慶四左七，殿四左五，凌五右一。○志疑「陽曲」之誤。

索　括地志云上曲陽定州恒陽縣是下曲陽在定州鼓城縣西五里　○各本此注二十五字爲正義。按：瀧川本誤爲索隱。　彭無「在」字。

〔擊趙相國夏說軍於鄔東〕　瀧九・九，慶五右一，殿四左九，凌五右六。○毛「鄔」、「東」互倒。按：毛本「鄔」、「東」誤倒。

〔斬夏說〕　瀧九・九，慶五右二，殿四左九，凌五右六。

索　地理志鄔太原縣名音烏古反　○耿慶中統彭凌殿無此注十二字。

〔攻著漯陰平原鬲盧〕　瀧一〇・八，慶五右七，殿五右四，凌五左一。

索　音吐荅反　○索此注四字作「吐答反」三字。

正　今濟州理縣是也　○彭無「是也」二字。

〔大破之〕　瀧一〇・一〇，慶五左一，殿五右八，凌五左五。

*正　上假密即高密也地理志云高密爲南化、楓、三本「爲」作「乃」。膠西國下密在膠東國括地志云濰水南化、楓、三、梅本「水」作「州」。今俗謂百尺水在密州高密縣即韓信夾濰水戰處韓信傳云田廣走南化、楓、三、梅本「走」作「定」。高密信東追廣至高密西楚使龍且救齊夾濰水陳南化、楓、三、梅本「陳」作「陣」。信盛沙壅水上流引軍半渡南化、楓、三、梅本「半渡」二字作「渡水東戰」四字。佯不勝走龍且追信渡水信決壅南化、梅本「壅」作「水」。囊水大至龍且軍大半不得渡信即急擊殺龍且龍且水東軍散走明殺龍且在高密縣濰水西也　南化楓三梅狩瀧。

〔而參留平齊未服者〕　瀧一一・八，慶五左四，殿五右一〇，凌五左八。　○平，中統王。

〔韓信徙爲楚王〕　瀧一一・九，慶五左六，殿五左一，凌五左九。　○徙，凌徒。　按：「徒」、「徙」訛。

〔還定竹邑相蕭留〕　瀧一二・六，慶六右二，殿五左七，凌六右五。　○南化楓三謙梅還定蘄竹邑相蕭留。

索　韋昭云留今屬彭城　○彭無「韋昭云」三字。楓三校補此三字。

正　徐州符離縣城　○符，慶彭凌扶。

正　徐州縣　○殿無「縣」字。

〔參功〕　瀧一二・九，慶六右五，殿五左一〇，凌六右九。　○南化曹參功。

〔既見蓋公〕　瀧一三・七，慶六左二，殿六右六，凌六左五。○既，蜀參。

〔蓋公爲言治道貴清静〕　瀧一三・八，慶六左二，殿六右六，凌六左六。○静，井紹耿中統毛浄。

〔參去屬其後相曰〕　瀧一四・二，慶六左六，殿六右一〇，凌六左一〇。○去，凌云。按：凌本訛。

〔擇郡國吏木詘於文辭〕　瀧一四・一〇，慶七右四，殿六左七，凌七右七。○詘，紹詞。

〔即召除爲丞相史〕　瀧一五・一，慶七右五，殿六左七，凌七右八。

*正　詘南化、楓、三、梅本「詘」下有「作」字。訥同求物反南化、楓、三、梅本無「同求物反」四字。謂辭寡南化、楓、三本「寡」作「蹇」。也又音群勿南化、楓、三、梅本「勿」作「而」。反擊木之聲無南化、楓、三、梅本「無」作「言」。餘響也言擇吏老南化、楓、三本「老」作「無」。文辭重厚長者若擊木質樸無餘音也　南化楓三梅瀧。

〔卿大夫已下吏及賓客〕　瀧一五・三，慶七右六，殿六左八，凌七右九。○已，蜀以。

〔聞之欲有所言〕　瀧一五・五，慶七右八，殿六左一〇，凌七左一。○南化楓三梅無「所」字。

〔終莫得開説〕　瀧一五・六，慶七右八，殿七右一，凌七左二。○開，南化楓三梅闢。

〔參子窋爲中大夫〕　瀧一六・一，慶七左三，殿七右五，凌七左六。

索　窋音張律反　○中統彭無「音」字。

〔惠帝怪相國不治事〕 瀧一六・一，慶七左四，殿七右五，凌七左七。○怪，凌 惟。按：凌本「惟」，「怪」訛。

〔以爲豈少朕與〕 瀧一六・一，慶七左四，殿七右六，凌七左七。

***正** 少式妙反與音野本只有「與音歟」三字耳。 言以朕年少不閑國事故日飲不治事也 南化 楓 三 梅 狩 野 瀧。

〔參怒而笞窋二百〕 瀧一六・七，慶七左九，殿七右一〇，凌八右二。○二，蜀 三。

〔與窋胡治乎〕 瀧一六・八，慶八右一，殿七左二，凌八右四。○胡，毛 何。

***正** 胡何也言何謂治窋二百 南化 楓 三 梅 狩 野 瀧。

〔法令既明〕 瀧一七・二，慶八右五，殿七左六，凌八右八。○南化 楓 三 謙 法令既明具。

〔顜若畫一〕 瀧一七・五，慶八右八，殿七左八，凌八左一。

索 故文穎云講一作較 ○耿 慶 中統 彭 凌 殿 無此注八字。

索 按訓直 ○按，慶 中統 彭 凌 殿 畫。

索 覯音講 ○慶 中統 彭 凌 殿 無此注三字。 耿 無「覯音」二字。

索 亦作顜 ○慶 中統 彭 凌 殿 講亦彭本「亦」作「二」。 作覯「顜」作「覯」。

***正** 鄭玄云較猶見也爾雅曰較直也廣雅曰較明也言蕭何作法和明輔佐平直南化、楓、三、梅本無「直」。 載其清淨治天下使百南化、楓、三本「百」作「萬」。 姓歸心猶畫南化、楓、三、狩本「畫」作「君」。 一也 南化 楓

三梅狩瀧。

〔曹參代之〕　瀧一七・八，慶八右一〇，殿七左一〇，凌八左三。○曹，紹當。

〔載其清浄〕　瀧一七・九，慶八右一〇，殿七左一〇，凌八左三。○浄，南化静。

〔民以寧一〕　瀧一七・九，慶八右一〇，殿七左一〇，凌八左三。

*正　清浄無爲也寧一齊物也晉武帝議省州郡吏以趣農荀勗議以爲南化、楓、三、梅本無「爲」字。省吏不如省官省官不如省事省事不如清心故蕭曹相漢載其清浄故畫一之歌此清心之本漢文垂拱無爲幾致刑措此省事也漢光武并合吏員此省官也魏正始中并合郡縣以減吏員此省吏也必欲求之根本宜以省事爲先課南化、楓、三本「課」作「設」。官分職量能致任則思不出位官無異業也　南化楓三梅狩瀧。

〔平陽侯窋〕　瀧一八・二，慶八左一，殿七左一〇，凌八左三。○索「平陽侯窋」下有「静公」二字注。按：瀧川本及各本脱此注。

〔子奇代侯〕　瀧一八・六，慶八左二，殿八右二，凌八左五。○索「奇代侯」下有「謚簡」二字注。按：瀧川本及各本脱此注。

〔子時代侯〕　瀧一八・六，慶八左三，殿八右二，凌八左六。○索「時代侯」下有「尚平陽公主謚夷」七字注。按：瀧川本及各本脱此注。

〔謚夷侯〕　瀧一八・八，慶八左四，殿八右三，凌八左七。○南化謙梅謚爲夷侯。

〔子襄代侯〕 瀧一八・八 慶八左四 殿八右四 凌八左七 ○索「子襄代侯」下有「尚衛長公主」五字注。按：瀧川本及各本脱此注。

〔子宗代侯〕 瀧一八・九，慶八左六，殿八右五，凌八左八。○索「子宗代侯」下有「謚恭」二字注。瀧川本及各本脱此注。

〔征和二年中〕 瀧一八・九，慶八左六，殿八右五，凌八左八。○二，彭三。

〔極言合道〕 瀧一九・三，慶八左九，殿八右八，凌九右二。○南化楓三無「言」字。

〔故天下俱稱其美矣〕 瀧一九・四，慶八左一〇，殿八右九，凌九右三。

索 先圍善置 ○圍，慶中統彭凌殿圖。

索 執珪執帛 ○珪，慶中統彭凌殿圭。

索 東討田溉 ○溉，慶中統彭凌殿既。

史記會注考證校補卷五十五

留侯世家第二十五

〔留侯張良者〕 瀧二・七，慶一右二，殿一右七，凌一左一。

索 漢書云字子房 ○[耿][慶][中統][彭][凌][殿]漢書云良字子房。

索 並以良爲韓之公族 ○[彭]無「之」字。

正 在徐州沛縣東南三十五里 ○三，[慶][凌][殿][金陵]五。

*** 正** 按張氏譜云良張仲三十代孫仲見毛詩張老（南化本「老」作「孝」。）十七代孫老見春秋及禮記（南化、楓、三本「記」下有「而」字。）王符皇甫謐並云良當（梅本無「當」字，楓、三本作「也」。）爲韓公族姬姓也秦逐賊（楓、三本無「賊」字。）急乃改姓名其言謬矣 [南化][楓][三][狩][野][梅][瀧]。

〔其先韓人也〕 瀧二・九，慶一右三，殿一右七，凌一左二。

正 在汝州郟城縣東三十里 ○[慶][凌][殿]無「城」字。[札記]各本作「郟縣」，考證云：「案：唐志當有『城』字。」

正 韓里也 〇札記考證云「里」疑「地」

〔父平相釐王悼惠王〕 瀧三・一，慶一右七，殿一左二，凌一左六。〇井紹無「悼惠王」三字。札記宋本脫「悼惠王」三字。

索 韓系家及系本 〇系，凌殿世。

*正 大父開地相野、成各本無「大父開地相」五字。昭侯宣惠王襄王父平相野、成各本上兩「王」字、「父平相」三字並無。釐王悼惠王故言五世相韓也 南化楓三梅野成狩瀧。

〔以大父父五世相韓故〕 瀧三・五，慶一右一〇，殿一左五，凌一左一〇。

索 故云五代 〇代，耿慶中統凌殿世。

〔良嘗學禮淮陽〕 瀧三・五，慶一左一，殿一左五，凌一左一〇。〇嘗，游常。

〔東見倉海君〕 瀧三・六，慶一左二，殿一左六，凌二右二。

索 姚察以武帝時東夷穢君降 〇穢，殿濊。降，三慶中統凌隆。

索 蓋得其近也 〇也，耿慶中統彭凌殿耳。

正 漢書武帝紀元年 〇札記考證云「『元年』上當有『元朔』二字」。

〔良與客狙〕 瀧三・九，慶一左五，殿一左九，凌二右五。〇狙，凌毛徂。札記毛「狙」訛「徂」。

集 狙伺候也 〇紹此四字作「伺司候」也。

集 應劭曰狙七預反伺也 〇景井蜀紹耿慶中統彭凌無「應劭曰」三字。七，蜀士。

按：蜀本誤。

索 狙伏伺也音七豫反 ○耿 慶 中統 彭 凌 殿無「音七豫反」四字。

〔擊秦皇帝博浪沙中〕 瀧三・一〇，慶一左七，殿二右一，凌二右六。○浪，南化 楓

三 根。

正 晉地理記云鄭陽武縣 ○慶 彭 凌晉地理記云鄭州陽武縣。札記各本「鄭」下有「州」字，殿本無。案：疑當作「滎陽陽武縣」。

〔誤中副車〕 瀧四・一，慶一左八，殿二右二，凌二右八。

索 而奉車郎御而從後 ○凌「從」、「後」互倒。

〔良嘗間從容〕 瀧四・五，慶二右一，殿二右四，凌二左一。○間，紹聞。按：據字形相似訛。

索 謂從任其容止不矜莊也 ○耿——不矜莊也又訓款。

〔步游下邳〕 瀧四・五，慶二右一，殿二右五，凌二左一。

索 邳被眉反 ○耿曲邳被眉反。被，慶 彭 凌 殿披，中統皮。

〔圯上〕 瀧四・六，慶二右一，殿二右五，凌二左一。○札記「圯」本作「汜」，説文「一曰，窮瀆也」，段注引此爲證，甚确。今本史、漢作「圯」，皆依張泌改，詳褉志。

索 李奇云下邳人謂橋爲圯音怡 ○耿 慶 彭 凌 殿李奇云上下邳人。耿 慶 中統 彭 凌 殿無「音怡」二字。札記各本並作「上下邳」，疑單本缺。

索 沂水上橋也 ○沂，殿汜，凌圯。

索 應劭云沂水之上也 ○沂，耿 慶 中統 彭 殿 圯

索 姚察見史記本有作土旁者 ○札記據此則小司馬本作「汜」，今單本出正文从土，亦後人改之。詳說文段注。

〔直墮其履圯下〕 瀧四・一〇，慶二右五，殿二右九，凌二左五。

索 正墮其履也 ○索無「其」字。

*正 顏師古云褐制若裘今道士所服者（楓、三本無「者」字。）是也 南化 楓 三 梅 狩 成 野 瀧。

〔良愕然欲毆之〕 瀧五・一，慶二右六，殿二右一〇，凌二左七。○愕，景 井 蜀 紹 毛 鄂，南化 楓 三 梅 無「然」字。毆，慶 中統 彭 歐 凌 有「一本毆作毆」五字傍注。

索 毆音烏后反 ○毆，中統 歐。

〔因長跪履之〕 瀧五・三，慶二右八，殿二左一，凌二左八。

索 謂良心先已爲取履 ○耿 慶 中統 凌 殿 無「履」字。札記「履」字吴校宋本增。

〔隨目之〕 瀧五・五，慶二右一〇，殿二左三，凌二左一〇。○目，蜀 因。

〔良夜未半往〕 瀧五・九，慶二左五，殿二左七，凌三右五。○志疑漢傳無「未」字是。

〔出一編書〕 瀧五・一〇，慶二左六，殿二左八，凌三右六。

*正 編必連反以韋編連簡而書之也 南化 楓 三 梅 狩 野 成 瀧。

〔十三年孺子見我〕 瀧六・二，慶二左七，殿二左九，凌三右七。○三，耿 二。

〔即我矣〕 瀧六・二，慶二左八，殿二左一〇，凌三右八。

正　在濟州東阿縣東　○阿，慶彭河。按：景印慶元本作「阿」字。

正　狀杖丹黎　○殿考按：「狀」字疑衍，因下「杖」字而誤。札記「狀」字疑當在「鬚眉」上。

〔乃太公兵法也〕　瀧六・四，慶二左一〇，殿三右二，凌三右一〇。

正　太公兵法一袟三卷　○袟，慶彭凌秩。

〔項伯常殺人〕　瀧六・六，慶三右二，殿三右二，凌三左二。○常，景井蜀紹耿慶中統彭殿嘗。

〔沛公殆天授〕　瀧七・一，慶三右七，殿三右八，凌三左七。

索　殆訓近也　○彭無「訓」字。

〔往來游兵潁川〕　瀧七・八，慶三左三，殿三左三，凌四右二。○景井蜀紹慶中統彭毛凌殿金陵往來爲游兵潁川。按：瀧本誤脱「爲」字。

〔沛公之從雒陽南出轘轅〕　瀧七・八，慶三左三，殿三左三，凌四右三。○紹——雒陽西南出轘轅。

〔賈豎易動以利〕　瀧八・二，慶三左八，殿三左七，凌四右七。○豎，井慶中統彭凌竪。

〔益爲張旗幟諸山上爲疑兵〕　瀧八・三，慶三左九，殿三左九，凌四右八。○幟，紹咸。

索　旗幟音其試二音　○耿慶彭凌殿無「二音」二字。中統「二音」二字作「反」字。

〔此獨其將欲叛耳〕 瀧八・五，慶四右二，殿四右一，凌四左一。○叛，中統畔，札記「叛」字中統、游本作「畔」。

〔不如因其解擊之〕 瀧八・六，慶四右二，殿四右一，凌四左一。

*正 解佳怪南化、楓、三、梅、狩、野各本「怪」字作「注」。 反怠慢也 南化 楓 三 梅 狩 野 瀧。

〔遂北至藍田再戰〕 瀧八・七，慶四右四，殿四右三，凌四左三。○志疑「遂」乃「逐」字之訛。

〔沛公不聽〕 瀧八・一〇，慶四右七，殿四右五，凌四左五。

集 願沛公急還霸上 ○霸，蜀灞。

〔宜縞素爲資〕 瀧九・四，慶四右一〇，殿四右八，凌四左九。

集 欲沛公反秦奢泰 ○泰，蜀秦。

〔此所謂助桀爲虐〕 瀧九・六，慶四左一，殿四右一〇，凌四左一〇。○虐，南化 楓 三桀。

〔毒藥苦口利於病〕 瀧九・七，慶四左二，殿四右一〇，凌五右一。

索 按此語見孔子家語 ○耿 慶 中統 彭 凌 殿無按此語三字。

〔沛公大驚曰〕 瀧一〇・二，慶四左六，殿四左四，凌五右五。○大，蜀太。

〔故聽之〕 瀧一〇・四，慶四左九，殿四左六，凌五右八。

集 徐廣曰呂静曰鯫魚也音此垢反 ○殿無此注十三字。殿考一本此下有「集解徐廣曰」至「音此垢反」共十三字。此，景井士，毛比，紹上 札記毛本「此」訛「比」。下索隱單本亦同。今依集韵正。宋本作「士苟反」。

索 呂静云鯫魚也 ○耿慶中統彭凌殿無此注六字。

索 謂小魚也音此垢反 ○耿慶彭凌殿「此垢」二字作「趨勾」。

索 臣瓚按楚漢春秋 ○凌無臣瓚二字。

索 本姓解 ○札記考證云：漢書注楚漢春秋鯫姓，此「解」字乃「鯫」之訛。

***正** 鯫小魚也楓三本無也字比雜小人也 南化楓三梅狩野成瀧。

〔令項伯具言沛公不敢倍項羽〕 瀧一〇・八，慶五右二，殿四左九，凌五左一。○令，慶彭合，南化楓棭三梅校記「令」。按景印慶元本作「令」字。

〔王巴蜀〕 瀧一〇・一〇，慶五右四，殿五右一，凌五左三。

***正** 巴通壁蓬開集合萬忠渠渝等十一州本巴國地也蜀益彭劍綿閬杲南化、楓、三、梅、狩、野各本「杲」字作「果」。遂梓眉卭雅資嘉普戎嶲姚利楓、三本無「利」字。等十九州本蜀侯之國也 南化楓三梅狩野成瀧。

〔漢王賜良金百溢〕 瀧一一・一，慶五右四，殿五右一，凌五左三。○溢，慶彭凌殿鎰，札記中統、游本「溢」，各本作「鎰」。

〔使請漢中地〕 瀧一一・二，慶五右六，殿五右二，凌五左四。

集 故請漢中地 ○地，【凌】也。

〈良送至褒中〉 瀧一一・三，慶五右六，殿五右三，凌五左六。

正 與褒水同源而流派 ○派，【殿】泒。

〈以固項王意〉 瀧一一・七，慶五左二，殿五右八，凌六右一。

＊**正** 棧道閣道也 【南化】【楓】【三】【梅】【狩】【野】【瀧】。

〈項王不遺成之國〉 瀧一一・八，慶五左四，殿五右九，凌六右二。○【楓】無「成」字。

〈九江王黥布〉 瀧一二・六，慶六右一，殿五左六，凌六右九。○【蜀】無「黥」字。

〈與酈食其謀橈楚權〉 瀧一三・三，慶六右九，殿六右二，凌六左七。○橈，【凌】撓。【札記】凌本「撓」，下同。

＊**正** 橈女教反（梅、瀧本無下「顏師古」至「其字從本」十字，非正義歟？）顏師古橈弱也其字從本 【南化】【楓】【三】【梅】【狩】【野】【瀧】。

〈侵伐諸侯社稷〉 瀧一三・六，慶六左一，殿六右四，凌六左八。○伐，【毛】我。【札記】毛訛「我」。

〈楚必斂衽而朝〉 瀧一三・九，慶六左四，殿六右七，凌七右二。○斂，【中統】【凌】歛。

〈具以酈生語告曰於子房何如〉 瀧一四・三，慶六左七，殿六右九，凌七右四。○【井】【紹】【耿】【慶】【中統】【彭】【凌】【殿】「告曰於子房」五字作「告於子房曰」。

〔臣請藉前箸爲大王籌之〕　瀧一四・六，慶六左九，殿六左一，凌七右六。○藉，紹慶彭籍。按：景印慶元本作「籍」字。

集　前世湯武箸明之事　○箸，耿毛凌殿著。札記 宋本「箸」，各本作「著」。

〔度能制桀之死命也〕　瀧一四・七，慶七右一，殿六左三，凌七右八。○能，凌其。札記 凌本「能」訛「其」。

〔武王入殷表商容之閭〕　瀧一五・二，慶七右四，殿六左六，凌七左二。

索　而不能遂去　○彭無「去」字。

索　伏於大行山　○大，耿慶中統彭凌殿太。

索　固辭不受　○慶中統彭凌殿固辭而不受。

〔釋箕子之拘〕　瀧一五・三，慶七右六，殿六左八，凌七左四。○札記 褋志云：「本作『式箕子之門』，今本後人據禮記、逸周書、荀子及東晉古文尚書改，不知下文曰『式智者之門』若作『釋箕子之拘』，則不合矣。漢書張良傳、新序善謀篇並作『式箕子之門』」。

集　釋一作式　○式，紹或。紹本據字形相似訛。

〔今陛下能封聖人之墓〕　瀧一五・五，慶七右八，殿六左八，凌七左五。○紹無「之」字。札記 舊刻脱「之」字。按：紹本間與札記所云舊刻合。

〔發鉅橋之粟〕　瀧一五・六，慶七右九，殿六左一〇，凌七左六。○鉅，景井紹耿蜀毛巨。

〔偃革爲軒〕　瀧一五・八，慶七左一，殿七右二，凌七左八。

集　赤轂乘軒也　○轂，蜀對。

〔倒置干戈〕　瀧一五・九，慶七左三，殿七右三，凌七左一〇。○置，南化 楓 梅胃。

〔其不可六矣〕　瀧一六・二，慶七左六，殿七右六，凌八右三。○矣，毛也。札記「矣」字毛本誤「也」。

〔放牛桃林之陰〕　瀧一六・二，慶七左六，慶七右七，凌八右四。○陰，南化 楓 梅墟。

〔以示不復輸積〕　瀧一六・二，慶七左八，殿七右八，凌八右五。

索　在弘農閿鄉南谷中　○耿 慶 中統 彭 凌 殿「閿鄉南谷中」五字作「南門鄉谷中」。

索　應劭十三州記　○三，耿 慶 中統 彭二　殿考按：十三州記乃闞駰所作，見水經注及隋、唐志。索隱云「『應劭』疑誤，否則『應劭』下有一『曰』字」。札記 凌本「三」，各本訛「二」。

〔六國立者復橈而從之〕　瀧一六・八，慶八右四，殿七左三，凌八左一。○橈，凌撓。

集　漢書音義曰　○音，紹曰。

索　説此事云　○慶 中統 彭 凌 殿無「説」字。

索　若彊則六國屈橈而從之　○耿 慶 中統 彭 凌 殿無「若」字。

索　言六國立　○言，慶 中統 彭 凌 殿若。

索　是二説意同也　○慶 中統 彭 凌 殿是二説之意同。各本無「也」字。

〔竪儒幾敗而公事〕　瀧一七・六，慶八右七，殿七左六，凌八左四。○儒，南化楓三梅孺。而，南化楓三梅乃，紹迺。

索　幾者殆近也　○耿慶中統彭凌殿無「者」字。

索　漢書作乃公乃亦汝也　○耿慶中統彭凌殿無「乃亦汝也」四字。

〔運籌策帷帳中〕　瀧一八・三，慶八左四，殿八右二，凌九右一。○帳，中統毛幄。札記中統、游、毛本作「幄」。

〔始臣起下邳〕　瀧一八・四，慶八左五，殿八右三，凌九右二。○毛「始」、「臣」互倒。

〔幸而時中〕　瀧一八・五，慶八左六，殿八右四，凌九右三。○時，南化楓梅得。

〔乃封張良爲留侯〕　瀧一八・六，慶八左七，殿八右五，凌九右四。○封，中統授。

〔六年上已封大功臣二十餘人〕　瀧一八・六，慶八左八，殿八右六，凌九右五。○南化楓三梅漢六年春上已封大功臣二十餘人。志疑重出。

〔從復道望見諸將往往相與坐沙中語〕　瀧一八・八，慶八左一〇，殿八右七，凌九右六。○復，殿複。

集　複音複　○殿「複音複」三字作「複音復」。

〔以此屬取天下〕　瀧一九・一，慶九右三，殿八右一〇，凌九右一〇。○以，南化楓與。

〔而所誅者皆生平所仇怨〕　瀧一九・三，慶九右四，殿八左一，凌九左一。○中統「生」、

「平」互倒。

〔以天下不足徧封〕　瀧一九·三，慶九右五，殿八左二，淩九左二。○徧，耿慶彭偏。

按：景印慶元本作「徧」字。札記王、柯「徧」訛「偏」。

〔數嘗窘辱我〕　瀧一九·八，慶九右九，殿八左六，淩九左六。○嘗，南化楓常。

*正　服虔曰未起之時與我有故怨師古曰齒（瀧本「齒」下有「常」字。）以勇力困辱高祖　南化楓三梅狩瀧。

〔封雍齒爲什方侯〕　瀧二〇·二，慶九左二，殿八左八，淩九左七。○什，景井紹汁。札記「什方」，宋本作「汁方」。

索　地理志縣名　○耿慶中統彭淩殿無「地理志」三字注。

索　什音十　○耿慶中統彭淩殿無此三字。

〔劉敬説高帝曰〕　瀧二〇·六，慶九左五，殿八左一〇，淩一〇右一。○南化楓梅無「曰」字。札記「曰」字疑衍，漢書無。

〔雒陽東有成皋〕　瀧二〇·七，慶九左六，殿九右二，淩一〇右二。○成，井慶中統彭淩毛殿城。

〔雒陽雖有此固〕　瀧二〇·八，慶九左八，殿九右三，淩一〇右四。○雖，慶彭維，南化楓棭三梅校記「雖」。按：景印慶元本作「雖」字。札記王本「雖」訛「維」。

〔田地薄〕　瀧二〇・九，慶九左八，殿九右三，凌一〇右四。○紹無「田」字。田，凌甲。

〔夫關中左殽函〕　瀧二〇・一〇，慶九左一〇，殿九右五，凌一〇右五。

正　殽二殽山也　○二，慶彭凌殿三。札記各本「二」訛「三」，今正。

〔右隴蜀〕　瀧二〇・一〇，慶九左一〇，殿九右五，凌一〇右六。

正　南連蜀之岷山　○岷，慶彭凌殿崏。

〔北有胡苑之利〕　瀧二一・一，慶一〇右一，殿九右六，凌一〇右七。○苑，中統宛，札記中統、游本作「宛」。

〔阻三面而守〕　瀧二一・三，慶一〇右三，殿九右八，凌一〇右一〇。○南化楓梅——而固守。

〔獨以一面東制諸侯〕　瀧二一・三，慶一〇右三，殿九右八，凌一〇右一〇。○東，殿專。

〔河渭漕輓天下〕　瀧二一・四，慶一〇右四，殿九右九，凌一〇右一〇。○輓，蜀輓。

〔天府之國也〕　瀧二一・五，慶一〇右六，殿九右一〇，凌一〇左二。

索　皆是依憑古語　○皆，耿慶中統彭凌殿蓋。耿慶中統彭凌殿——古語金城。

索　故淮南子云雖有金城非粟不守又蘇秦説秦惠王云　○殿無「故淮南子」至「不守又」十四字。

*__正__　金剛堅固也關中四塞之限苦金城　南化楓三梅狩瀧。

〔於是高帝即日駕西都關中〕　瀧二一・六，慶一〇右七，殿九左二，凌一〇左四。

索　二曰詢國遷　○二，耿慶中統彭凌殿三。

索　蓋謂其日即定計耳　○耿慶中統彭凌殿無「耳」字。

〔留侯善畫計筴〕　瀧二二・二，慶一〇左三，殿九左六，凌一〇左九。○筴，毛策。札記筴，毛本「策」。

〔呂后乃使建成侯呂澤劫留侯曰〕　瀧二二・三，慶一〇左三，殿九左七，凌一〇左一〇。○札記志疑云：「建成侯名釋之，周呂侯名澤，此因澤、釋字通，又脱『之』字耳。」通鑑考異云：「『澤』當是『釋之』。」

〔辛用臣筴〕　瀧二二・五，慶一〇左六，殿九左九，凌一一右二。○札記「筴」，中統、游本作「計」。

〔天下有四人〕　瀧二二・七，慶一〇左九，殿一〇右二，凌一一右五。

索　謂東園公綺里季夏黄公甪里先生　○甪，耿慶中統金陵角。札記單本、凌本「角」作「甪」，今依中統、游、王、柯本，下同。

索　按陳留志云園公姓庚　○庚，慶凌殿唐。

索　又孔安國祕記作禄里　○耿慶殿無「又」字。耿慶中統凌殿「安國」二字作「父」字。

索　此皆王劭據崔氏周氏系譜　○耿無「此」字。系，耿慶中統凌殿世。

索　及陶元亮四八目而爲此説　○耿慶中統凌殿「元亮」二字作「潛」字。

*正　皇甫謐高士傳四皓一曰東園公二曰綺里季三曰甪里先生四曰夏黄公皆河内軹人漢書外傳云園

公陳留園縣是其先則爲園公陳留風俗傳云園庋南化、楓、三、梅、狩本「庋」字作「唐」。字宣明公羊春秋稜言南化、楓、三、梅、狩本「稜言」二字作「授之」。東園家單父爲秦博士遭奏亂避地於南山惠帝爲太子即并南化、楓、三、梅、狩本「并」字作「拜」。園公爲司徒遜位太子封廣襄邑南鄉楓、三本「南鄉」二字作「當卿」。侯陳留志云庋南化、楓、三、梅本「庋」字作「唐」。始常居園中因謂之園公周樹楓、三本字作「樹」。洞曆云甪里先生名術字元道太伯之後京師號霸上先生周氏世南化、楓、三、梅本無「世」字。譜云甪里先生河内軹人太伯之後姓周氏名術字元道京師號楓、三、梅本「號」下有「曰」字。霸上先生瀧本空下八字，據南化、楓、三、梅各本補。一曰甪里先生而吴俗云甪里先生瀧本無上四字。是吴人今太湖中洞庭山西南中號瀧本上三字作「有」字，而二字空格。禄里村是漢書外傳云秦聘之逃匿楓、三、梅本「匿」字作「於」。南山歌曰商洛深谷咸□□瀧本誤空。夷暐暐紫芝可以療飢駟馬高蓋其憂甚大富貴而畏人其楓、三、梅本「其」字作「不」。如貧賤而樂肆志夏黃公或爲大里黃公會稽典録云書佐朱育對郡將濮陽府君云大里黃公墓楓、三、梅本「墓」字作「會典」二字。在鄞縣輿地志云鄞有大里夏黃公所居也今覲縣有黃公廟廟崔氏譜云夏里黃公姓崔名廣字少通楓、三本「通」字作「連」。齊人隱居夏里修道故楓、三、梅本「故」下有「謂」字。曰夏里黃公甪音禄 [南化][楓][三][梅][狩][瀧]。

〔義不爲漢臣〕　瀧二三・八，慶一一右三，殿一〇右六，淩一一右九。〇義，[南化][楓][梅]議，[三]儀。

〔趙王如意常抱居前〕　瀧二四・九，慶一一左五，殿一〇左六，淩一二右一。〇常，[中統]嘗。

〔上曰終不使不肖子居愛子之上〕　瀧二四・九，慶一一左六，殿一〇左七，淩一二右二。〇

南化 楓 三 井無「曰」字。札記 宋本脫「曰」字。按：井本間與札記所云本合。

〔今諸將皆陛下故等夷〕 瀧二五・二，慶一一左八，殿一〇左九，凌一二右四。

集 夷猶儕也 ○儕，紹濟。

〔彊載輜車〕 瀧二五・五，慶一一右一，殿一一右一，凌一二右七。○輜，井轜。札記 宋本「輜」訛「轜」。

〔諸將不敢不盡力〕 瀧二五・五，慶一一右二，殿一一右二，凌一二右七。

*__正__ 輜車衣車也狩、野各本無上「輜車衣車也」五字。 護謂監諸將也 南化 楓 三 梅 狩 野 成 瀧。

〔上曰吾惟豎子固不足遣〕 瀧二五・七，慶一一右四，殿一一右四，凌一二右九。○南化 楓 三 梅 上善曰吾惟豎子固不足遣。

〔自彊起至曲郵見上曰〕 瀧二五・九，慶一一右六，殿一一右五，凌一二左一。

索 今在新豐西 ○西，中統世。

〔稱說引古今〕 瀧二六・八，慶一一左三，殿一一左二，凌一二左八。○南化 楓 三 梅 無「今」字。

〔上詳許之〕 瀧二六・八，慶一一左三，殿一一左二，凌一二左九。○詳，紹佯。

〔四人從太子〕 瀧二六・九，慶一一左四，殿一一左三，凌一二左一〇。○南化 楓 三 梅 四人者從太子。

〔鬚眉皓白〕　瀧二六・一〇，慶一二左五，殿一一左三，凌一二左一〇。〇鬚，蜀鬢。

〔角里先生〕　瀧二七・二，慶一二左六，殿一一左五，凌一三右二。〇角，景井蜀紹耿慶中統金陵角。札記凌、毛「角」作「甪」。

〔四人爲壽已畢起去〕　瀧二七・六，慶一三右二，殿一一左九，凌一三右七。〇起，景蜀紹耿慶中統彭凌殿金陵趨，南化楓棭三校記「起」。札記宋本「趨」作「起」。

按：瀧本從各本校記。

〔呂后真而主矣〕　瀧二七・八，慶一三右四，殿一二右一，凌一三右九。〇而，紹乃。

〔鴻鵠高飛〕　瀧二七・九，慶一三右五，殿一二右二，凌一三右一〇。〇鵠，殿鴈。

〔尚安所施〕　瀧二七・一〇，慶一三右八，殿一二右五，凌一三左三。

集　韋昭曰　〇凌「韋昭」二字作「徐廣」。札記凌「韋昭」誤「徐廣」。

索　矰者繳繫短矢謂之矰　〇矰，慶中統繒。

索　矰一弦可以仰高射故云矰也　〇耿慶中統凌殿「高射」二字作「射高者」三字。

*＊***正**　韋昭云繳弋射繳箭南化、楓、三、梅各本「箭」字作「絲」。繩也用繩繫也射者南化、楓、三、梅各本「者」字作「鳥」。引繳收之言一舉千里非繒繳所及太子羽翼已成難改也　南化楓三梅狩瀧。

〔及立蕭何相國〕　瀧二八・八，慶一三左一，殿一二右八，凌一三左六。

集　良勸高祖立之　〇景井蜀紹慶中統凌殿無「良」字。耿毛無「良勸」二字。札記毛脫「良勸」二字，各本脫「良」字。考證據漢書注增。

〔爲韓報讎彊秦〕　瀧二九・一，慶一三左四，殿一二右九，凌一三左九。○紹無「韓」字。

〔今以三寸舌〕　瀧二九・一，慶一三左四，殿一二左一，凌一三左九。

索　象斗玉衡　○玉，凌王。

〔欲從赤松子游耳〕　瀧二九・三，慶一三左七，殿一二左三，凌一四右一。

索　列仙傳　○耿慶中統凌殿「列仙傳」三字作「赤松子」。

索　能入火自燒　○楓三能入火自不燒。

〔乃學辟穀道引輕身〕　瀧二九・四，慶一三左八，殿一二左四，凌一四右二。○道，南化楓導。

集　一云乃學道引欲輕舉也　○景無「一」字。

索　辟賓亦反　○慶中統凌殿辟音賓亦反。

〔何至自苦如此乎〕　瀧二九・七，慶一三左一○，殿一二左六，凌一四右五。

*正　莊子曰野馬者塵埃也按遠望空中埃塵隨風飄疾如野南化、楓、三「如野」二字作「若野馬」三字。群奔白馬南化、楓本三「馬」字作「駒」。亦塵埃也日入壁隙埃塵内過日光不盈瞬息其色乃白故云白駒楓、三本「駒」字作「馬」。過隙又云騏驥之馳隙瀧本無上七字　南化楓三梅狩瀧。

〔從高帝過濟北〕　瀧三○・二，慶一四右三，殿一二左九，凌一四右八。○帝，毛祖。札記宋本、毛本「帝」作「祖」。按：今所見宋本不作「祖」。

〔取而葆祠之〕　瀧三○・二，慶一四右四，殿一二左一○，凌一四右九。○葆，南化楓棭三梅寶。

〔并葬黃石冢〕　瀧三〇・三，慶一四右五，殿一二左一〇，凌一四右一〇。〇冢，南化楓家。札記襍志云：「『冢』字衍，漢書、類聚地部、御覽時序部、地部引皆無。」

〔至如留侯所見老父予書〕　瀧三〇・八，慶一四右九，殿一三右三，凌一四左四。〇索「老」、「父」互倒，而「予」字作「與」。

〔亦可怪矣〕　瀧三〇・九，慶一四右九，殿一三右四，凌一四左四。

索　以書授張良亦異說　〇耿慶中統凌以書授張良亦異說耳父後化爲黃石。殿以書授張良父後化爲黃石亦異說耳。

〔決勝千里外〕　瀧三一・二，慶一四左二，殿一三右六，凌一四左七。〇景蜀紹毛決勝千里之外。札記「千里」下，各本有「之」字，宋本無。

〔余以爲其人計魁梧奇偉〕　瀧三一・二，慶一四左二，殿一三右七，凌一四左七。

集　丘虛壯大之意　〇壯，蜀狀。

索　梧音忤　〇忤，凌殿悟。

索　言其可驚悟　〇耿慶中統凌殿言其可驚悟於人。

***正**　蘇顏之說蓋非也　南化楓三梅狩瀧。

〔失之子羽〕　瀧三一・四，慶一四左五，殿一三右九，凌一四左一〇。

索　又韓子云　〇耿慶中統凌殿「韓子」二字作「家語」。

索 與史記文相反　○慶、中統、凌、殿「相反」二字作「同也」。耿與史記文大相反。

〔留侯亦云〕　瀧三二・六，慶一四左六，殿一三右一〇，凌一五右一。

索 辯推八難　○推，毛稱。

史記會注考證校補卷五十六

陳丞相世家第二十六

〔平爲人長美色〕　瀧二・六，慶一右七，殿一左一，凌一右八。○札記 褋志云：「漢書作『長大美色』，下文『人謂平何食而肥』，肥、大同義。御覽飲食部引史正作『長大』。」

〔人或謂陳平曰〕　瀧二・七，慶一右七，殿一左二，凌一右八。○南化 楓 三「人」字、「曰」字並無。梅 無「人」字。

〔其嫂嫉平之不視家生產〕　瀧二・七，慶一右八，殿一左二，凌一右九。○嫂，景 井 紹 毛 㛐。下同。札記 宋本、毛本作「㛐」。

〔亦食糠覈耳〕　瀧二・八，慶一右八，殿一左三，凌一右一〇。○糠，景 井 蜀 紹 耿 慶 中統 彭 凌 毛 殿 穅。下同。

集　京師謂麤屑爲紇頭　○謂，景 井 蜀 紹 毛 爲。麤，景 井 耿 紹 中統 麄。下同。札記 宋本、毛本「謂」誤「爲」。

〔貧者平亦恥之〕　瀧三・一，慶一左一，殿一左五，凌一左二。○紹無「亦」字。

〔邑中有喪〕　瀧三・四，慶一左四，殿一左八，凌一左五。○謙邑中有人喪。

〔以先往後罷爲助〕　瀧三・四，慶一左四，殿一左八，凌一左五。○後，紹復。

〔負誡其孫曰〕　瀧四・二，慶二右二，殿二右五，凌二右三。○南化楓三梅謙負誡其女孫曰。

〔事兄伯如事父〕　瀧四・二，慶二右三，殿二右六，凌二右三。○南化楓無「事」字。

〔事嫂如母〕　瀧四・三，慶二右三，殿二右六，凌二右四。

集　兄伯已逐其婦　○已，景井紹慶中統以。

〔里中社平爲宰〕　瀧四・四，慶二右四，殿二右七，凌二右五。

索　知者據蔡邕陳留東昏庫上里社碑云　○知，凌殿社。

〔賜平爵卿〕　瀧五・二，慶二左二，殿二左四，凌二左三。

集　禮秩如卿　○秩，蜀秧。

〔項羽乃以平爲信武君〕　瀧五・三，慶二左四，殿二左五，凌二左四。○札記君子游本訛軍。

〔項王使項悍拜平爲都尉〕　瀧五・五，慶二左五，殿二左七，凌二左六。○紹項羽王使項——。悍，蜀得。

〈賜金二十溢〉 瀧五・五，慶二左六，殿二左七，凌二左六。○溢，南化 凌 殿 鎰，札記「溢」字宋中統游本並同。

〈漢王攻下殷王〉 瀧五・五，慶二左六，殿二左八，凌二左七。○札記 襍志云：「下殷者下殷國，不當有『王』字。御覽珍寶部引無，漢書亦無。」

〈而平身間行〉 瀧五・七，慶二左八，殿二左九，凌二左八。○間，蜀 聞。

〈船人見其美丈夫獨行〉 瀧五・八，慶二左八，殿二左九，凌二左九。○丈，彭 大，楓 三 校記「丈」。

〈要中當有金玉寶器〉 瀧五・八，慶二左九，殿二左一〇，凌二左一〇。○要，南化 楓 三 謙 梅 腰。

〈躶而佐刺船〉 瀧五・九，慶二左一〇，殿三右一，凌二左一〇。○躶，中統 裸，札記 中統、游本作「裸」。

〈臣爲事來〉 瀧六・五，慶三右五，殿三右五，凌三右五。○來，楓 求。

〈諸將盡讙〉 瀧六・八，慶三右七，殿三右七，凌三右八。

索 漢書作皆怨 ○札記 考證云：「漢書作『盡讙』，與索隱據本異。」案：漢紀作「諸將皆怒」，「怒」與「怨」形義皆近，荀書本班，疑今本漢書後人依史改。

〔反使監護軍長者〕　瀧六・九，慶三右九，殿三右九，凌三右九。○札記襍志云：「長者，諸將自謂，不當有『軍』字，漢書、漢紀皆無。」

〔引而還〕　瀧七・一，慶三左一，殿三右一〇，凌三左一。○南化楓梅引軍而還。

〔盜其嫂〕　瀧七・五，慶三左四，殿三左三，凌三左四。○嫂，景井毛㛐，札記「嫂」字中統「㛐」。

〔事魏不容〕　瀧七・六，慶三左四，殿三左三，凌三左四。○南化楓謙梅事魏王咎不容。

〔平反覆亂臣也〕　瀧七・八，慶三左七，殿三左六，凌三左六。○覆，中統復。

〔顧其計誠足以利國家不耳〕　瀧八・二，慶四右一，殿三左九，凌三左一〇。○不，蜀事。

〔又何足疑乎〕　瀧八・二，慶四右二，殿三左一〇，凌四右一。○何，南化楓謙梅安。

〔先生事魏不中遂〕　瀧八・三，慶四右二，殿三左一〇，凌四右二。○南化楓三梅無「中」字。

〔誠臣計畫有可采者〕　瀧八・八，慶四右七，殿四右五，凌四右七。○蜀誠臣計畫有有可采者。

〔陳平曰項王爲人恭敬愛人〕　瀧九・四，慶四左三，殿四右九，凌四左二。○南化楓三陳平曰然項王爲人恭敬愛人。

〔至於行功爵邑重之〕　瀧九・五，慶四左四，殿四右一〇，凌四左三。〇爵，【紹】陳。

〔亦多歸漢〕　瀧九・八，慶四左六，殿四左三，凌四左五。〇歸，【毛】過。【札記】毛本「歸」誤「過」。

〔誠各去其兩短〕　瀧九・八，慶四左七，殿四左三，凌四左六。〇各，【彭】名，【楓】【棭】【三】校記「各」。

〔然大王恣侮人〕　瀧九・九，慶四左八，殿四左四，凌四左七。〇恣，【慶】【中統】【彭】資，【南化】【三】校記「恣」。按：景印慶元本作「恣」字。【札記】中統、游本「恣」作「資」，與漢書同。

〔不能得廉節之士〕　瀧九・九，慶四左八，殿四左四，凌四左七。〇【南化】【楓】【三】故不能得廉節之士。

〔然而終不得裂地而王〕　瀧一〇・七，慶五右五，殿四左一〇，凌五右四。〇【彭】無「然」下「而」字。【謙】校補「而」。

〔陳平乃夜出女子二千人滎陽城東門〕　瀧一一・五，慶五左四，殿五右八，凌五左二。〇【中統】「女」、「子」互倒。【札記】中統、游倒誤。

〔亟發兵阬豎子耳〕　瀧一二・二，慶六右二，殿五左五，凌五左一〇。〇阬，【景】【井】【紹】【耿】【慶】【彭】【中統】【毛】【凌】【殿】坑。

〔陛下精兵孰與楚〕　瀧一二・四，慶六右五，殿五左八，凌六右三。〇【南化】【楓】【三】「精」、一兵」互倒。

〔陛下第出僞游雲夢〕 瀧一二・八，慶六右一〇，殿六右一，凌六右七。〇第，景 井 蜀 弟，札記 索隱本「弟」，它本作「第」。

索 蘇林云弟且也 〇弟，紹 耿 慶 凌 殿 第。

〔其勢必無事而郊迎謁〕 瀧一三・一，慶六左二，殿六右四，凌六右九。〇勢，耿 埶。下同。

〔高帝豫具武士〕 瀧一三・四，慶六左六，殿六右七，凌六左二。〇紹 無「帝」字。豫，毛 預，札記 毛本「豫」作「預」。

〔赦信以爲淮陰侯〕 瀧一三・七，慶六左九，殿六右一〇，凌六左六。

集 中井積德曰反逆者三族之罪也豈可赦哉赦信以見其無罪也 〇按：此注二十五字當作考證，瀧本誤。

〔戰勝剋敵〕 瀧一三・九，慶七右二，殿六左二，凌六左八。〇剋，蜀 尅。

〔平曰〕 瀧一三・九，慶七右二，殿六左二，凌六左九。〇平，耿 乎。

〔世莫得聞〕 瀧一四・四，慶七右七，殿六左六，凌七右三。

集 吾應之曰 〇應，中統 聞。

集 而陳平往説閼氏 〇凌 無「而」字。

集 令漢得脱去 〇去，中統 而。

集 有妒娼之性 〇娼，景 井 蜀 慶 中統 凌 殿 媢。妒，蜀 紹 耿 凌 妬。

集 必憎惡而事去之 〇事，殿 剸。

集 故隱匿不世泄也　○景井蜀紹耿慶中統凌殿無「世」字。

〔始秦時三萬餘户〕　瀧一五・一，慶七左六，殿七右五，凌七左三。○紹無「始」字。札記舊刻脱「始」字。

〔今見五千户〕　瀧一五・二，慶七左七，殿七右六，凌七左四。○南化楓今見五千餘户。

〔從攻陳豨及黥布〕　瀧一五・五，慶七左九，殿七右八，凌七左六。○豨，景井蜀紹豨。

〔凡六出奇計〕　瀧一五・六，慶七左九，殿七右八，凌七左六。○南化楓棭三井蜀紹耿中統毛「六」、「出」互倒。

〔世莫能聞也〕　瀧一五・七，慶七左一〇，殿七右九，凌七左七。○能，楓梅紹得。

〔徐行至長安〕　瀧一五・一〇，慶八右一，殿七右一〇，凌七左八。○徐，紹除。

〔人有短惡噲者〕　瀧一六・一，慶八右二，殿七左一，凌七左九。○南化楓謙人有短惡樊噲者。

〔寧因而致上〕　瀧一六・六，慶八右八，殿七左五，凌八右四。○因，中統因。

〔爲壇以節召樊噲〕　瀧一六・七，慶八右八，殿七左六，凌八右五。○紹無「噲」字。

〔傳詣長安〕　瀧一六・七，慶八右九，殿七左七，凌八右六。○傳，殿使。

〔平行聞高帝崩平恐吕太后及吕須讒怒〕　瀧一六・八，慶八右一〇，殿七左八，凌八右七。○聞，紹問。南化楓梅無「怒」字。

〔孝惠帝六年〕 瀧一七・四，慶八左六，殿八右二，凌八左二。○彭孝惠帝從六年。楓謙梅削去「從」字。

〔以安國侯王陵爲右丞相〕 瀧一七・五，慶八左七，殿八右三，凌八左三。

集 高帝八年 ○帝，蜀紹耿中統凌祖。札記表作「六年」，漢書同，此誤。

集 二十一年卒 ○一，殿二，蜀三。

〔乃佯遷陵爲帝太傅〕 瀧一九・三，慶九右一〇，殿八左五，凌九右六。○乃，中統欲。佯，蜀耿慶中統凌殿詳。

〔常給事於中〕 瀧一九・六，慶九左四，殿八左八，凌九右九。

集 不立治處 ○立，井蜀紹耿慶中統凌殿在。治，紹洽。

集 使止宮中也 ○使，井蜀紹耿慶中統凌殿便。札記漢書注「使」作「便」。

*__正__ 秦漢以前右爲上左爲下晉宋以來左爲上也 南化楓三謙梅狩野成瀧。

〔面質呂須於陳平曰〕 瀧二〇・三，慶九左一〇，殿九右三，凌九左五。

*__正__ 質對也 南化楓三謙梅狩野成瀧。

〔無畏呂須之讒也〕 瀧二〇・四，慶一〇右一，殿九右四，凌九左六。

*__正__ 顧念思也 南化楓三謙梅狩瀧。

〔審食其免相〕 瀧二〇・六，慶一〇右三，殿九右七，凌九左九。

集 文帝令其子平嗣侯 ○其，蜀冥。

〔乃謝病〕　瀧二〇・九，慶一〇右七，殿九右一〇，凌一〇右二。○[慶][凌][殿]「謝」、「病」互倒。[札記]王、柯、凌本作「病謝」。

〔高祖時〕　瀧二〇・一〇，慶一〇右八，殿九左一，凌一〇右三。○祖，[南化][楓][梅]帝。

〔位次第一〕　瀧二一・二，慶一〇左一，殿九左三，凌一〇右五。○第，[耿]弟。

〔勃謝曰不知問天下一歲〕　瀧二一・五，慶一〇左三，殿九左五，凌一〇右八。○[楓]無「曰」字。[紹]無「一」字。

〔主者謂誰〕　瀧二一・八，慶一〇左六，殿九左八，凌一〇右一〇。○謂，[南化][楓][三][梅]爲。

〔平曰陛下即問決獄〕　瀧二一・八，慶一〇左六，殿九左八，凌一〇左一。○[紹]無「平」字。

〔苟各有主者〕　瀧二一・九，慶一〇左七，殿九左九，凌一〇左二。○[蜀]無「者」字。

〔平謝曰主臣〕　瀧二一・一〇，慶一〇左八，殿九左九，凌一〇左二。

*正　下文云使卿大夫各得任其職是主羣臣也佗説皆非　[南化][楓][三][謙][梅][狩][野][成][瀧]。

〔使待罪宰相〕　瀧二二・三，慶一〇左一〇，殿一〇右二，凌一〇左五。○待，[景]得。[南化][楓][三][謙][梅]使得待罪宰相。

〔出而讓陳平曰〕　瀧二二・八，慶一一右三，殿一〇右四，凌一〇左八。○[南化][楓][三][梅]無「曰」字。

〔絳侯謝病請免相〕　瀧二三・二，慶一一右七，殿一〇右七，凌一一右一。○南化楓絳侯謝病請免丞相。

〔二十三年卒〕　瀧二三・四，慶一一右九，殿一〇右九，凌一一右四。○三，蜀六。

〔二十三年何坐略人妻〕　瀧二三・五，慶一一右一〇，殿一〇右一〇，凌一一右四。○二，景井耿慶中統凌毛殿三。三，井耿毛一。

〔弃市國除〕　瀧二三・五，慶一一右一〇，殿一〇右一〇，凌一一右四。○南化楓三弃市國除也。

〔然其後曾孫陳掌以衛氏親貴戚〕　瀧二三・七，慶一一左二，殿一〇左二，凌一一右七。○掌，紹堂。氏，景比。

〔卒歸高帝〕　瀧二四・一，慶一一左六，殿一〇左五，凌一一左一。○南化楓卒歸高皇帝。

〔豈不善始善終哉〕　瀧二四・三，慶一一左八，殿一〇左七，凌一一左三。○紹無「始善」二字。

〔孰能當此者乎〕　瀧二四・三，慶一一左九，殿一〇左八，凌一一左四。

索　刺船露躶　○躶，慶凌殿倮。

史記會注考證校補卷五十七

絳侯周勃世家第二十七

〔絳侯周勃世家第二十七〕　瀧一・九，慶一右一，殿一右六，凌一右二。○[南化]無「周勃」二字。

〔常爲人吹簫給喪事〕　瀧二・八，慶一右六，殿一左二，凌一右七。

集　瓚曰吹簫以樂喪賓　○賓，[彭][凌]殯。

＊**正**　今之挽歌以鈴爲節所以樂亡者神魂　[南化][楓][三][謙][梅][狩][野][瀧]。

〔勃以中涓從攻胡陵〕　瀧三・二，慶一右九，殿一左四，凌一右一〇。○胡，[景][井][紹]湖。

[札記]宋本「胡」作「湖」。

〔下方與方與反〕　瀧三・三，慶一右九，殿一左四，凌一左一。○[紹]不重「方與」二字。

〔卻適攻豐〕　瀧三・三，慶一右一〇，殿一左四，凌一左一。○適，[南化]敵。

考 漢書通作鄗 ○徐本此注云字屬集解

〔攻蒙虞取之〕 瀧三・四，慶一左一，殿一左六，凌一左三。

索 蒙虞二縣名 ○耿 慶 中統 彭 凌 殿無「蒙虞」二字。

〔擊章邯車騎殿〕 瀧三・五，慶一左二，殿一左七，凌一左三。

索 孫檢說是 ○慶 中統 彭 凌 殿無此注四字。

〔以往至栗〕 瀧三・八，慶一左七，殿二右一，凌一左七。○往，南化 梅 東。

〔取之〕 瀧三・九，慶一左七，殿二右一，凌一左九。

正 括地志云屬沛郡也 ○殿 括地志云栗屬沛郡也。

〔下甄城〕 瀧四・一，慶一左九，殿二右三，凌二右一。○甄，南化 謙 梅 蘄。

〔攻都關定陶〕 瀧四・一，慶一左九，殿二右三，凌二右一。

索 都關地理志縣名屬山陽 ○耿無「名」字。

〔夜襲取臨濟攻張〕 瀧四・三，慶二右一，殿二右五，凌二右三。

索 東郡壽良縣 ○耿無「良」字。良，慶 中統 彭 凌 梁。札記「良」誤「梁」，考證據漢志改。

〔以前至卷破之〕 瀧四・四，慶二右一，殿二右六，凌二右三。○蜀無「以」字。

〔楚懷王封沛公號安武侯〕 瀧四・七，慶二右五，殿二右九，凌二右七。○南化 梅 蜀「安」、「武」互倒。札記 宋本「號」、「安」誤倒，凌引一本作「武安侯」。

〔攻長社〕 瀧四・一〇，慶二右九，殿二左二，凌二左一。○社，耿 毛 杜。札記 毛訛

「杜」。

〔擊趙賁軍尸北〕　瀧五・二，慶二右一〇，殿二左三，凌二左二。

索　北謂尸鄉之北　○鄉，[耿][慶][中統][彭][凌][殿]縣。[札記]殿本有上「北」字。各本「鄉」誤「縣」，考證改。

〔擊章平姚卬軍〕　瀧五・八，慶二左八，殿二左一〇，凌二左九。○軍，[彭]章，[楓][謙][梅]校記「軍」。

正　本漢汧縣地也　○[彭]此注六字作「本漢之汧源縣也」七字。

〔還下郿頻陽〕　瀧五・九，慶二左九，殿三右一，凌三右一。○頻，[索]頻。下同。

索　地理志郿屬右扶風　○[彭][凌]地理志云郿屬右扶風。右，[凌]古。按：凌本據字形相似訛。

正　郿音眉　○[慶][彭]無「郿」字。

正　在岐州郿縣東北十五里　○[慶]在岐州郿縣東北十五里括地志云。

正　今土門縣　○[彭]無「土門」二字。

〔圍章邯廢丘〕　瀧六・一，慶三右一，殿三右三，凌三右三。

索　秦更名廢丘　○[彭]無「丘」字。丘，[慶]以，[南化]校記「丘」。

索　而此云槐里者據後而書之　○[耿][慶][中統][彭][凌][殿]而此云槐里者槐里據後而書之。

〔破西丞〕　瀧六・二，慶三右三，殿三右五，凌三右五。

正　本漢西縣地　○地，[慶][彭]也。

〔擊盜巴軍碭之〕　瀧六・三，慶三右四，殿三右六，凌三右六。○三盜巴二字作益己

志疑漢傳作「益己」。

〔攻曲逆〕　瀧六・四，慶三右五，殿三右七，凌三右七。○攷異漢書作「曲遇」，「逆」字誤。

〔還守敖倉追項籍〕　瀧六・五，慶三右五，殿三右七，凌三右八。○倉，南化楓梅廋。梅無「項」字。

〔因東定楚地泗川東海郡〕　瀧六・五，慶三右六，殿三右七，凌三右八。○札記凌引一本作「水」，志疑云「當作『水』」。

〔賜與潁陽侯共食鍾離〕　瀧六・七，慶三右七，殿三右九，凌三右九。○札記志疑云「潁陰」之訛，灌嬰也。案：正義作「潁陰」，不誤，凌引一本作「陰」。

正　潁陰故城　○陰，慶殿陽。

〔擊反者燕王藏荼〕　瀧六・九，慶三右九，殿三右一〇，凌三左一。○南化無「反者」二字。

〔降下霍人〕　瀧七・五，慶三左五，殿三左六，凌三左八。

索　杜預云晉邑也字或作靃　○慶彭凌殿無「字」字。靃，耿霍。

正　顏師古云　○彭無「云」字。

正　按霍字當作葰　○彭無「字」字。葰，彭凌⿱艹後。下同。

正　地理志云葰人縣屬太原郡　○彭無「地理志云葰人縣」七字。

正　漢葰人縣也　○彭無此注五字。

正　按樊噲列傳　○彭無「列」字。

正　其音亦同　○彭「其」字、「亦」字並無。

〔擊胡騎破之武泉北〕　瀧七・七，慶三左八，殿三左九，凌四右一。

集　徐廣曰屬雲中　○雲，蜀虞。

正　武泉故城　○彭無「武泉」二字。

〔還降太原六城〕　瀧七・九，慶三左九，殿四右一，凌四右三。

正　并降六城也　○城，彭縣。

〔後擊韓信軍於硰石破之〕　瀧七・一〇，慶四右二，殿四右二，凌四右五。

索　晉灼音赤座反　○札記案：漢書注作「齊恭音赤坐反」，不知孰誤。集韵上去兼收。

〔所將卒斬豨將軍乘馬絺〕　瀧八・五，慶四右五，殿四右六，凌四右八。

索　乘音始證反　○彭無「音」字。

〔丞相箕肆將勳〕　瀧八・八，慶四右一〇，殿四右一〇，凌四左三。○楓三丞相箕肆將軍勳。志疑漢傳作「肆」。案：索隱引包愷音以四反，是讀肆爲肆也。

索　勳亦作博字並誤耳　○彭「亦」字、「耳」字並無。

索　劉氏肆音如字　○肆，耿慶中統彭凌殿肆。

〔定代郡九縣〕　龍九・一一，慶四左四，殿四左三，凌四左七。○紹「定代」二字作「陳武」。

〔將擊下鯫〕 瀧九・四，慶四左五，殿四左四，凌四左八。○下，【毛】卞。【札記】毛本「下」訛「卞」。

〔屠渾都〕 瀧九・八，慶四左六，殿四左五，凌四左九。

索 姓施屠名渾都 ○【耿】無「施」字。

〔復擊破綰軍沮陽〕 瀧一〇・一，慶四左九，殿四左七，凌五右二。○沮，【索】阻。陽，【耿】湯。

正 在嬀州懷戎縣東北百二十里 ○二，【慶】【殿】一。

〔定上谷十二縣〕 瀧一〇・五，慶五右一，殿四左一〇，凌五右五。○二，【蜀】【凌】【殿】一。

【札記】凌本「二」訛「一」。

〔得丞相大將各一人〕 瀧一〇・七，慶五右五，殿五右三，凌五右九。

索 謂總舉其從高祖攻戰克獲之數也 ○總，【耿】惣。

*__正__ 最者功梅本「功」下有「是」字，謙本有「最」字。多也 【謙】【梅】【狩】【瀧】。

〔每召諸生說士〕 瀧一一・一，慶五右七，殿五右五，凌五右一〇。○【志疑】漢傳「士」作「事」。

〔東鄉坐而責之〕 瀧一一・一，慶五右七，殿五右五，凌五右一〇。

集 勃自東鄉坐 ○鄉，【耿】【中統】向。

〔其椎少文如此〕 瀧一一・二，慶五右八，殿五右六，凌五左一。○椎，【南化】【楓】【三】【梅】推。

集　韋昭曰椎不橈曲　○橈，彭凌殿撓，耿蜀曉。

索　俗謂愚爲鈍椎音直追反　○耿無「音」字。

索　其質樸之性　○樸，耿慶凌朴。

＊**正**　責諸生説書急爲語椎若椎木無餘響直（南化、楓、三、謙、梅各本「直」下有「説」字。）其事少文辭　南化楓三謙梅狩野瀧。

〔置太尉官〕　瀧一一・六，慶五左一，殿五右九，凌五左五。

集　皆高后四年始置太尉　○蜀無「后」字。

正　按孝惠六年高后八年崩　○札記「六年」下疑脱「至」字。

〔賜金五千斤〕　瀧一二・二，慶五左八，殿五左五，凌六右二。○千，蜀耿十。

〔其後人有上書告勃欲反〕　瀧一二・一〇，慶六右五，殿六右一，凌六右九。

集　文帝四年時　○彭無「時」字。

〔獄吏乃書牘背示之〕　瀧一三・三，慶六右八，殿六右四，凌六左一。

集　韋昭曰牘版　○殿無此注五字。

索　則亦簡牘之類也　○耿則亦簡牘之類是也。

〔太后以冒絮提文帝〕　瀧一三・七，慶六左三，殿六右八，凌六左六。

索　陌音蠻貊之貊　○彭陌字音乃蠻陌（彭本「貊」字作「陌」，下同。）之陌。　慶中統凌殿陌音蠻陌（各本「貊」字作「陌」，下同。）之陌入聲。

索　方言云蠓巾　○蠓，慶　中統　凌　殿　蠓

索　南楚之閒云陌額也　○彭無「閒」字。

〔吏事方驗而出之〕　瀧一四・二，慶六左九，殿六左四，凌七右二。○札記　襍志云不當有「事」字，漢書無。案：「事」即「吏」之訛衍。

〔文帝乃擇絳侯勃子賢者河內守亞夫封爲條侯〕　瀧一四・六，慶七右三，殿六左七，凌七右六。○南化——河內守亞夫封以爲條侯。

集　表皆作脩　○脩，慶　凌　殿　蓨。

集　脩音條　○音，毛作。札記　毛本「音」誤「作」。

〔續絳侯後〕　瀧一四・七，慶七右五，殿六左一○，凌七右九。○侯，景　井　紹　毛　氏。下同。札記　宋本、毛本「侯」作「氏」，下文此句兩見，皆然，疑誤。

〔許負相之〕　瀧一四・八，慶七右六，殿六左一○，凌七右九。

*正　負名也非婦人南化、楓、三、謙、梅本「婦」下有「人」字。也　南化　楓　三　謙　梅　狩　野　瀧。

〔許負指其口曰有從理入口〕　瀧一五・四，慶七左一，殿七右五，凌七左五。○蜀無「曰」字。札記　宋本「曰」字在「入口」下，御覽四百八十六引同。

〔此餓死法也〕　瀧一五・四，慶七左二，殿七右六，凌七左五。○耿曰此餓死法也。

索　從音子容反從理橫理　○耿無「從音子容反」五字。札記　單本無「從音子容反」五字。案：文云「從理」，不得訓以橫理。漢書師古注「從，豎也，音子容反」，是矣。疑史文本無「從」字，故小

司馬云「理横」。「理」，後人妄依漢書增，竄史文，遂并注而增竄之，不計「從」之不可以訓横也。

〔文帝之後六年〕　瀧一五・八，慶七左四，殿七右八，凌七左八。○年，[井][紹][耿][慶][中統][彭][毛]歲，[謙]校記「年」字。[凌]有「一本年作歲」五字傍注。[札記]宋、中統、游、王、毛「年」作「歲」。

〔軍細柳〕　瀧一六・二，慶七左八，殿七左一，凌八右一。

〔亞夫乃傳言開壁門〕　瀧一六・八，慶八右五，殿七左七，凌八右八。

正　在雍州咸陽縣西南二十里也　○二，[殿]三。

*
正　壁音璧　[南化][謙][梅][狩][瀧]。

〔於是天子乃按轡徐行至營〕　瀧一六・九，慶八右六，殿七左八，凌八右九。○[南化][謙][梅]於是天子乃按轡徐行至中營。

〔乃拜亞夫爲中尉〕　瀧一七・五，慶八左四，殿八右五，凌八左七。

正　秦官掌徼巡京師　○[殿]無「官」字。巡，[慶]循。[彭]「徼巡」二字作「檄廵」。

〔亞夫以中尉爲太尉〕　瀧一七・九，慶八左九，殿八右九，凌九右二。

正　即今十二衛大將軍　○軍，[凌]車。

〔因自請上曰〕　瀧一七・一〇，慶八左一〇，殿八左一，凌九右三。○請，[南化]謂。

〔雖與争逢〕　瀧一七・一〇，慶九右二，殿八左二，凌九右五。

索　漢史得其實也　○耿漢史得其實是也

索　剽音疋妙反輕讀從去聲　○疋，慶七，南化校記「必」。耿無此注十字。

〔乃可制〕　瀧一八・二，慶九右三，殿八左三，凌九右六。

索　使吳兵不得過也　○得，殿淂。

〔梁日使使請太尉〕　瀧一八・五，慶九右五，殿八左五，凌九右八。○楓三梁王日使使請太尉。

〔吳兵乏糧飢〕　瀧一八・八，慶九右八，殿八左八，凌九左一。○飢，凌饑。札記凌作「饑」。南化三謙梅吳楚兵乏糧飢。

〔後吳奔壁東南陬〕　瀧一八・一〇，慶九左一，殿八左一〇，凌九左三。

索　音子侯反　○慶中統彭凌殿音鄒又音子侯反。

〔保於江南丹徙〕　瀧一九・五，慶九左四，殿九右三，凌九左七。○徙，景井蜀紹耿慶中統彭毛凌殿金陵徒。按：瀧川本「徒」訛「徙」。

正　故秦鑿絕頂　○頂，慶頸。

正　又夾阬龍首以毀其形　○阬，彭凌坑。下同。

正　即今龍月二湖　○月，慶彭凌目。

〔人主各以時行耳〕　瀧二〇・六，慶一〇右七，殿九左五，凌一〇右一〇。○主，南化楓棭三梅生。札記宋本「主」作「生」。

索 謂人主各當其時而行事　○主，凌生。

索 不必一一相法也　○中統下「一」作「王」。

〔丞相議之〕　瀧二〇・一〇，慶一〇左一，殿九左八，凌一〇左四。○南化、楓、三與丞相議之。據上文，則古本義長。

〔其後匈奴王徐盧等五人降〕　瀧二一・三，慶一〇左四，殿一〇右一，凌一〇左七。○志疑唯徐盧，脱「唯」字。

〔獨置大胾〕　瀧二一・八，慶一〇左九，殿一〇右五，凌一一右二。

集 胾大臠也音側吏反　○耿、慶、中統、凌此八字作「大臠也胾音側吏反」。

〔顧謂尚席取櫡〕　瀧二一・一〇，慶一一右一，殿一〇右六，凌一一右三。

索 六尚尚席　○六，慶云。彭、殿無「六尚」二字。

索 櫡音筯　○筯，彭箸。

索 借前箸以籌之　○箸，耿筯。

索 今人謂箸爲梜　○梜，耿、中統、彭、凌挾。

〔此不足君所乎〕　瀧二一・一二，慶一一右三，殿一〇右九，凌一一右六。○南化、謙、蜀、紹、毛、殿此非不足君所乎。按：南化、謙本校記冠「正義」二字疑據正義本。札記毛本作「此非不足君所乎」，凌引一本同。漢傳有「非」字。

索 [illegible]「[illegible]」字，[illegible]本作「漢」字。[illegible]　○南化、楓、三、謙、[illegible]、[illegible]、[illegible]、[illegible]。

〔條侯子爲父買工官尚方〕 瀧二三・九，慶一一右八，殿一〇左四，凌一一左二。

＊**正** 尚方中工官名也顏師古曰（「曰」字，楓、三本作「云」字。） 上方作禁器物色 南化 楓 三 謙 梅 狩 瀧。

〔可以葬者〕 瀧二三・一，慶一一右一〇，殿一〇左六，凌一一左四。

集 徐廣曰音披 ○披，耿被。

〔不予錢〕 瀧二三・一，慶一一左一，殿一〇左六，凌一一左四。

＊**正** 庸謂庸作也苦（南化、梅本「苦」下有「役」字。） 謂役（楓、三、謙本「謂」、「役」互倒。） 使劇而更不與價直也 南化 楓 三 謙 梅 狩 瀧。

〔庸知其盜買縣官器〕 瀧二三・二，慶一一左一，殿一〇左七，凌一一左四。

索 夏官王畿內縣即國都也 ○官，耿 慶 中統 彭 金陵 家，凌 者。 札記 殿本作「官」，凌作「者」。 案：此二字疑即上文「官者」二字之誤衍。

〔吏簿責條侯〕 瀧二三・五，慶一一左三，殿一〇左九，凌一一左七。 ○景 無「侯」字。

集 責其情 ○情，耿 條，凌 倩。

〔吾不用也〕 瀧二三・六，慶一一左四，殿一〇左一〇，凌一一左八。

集 不用汝對 ○汝，耿 慶 中統 凌 女。

集 不敢折辱 ○辱，毛 衷。 札記 辱，毛誤「衷」。

索 別詣廷尉使責問 ○彭 別詣廷尉使責問之。

〔國除絶一歲〕　瀧二四・三，慶一二右二，殿一一右七，凌一二右五。○一，蜀二。

〔有罪國除〕　瀧二四・五，慶一二右五，殿一一右九，凌一二右八。

索　既云坐酎金不善　○既，耿慶中統凌殿紀。

索　爲太子太傅　○彭下太字作大。

***正**　坐酎金不善皆在元鼎五年金既不善是（瀧本空格，據南化、三條、梅本補「是」字。）有罪國除史記多如此（「多如此」三字，瀧本空格，據南化、三條本補。）以語顛倒所以先儒致疑班固見此文不善及有罪將爲兩犯修漢書即云坐酎金免官（南化、三條本「官」下有「後」字。）有罪國除乃班氏大過致令諸儒紛說（「紛說」二字，南化、三條、梅本作「失惑」。）也　南化三梅狩瀧。

〔鄗樸人也〕　瀧二五・二，慶一二右九，殿一一左四，凌一二左三。○樸，慶彭凌殿朴，南化校記「樸」。札記「樸」字，王、柯、凌作「朴」。

〔持威重執堅刃〕　瀧二五・四，慶一二左二，殿一一左六，凌一二左六。○南化無「執」字。刃，殿忍。札記集韻云「忍通作刃」。

〔足己而不學〕　瀧二五・五，慶一二左三，殿一一左七，凌一二左六。

索　而虚己不學古人　○人，耿中統毛文。札記「不」字疑當在「而」下。

索　而動有違忤　○違，耿毛近。

〔終以窮困悲夫〕　瀧二五・七，慶一二左五，殿一一左九，凌一二左九。

索　列矦畳第　○畳，慶中統彭凌殿就。

史記會注考證校補卷五十八

梁孝王世家第二十八

〔而與孝景帝同母〕　瀧二・四，慶一右一，殿一右七，凌一右三。○[札記]王本「景」誤「惠」。

〔次子勝〕　瀧二・五，慶一右四，殿一右九，凌一右五。

正　勝作揖　○揖，[彭]楫。下同。

〔以武爲代王〕　瀧二・七，慶一右五，殿一右一〇，凌一右六。

正　在汾州平遥縣西十二里　○遥，[慶][彭][凌][殿]通。[札記]「遥」誤「通」，考證據文紀正義及唐志改。

〔以勝爲梁王〕　瀧二・九，慶一右八，殿一左二，凌一右九。

正　以其卑溼徙睢陽　○溼，[慶][彭][凌][殿]濕。

〔徙代王爲淮陽王〕　瀧三・一，慶一右一〇，殿一左五，凌一左二。○[札記]舊刻「淮」訛

「睢」。

正 即古陳國城也　○[彭]無「城也」三字。[梅]校補「城也」。

〔以代盡與太原王〕　瀧三・二，慶一左一，殿一左五，凌一左二。○[南化][謙][梅]此正文九字作「而以代盡與」五字。

〔是爲代共王立二十九年〕　瀧三・三，慶一左二，殿一左七，凌一左四。○[南化][棭][謙][梅]是爲代共王共王立二十九年。

〔十九年〕　瀧三・四，慶一左四，殿一左八，凌一左五。○[札記]宋本脫「九」字。

〔而徙代王王清河〕　瀧三・五，慶一左四，殿一左八，凌一左六。

正 在貝州清陽縣西北八里也　○[慶][凌][殿]無「陽」字。[彭]無「縣」字。[札記]舊刻有「陽」字，各本脫。

〔其春吳楚齊趙七國反〕　瀧四・五，慶二右六，殿二右八，凌二右七。○[南化][楓][三][謙][梅]其言春吳楚齊趙七國反。

〔吳楚先擊梁棘壁〕　瀧四・五，慶二右六，殿二右九，凌二右七。

索 按左傳宣公二年　○[耿][中統][彭][凌]按左氏傳宣公二年。

〔居天下膏腴地〕　瀧五・二，慶二左三，殿二左五，凌二左四。○[札記]宋本「膏」訛「高」。

〔皆多大縣〕　瀧五・三，慶二左五，殿二左七，凌二左六。

索　國縣屬陳留高陽鄉名也注引司馬彪者出續漢書郡國志也　○耿無此注二十四字。

〔孝王竇太后少子也〕　瀧五・四，慶二左五，殿二左七，凌二左六。○南化、楓、三、謙、梅

梁孝王竇太后少子也。

〔方三百餘里〕　瀧五・六，慶二左七，殿二左九，凌二左八。○志疑御覽百五十九引史曰「梁孝王築東苑三百里，是日免園」，今無「免園」句。

正　括地志云兔園　○兔，彭、凌苑。札記各本誤「苑園」，依郡縣志改。疑本作「菟」字，故訛爲「苑」。

正　有落猨巖栖龍岫鴈池鶴洲鳬島　○猨，彭猿。

正　俗人言梁孝王竹園也　○彭無「人」字。

〔廣睢陽城七十里〕　瀧五・九，慶二左九，殿三右一，凌三右一。

索　鼓倡節杵　○鼓，彭皷。

索　所以樂家有睢陽曲　○曲，彭官。

索　蓋采其遺音也　○采，耿、彭、凌採。

〔大治宮室〕　瀧六・一，慶三右一，殿三右三，凌三右三。○宮，耿宗。

〔自宮連屬於平臺三十餘里〕　瀧六・一，慶三右一，殿三右三，凌三右三。○三，殿五，南化校記「四」。

索　離宮所在者　○者，殿也。

索 又一名脩竹苑　○苑，殿院。

〔入言警〕　瀧六・六，慶三右六，殿三右八，凌三右八。

索 漢舊儀云　○舊，耿書。

索 入亦有蹕　○入，耿慶中統凌出。　彭此四字作「出則亦有蹕也」六字。

索 互文耳　○互，慶玄，南化校記「互」。

索 止人清道　○人，彭入。　南化凌「止人」二字作「出入」。

〔招延四方豪桀〕　瀧六・六，慶三右七，殿三右九，凌三右九。　○傑，凌殿桀，札記中統、游本「桀」，各本作「傑」。

〔公孫詭多奇邪計〕　瀧六・七，慶三右九，殿三右一〇，凌三左一。

索 奇音紀宜反　○紀，中統緝。

索 邪音斜也　○邪，中統殿衺。

〔初見王賜千金〕　瀧六・八，慶三右一〇，殿三左一，凌三左二。　○南化三謙梅初見日王賜千金。

〔梁號之曰公孫將軍〕　瀧六・九，慶三右一〇，殿三左一，凌三左二。　○南化楓三謙梅梁號之曰公孫將軍羊將軍。

〔迎梁王於關下〕　瀧七・二，慶三左四，殿三左五，凌三左六。　○關，蜀凌闕，札記凌本「關」訛「闕」。

*正　乘者載也輿者車也天子當乘楓、三本無「乘」字。輿以行天下不敢指斥天子故曰乘輿　南化楓三謙梅狩瀧。

〔著籍引〕　瀧七・五，慶三左七，殿三左八，凌三左九。○札記游本「箸」，各本作「著」。

〔出入天子殿門〕　瀧七・五，慶三左八，殿三左八，凌三左九。○天，毛大，札記毛本「天」訛「大」。

〔與漢宦官無異〕　瀧七・六，慶三左八，殿三左八，凌三左一〇。○宦，景宦，中統官。慶彭「宦」、「官」互倒。南化楓三謙梅校記「宦官」。札記「宦官」，王、柯本倒。案：疑衍「宦」字。

〔竇太后議格〕　瀧七・一〇，慶四右一，殿四右一，凌四右三。○議，景蜀耿慶彭凌義。札記「義」即「議」字，凌引一本作「議」。

索　張晏云格止也　○云，中統玄。

索　格謂格閣不行　○閣，耿慶中統闕。

〔陰使人刺殺袁盎及他議臣十餘人〕　瀧八・四，慶四右六，殿四右五，凌四右八。○志疑文三王傳上有「謀」字，是。彭無「他」字。謙梅校補「他」。

〔於是天子意梁王〕　瀧八・五，慶四右七，殿四右六，凌四右九。○南化三無「王」字。

〔王乃令勝詭皆自殺出之〕　瀧八・九，慶四左一，殿四右一〇，凌四左三。○令，殿命。

〔梁王恐〕　瀧八・一〇，慶四左二，殿四右一〇，凌四左四。○恐，[慶][彭]怨，[南化][楓][棭][三][謙][梅]校記「恐」。按：景印慶元本作「恐」。[札記]「恐」字王本訛「怨」。

〔因上書請朝〕　瀧九・二，慶四左三，殿四左二，凌四左五。○[南化][謙][梅]因上書請入朝。

〔茅蘭説王使乘布車〕　瀧九・二，慶四左四，殿四左二，凌四左五。

*正　以布衣車也　[南化][楓][三][謙][梅][狩][瀧]。

〔三十五年冬復朝〕　瀧九・八，慶四左九，殿四左七，凌五右一。○冬，[慶][彭]又，[南化][楓][三][謙][梅]校記「冬」。[南化][謙][梅]「復」下有「入」字。[札記]游本、柯本「冬」誤「又」。

〔北獵良山〕　瀧九・一〇，慶四左一〇，殿四左八，凌五右二。

正　在鄆州壽張縣南三十五里即獵處也　○[彭]無「三十五里即獵處也」八字。

〔有獻牛足出背上〕　瀧一〇・一，慶五右二，殿四左九，凌五右三。○[南化][楓]有獻牛足上出背上。

〔六月中病熱六日卒〕　瀧一〇・三，慶五右四，殿五右一，凌五右六。○[札記]案：史、漢兩紀梁孝王以景帝中六年四月薨，疑「四」字篆文與「六」相近，而訛小司馬乃附會爲「六月六日」，不悟史文「六月」下有「中」字也。

〔謚曰孝王〕　瀧一〇・四，慶五右四，殿五右二，凌五右六。

索　碭有梁孝王之家　○冢，[耿]家。按：據字形相訛。

〔居不安寢〕　瀧一〇・五，慶五右六，殿五右三，凌五右七。○寢，南化楓三謙梅席。

〔太后亦愛之〕　瀧一〇・六，慶五右六，殿五右三，凌五右八。○愛，紹憂。

〔盡立孝王男五人爲王〕　瀧一〇・九，慶五右九，殿五右六，凌五左一。

索　子不識濟陰王　○耿子不識濟陰五王。

〔梁平王襄〕　瀧一一・七，慶五左七，殿五左三，凌五左九。

索　漢書作讓　○凌襄漢書作讓。

〔直千金〕　瀧一一・一〇，慶六右一，殿五左五，凌六右三。

索　罍者畫雲雷之象　○者，慶中統彭凌殿有。畫，彭書。

〔措指〕　瀧一二・六，慶六右七，殿六右一，凌六右八。

集　許愼云　○耿慶中統彭凌殿無「云」字。

集　措置字借以爲笮　○景蜀耿慶中統彭凌殿無「字」字。借，景蜀耿慶中統凌殿措，彭揩。三措置字借以爲笮耳。札記舊刻本與漢書注合，各本脱「云」字，「借」訛「措」。

索　措音迮　○迮，彭迮。

索　説文云迫笮也　○笮，中統迮。

索　謂爲門扉所笮　○扉，耿慶中統凌扇。

〔李太后亦私與食官長及郎中尹霸等士通亂〕　瀧一二・八，慶六右八，殿六右三，凌六右一○。○官，蜀慶彭宮，南化楓三謙梅校記「官」。札記舊刻「官」，與漢書合。各本訛「宮」。

正 今按食官長及郎中尹霸等 ○慶 彭 凌「食官」二字作「候宮」。札記 各本訛「候宮」，舊刻不誤。

正 其義亦通也 ○也，凌矣。

〔而王與任王后〕 瀧一二・一〇，慶六右一〇，殿六右五，凌六左二。○王，慶 彭太，南化 楓 三 校記「王」。

〔病時任后未嘗請病〕 瀧一三・一，慶六左二，殿六右六，凌六左四。○毛 病時任皇后未嘗請病。札記 毛本「任」下有「皇」字，疑「王」之誤。各本無。

〔睢陽人類犴反者〕 瀧一三・三，慶六左三，殿六右七，凌六左五。○索 無「類」字。札記 索隱本無「類」字，與漢書合。而注有「類」字。

〔太守客出下車〕 瀧一三・五，慶六左四，殿六右八，凌六左六。○紹 無此六字。

〔類犴反殺其仇於車上而去〕 瀧一三・五，慶六左五，殿六右九，凌六左七。○南化 謙 梅 類犴反殺其仇於車而亡去。

〔時丞相以下見知之〕 瀧一三・七，慶六左八，殿六左一，凌六左九。○見，凌 殿 具。札記 中統、游、凌本「見」作「具」。

〔襄立三十九年卒〕 瀧一四・二，慶七右二，殿六左五，凌七右三。○九，中統 餘。札記 中統、游本「九」作「餘」。

〔遷房陵〕 瀧一四・八，慶七右六，殿六左九，凌七右七。○[耿]無「陵」字。

〔殺人取財物以爲好〕 瀧一五・二，慶七右一〇，殿七右二，凌七左一。

集 以是爲好喜之事 ○[彭]無是字。

〔褚先生曰〕 瀧一六・一，慶七左一〇，殿七左三，凌八右一。○[札記]宋本、舊刻連上凌本低一格。

〔竊以爲令梁孝王怨望〕 瀧一六・二，慶八右一，殿七左四，凌八右三。○令，[慶][彭][凌]令，[南化][謙][梅]校記「令」。[札記]游、王、柯、凌本「令」訛「令」。

〔齊如魏其侯竇嬰之正言也〕 瀧一六・六，慶八右五，殿七左七，凌八右六。

*＊**正*** 齊等也 [謙][梅][狩][瀧]。

〔於是乃封小弟以應縣〕 瀧一七・三，慶八左三，殿八右四，凌八左五。

索 此説與晉系家不同 ○系，[耿][中統][凌]世。

〔是後成王没齒不敢有戲言〕 瀧一七・五，慶八左六，殿八右七，凌八左八。○[南化][謙][梅]是後成王至没齒不敢有戲言。

〔數聞景帝好言千秋萬世之後傳王〕 瀧一七・八，慶八左九，殿八右一〇，凌九右一。○世，[中統]歲。

〈始到入小見〉　瀧一七・九，慶九右一，殿八左二，凌九右三。○始，【慶】【彭】如，【南化】【楓】【棭】【謙】【梅】校記「始」。【楓】【三】校記「初」。

〈到正月朔旦奉皮薦璧玉〉　瀧一七・一〇，慶九右一，殿八左二，凌九右三。○【中統】「旦奉」二字作「是今」，而「玉」字作「王」。【札記】中統、游本「旦」訛「是」，「奉」訛「今」，「玉」訛「王」。

〈後三日〉　瀧一七・一〇，慶九右二，殿八左三，凌九右四。○日，【毛】月。【札記】毛本訛「月」。

〈乃隨而憂之〉　瀧一八・五，慶九右七，殿八左七，凌九右九。○隨，【南化】【楓】【三】【謙】【梅】墮。

〈蓋聞梁王西入朝〉　瀧一八・九，慶九左二，殿九右二，凌九左四。○【南化】【楓】【三】【謙】【梅】蓋聞梁孝王西入朝。

〈語言私說〉　瀧一八・一〇，慶九左四，殿九右三，凌九左六。○私，【南化】【楓】和。

〈其義一也〉　瀧一九・一，慶九左五，殿九右四，凌九左七。

索　親親謂親其弟而授之　○【彭】無「謂」下之「親」字。

〈周道尊尊者立子〉　瀧一九・六，慶九左一〇，殿九右九，凌一〇右二。○【蜀】【紹】【慶】【中統】【毛】無「者」字。【札記】中統、游本脱「者」字。

〈以故國亂〉　瀧二〇・二，慶一〇右六，殿九左五，凌一〇右九。○以，【慶】【中統】【彭】爲，【棭】

校記「以」。札記中統本「以」誤「爲」。

〔宣公爲之〕 瀧二〇・三，慶一〇右八，殿九左六，凌一〇左二。

*正 大謂崇大 南化楓三謙梅狩瀧。

〔禍亂後五世不絶〕 瀧二〇・七，慶一〇右一〇，殿九左九，凌一〇左三。○中統無「禍」字。南化無「五」字。

〔太后乃解説〕 瀧二〇・七，慶一〇左一，殿九左九，凌一〇左四。

*正 解閑買（楓、三本「買」字作「置」。）反説音悦 南化楓三謙梅狩瀧。

〔而梁王聞其義出於袁盎諸大臣所〕 瀧二〇・八，慶一〇左二，殿九左一〇，凌一〇左四。○義，楓三謙景井毛殿議。札記毛本「議」，凌本引一本同。南化楓三謙梅「出」下有「生」字。

*正 出謂出意也生謂生怨望也 南化楓三謙梅狩。

〔使人來殺袁盎〕 瀧二〇・九，慶一〇左三，殿一〇右一，凌一〇左五。○札記「來」疑「求」字之訛。

〔視其劍新治〕 瀧二一・一，慶一〇左五，殿一〇右三，凌一〇左七。○治，南化楓三治。

〔問長安中削厲工〕 瀧二一・一，慶一〇左五，殿一〇右三，凌一〇左八。○厲，南化礪。

〔來治此劍〕 瀧二一・二，慶一〇左六，殿一〇右四，凌一〇左八。

索 史失其姓名也 ○彭「姓」、「名」互倒。

〔獨梁王所欲殺大臣十餘人〕 瀧二一・三，慶一〇左七，殿一〇右五，凌一〇左一〇。○紹無「欲」字。

〔大臣以爲遣經術吏往治之〕 瀧二一・五，慶一〇左一〇，殿一〇右七，凌一一右二。○南化 楓 三 謙 梅——術吏往使治之。

〔對曰言梁王不知也〕 瀧二一・八，慶一一右四，殿一〇右一〇，凌一一右六。○札記「曰」字疑衍。

〔立起坐湌氣平復〕 瀧二二・一，慶一一右六，殿一〇左三，凌一一右九。○南化 楓 三 謙 梅 立起坐湌食氣力平復。

〔如從管中闚天也〕 瀧二二・三，慶一一右八，殿一〇左五，凌一一左一。○從，中統 徙。南化 三 謙——天者也。

索 旌旂警蹕 ○旂，慶 中統 彭 凌 旗。

史記會注考證校補卷五十九

五宗世家第二十九

〔五宗世家第二十九〕瀧一·九，慶一右一，殿一右六，凌一右二。

索 同母者爲宗也 ○同，殿司。按：殿本誤。

〔王夫人兒姁子曰越寄乘舜〕瀧二·七，慶一右七，殿一左一，凌一右八。

索 姁況羽反 ○慶中統彭凌殿姁音況羽反。

〔河間獻王德〕瀧二·七，慶一右九，殿一左三，凌一右九。○南化楓一河間獻王德。

〔山東諸儒多從之游〕瀧二·九，慶一左一，殿一左四，凌一左二。○之，南化楓而。

〔二十六年卒〕瀧二·九，慶一左一，殿一左五，凌一左一。

集 孝武帝艴然難之 ○艴，景紹慶中統彭色，蜀耿毛⿰忄色。札記凌本「艴」，宋、中統、游、王、柯本作「色」，毛本作「⿰忄色」。

集　歸即縱酒聽樂　○[彭]無「即」字。

索　注問以五策　○[耿][慶][中統][彭][凌][殿]無「注」字。

索　按漢書詔策問三十餘事　○詔，[耿]郎。

〔十二年卒〕　瀧四・八，慶一左五，殿一左九，凌一左六。○二，[楓]三。

〔坐侵廟壖垣爲宮〕　瀧五・二，慶一左一〇，殿二右四，凌二右一。

索　宮外之餘地　○宮，[中統]言。

〔祖於江陵北門〕　瀧五・四，慶二右二，殿二右五，凌二右三。

索　黄帝之子累祖好遠遊　○累，[謙]嫘。

索　亦不知其何據　○[彭]「亦」字、「其」字並無。

索　釋軷祭脯酒而已　○軷，[慶][彭]較。按：據字形相似訛。

索　或用狗　○狗，[彭]猶。

索　以其血釁左輪也　○[慶][中統][彭][凌]以其羝血釁左輪也。

正　父老共流涕曰　○共，[慶]窃。[彭]無「共」字。涕，[凌]弟。按：凌本訛。

正　蓋爲榮不以道終也　○[彭]無「蓋」字。

〔江陵父老流涕竊言曰〕　瀧五・八，慶二右七，殿二左一，凌二右九。○[南化][楓]無「曰」字。

按：從古本可讀。

〔榮最長〕　瀧六・一，慶二右一〇，殿二左三，凌二左一。

正　而傳居二王后者　○三而傳居二王之後者。

正　以其從太子廢後乃爲王也　○三以其從太子被廢後乃立爲王也。按：三條本義長。

〔右三國本王〕　瀧六・二，慶二左二，殿二左六，凌二左四。○右，南化楓三此。下同。

〔皆栗皆之子也〕　瀧六・二，慶二左二，殿二左六，凌二左四。○景紹耿慶中統彭凌殿下「皆」字作「姬」。

〔魯共王餘〕　瀧六・三，慶二左三，殿二左七，凌二左五。○南化楓三二魯共王餘。

〔以孝景前二年〕　瀧六・三，慶二左三，殿二左七，凌二左五。○楓謙梅以孝景帝前二年。

〔以孝景前三年徙爲魯王〕　瀧六・四，慶二左四，殿二左八，凌二左六。○南化楓謙梅以孝景帝前三年徙爲魯王。

〔爲人吃〕　瀧六・七，慶二左五，殿二左九，凌二左七。○楓爲人吃口。

〔初好音輿馬〕　瀧六・七，慶二左六，殿二左一〇，凌二左八。○輿，蜀與。按：據字形相似訛。蜀本甚多如此之誤。

〔有材力〕　瀧六・一〇，慶二左九，殿三右二，凌三右一。○力，南化楓三謙梅氣。

〔招四方豪桀〕　瀧七・四，慶三右三，殿三右五，凌三右五。○桀，凌殿傑。札記中統、游本「桀」，各本作「傑」。

〔建有所説易王寵美人淖姬〕　瀧七・八，慶三右七，殿三右九，凌三右九。

索　鄭氏音卓蘇林音泥淖之淖女教反　○耿 慶 中統 凌 殿 此注十四字作「淖音女教反」五字。彭 無此注十四字。

〔遂自殺〕　瀧八・三，慶三左四，殿三左五，凌三左五。○楓 爲遂自殺。

索　是又漢書云　○耿 慶 中統 殿 無「又」字。又，凌 也。彭 無「是又」二字。

〔以孝景前三年〕　瀧八・六，慶三左六，殿三左六，凌三左七。○三，南化 楓 耿 二。

〔遂爲無訾省〕　瀧九・一，慶四右二，殿四右一，凌四右三。○遂，慶 彭 逐，南化 楓 三

謙 校記「遂」。札記 王本「遂」訛「逐」。

集　爲無所訾録無所省録　○札記 警云：「漢書蘇林注但有『爲無所省録』也句。此疑衍。」

集　言不能視録資財　○札記 警云：「今本漢書注作『言不視訾財』也。」

〔封其宮門〕　瀧九・五，慶四右五，殿四右四，凌四右六。○其，蜀 具。按：字形相似而訛。

〔從一門出游〕　瀧九・五，慶四右五，殿四右四，凌四右六。○南化 楓 謙 梅 從一門出

出游。

〔爲布衣之他郡國〕　瀧九・六，慶四右六，殿四右四，凌四右六。○南化 無「郡」字。

〔所以設詐究變〕　瀧九・七，慶四右八，殿四右六，凌四右八。

索　究者窮也　○耿 慶 中統 彭 凌 殿 無「者」字。

〔爲膠西郡〕 瀧一〇・一，慶四左一，殿四右九，淩四左二。○[中統]爲膠西郡云。按：[中統]本衍。

〔趙王彭祖〕 瀧一〇・二，慶四左三，殿四左一，淩四左四。○[南化][楓]三趙王彭祖。

〔而心刻深〕 瀧一〇・五，慶四左五，殿四左三，淩四左六。

索 謂刻害深無仁恩也 ○[慶][彭][淩][殿]無「謂」字。

〔持詭辯以中人〕 瀧一〇・六，慶四左六，殿四左三，淩四左七。

索 謂詭詐之辯以中傷於人 ○[慶][中統][彭][淩][殿]「中傷於人」四字作「傷中人」三字。[耿]無「於」字。

〔除二千石舍〕 瀧一〇・八，慶四左九，殿四左六，淩四左一〇。

索 謂彭祖自爲二千石埽除其舍以迎之也 ○埽，[慶][彭][淩][殿]掃。

〔以故二千石莫敢治〕 瀧一一・三，慶五右三，殿四左一〇，淩五右四。○[毛]無「石」字。[札記]毛脱「石」字。

〔使使即縣爲賈人榷會〕 瀧一一・三，慶五右四，殿五右一，淩五右五。○榷，[井][蜀][毛]搉。

集 榷者禁他家 ○者，[彭]謂。

索 若今之和市矣 ○和，[耿][慶][中統][彭][淩][殿]知。

索 其注解爲得 ○爲，[耿][慶][中統][彭][淩][殿]亦。

〔入多於國經祖稅〕　瀧一一・五，慶五右六，殿五右三，淩五右七。

索　經者常也　○[耿][慶][中統][彭][淩][殿]無「者」字。

索　多於國家常納之租稅也　○[彭]無「之」字。

〔彭祖不好治宮室機祥〕　瀧一一・八，慶五右一〇，殿五右六，淩五右一〇。

索　而越信機祥也　○[耿][慶][中統][彭][淩][殿]各本無「而」字。越信機祥者也。

〔好爲吏事〕　瀧一一・九，慶五左一，殿五右七，淩五左二。○吏，[慶][中統][彭]史，[南化][楓][謙][梅]校記「吏」。

〔常夜從走卒行徼邯鄲中〕　瀧一一・一〇，慶五左二，殿五右七，淩五左二。

索　徼是郊外之路　○[中統][淩]無「之」字。

〔莫敢留邯鄲〕　瀧一二・一，慶五左三，殿五右九，淩五左四。

＊**正**　顏楓山本無「顏」字。師古曰陂謂傾側也三楓、三、狩各本「三」字作「王」。蒼解詁云險陂諂佞也　[南化][楓][三][謙][梅][狩][瀧]。

〔與其客江充有郤〕　瀧一二・三，慶五左四，殿五右一〇，淩五左五。○[毛]無「其」字。[札記]毛脱「其」字。

〔勝爲人樂酒好內〕　瀧一二・五，慶五左七，殿五左三，淩五左八。○內，[南化][楓][三][謙][梅]肉。按：古本義長。

〔趙王亦非之曰〕 瀧一二・一〇，慶五右一〇，殿五左五，凌五左一〇。〇南化 楓 無「非之」二字。

〔不佐天子拊循百姓〕 瀧一二・一〇，慶五左一〇，殿五左五，凌六右一。〇佐，蜀佑。

〔立四十二年卒〕 瀧一三・一，慶六右一，殿五左六，凌六右二。

索 王對以大臣内讒 〇耿 慶 中統 彭 凌 殿無「王」字。

〔子昆侈代爲中山王〕 瀧一三・三，慶六右三，殿五左八，凌六右四。〇代，南化 楓 梅嗣。

〔程姬有所辟不願進〕 瀧一三・五，慶六右七，殿六右一，凌六右八。

索 故以丹注面自的爲識 〇故，彭政。自，耿 慶 中統 彭 凌 殿 金陵目。按：瀧本據鳳文館刊評林重，誤。札記疑有誤字，各本作「故以丹注面日的灼然爲識」。

索 以爲脱袿裳 〇袿，慶 凌 殿桂。

〔故王卑溼貧國〕 瀧一三・一〇，慶六左二，殿六右七，凌六左三。〇溼，景 蜀 紹 耿 凌濕。

集 有詔更前稱壽歌舞 〇更，蜀叀。按：蜀本訛。

集 上怪問之 〇怪，蜀輙。

〔子鮒鮈立爲長沙王〕 瀧一四・三，慶六左五，殿六右九，凌六左六。

集 鮈音拘 〇拘，蜀怐。

〔十二年卒〕　瀧一四・五，慶六左八，殿六左二，凌六左一〇。〇二，南化楓三三。瀧川考證曰「漢傳『十二年』作『十三年』，誤」。按：古本間與漢書合。

〔王齊數上書告言漢公卿及幸臣所忠等〕　瀧一四・八，慶七右一，殿六左五，凌七右二。

索　按漢書又告中尉蔡彭祖　〇耿慶中統彭凌殿無「又」字。蔡，耿慶中統凌殿秦。札記單本脱「又告」二字。「蔡」訛「奏」，各本脱「按」字、「又」字，「蔡」訛「秦」。今依漢書注補正。

〔候淮南之起〕　瀧一五・三，慶七右六，殿六左九，凌七右八。〇候，南化楓備。

索　李巡注爾雅金鏃　〇鏃，耿慶中統彭凌殿矢。

〔寄於上最親〕　瀧一五・五，慶七右七，殿七右一，凌七右九。

正　故寄於諸兄弟最爲親愛也　〇彭故寄於諸兄弟之間則最爲親愛也。

〔於是上問寄有長子者名賢〕　瀧一五・七，慶七右九，殿七右三，凌七左一。〇問，南化楓三椷梅聞。南化楓三「長」、「子」互倒。

〔奉康王嗣〕　瀧一五・九，慶七左二，殿七右五，凌七左四。〇嗣，南化楓三梅祀。

〔子慶爲王〕　瀧一六・一，慶七左三，殿七右六，凌七左五。

集　他本亦作慶字　〇彭無「字」字。

〔以元狩二年〕　瀧一六・二，慶七左四，殿七右八，凌七左六。〇二，南化楓梅三。

〔驕怠多淫〕　瀧一六・五，慶七左九，殿七左二，凌八右一。〇怠，南化楓兼梅治。

〔生長男棁〕 瀧一六・七，慶八右一，殿七左三，凌八右三。

索 鄒氏一音之悅反 ○耿慶中統彭凌殿無「一」字。

索 蘇林音奪 ○彭殿無此四字。

〔王后希得幸〕 瀧一六・九，慶八右三，殿七左六，凌八右五。○耿慶中統彭凌殿王王后希得幸 南化楓三毛無二「王」字。札記各本作「王王后」，毛本不重。按：毛本間與古本合。

〔故王后亦以妒媢〕 瀧一六・一〇，慶八右四，殿七左六，凌八右六。○妒，紹妬。

索 鄒氏本作媢 ○耿慶凌殿無「本」字。中統「氏本」二字作「云」字。

〔令諸子與長子棁共分財物〕 瀧一七・四，慶八右九，殿七左一〇，凌八右一〇。○令，南化楓命。

〔天子遣大行騫〕 瀧一七・八，慶八左三，殿八右四，凌八左五。

索 按謂是張騫 ○耿慶中統彭凌殿無「謂」字。

〔請逮勃所與姦諸證左〕 瀧一七・九，慶八左五，殿八右五，凌八左六。○南化楓棭三謙梅紹請逮勃所與姦諸證左右。逮，紹遠。按：據字形相似訛。

〔吏求捕勃太急〕 瀧一七・九，慶八左五，殿八右六，凌八左六。○太，耿慶中統彭大。

〔使人致擊笞掠〕 瀧一七・九，慶八左五，殿八右六，凌八左七。○南化楓梅勃使人急致擊笞掠。

〔其封憲王子平三萬户爲真定王〕　瀧一八・七，慶九右三，殿八左二，凌九右二。○三，紹五。

〔元鼎四年用常山憲王子爲真定王泗水思王商以〕　瀧一八・八，慶九右四，殿八左三，凌九右五。○紹無此二十字。

〔用常山憲王子爲泗水王〕　瀧一八・九，慶九右五，殿八左四，凌九右六。○慶 中統 彭 凌用常山王憲王子爲泗水王。楓 棭 三削去「王」字。札記各本「常山」下衍「王」字，毛本無。按：毛本間與古本合。

〔十一年卒〕　瀧一八・一〇，慶九右六，殿八左四，凌九右七。○蜀無「一」。

〔高祖時諸侯皆賦〕　瀧一九・五，慶九左一，殿八左一〇，凌九左二。

集　國所出有皆入于王也　○皆，三背。札記王本「皆」訛「背」。

〔漢獨爲置丞相〕　瀧一九・六，慶九左二，殿九右一，凌九左三。○丞，紹承。按：據字形相似訛。

〔五宗王世〕　瀧一九・七，慶九左三，殿九右二，凌九左四。○王，紹主。按：據字形相似訛。

史記會注考證校補卷六十

三王世家第三十

〔上疏皇帝陛下〕　瀧二·七，慶一右二，殿一右七，凌一右三。

索　霍去病也　○耿 慶 中統 彭 凌 殿 此注四字作「姓霍」二字。

〔無以報〕　瀧二·九，慶一右四，殿一右八，凌一右五。○無，南化 楓 死。

〔守尚書令丞非〕　瀧三·七，慶一左二，殿一左六，凌一左三。

索　而史闕其名耳　○闕，耿 慶 中統 彭 闕。

〔太常臣充〕　瀧四·一，慶一左五，殿一左八，凌一左五。

索　蓋趙充也　○耿 慶 中統 彭 凌 殿 無「蓋」字。

〔不忘其職〕　瀧五·一，慶二右七，殿二右八，凌二右七。○職，紹 識。按：據字形似訛。

〔乃道天子卑讓自貶以勞天下〕　瀧五·二，慶二右七，殿二右八，凌二右七。○讓，中統 議，札記「讓」字中統訛「議」。

〔宜奉義遵職〕　瀧五・三，慶二右八，殿二右九，凌二右八。○札記「義」字游本「議」，與凌引一本合。

〔愚憧而不逮事〕　瀧五・三，慶二右九，殿二右一〇，凌二右九。

＊正　憧劉伯莊音傷容反顧野王音昌容反憧音不定　南化　三　謙　梅　瀧。

＊正　憧昌容反説文憧意不定也　楓。

〔請立皇子臣閎〕　瀧五・五，慶二右一〇，殿二左二，凌二右九。

集　一作闕　○札記「閞」與「閎」形近而訛。「閞」乃俗「關」字也，各本遂又誤爲「闕」。

〔姬姓並列〕　瀧五・六，慶二左二，殿二左二，凌二左一。○南化　楓　三　無「並列」二字。

〔且天非爲君生民也〕　瀧五・八，慶二左三，殿二左五，凌二左三。

索　左傳曰　○耿　慶　中統　凌　殿　無「左」字。彭　無「左傳曰」。謙　校補「傳曰」二字。

〔即股肱何勸〕　瀧五・九，慶二左五，殿二左六，凌二左五。

索　以君連城之人　○耿　慶　中統　彭　凌　殿「以」、「君」互倒。

〔臣謹與列侯臣嬰齊〕　瀧六・三，慶二左八，殿二左九，凌二左八。○紹　無上「臣」字。

〔二千石臣賀〕　瀧六・三，慶二左九，殿二左九，凌二左九。○景　蜀　無「二千石」三字。

〔或爲建國諸侯〕　瀧六・六，慶三右一，殿三右一，凌三右一。○或，蜀　紹　戓。

〔以相傅爲輔〕　瀧六·六，慶三右二，殿三右一，凌三右一。○傅，蜀 毛 傳。札記「傅」字毛本訛「傳」。

〔支子不得奉祭宗祖禮也〕　瀧六·九，慶三右四，殿三右三，凌三右四。○宗，楓 正。祖，南化 楓 梅 廟。

〔褒厲羣臣平津侯等〕　瀧七·二，慶三右八，殿三右六，凌三右七。○羣，紹 盛。楓 無「侯等」二字。

索　公孫弘封平津侯　○耿 慶 凌 殿 公孫弘之封平津侯。

正　在滄州鹽山南四十二里也　○二，慶 彭 殿 一。札記 王本「二」作「一」。

正　公孫弘所封平津鄉　○彭 無「公孫」二字。

〔明天施之屬〕　瀧七·三，慶三右九，殿三右八，凌三右九。○札記「施」字凌引一本作「地」。

〔錫號尊建百有餘國〕　瀧七·四，慶三右一〇，殿三右九，凌三右一〇。○錫，井 賜。札記 宋本「錫」作「賜」。按：井本間與札記所云宋本合。

索　謂武帝廣推恩之詔　○耿 慶 中統 彭 凌 殿 無「謂」字。

〔列位失序〕　瀧七·六，慶三左三，殿三左一，凌三左二。○位，楓 侯。

索　而今又家皇子爲列侯　○彭 而在于今又家皇子爲列侯。

索 是尊卑相踰越矣 ○[彭]無「相」字。

〔臣請立臣閎〕 瀧七・八，慶三左三，殿三左二，淩三左三。

索 王夫人子 ○[中統]王夫人之子。

〔臣旦〕 瀧七・八，慶三左四，殿三左二，淩三左三。

索 李姬子 ○[耿][慶][中統][彭][淩][殿]李姬之子。

〔三月丙子奏未央宮〕 瀧七・九，慶三左五，殿三左三，淩三左四。○[楓]無此八字。

〔故魯有白牡騂剛之牲〕 瀧八・一，慶三左七，殿三左四，淩三左六。

集 牲用白牡 ○牡，[蜀]牲。

集 何休曰白牡殷牲也 ○牡，[淩]牝。[札記]淩訛「牝」，各本訛「牲」，依正文及公羊解詁改。

〔高山仰之〕 瀧八・三，慶三左九，殿三左六，淩四右四。○之，[殿]止。按：殿本據聲相近訛。

〔朕甚慕焉〕 瀧八・四，慶四右五，殿四右二，淩四右四。○甚，[南化]其。

〔家以列侯可〕 瀧八・五，慶四右六，殿四右三，淩四右五。○以，[毛]此。

〔蓋爵命之時〕 瀧九・四，慶四右一〇，殿四右六，淩四右九。○時，[南化][楓]所。

〔春秋三等〕 瀧九・六，慶四左一，殿四右七，淩四右一〇。

集 合伯子男以爲一。○合，[紹]今。按：字形近而訛。

〔西湊月氏〕 瀧一〇・三，慶四左八，殿四左三，淩四左七。○湊，[南化][楓][三][謙][梅]溱。

札記 褋志云「湊」當爲「溱」。故正義音臻。漢書王褒、公永、王莽傳師古並云溱與臻通。字類十九臻有「湊」字，引史音臻，則所見本已誤。

〔輿械之費〕 瀧一〇・五，慶四左九，殿四左五，凌四左八。

*正 輿車也械才矛弓矢之屬 南化 楓 三 謙 梅 狩 瀧。

〔以賞元戎〕 瀧一〇・五，慶四左一〇，殿四左五，凌四左九。

集 衡抳之上 ○抳，景 蜀 耿 中統 凌 扼。

集 盡有劒戟 ○戟，中統 戰。按：據字形相近訛。

〔減戍卒之半〕 瀧一〇・七，慶五右三，殿四左八，凌五右二。○戍，殿 戎。按：訛。

〔故珍獸至〕 瀧一〇・九，慶五右四，殿四左九，凌五右三。○獸，中統 怪，札記「獸」字中統、游本作「怪」。

〔封至諸侯王〕 瀧一〇・九，慶五右五，殿四左一〇，凌五右四。

索 子商爲泗水王是也 ○耿 慶 中統 彭 凌 殿 無「子」字。耿 無「是也」二字。

〔而家皇子爲列侯〕 瀧一一・一，慶五右五，殿四左一〇，凌五右四。○慶 彭 凌 無此七字。凌 有「一本王字下有而家皇子爲列侯句」十四字傍注。

索 時諸王稱國列侯稱家也故云家皇子爲尊卑失序 ○慶 彭 凌 殿 無此注二十字。札記 王、柯、凌本脱正文七字及注二十字。按：殿本不脱正文七字。

〔臣青翟臣湯等竊伏孰計之〕 瀧一一・二，慶五右七，殿五右一，凌五右六。○孰，景 井蜀紹熟。

〔丞相臣青翟太僕臣賀〕　瀧一一・五，慶五右九，殿五右四，凌五右八。　○太，景井蜀耿大。

〔太子少傅臣安行宗正事〕　瀧一一・六，慶五右一〇，殿五右五，凌五右九。　○少，慶彭凌殿太，南化楓謙梅校記「少」。札記凌本「少」訛「太」。

〔大司馬臣去病上疏言〕　瀧一一・七，慶五左一，殿五右五，凌五右一〇。　○言，耿若。　井無「上」字。

〔臣謹與御史大夫臣湯〕　瀧一一・七，慶五左二，殿五右六，凌五左一。　○與，彭爲，楓棭三校記「與」。

〔諫大夫博士臣慶等〕　瀧一一・八，慶五左三，殿五右七，凌五左一。　○井諫議大夫博士臣慶等。札記宋本「諫」下衍「議」。

〔昧死請立皇子臣閎等爲諸侯王〕　瀧一一・八，慶五左四，殿五右七，凌五左二。　○彭無「臣」字。　閎，慶閍。景印慶元本作「閎」字。札記「閎」字柯訛「閍」。井昧死請立皇太子臣閎等爲諸侯王。

〔竊與列侯臣壽成等二十七人議〕　瀧一二・三，慶五左六，殿五右一〇，凌五左五。

集　蕭何之玄孫酇侯壽成　○何，景井河。按：據字形相近訛。

〔太僕臣賀〕瀧一二・八，慶六右二，殿五左五，凌六右一。〇太，耿 慶 彭 大。

〔六年〕瀧一三・二，慶六右六，殿五左九，凌六右五。

集 一云元狩 〇耿 無「一云」二字。中統 無「一」。

〔丞書從事〕瀧一三・四，慶六右九，殿六右一，凌六右七。〇丞，南化 楓 三 謙 承。

〔小子閎〕瀧一三・六，慶六左一，殿六右三，凌六右九。

索 又按武帝集 〇耿 慶 中統 彭 凌 殿 此五字作「按武帝策」四字。

索 此三王策 〇耿 慶 中統 彭 凌 殿 無「策」字。

索 皆武帝手製 〇耿 慶 中統 彭 凌 殿「武帝」二字作「自」字。

索 於戲音嗚呼 〇耿 慶 中統 彭 凌 殿 此五字作「於戲如言嗚呼」六字。

索 或音羲 〇耿 慶 中統 彭 凌 殿 此三字作「音稀」二字。

〔人之好德〕瀧一四・一，慶六左六，殿六右七，凌六左四。〇南化 楓 棭 三 梅 人之行好德。

〔俾君子怠〕瀧一四・二，慶六左六，殿六右八，凌六左四。〇俾，毛 裨。札記 毛本「俾」訛「裨」。

索 則君子懈怠無歸附心 〇毛「懈」、「怠」互倒。懈，中統 僻。

〔葷粥氏虐老獸心〕瀧一五・一，慶七右五，殿六左六，凌七右四。

索 按匈奴傳曰 〇耿 凌 無「曰」字。

*正　葷粥氏唐虞南化、楓、三、謙、梅各本「虞」下有「以下」二字。匈奴號南化、楓、三、謙、梅各本「號」下有「也」字。南化 楓 三 謙 梅 狩 瀧。

〔加以姦巧邊萌〕　瀧一五・二，慶七右六，殿六左七，凌七右五。

索　邊甿　○耿 慶 中統 彭 凌 殿「邊」字作「萌一作」三字。

〔三十有二君皆來〕　瀧一五・四，慶七右七，殿六左九，凌七右七。○南化 楓 棭 三無「君皆來」三字。

集　時所獲三十二帥也　○帥，景 井 蜀 中統 彭 殿師。

〔降旗奔師〕　瀧一五・五，慶七右八，殿六左九，凌七右七。○旗，索期，札記索隱本作「期」，注云「漢書作『旗』」，是。古本史文作『期』也。今史本皆作『旗』」。案：論語「巫馬期」，史記弟子傳作「旗」，蓋同聲通借。

索　漢書君作帥期作旗　○君，耿曰。中統 彭 凌此八字作「漢書君作師旗作期」。

索　則三十二君　○君，耿 慶 中統 彭 凌 殿軍。下同。

索　時有三十二君來降也　○耿 慶 彭 凌 殿無「時」字。

〔葷粥徙域〕　瀧一五・七，慶七右一〇，殿七右一，凌七右九。

集　匈奴徙東也　○徙，紹從。按：據字形相近訛。

〔毋俷德〕　瀧一五・八，慶七左一，殿七右三，凌七左一。○俷，南化 楓 三 索 殿菲。

索　無菲悳蘇林云菲發也　○耿 慶 中統 彭 凌 殿無「無菲悳」三字。耿 中統 彭下「菲」字作「棐」。

索 孔文祥云　○祥，耿样。按：誤。

〔不得從徵〕　瀧一五・一〇，慶七左三，殿七右四，凌七左三。

索 不教人戰是謂弃之是也　○耿慶中統彭凌殿不教人殿本「人」字作「而」。戰是謂弃之正謂是也。除耿本，各本「是」字作「此」。

〔古人有言曰〕　瀧一六・六，慶七左一〇，殿七左一，凌七左九。○蜀無「曰」字。

索 不得在其側也　○其，耿慶中統彭凌殿於。

〔五湖之閒〕　瀧一六・六，慶八右一，殿七左二，凌七左一〇。

索 具區洮滆彭蠡青草洞庭是也　○耿慶中統凌殿無「是也」二字。

***正** 胥南化、楓、三、謙、梅各本無「胥」字。謙本「游」字上有「又云」二字。游莫貢薐爲五湖並太湖東岸今連太湖蓋後五湖當是　南化楓三謙梅狩瀧。

〔楊州保彊〕　瀧一六・七，慶八右二，殿七左三，凌八右一。○楊，椷紹毛殿揚。札記毛本「揚州」，下同。

集 保恃也　○恃，蜀特。按：據字形相似訛。

〔毋侗好軼〕　瀧一六・一〇，慶八右四，殿七左四，凌八右三。○軼，景井蜀耿慶中統彭凌殿佚。札記索隱本「軼」，各本作「佚」。

索 侗音同　○耿慶中統彭凌殿無此三字。

索　邇近也宵人小人也　○耿慶中統彭凌殿無此注八字。

〔是以形勢彊而王室安〕　瀧一七・八，慶八左二，殿八右二，凌八左一。○勢，殿執。

〔故弗論箸也〕　瀧一七・九，慶八左四，殿八右三，凌八左二。○箸，景蜀中統凌殿著。

〔傳中稱三王世家〕　瀧一八・三，慶九右三，殿八右九，凌八左八。○景井蜀耿慶中統彭凌殿列傳中稱三王世家。札記各本「傳」上有「列」字，宋本、毛本無。

〔一子於廣陵一子於燕〕　瀧一八・六，慶九右八，殿八左二，凌九右二。○南化楓棭三謙梅封一子於廣陵封一子於燕。

〔非博聞彊記君子者〕　瀧一八・九，慶九右一〇，殿八左五，凌九右五。○聞，中統學。札記「聞」字中統、游本作「學」。

〔所不能究竟其意〕　瀧一八・一〇，慶九左一，殿八左六，凌九右六。○南化楓棭三無「所」字。

〔謹論次其真草詔書〕　瀧一九・一，慶九左三，殿八左七，凌九右八。○南化楓棭三無「草」字。

〔而生子閎閎且立爲王〕　瀧一九・四，慶九左六，殿八左一〇，凌九左一。○中統無一「閎」字。札記中統、游本無「閎」字。

〔粒陽有武庫敖倉〕　瀧一九・七，慶九左九，殿九右四，淩九左四。○倉，蜀武。

〔去雒陽餘盡可〕　瀧一九・八，慶一〇右一，殿九右五，淩九左六。○紹無「去」字而「餘」字作「除」。

〔天下膏腴地〕　瀧一九・九，慶一〇右三，殿九右七，淩九左八。○蜀天下膏腴之地。

〔皇帝謹使使太中大夫明〕　瀧二〇・二，慶一〇右五，殿九右九，淩九左一〇。○南化楓棭三無二「使」字。

〔奉璧一賜夫人〕　瀧二〇・二，慶一〇右五，殿九右九，淩九左一〇。○璧，彭璧。按：據字形相近訛。

〔各取其色物裹以白茅〕　瀧二〇・九，慶一〇左三，殿九左六，淩一〇右八。○毛色物互倒。裹，蜀淩褁，紹慶中統殿裹。札記「色物」，毛本倒。中統、遊、王本「裹」作「裹」。

〔維稽古〕　瀧二一・四，慶一〇左六，殿九左九，淩一〇左一。○索「古」下有「褚先生解云維者度也稽者當也言當順古道也魏高貴鄉公云稽同也古天地謂堯能動天」三十六字注。

〔誡燕王以無作怨無俷德〕　瀧二二・一，慶一一右四，殿一〇右六，淩一〇左八。

索　本亦作肥案上策云作菲德下云勿使王背德也則肥當音扶味反亦音匪　○索殿無此注二十九字。耿中統無「反」字。札記單本無此條。

〔楊州葆疆〕　瀧二二·三，慶一一右七，殿一〇右八，凌一一右二。○楊，毛殿揚。葆，殿保。

〔以意御之而已〕　瀧二二·四，慶一一右八，殿一〇右九，凌一一右三。○意，南化楓棭三梅謙德。

〔無長好佚樂馳騁弋獵淫康〕　瀧二二·五，慶一一右九，殿一〇右一〇，凌一一右四。○南化楓三無「長」字。

〔則無羞辱矣〕　瀧二二·六，慶一一右一〇，殿一〇左一，凌一一右六。○南化楓棭則無後羞辱矣。

〔立廣陵王爲上〕　瀧二三·一〇，慶一二右四，殿一一右四，凌一一左一〇。○立，慶彭凌云，南化楓棭三謙梅校記「立」。紹毛立云立廣陵王爲上　謙殿云立廣陵王爲上，景井蜀耿中統云云立廣陵王爲上。札記宋本，中統、游、毛重「云」，下有「立」字。警云「云」即「立」字之訛。

〔勿使上背德也〕　瀧二四·一〇，慶一二左五，殿一一左三，凌一二右一〇。○背，南化楓棭梅景井蜀紹比。札記「上」乃「王」字誤，前文「偝德」下索隱引此作「王背德」。宋本作「比」，蓋「北」字之訛。「北」即「背」字。

〔無廢備者〕　瀧二五·二，慶一二左五，殿一一左四，凌一二左一。○索「者」下有「言無乏武備常備匈奴」九字注。

〈非教士不得從徵者〉 瀧二五・二，慶一二左六，殿一一左四，淩一二左二。○索「徵」下有「褚先生非習禮義不得在其側也」十三字注。

〈而且使來上書〉 瀧二五・四，慶一二左七，殿一一左六，淩一二左三。○景井蜀紹耿慶中統彭毛淩殿金陵未有所立而且使來上書。按：瀧本誤脱「未有所立」四字。

〈會武帝崩〉 瀧二五・七，慶一三右一，殿一一左九，淩一二左七。○南化楓棭景井蜀紹耿會孝武帝崩。札記宋本「武」上有「孝」字。

〈我安得弟在者〉 瀧二五・九，慶一三右三，殿一二右一，淩一二左八。

索 案昭帝鉤弋夫人所生 ○弋，彭戈，謙校記「弋」。下同。

索 斯實父德不弘 ○實，耿中統淩寔。

索 然犬各吠非其主 ○彭無「非」字。

索 大中宗正人臣之職 ○大，耿慶中統淩殿太。

索 又亦當如此 ○耿慶中統淩殿此注五字作「亦當使燕喻之」六字。

*__正__ 弟謂昭帝言非武帝子也 楓、三本無「子也」二字。 南化楓三謙梅狩瀧。

〈公卿使大臣〉 瀧二六・二，慶一三右七，殿一二右五，淩一三右四。○南化楓三蜀無「使」字。按：古本可從。

〔偕往使燕風喻之〕　瀧二六・三，慶一三右八，殿一二右六，凌一三右四。

索　又有侍御史二人　○又，中統及。

索　皆往使治燕王也　○耿 慶 彭 凌「燕王」二字作「廣陵」二字。殿考 燕王，監本訛作「廣陵」，今改正。

*正　公户姓滿意名　南化 楓 三 謙 梅 狩 瀧。

〔更見責王〕　瀧二六・六，慶一三右一〇，殿一二右八，凌一三右七。○責，紹 貴。按：據字形相似訛。

〔問王欲發兵〕　瀧二六・七，慶一三左三，殿一二右一〇，凌一三右九。○問，南化 楓 三 梅 聞。

〔王犯纖介小罪過〕　瀧二六・八，慶一三左四，殿一二左一，凌一三右一〇。○介，中統 芥，井 个。南化 楓 三 謙 梅 無「小」字。

〔所以正異族也〕　瀧二七・四，慶一三左九，殿一二左六，凌一三左六。○族，殿 姓。

〔誅其兩弟故治〕　瀧二七・五，慶一三左一〇，殿一二左八，凌一三左七。

*正　管叔蔡叔與〔南化本「與」下有「子」字。〕武庚作亂周公誅管叔放蔡叔天下太平　南化 楓 三 謙 梅 狩 瀧。

〔無敢所阿〕　瀧二七・八，慶一四右三，殿一二左一〇，凌一三左一〇。○紹「所阿」二字作「誰何」。

〔無自令身死國滅〕　瀧二七・八，慶一四右四，殿一三右一，凌一四右一。○蜀「自」、「令」互倒。

〔於是燕王旦乃恐懼服罪〕　瀧二七・九，慶一四右五，殿一三右一，凌一四右二。○懼，南化楓梅能。

〔燕王旦不改過悔正〕　瀧二八・二，慶一四右九，殿一三右五，凌一四右六。○改，南化楓棭三反。

〔不忍致法〕　瀧二八・四，慶一四左一，殿一三右七，凌一四右八。○致，南化楓棭三撓。

〔庶人不服者〕　瀧二八・六，慶一四左五，殿一三左一，凌一四左二。○毛無「者」字。

〔所以漸然也〕　瀧二八・六，慶一四左五，殿一三左一，凌一四左二。

集　徐廣曰滫者淅米汁也音先糾反　○毛無此注十三字。淅，凌浙。札記毛本脱此注。殿本「淅」，各本訛「浙」。

索　漸音子潛反漸漬也　○耿慶彭凌殿無「音子潛反漸」五字。漬，耿瀆。按：耿本誤。

索　滫讀如禮滫瀡之滫　○耿慶彭凌殿無「讀」字。

〔一子安爲定侯〕　瀧二九・一，慶一四左七，殿一三左三，凌一四左四。○景井蜀紹耿慶中統毛彭凌殿金陵「安」、「爲」互倒。按：瀧本誤倒。

〔立燕故太子建爲廣陽王〕　瀧二九・一，慶一四左七，殿一三左三，凌一四左五。

正　廣陽故城　○陽，慶彭凌陵。按：景印慶元本作「陽」。札記殿本「陽」，各本誤「陵」。

〔以奉燕王祭祀〕　瀧二九・三，慶一四左八，殿一三左四，凌一四左六。

索　三王封系　○系，慶中統彭凌殿世。

索　青翟上言　○言，慶中統彭凌殿宜。

索　宵人不邇　○邇，慶中統彭凌通。

史記會注考證校補卷六十一

伯夷列傳第一

〔猶考信於六蓺〕　瀧五・三，慶五左九，殿一右八，凌二右四。○蓺，握三術

〔詩書雖缺〕　瀧五・三，慶五左九，殿一右八，凌二右四。

索　稱古詩三千餘篇　○彭稱古詩書三千餘篇。詩，游書。

索　見亡四十二篇　○二，凌三。

索　是詩書又有缺亡者也　○彭凌無「者」字。

*__正__　六藝書筭射御禮樂　南化梅狩瀧。

〔然虞夏之文可知也〕　瀧五・六，慶六右一，殿一右八，凌二右四。

索　按尚書有堯典舜典大禹謨　○彭無「大禹謨」三字，楓三梅校補此三字。

*__正__　伯夷叔齊讓位大統重器天下爲難學者博見南化、梅本「見」字作「觀」。典籍詩書雖缺尚書載堯禪舜及諸子言堯讓許由南化、梅、狩本有「夏」字，瀧本誤脱。禹讓卞隨務光引此者蓋美伯夷叔齊之南化、梅、狩本無

「之」字。讓唯學者（梅、狩本誤脫「者」字。）能知 [南化][梅][狩][瀧]。

〔傳天下若斯之難也〕 瀧六・一，慶六右六，殿一左五，凌二左一。

索 言天下者是王者之重器 ○下，[索]位。

索 天下大器 ○[衲][慶][彭][游][凌][殿]天下之大器。

索 則大器亦重器也 ○[衲][慶][彭][游][凌][殿]則大器亦謂之重器。無「也」字。

〔恥之逃隱〕 瀧六・三，慶六左一，殿一左九，凌二左七。

正 潁水之陽箕山之下隱 ○潁，[凌]頼。按：凌本因字形相似而訛。

〔此何以稱焉〕 瀧六・九，慶六左二，殿一左一〇，凌二左七。

索 然堯讓於許由 ○[彭]然堯讓天下於許由。

索 及夏時有卞隨務光等 ○[索]無「有」字。

***正** 莊子云湯將伐桀因卞隨而謀卞隨曰非吾事也湯又因務光而謀務光曰非吾事也（南化、梅各本無上十四字。）湯遂與伊尹（南化、梅、狩本有「謀」字。）伐桀克之以讓卞隨卞隨曰君之伐桀也謀乎我必以我爲賊勝桀而讓我必以我爲貪也（南化、梅、狩本無「也」字。）吾生乎亂世無道之人再來漫我以其辱行吾不忍數聞乃自投水而死又讓務光務光曰廢上非義也殺民非仁也人犯其難我享其利非廉也吾聞之曰非其義者不受其祿無道之世不踐其土況尊我乎吾不忍久見也乃負石自沈於盧水列仙傳云務光夏時人（南化、梅、狩本有「耳」字。）長七尺好琴服蒲韮（南化、梅本「韮」字作「韭」。）根 [南化][幻][梅][狩][瀧]。

〔余以所聞由光〕 瀧七・七，慶六左七，殿二右四，凌三右二。○[燉煌]無「余」字。[索]余以

所聞由務光

索 謂太史公聞莊周所説許由務光等 ○衲耿慶彭游凌殿無「所」字。索謂太史公所聞——。

〔義至高〕 瀧七・八，慶六左七，殿二右五，凌三右三。

索 謂堯讓天下於許由 ○衲耿慶彭游凌殿「謂」字作「莊子」二字。

索 卞隨自投於桐水 ○札記莊子作「椆水」。水經潁水注作「洞水」。疑「桐」、「椆」皆誤。

〔其文辭不少概見何哉〕 瀧七・九，慶六左八，殿二右七，凌三右五。○概，燉煌慨。

索 蓋以由光義至高 ○索蓋以見由光——。

索 是太史公疑説者之言 ○衲慶彭游凌殿——疑於説者之言。

〔求仁得仁〕 瀧八・二，慶七右一，殿二右九，凌三右七。○燉煌求仁而得仁。

〔余悲伯夷之意〕 瀧八・二，慶七右二，殿二右九，凌三右七。○燉煌「伯夷」二字作「夷齊」。楓三余悲伯夷叔齊之意。

〔睹軼詩可異焉〕 瀧八・三，慶七右二，殿二右九，凌三右八。

索 謂悲其兄弟相讓 ○悲，耿恙。按：耿、秉本因字形相似而訛。

〔孤竹君之二子也〕 瀧八・五，慶七右五，殿二左二，凌三左一。○燉煌無「二」。

索 伯夷名允 ○允，衲耿慶彭游凌元，楓三校記「允」。

索 孤竹君是殷湯三月丙寅日所封 ○丙，慶彭內，南化楓三校記「丙」。

索　叔齊名致　○致，楓三殿智。

索　伯仲又其長少之字　○索「長」、「少」互倒。

索　伯夷之國也　○衲耿慶彭凌游殿蓋伯夷之國也。

索　其君姓墨胎氏　○南化楓三「胎」字作「臺」，或作「怡」。衲慶彭游凌殿無「其」字。耿無「君」字。索其君姓墨胎氏者也。

正　本前注至正月三日丙寅十四字　○札記此注十四字，是合刻者之言，下當有脱文。

〔及父卒〕　瀧八・一〇，慶七右九，殿二左六，凌三左五。○燉煌無「父」字。

〔叔齊讓伯夷〕　瀧八・一〇，慶七右九，殿二左六，凌三左五。○詳節「叔齊」、「伯夷」互易。

〔遂逃去〕　瀧八・一〇，慶七右九，殿二左七，凌三左五。○逃，南化楓三追。按：此校記當在下文，而「逃之」之「逃」字可證燉煌本。

〔叔齊亦不肯立而逃之〕　瀧八・一〇，慶七右一〇，殿二左七，凌三左六。○逃，燉煌追。

〔盍往歸焉〕　瀧九・二，慶七左一，殿二左八，凌三左八。○盍，燉煌南化楓三蓋。按：南化本、周本紀亦作「蓋」。

索　盍者疑辭　○盍，梅蓋。

〔東伐紂〕　瀧九・四，慶七左一，殿二左九，凌三左九。○伐，彭代，棭三校記「伐」。

〔叩馬而諫曰〕　瀧九・四，慶七左三，殿二左一〇，凌三左九。○叩，燉煌扣。按：「叩」、「扣」音義並通。

〔可謂仁乎〕 瀧九・五，慶七左四，殿三右一，凌四右一。○仁，詳節忠。

〔此義人也〕 瀧九・五，慶七左五，殿三右一，凌四右一。○義，毛異。

〔隱於首陽山〕 瀧九・七，慶七左七，殿三右三，凌四右三。

集 在河東蒲阪華山之北 ○阪，燉煌景井紹衲慶彭毛游凌殿坂。

正 二子北至于首陽之山 ○北，慶彭凌比。按：景印慶元本「比」改「北」。札記官本「北」，各本訛「比」。彭「于」字、「之」字並無。

正 遂飢餓而死 ○彭無「飢」字。

正 是今清源縣首陽山 ○首，殿音。

〔采薇而食之〕 瀧一〇・七，慶八右二，殿三右三，凌四右九。

正 陸機毛詩草木疏云 ○機，殿璣。按：景印慶元本「機」改「璣」。

正 其味亦如小豆藿 ○豆，慶彭凌荳。

〔其辭曰〕 瀧一〇・九，慶八右三，殿三右五，凌四左一。○辭，燉煌詩。

〔以暴易暴兮〕 瀧一〇・九，慶八右四，殿三右六，凌四左二。○燉煌無「以」字。

〔忽焉没兮〕 瀧一〇・九，慶八右六，殿三右七，凌四左三。○焉，詳節兮。

〔我安適歸矣〕 瀧一一・一，慶八右六，殿三右七，凌四左三。

索 言義農虞夏 ○義，衲慶凌犧，彭游神，三犧。

〔于嗟徂兮〕 瀧一一・二，慶八右七，殿三右八，凌四左四。○于，詳節吁。

〔命之衰矣〕　瀧一一・二，慶八右七，殿三右九，凌四左四。

索　言己今日餓死　○索此注六字作「言今餓死」四字。

索　亦是運命衰薄　○衲慶彭游凌殿亦是運命彭、游、殿本「運」、「命」互倒。之衰薄。

索　至幽憂而餓死　○衲耿慶彭游凌殿無「幽」字。

〔怨邪非邪〕　瀧一一・四，慶八右九，殿三右一〇，凌四左六。

索　夷齊之行　○衲耿慶彭游凌殿無此注四字。

索　似是有所怨邪　○似，慶彭凌以，楓三校記「似」。景印慶元本「以」改「似」。衲慶彭游凌殿無「所」字。

***正**　太史公視南化、幻、梅本「視」字作「覩」。夷齊作詩而餓死是怨時邪非怨時邪怨則兄弟相讓隱於深山豈合於世務非怨邪乃干世主作詩而餓死疑之甚也　南化幻梅狩瀧。

〔若伯夷叔齊〕　瀧一一・七，慶八右一〇，殿三左六，凌四左八。○札記困學紀聞引作「若伯夷者」。

〔可謂善人者非邪〕　瀧一一・七，慶八右一〇，殿三左六，凌四左八。○燉煌無「邪」字。索此七字作「可謂善人者耶抑非也」九字。

索　又敘論云　○衲耿慶彭游凌殿此四字作「又自起論云」五字。

***正**　太史公言伯夷南化、梅、狩本「伯夷」二字作「夷齊」。之行是善人邪善人天道常與豈有餓死之責非善人則有交讓廉潔之行天下絕倫惑南化、幻、梅本「惑」字作「或」。之甚　南化幻梅狩瀧。

〔積仁絜行如此而餓死〕瀧一一・一〇，慶八左一，殿三左七，凌四左九。〇絜，凌潔。

〔且七十子之徒〕瀧一一・一〇，慶八左二，殿三左八，凌四左一〇。〇燉煌無「且」字。

〔仲尼獨薦顏淵爲好學〕瀧一二・一，慶八左二，殿三左八，凌四左一〇。〇燉煌仲尼最獨薦——。

〔糟糠不厭〕瀧一二・二，慶八左三，殿三左九，凌五右一。〇厭，燉煌饜。

〔而卒蚤夭〕瀧一二・二，慶八左四，殿三左一〇，凌五右二。〇燉煌無「卒」字。

索 厭者飫也 〇者，衲耿慶彭游凌殿言。

索 不厭謂不飽也 〇衲耿慶彭游凌殿此注六字作「謂不飫飽也」五字。

索 貧者之所餐也 〇餐，衲慶索殿飡，耿彭游食。

索 然顏子簞食瓢飲 〇衲耿慶彭游凌殿然顏子一簞食瓢飲。

索 亦未見糟糠之文也 〇衲耿慶彭游凌殿無「亦」字。未見有耿秉本無「有」字。糟糠百衲本作「穅」字。之文也。

〔其何如哉〕瀧一二・三，慶八左五，殿四右一，凌五右三。〇燉煌無「其」字。

*****正** 太史公歎天之報施顏回非幻本「非」字移在「天」上。也 南化幻梅狩瀧。

〔盜蹠日殺不辜〕瀧一二・四，慶八左五，殿四右一，凌五右三。〇蹠，景井蜀衲耿慶彭毛游凌殿跖，下同。札記索隱本「蹠」，正義同，各本作「跖」。

索 蹠及注作跖 〇衲耿慶彭游凌殿此注五字作「蹠與跖同」四字。札記襍志云：「集解當有『一作跖』之文」。今本脱。

索 柳下惠之弟　○衲耿慶彭游凌殿無「之」字。

索 亦見莊子　○衲耿慶彭游凌殿無「亦」字。

正 故世放古號之盜蹠　○慶彭凌故世放舌「古」作「舌」。號之爲慶、凌本無「爲」。盜蹠。按：景印慶元本「舌」改「古」。

〔肝人之肉〕　瀧一二·五，慶八左七，殿四右二，凌五右五。

索 膾人肝而餔之　○餔，彭游脯。

〔暴戾恣睢〕　瀧一二·七，慶八左七，殿四右三，凌五右六。○睢，井毛殿睢。

索 謂兇暴而惡戾也　○戾，衲耿慶彭然。按：景印慶元本「然」改「戾」。

索 鄒誕生　○游索無「生」字。

索 睢音千餘反　○札記攷異云：「從鄒音。」則當从且。

索 謂恣行爲睢惡之貌也　○索——睢盱惡無「之貌」二字。也

正 言盜蹠兇惡戾　○彭無「盜」字。

正 恣性怒白目也　○彭恣性而怒白目也。

〔意以壽終〕　瀧一二·一〇，慶八左一〇，殿四右五，凌五右八。

集 在河東大陽　○大，燉煌太。

集 臨河曲　○燉煌無「曲」字。

集　直弘農華陰縣　○縣，燉煌、景、井、蜀、衲、耿、慶、彭、毛、游、凌、殿山，札記舊刻「縣」，各本誤「山」。

集　按盜跖即柳下惠弟也　○彭無此注九字。

正　又今齊州平陵縣有盜跖冢　○有，彭今。

***正**　太史公歎盜跖以南化、幻、梅、狩本「以」字移在「歎」上。壽終也　南化、幻、梅、狩、瀧。

〔是遵何德哉〕　瀧一三·二，慶九右二，殿四右八，凌五左一。

索　言盜蹠無道　○彭無「盜」字。

〔此其尤大彰明較著者也〕　瀧一三·三，慶九右三，殿四右九，凌五左二。○燉煌、南化無「明」字。索「明」字、「著」字並無。

〔而終身逸樂富厚〕　瀧一三·五，慶九右五，殿四左一，凌五左四。○燉煌、南化、三、索無「終」字。

〔累世不絶〕　瀧一三·六，慶九右六，殿四左一，凌五左五。

索　魯桓楚靈晉獻齊襄　○彭「魯桓」、「楚靈」互易。

〔咸擇地而蹈之〕　瀧一三·七，慶九右六，殿四左二，凌五左五。

索　竄跡滄海之濱　○跡，彭身，楓、三校記「跡」。海，衲、耿、慶、彭、凌、殿洲，游州。

〔行不由徑〕　瀧一三·八，慶九右八，殿四左四，凌五左七。○徑，燉煌徑。

索　按論語　○衲、耿、慶、彭、游、凌、殿無此注三字。

〔非公正不發憤〕　瀧一三・九，慶九右九，殿四左四，凌五左八。○燉煌「正」字作「事不行」三字。

〔而遇禍災者〕　瀧一三・九，慶九右九，殿四左四，凌五左八。○索「禍」、「災」互倒。

〔不可勝數也〕　瀧一三・九，慶九右九，殿四左四，凌五左八。○勝，三景井蜀紹毛稱。

索　而卒遇禍災者　○彭「而卒」二字作「惑」字。楓三校記「而卒」。卒，慶游或。按：景印慶元本「或」改「卒」。

索　謂龍逢比干屈平伍胥之屬是也　○衲耿慶彭游凌殿「屬是也」三字作「比」字。

〔儻所謂天道是邪非邪〕　瀧一四・一，慶九左一，殿四左六，凌五左一〇。○燉煌楓三——夫道是燉煌本無「是」字。邪非是邪。索「儻」字作「豈」而「是」、「非」互易。

索　惑於不軌而逸樂　○索脱「而」字。

索　公正而遇災害　○衲慶彭游凌殿無「災」字。

索　所以行善未必福　○必，衲耿慶彭游凌殿之。

索　行惡未必禍　○必，衲耿慶彭游凌殿之。

索　故先達皆猶昧之也　○猶，彭由，楓三校記「猶」。

〔亦各從其志也〕　瀧一四・五，慶九左四，殿四左九，凌六右四。○志，燉煌楓三資。

〔富貴如可求〕　瀧一四・六，慶九左五，殿四左一〇，凌六右五。○如，燉煌南化楓三

而 按 如 而古通

〔雖執鞭之士吾亦爲之〕 瀧一四・六，慶九左五，殿四左一〇，凌六右五。〇燉煌南化無「亦」字。

集 富貴不可求而得之 〇燉煌「之」字作「者也」二字。

集 若於道可求而得之者 〇燉煌無「而得之」三字。

〔然後知松柏之後凋〕 瀧一四・八，慶九左八，殿五右三，凌六右七。

集 然後松柏少凋傷 〇少，燉煌小。楓三梅然後知松柏——。

集 亦能自脩整 〇彭亦不能自脩整。

集 平歲衆木亦有不死者 〇平，燉煌卒。按：古鈔本間有如此之誤。

集 故須歲寒然後別之 〇燉煌無「然」字。

集 然後知君子之正不苟容也 〇燉煌——之正不苟容之也。

〔清士乃見〕 瀧一四・一〇，慶九左一〇，殿五右五，凌六右一〇。

索 始有忠臣 〇衲耿慶彭游凌殿無「始」字。

索 則士之清絜者 〇絜，衲耿慶彭游凌殿潔。下同。

〔其輕若此哉〕 瀧一五・二，慶一〇右二，殿五右七，凌六左二。〇燉煌稱其輕若此哉。

索 而采薇餓死之輕若此 〇衲耿慶彭游凌殿「而」字移在「薇」字下。

索 是其重若彼 〇其，索見。

索　是其輕若此也　○輕，慶彭軌。

〔君子疾沒世而名不稱焉〕　瀧一五・五，慶一〇右三，殿五右九，凌六左四。

索　亦是疾沒世而名不稱焉　○彭無「而」字。

索　言物各以類相求　○衲耿慶彭游凌殿此注七字作「言物各從類以相求」八字。

索　故太史公言己亦是操行廉直　○衲耿慶彭游凌殿無「故」字。索無「己」字。

正　君子疾沒世後　○慶彭凌無「世」字。札記官本有「世」字。

正　懼名湮滅而不稱　○湮，慶凌堙，彭埋。滅，凌沒。

〔賈子曰〕　瀧一五・九，慶一〇右八，殿五左三，凌六左九。

索　誼作鵩鳥賦云然　○衲耿慶彭游凌殿無「誼」字。

索　故太史公引之而稱賈子也　○衲耿慶彭游凌殿此注十一字作「故太史公引而稱之也」九字。

〔徇夫徇財〕　瀧一五・一〇，慶一〇右八，殿五左四，凌六左一〇。

正　徇才迅反　○才，慶彭凌財。

正　以身從物曰徇　○以，慶彭凌殿已。

〔衆庶馮生〕　瀧一六・一，慶一〇右一〇，殿五左五，凌七右一。

索　蓋恃矜其生也　○衲耿慶彭游凌殿蓋馮恃矜其生也。

索　鄒誕本　○本，衲慶彭凌殿生，耿游無「本」字。

索　財貪冒之義　○耿慶彭游凌殿「財貪冒」三字作「冒財貪」。索「貪」「冒」下作

正　若貪夫徇財　○慶彭殿若貪夫徇財烈士徇名。札記柯、凌作「財」，疑所據本「貪夫」下原脱「徇財烈士」四字。王承其誤。柯、凌則改「名」爲「財」，然不當獨遺「烈士」句。

正　衆庶馮生　○馮，慶彭貪。

〔同明相照〕　瀧一六・四，慶一〇左一，殿五左七，凌七右三。

索　易繫辭文也　○衲耿慶彭游凌殿此注五字作「繫辭云」耿秉、游、殿本「云」作「文」。三字。

〔同類相求〕　瀧一六・四，慶一〇左二，殿五左七，凌七右四。○相，慶同，南化校記「相」。

按：景印慶元本「同」改「相」。

〔風從虎〕　瀧一六・四，慶一〇左二，殿五左七，凌七右四。

集　張璠曰　○璠，毛蟠。

集　猶言龍從雲虎從風也　○殿此九字作「猶言雲從龍風從虎」也。

〔聖人作而萬物覩〕　瀧一六・六，慶一〇左四，殿五左九，凌七右六。

正　萬物有長育之情　○育，慶彭殿養。

正　令萬物有睹也　○令，慶彭凌殿合。

正　有能紹名世　○名，慶彭殿明，楓三梅校記「名」。札記王本「名」誤「明」。

正　牝牝雌雄　○慶彭凌殿金陵上「牝」字作「牡」。按：瀧川本誤。

正　書以道事　○道，慶彭凌殿導，楓三校記「道」。札記「道」訛「導」，考證改。

正 撥亂世反之正 ○[彭]此六字作「撥亂世返於正」。

〔得夫子而名益彰〕 瀧一七・三，慶一一右一，殿六右七，凌七左五。○[燉煌]無「名」字，而「彰」字作「章」。按：彰、章古通。

〔附驥尾而行益顯〕 瀧一七・四，慶一一右二，殿六右八，凌七左六。○[燉煌][索]附驥之尾而後索本無「後」字。行益燉煌本無「益」字。顯。

索 以譬顏回因孔子而名彰也 ○譬，[衲][耿][慶][彭][游][凌][殿]喻。

〔趣舍有時〕 瀧一七・七，慶一一右四，殿六右九，凌七左七。○趣，[燉煌][景][井][蜀][紹][衲][耿][慶][彭][游][凌][殿]趨。[燉煌]「有」、「時」互倒。[札記]案：正義音趨，則正文「趣」明矣，各本作「趨」，非，今正。

〔若此類名堙滅而不稱〕 瀧一七・七，慶一一右四，殿六右一〇，凌七左八。○[燉煌][楓][三]若此類而名堙而不稱。

〔悲夫〕 瀧一七・七，慶一一右四，殿六右一〇，凌七左八。

正 趣音趨舍音捨 ○趣，[慶][凌][殿]趨。[彭]無此注六字。

史記會注考證校補卷六十二

管晏列傳第二

〔管晏列傳第二〕　瀧一・七，慶一右一，殿一右六，凌一右二。○[南化]管仲晏嬰列傳第二。

〔管仲夷吾者〕　瀧二・一，慶一右二，殿一右七，凌一右三。○[詳節]管仲字夷吾無「者」字。

〔潁上人也〕　瀧二・一，慶一右二，殿一右七，凌一右三。

索　漢有潁陽臨潁二縣　○[索]「漢」字作「志」而無「二」。

索　今亦有潁上縣　○[耿][慶][彭][游][凌][殿]無「亦」字。

正　夷吾姬姓之後　○[慶][彭]「夷吾」二字作「管夷」。[殿]作「管仲」。[札記]王、柯本作「管夷」，誤。

〔少時常與鮑叔牙游〕　瀧二・四，慶一右二，殿一右八，凌一右四。○常，[南化][楓][棭][三]嘗。

〔不以爲言〕　瀧二・六，慶一右五，殿一右一〇，凌一右七。

索　及分財利　○[索]無「利」字。

索　而管仲嘗欺鮑叔多自取　○嘗，[耿][殿]常。

索　鮑叔知其有母而貧　○[耿][慶][彭][游][凌][殿]無「而貧」二字。

〔及小白立爲桓公〕　瀧二・七，慶一右六，殿一左一，凌一右八。○[南化][楓][棭][三]——立爲齊桓公。

〔鮑叔遂進管仲〕　瀧二・八，慶一右七，殿一左二，凌一右九。

正　鮑叔牙曰　○[慶][彭][凌]無「牙」字。

正　君且欲霸王　○[慶][彭][凌]無「君」字。[楓][三]校補「君」。

正　夷吾所居國國重　○所，[慶][彭][凌]之，[楓][三]校記「所」。

正　於是桓公從之　○[慶][彭][凌]無「於是」二字。

正　鮑敬叔之子叔牙也　○[慶][彭][凌][殿]無「敬」字。

〔任政於齊〕　瀧三・一，慶一右九，殿一左四，凌一左一。

正　九曰絶也　○[彭]九曰絶是九惠也。

〔嘗與鮑叔賈分財利〕　瀧三・三，慶一左二，殿一左六，凌一左四。○[南化][楓][棭][三]——賈南陽分財利。

〔鮑叔既進管仲以身下之〕　瀧三・一〇，慶一左一〇，殿一左四，凌二右一。○以，[南化][楓][三]古。

〔常爲名大夫〕 瀧四・一,慶二右二,殿二右六,凌二右四。

索 按系本云 ○系,慶 彭 索 凌 游 殿世。下同。

索 莊仲山產仲夷吾 ○索無「山」字。

索 啓方產成子孺 ○孺,索豫。下同。

索 其夷產襄子武 ○索無「其」字。

索 武產景子耐涉 ○耐,索能。

索 耐涉產微 ○索此四字作「涉產帶」三字。

索 凡十代 ○十,耿 索 游九。

索 系譜同 ○耿系譜亦同 慶 彭 索 游 凌無此注三字。

〔通貨積財〕 瀧四・六,慶二右六,殿二右九,凌二右八。○南化 楓 三無「積」字。

〔故其稱曰〕 瀧四・七,慶二右七,殿二右一〇,凌二右九。

索 其書有此言 ○彭無「言」字。梅校補「言」。

索 故略舉其要 ○耿 慶 彭 凌 游 殿此注五字作「今舉其大略」。

〔國乃滅亡〕 瀧四・一〇,慶二左一,殿二左三,凌二左二。

集 羅一曰禮至四曰恥十四字 ○彭 殿此注十四字作「四羅者禮義廉恥」七字。

〔下令如流水之原〕 瀧五・一,慶二左一,殿二左四,凌二左三。○南化 楓 棭 三「水」字作「川」,而「原」字作「源」。原,游源。

〔貴輕重〕　瀧五・四，慶二左四，殿二左七，凌二左六。

索　今管子有輕重篇　○慶彭凌游殿無「今」字。

〔南襲蔡〕　瀧五・六，慶二左六，殿二左八，凌二左八。

索　按謂怒蕩舟之姬　○耿慶彭凌游殿無「之姬」二字。

索　歸而未絶　○索無「歸」字。

索　蔡人嫁之　○索蔡人嫁之是之。

〔責包茅不入貢於周室〕　瀧五・七，慶二左七，殿二左九，凌二左九。○包，南化楓三菁。

〔於柯之會〕　瀧五・八，慶二左八，殿二左一〇，凌二左一〇。

正　今齊州東阿也　○阿，慶彭凌殿河。札記「阿」訛「河」，考證據唐志改。

〔桓公欲背曹沫之約〕　瀧五・九，慶二左九，殿三右一，凌三右一。

索　沫音昧　○昧，耿慶彭游凌殿妹。

索　亦音末　○耿慶彭游凌殿無此注三字。

〔有三歸反坫〕　瀧六・四，慶三右二，殿三右四，凌三右四。○南化楓棭三梅無「反坫」二字。

〔管仲卒〕　瀧六・七，慶三右三，殿三右四，凌三右五。

正　管仲封[illegible]　○彭無「封」[illegible]。

正 數曰　○彭此注二字作「管仲曰」三字。

正 而不得此三權者　○權，慶彭蘿。按：景印慶元本改「權」。札記王、柯本「權」訛「蘿」。

正 亦不能使其君南面而稱伯　○彭無「南面而稱伯」五字。楓三梅校補此五字。

〔萊之夷維人也〕　瀧七・一，慶三右八，殿三左一，凌三右一〇。

集 今東萊地也　○蜀無「地」字。

正 晏氏齊記云　○氏，殿子。

〔事齊靈公莊公景公〕　瀧七・三，慶三右一〇，殿三左二，凌三左三。

索 按世家及系本　○家，耿慶彭游凌殿本。

〔國有道即順命〕　瀧七・七，慶三左三，殿三左五，凌三左七。○蜀無「命」字。

〔在縲紲中〕　瀧八・一，慶三左五，殿三左七，凌三左八。

正 苟免飢凍　○飢，慶凌殿饑，彭餓。

〔而信於知己者〕　瀧八・七，慶四右三，殿四右四，凌四右六。

索 古周禮皆然也　○耿慶彭游凌殿無「古」字。

索 謂以彼知我而我志獲申　○申，索伸。

〔夫子既已感寤而贖我〕　瀧八・九，慶四右四，殿四右五，凌四右八。○已，耿慶彭凌游殿以，楓校記「已」。

〔晏子爲齊相〕　瀧九・一，慶四右六，殿四右七，凌四右一〇。○詳節及晏子爲齊相。

〔其夫爲相御〕　瀧九・一，慶四右七，殿四右七，凌四左一。○[耿]「其」、「夫」互倒。

〔妾是以求去也〕　瀧九・六，慶四左二，殿四左一，凌四左五。○[紹][毛][游]此下有「皇覽曰晏子家在臨菑城南淄水南桓公冢西北」十九字，集解注。按：他本此集解注十九字移在下文「晏子薦以爲大夫」之下，説見下。

〔晏子薦以爲大夫〕　瀧九・六，慶四左三，殿四左二，凌四左六。

集　皇覽曰晏子家在臨菑城南菑水南桓公冢西北　○[景][井][紹][毛][游]此注十九字移在上文「妾是以求去也」之下。[慶][彭][凌][游][殿]無此注十九字。[札記]北宋、中統舊刻，游、毛此注系在「妾是以求去也」下，殊失倫，今移傳末。

正　注皇覽云至乃管仲冢也八十七字　○[慶][彭][凌]無注皇覽云至冢西北二十字注。[札記]王、柯、凌本以此注首二十字與裴同，遂删去。按：各本「括地志云」以下六十七字移在上文「管仲卒」之下。

〔九府〕　瀧九・一〇，慶四左四，殿四左四，凌四左七。

索　皆管氏所著書篇名也　○[耿][慶][彭][游][凌][殿]「氏」字作「仲」，而無「所」字。

索　餘如別録之説　○如，[耿]加。按：字形相似而訛。

〔及晏子春秋〕　瀧一〇・二，慶四左六，殿四左六，凌四左九。

索　今其書有七篇　○[耿][慶][彭][游][索][凌]今其書有七十篇。

〔故次其傳〕　瀧一〇・四，慶四左八，殿四左八，凌五右二。○[楓][三]故次其書傳。

〔豈以爲周道衰微〕　瀧一〇・五，慶四左一〇，殿四左一〇，凌五右四。○[南化][楓][三]無

「徵」字。

〔豈管仲之謂乎〕　瀧一〇・一〇，慶五右四，殿五右三，凌五右八。

正　是管之能也　○之，［彭］仲。

〔然後去〕　瀧一一・一，慶五右五，殿五右五，凌五右九。

索　按左傳崔杼弑莊公　○弑，［耿］［慶］［彭］［索］［凌］殺

索　枕莊公尸股而哭之　○［索］無「尸」字。

索　崔杼欲殺之是也　○［耿］無「是也」二字。

〔所忻慕焉〕　瀧一一・五，慶五右九，殿五右八，凌五左二。

索　太史公之羡慕仰企平仲之行　○［索］此太史公之所羡慕——。

索　己雖與之爲僕隷　○［索］「之」、「爲」互倒。

索　爲之執鞭　○［索］無「爲之」二字。

索　其好賢樂善如此　○［索］此七注字作「是其好善之至也」。

史記會注考證校補卷六十三

老子韓非列傳第三

〔老子韓非列傳第三〕　瀧一・七，慶一右一，殿一右六，凌一右二。○南化無「老子」二字。

札記 凌本題「老莊申韓傳」，非也。今依索隱、北宋毛本與史公自序，合王、柯本，題「申不害韓非列傳」，別行注云：「開元二十三年勑昇老子、莊子爲列傳，改申、韓爲此卷。」案：昇老子已見前正義，此亦合刻者所記。

〔老子者〕　瀧二・七，慶一右一〇，殿一右七，凌一右三。○南化有「本傳在韓非傳首」八字注。

正 朱韜玉札及神仙傳云　○札，凌禮。按：上杉家藏慶元本此部分補鈔，而「札」作「禮」。札記 官本「札」，各本誤「禮」，蓋因「札」形似「礼」而訛。「朱」，疑當作「珠」。

正 耳有三門　○楓三耳有漏三門

正 又玄妙內篇云李母懷胎八十一載 ○札記「內篇云李母懷胎」[illegible]口」，與下文複誤刻也。今依柯、凌本。

正 玄妙玉女夢流星入口而有娠 ○娠，慶彭凌脤。下同。札記官本「娠」，各本訛「脤」，下同。

正 李母晝夜見五色珠 ○札記王、柯同疑一本作「晝」，一本作「夜」，校者旁注兩存而誤。凌本「晝」訛「畫」。

〔楚苦縣厲鄉曲仁里人也〕 瀧二・一〇，慶一左四，殿一左二，凌一右八。

正 按年表云 ○按，慶彭凌國。按：景印慶元本「國」改「按」。札記官本「按」，各本誤「國」。

〔名耳字耼〕 瀧三・四，慶一左九，殿一左七，凌一左四。○景井蜀紹耿慶彭游毛凌殿名耳字伯陽謚曰耼。札記據索隱本，各本作「字伯陽謚曰耼」。

索 耼耳曼也 ○曼，彭凌殿漫。

索 有本子伯陽 ○耿慶彭游凌殿「有本」二字作「今作」二字。

〔姓李氏〕 瀧三・六，慶一左九，殿一左七，凌一左四。○景井蜀紹耿慶彭游毛凌殿金陵此三字移在上文「名耳」上。札記索隱本在「字耼」下。

〔周守藏室之史也〕 瀧三・八，慶二右二，殿一左九，凌一左七。

索 周藏書室之史也 ○慶彭游凌殿乃周藏書室之史也。

索 又張蒼傳 ○蒼，耿慶彭游凌殿湯。

索 蓋即藏室之柱下 ○耿慶彭游凌殿無「蓋」字。

正　藏在浪反　○[殿]云藏在浪反。

〔且君子得其時則駕〕　瀧四・七，慶二右五，殿二右二，凌一左一〇。○[南化][楓][三][梅]且夫君子得其時則爲駕。時，[索]人。

〔則蓬累而行〕　瀧四・八，慶二右五，殿二右三，凌二右一。

索　按蓬者蓋也累者隨也　○[慶][彭][游][凌][殿]無兩「者」字。

索　則自覆蓋相攜隨而去耳　○[耿][慶][彭][游][凌][殿]「攜」字作「携」，而「耳」字作「也」。

正　蔓生於沙漠中　○漠，[慶][彭]幕。[彭]無「於」字。[楓][三]校補「於」。

〔容貌若愚〕　瀧五・二，慶二右八，殿二右七，凌二右五。

索　容貌若不足也　○[彭]容貌若不足是也。

〔迺遂去至關〕　瀧六・三，慶二左九，殿二左六，凌二左五。

索　李允函谷關銘云　○允，[慶][彭][凌][殿]尤。

索　留作二篇　○二，[耿][凌]此。

索　是也　○[彭]無是字。[楓][三]校補「是」。

〔莫知其所終〕　瀧六・七，慶三右三，殿二左一〇，凌二左一〇。

集　服巨勝實　○巨，[紹][慶][彭][凌][游][殿]具，[南化][楓][三][梅]有「具正義作巨」五字注。

集　名關尹子　○各本「尹」作「令」。[和]「尹子」二字作「令尹」。按瀧本誤。

索　物色而迹之　○[illegible]

索　又按列仙傳　○仙，耿慶彭游凌殿異。

索　令尹喜望見有紫氣浮關　○彭殿——其有紫氣浮關。索「見有」二字作「其」字。

〔與孔子同時云〕　瀧七・二，慶三右一○，殿三右七，凌三右七。

正　蓍艾爲席　○札記王「艾」訛「丈」。

正　葅芰爲食　○葅，慶祖，彭凌殿葅。按：景印慶元本「祖」改「葅」。芰，慶彭凌艾，札記官本「芰」，各本訛「艾」。

正　鳥獸之解毛　○彭殿無「解」字。楓三校補「解」。札記王本無「解」字。

〔蓋老子百有六十餘歲〕　瀧七・五，慶三右一○，殿三右七，凌三右八。○索「有」字移在「六十」下。

〔以其脩道而養壽也〕　瀧七・六，慶三左五，殿三左二，凌三左三。

索　此前古好事者　○彭無「者」字。楓三校補「者」。

索　或言二百餘歲者　○耿無「餘」字。

索　即以周太史儋爲老子　○儋，耿傳。按：耿本訛。

〔自孔子死之後百二十九年〕　瀧七・一○，慶三左六，殿三左二，凌三左四。

集　實百一十九年　○井耿慶彭游凌無「百」字。按：景印慶元本補「百」字。札記北宋本「實」下有「百」字，各本脱。

〔始秦與周合五百歲而離離七十歲而霸王者出焉〕　瀧八・二，慶三左七，殿三左四，凌三左五。○【南化】【楓】【三】「七」、「十」互倒。【毛】——離七十餘歲——【蜀】【耿】【慶】【彭】【游】【凌】【殿】此二十一字作「始秦與周合而離離五百歲而複合合七十歲而霸王者出焉」二十四字。【札記】各本作「始秦與周合而離離五百歲而復合合七十歲而霸王者出焉」，毛本「七十」下有「餘」字。襍志云：「此後人依周、秦本紀改」。索隱曰：紀與此傳離合正反。若此，則何反之有？案：今依襍志，從所引宋本改。索隱本出「始秦與周合五百歲而離」則較宋本同少一「合」字。

索　始周與秦國合而別　○【耿】【慶】【彭】【游】【凌】【殿】重「合」字。

索　然與此傳離合正反　○正，【彭】相。反，【游】【凌】同。

索　尋其意義亦並不相違也　○【耿】【慶】【彭】【游】【凌】【殿】無「相」字。

〔老子隱君子也〕　瀧八・六，慶三左一○，殿三左七，凌三左八。○【楓】【三】要老子隱君子也。

〔老子之子名宗宗爲魏將封於段干〕　瀧八・八，慶四右一，殿三左七，凌三左九。○【南化】【楓】【三】不重「宗」字。

集　田完世家有段干朋　○朋，【南化】【棭】【三】明。

〔清靜自正〕　瀧九・五，慶四右八，殿四右四，凌四右六。○靜，【蜀】【紹】【通志】淨。

索　此太史公因其行事　○【耿】【慶】【彭】【游】【凌】【殿】無「此」字。【索】無「其」字。

索　按老子曰　○耿慶彭游凌殿此四字作「又云」二字。

索　我無爲而民自化我好靜而民自正　○耿慶彭游凌殿無此注十四字。

索　此是昔人所評老聃之德　○評，耿許。按：耿本誤。

索　故太史公於此引以記之　○耿慶彭游凌殿無「於此」二字。索無「公」字。

〔莊子者〕　瀧九・八，慶四左一，殿四右七，凌四右九。○南化有本在韓非傳首「老子」後九字注。

〔故其著書十餘萬言〕　瀧一〇・三，慶四左五，殿四右一〇，凌四左三。○十，蜀本。按：蜀本誤。

〔大抵率寓言也〕　瀧一〇・四，慶四左五，殿四左一，凌四左三。○寓，南化楓棭三偶。

札記依索隱，則所據本史文作「偶」。今單本亦作「寓」，蓋後人改之。

索　故云偶言　○慶彭凌無「故」字。按：景印慶元本補「故」字。

索　作人姓名　○慶彭游凌殿又凌本作「亦」字。作人姓名。

索　使相與語　○語，索言。

索　是寄辭於其人　○寄，游寓。

索　故莊子有寓言篇　○耿——寓言篇是。

〔作漁父盜跖胠篋〕　瀧一〇・六，慶四左七，殿四左三，凌四左六。

索　胠篋猶言開篋也　○耿慶彭游凌殿無「胠」字。

索　胠音祛　○[索]無「音祛」二字。

索　亦音去　○[耿][慶][彭][游][凌][殿]亦有音去。

〔以詆訿孔子之徒〕　瀧一〇・八，慶四左九，殿四左五，凌四左八。

索　詆訐也　○[耿][慶][彭][游][凌][殿]無此注三字。

索　訿音紫　○紫，[耿][慶][彭][游][凌][殿]訾。

索　謂詆訐毀訾孔子也　○訐，[耿][凌]許。[索]「訐」字、「訾」字並無。

〔畏累虛〕　瀧一〇・八，慶四左一〇，殿四左六，凌四左九。○[南化][楝]「畏」字作「猥」，而「虛」字作「盧」。

〔皆空語無事實〕　瀧一〇・九，慶五右一，殿四左六，凌四左九。

索　畏累虛篇名也　○[索]無「累」字。

索　鄒氏畏音於鬼反　○[索]「畏」、「音」互倒。

正　成瑛云　○瑛，[慶][彭][凌][殿]瑛，[南化]校記「瑛」。

正　言莊于雜篇庚桑楚已下　○言，[殿]然。于，[慶][彭][凌][殿]子。

正　無有實事也　○[彭]無「有」字。[三][梅]校補「有」。

〔指事類情〕　瀧一一・三，慶五右五，殿五右一，凌五右五。

正　猶分析其辭句也　○分，[慶][彭][凌][殿]力。[札記]各本「分析」訛「力折」，依褉志改。析，[慶][彭][凌][殿]斤。

〔其言洸洋自恣以適己〕　瀧一一・五，慶五右六，殿五右二，凌五右六。

索　音汪羊二音　○羊，凌洋，耿慶游凌下「音」作「字」。彭殿無「二音」二字。

索　亦有本作瀁字　○耿慶彭游凌殿此六字作「又凌本作「亦」。作瀁」三字。

正　己音紀　○紀，慶祀，凌杞。按：景印慶元本「祀」改「紀」。札記官本「紀」，王訛「祀」，柯、凌訛「杞」。

〔莊周笑謂楚使者曰〕　瀧一一・七，慶五右九，殿五右五，凌五右九。○耿無「曰」字。

〔豈可得乎〕　瀧一一・一〇，慶五左二，殿五右七，凌五左一。

索　孤者小也　○耿慶彭游凌殿無「者」字。

〔我寧游戲污瀆之中自快〕　瀧一一・一二，慶五左四，殿五右九，凌五左三。

索　音烏讀二音　○耿慶彭游凌殿無「二音」二字。

索　潢污之小渠瀆也　○耿慶彭游凌殿無「瀆」字。

〔以快吾志焉〕　瀧一一・一三，慶五左五，殿五右一〇，凌五左五。

正　巾笥藏之廟堂之上　○巾，凌申。按：凌本因字形相似而訛。

正　寧死爲留骨而貴乎　○死，慶彭凌殿無，札記各本誤「無」，考證據莊子改。

〔申不害者〕　瀧一一・一七，慶一右三，殿五左三，凌五左九。○慶彭此四字以下別卷，篇題下分注有「開元二十三年勅昇老子莊子爲列傳首故申韓爲此卷」二十二字。

〔京人也〕　瀧一一・一七，慶一右三，殿五左三，凌五左九。○京，景井紹宗，通志宋，札記舊刻「京」訛「荆」。

索　今河南京縣是也　○耿慶彭游凌殿無「是」字。

正　括地志云　○括，慶彭凌殿按。

正　在鄭州滎陽縣東南二十里　○慶彭凌殿無「在鄭州滎陽」五字。札記五字，考證據項羽紀正義增。

〔學術以干韓昭侯〕　瀧一二·八，慶一右四，殿五左四，凌五左一〇。

索　則刑名之法術也　○則，耿慶彭游凌殿即。耿慶彭游凌殿無「之」字。

〔昭侯用爲相〕　瀧一二·一〇，慶一右五，殿五左五，凌六右一。○用，南化梅以。

〔無侵韓者〕　瀧一三·一，慶一右六，殿五左六，凌六右二。

索　異乎此言矣　○慶彭游凌殿無「矣」字。

〔號曰申子〕　瀧一三·四，慶一右八，殿五左七，凌六右四。

集　今民閒所有上下二篇　○下，殿書。

索　今人閒有上下二篇至過於太史公所記也　○慶彭凌游殿無此注三十七字。

索　具篇中之言皆含上下二篇　○含，游舍。按：游、明本誤。

〔韓之諸公子也〕　瀧一四·一，慶一右一〇，殿五左九，凌六右七。

正　韓遂亡　○遂，慶彭凌殿非。札記「遂」訛「非」，考證據世家改。

〔喜刑名法術之學〕　瀧一四·二，慶一左一，殿五左一〇，凌六右七。

集　皆曰刑名　○刑，蜀利。按：蜀本訛。

〔而其歸本於黃老〕 瀧一四・六，慶一左三，殿六右二，凌六右九。○南化楓棭三索

而其大歸本於黃老。按：依南化本引劉伯莊史記音義無「大」字。

索 是大抵亦崇黃老之學耳 ○耳，耿慶彭游凌殿也。

〔非爲人口乞〕 瀧一四・八，慶一左五，殿六右四，凌六左一。○南化高「口」、「乞」互倒。

〔而善著書〕 瀧一四・八，慶一左五，殿六右四，凌六左二。○楓三無「而」字。

〔於是韓非疾治國不務脩明其法制〕 瀧一五・二，慶一左八，殿六右七，凌六左五。○制，南化楓三梅高術。

〔執勢以御其臣下〕 瀧一五・二，慶一左九，殿六右七，凌六左五。○南化楓三梅高無「執勢」二字。勢，景井契，札記北宋舊刻本作「契」。

〔寬則寵名譽之人〕 瀧一五・五，慶二右一，殿六右一〇，凌六左八。○寵，楓三用。

〔今者所養非所用〕 瀧一五・六，慶二右二，殿六右一〇，凌六左九。

索 非勇悍忠鯁 ○鯁，耿慶彭游凌殿梗，南化校記「鯁」。

〔所用非所養〕 瀧一五・七，慶二右三，殿六左二，凌六左一〇。

索 又言人主今臨事任用 ○耿慶彭游凌殿「又」字、「今」字並無。

〔悲廉直不容於邪枉之臣〕 瀧一五・八，慶二右四，殿六左二，凌七右一。

索 又悲姦邪諂諛之臣 ○悲，耿慶彭游凌殿非，南化校記「悲」。

〔觀往者得失之變〕　瀧一五・九，慶二右五，殿六左三，凌七右二。

正　今國削弱　○[慶][彭][凌][殿]此四字作「令國消殿本作「削」。弱」。

***正**　凡治國之道□□無事之時則用□□名譽之人急難之時則以介冑之士攻伐也言所以養所用皆失之矣　[南化]。

〔説難十餘萬言〕　瀧一五・一〇，慶二右七，殿六左五，凌七右四。

索　孤憤憤孤直不容於時也　○[彭]不重「憤」字。[楓][三][高]校補一「憤」字。

索　按韓子有内儲外儲篇　○[耿][慶][彭][游][凌][殿]。按：韓子有「内」、無「儲」字。外儲説篇。

索　制之在己　○制，[耿][慶][彭][游][凌][殿]利，[札記]「制」訛「利」，汪改。

索　説林者　○[耿]説林説難者。

正　内南化、幻、梅、狩本「内」字上有「此中」二字。外儲□□□□南化、幻、梅、狩本有「注同故不書也」六字。孤憤臣主暗昧賢良好孤直不得意故曰孤憤五蠹韓子曰商賈南化、幻、梅、狩本「賈」字作「公」。作苦窳惡濫器梅、狩本無「器」字。害五民故曰五蠹説林謂取衆妙之士諫争其多若林故云説林説難南化、幻、梅、狩本有「謂」字。説難當人南化、幻、梅、狩本有「主」字。之心故曰説難已上南化、幻、梅、狩本有「者」字。皆韓子篇名也　[南化][幻][梅][狩][瀧]。

〔爲説難書甚具〕　瀧一六・六，慶二左一，殿六左九，凌七右九。○[南化][楓][三][高]爲爲説難之南化本無「之」字。書甚具。

〔不能自脱〕　瀧一六・六，慶二左二，殿六左一〇，凌七右九。

*正 凡說諫之道難故作說難書甚具詞理微妙意旨極高太史公所以盡書南化、幻、梅、狩本有「録」字。一篇
篇中與韓微異耳 南化幻梅狩瀧。

〔說難曰〕 瀧一六・七，慶二左二，殿七右一，凌七右九。

索 煩省小大不同 ○耿慶彭游凌殿無「大」字。

索 粗釋其微文幽旨 ○旨，耿音。按：因字形相似而訛。

〔又非吾辯之能明吾意之難也〕 瀧一七・二，慶二左四，殿七右三，凌七左三。○景井蜀紹耿慶彭毛游凌殿金陵又非吾辯之難——。南化楓三削去「難」字。札記志疑云：「『難』字衍」。按：瀧川氏依楓、三本削「難」字。

〔又非吾敢横失能盡之難也〕 瀧一七・三，慶二左六，殿七右四，凌七左四。

正 此雖是難 ○雖，慶彭凌難，南化楓三校記「雖」。札記官本作「雖」，各本訛「難」。

〔可以吾說當之〕 瀧一七・五，慶二左九，殿七右七，凌七左七。○說，索意，札記索隱本作「意」，疑誤。

索 開說之難 ○開，慶彭游凌殿闕。

索 按所說之心者 ○耿慶彭游凌殿無「所」字。

索 必以我說合其情 ○耿慶彭游凌殿無「我」字。彭無「合」字。楓三校補「合」字。

索 故云吾說當之也 ○索無「之」字。

〔所說出於爲名高者也〕 瀧一七・八，慶三右二，殿七右一〇，凌八右一。

索　祖述堯舜是也　○耿慶游凌殿祖述堯舜是爲名高也。

索　故劉氏云稽古羲黄祖述堯舜是也　○耿慶彭游凌殿無「故」字，而此句十四字移在下注「説臣」至「棄也」下。

*正　前人好五帝三皇名高之道乃南化、梅本有「陳」字。以厚利説之南化、梅本有「見」字。則卑賤之必見棄遠矣　南化幻梅瀧。

〔必棄遠矣〕　瀧一七・一〇，慶三右三，殿七左一，凌八右二。

索　謂人主欲立高名　○慶彭游凌殿無此注七字。

索　必被遠棄矣　○耿慶彭游凌殿無「被」字而「遠」、「棄」互倒。棄，索金陵斥。

〔必不收矣〕　瀧一八・三，慶三右六，殿七左四，凌八右五。

索　則是説者無心　○則，索即。

索　而説臣乃陳名高之節　○陳，游東。按：游、明本誤。

索　必不見收用也　○耿慶彭游凌殿無「見」字。

*正　前人好崇南化、幻、梅本「崇」字作「學」。利攻伐彊國而南化、梅本「而」字作「乃」。陳三皇五帝高遠事情必不收用矣若商鞅説秦孝公以帝道者公欲彊國不收其説也　南化幻梅狩瀧。

〔而顯爲名高者也〕　瀧一八・五，慶三右八，殿七左六，凌八右七。

索　實字作隱　○隱，耿慶彭游凌殿陰。

索　而作作次爲名高之節也　○作，耿索洋，金陵洋。

〔若説之以厚利〕　瀧一八・六，慶三左一，殿七左八，凌八右一〇。○楓三無「若」字。

〔此之不可不知也〕　瀧一八・八，慶三左三，殿七左一〇，凌八左二。○南化楓三無「之」字。

索　終遭顯戮是也　○耿慶彭游凌殿無「是」字。索無「顯」字。

〔夫事以密成〕　瀧一八・九，慶三左三，殿八右一，凌八左三。○南化楓三無「夫」字。

〔語以泄敗〕　瀧一八・一〇，慶三左四，殿八右一，凌八左三。○語，蜀紹毛殿通志而。耿「語」字下有「監本作而」，四字雙行注。札記中統、毛本「語」作「而」。

〔説行而有功則德亡〕　瀧一九・五，慶三左九，殿八右五，凌八左八。

索　夫霑渥於下　○霑，耿慶游索殿沾。

索　而輒吐誠極言　○言，耿慶彭游凌殿知。

索　其説有功則其德亦亡　○耿慶彭游凌殿其道説有——。

〔如是者身危〕　瀧一九・七，慶三左一〇，殿八右六，凌八左九。

索　鄰父以牆壞有盜　○慶彭凌鄰父人——。南化高「人」字移正「父」上。按：景印慶元本「人」字移在「父」上。

〔迺自以爲也故〕　瀧二〇・二，慶四右五，殿八左一，凌九右五。○南化楓三高迺自以有爲也故。

〔彊之以其所必不爲〕　瀧二〇・五，慶四右七，殿八左三，凌九右七。

正　而説者彊合爲之　○合，[慶][彭][凌][殿]令。

〔身危〕　瀧二〇・七，慶四右九，殿八左五，凌九右九。○[南化][楓][三]則身危。

索　後遂下獄是也　○[耿][慶][彭][游][凌][殿]無「是」字。

索　若漢景帝決廢栗太子　○太，[耿]木。按：耿本訛。

〔則以爲閒己〕　瀧二〇・九，慶四右一〇，殿八左七，凌九左一。

正　乃爲刺譏閒也　○也，[慶][彭][殿]之。

〔則以爲粥權〕　瀧二〇・一〇，慶四左二，殿八左八，凌九左三。○粥，[景][井][蜀][紹][耿][慶][彭][游][凌][殿]鬻，[札記]索隱本「粥」各本作「鬻」。

索　按韓非子　○[耿][慶][彭][游][凌][殿]無「非」字。

索　則疑其挾詐而賣我之權也　○詐，[耿]許。按：耿本訛。

正　粥音育　○粥，[慶][彭][凌][殿]鬻。

〔則以爲嘗己〕　瀧二一・四，慶四左四，殿八左一〇，凌九左五。

正　論説人主所憎惡　○[凌]論説人主所謂憎惡。

〔則多而久之〕　瀧二一・五，慶四左七，殿九右三，凌九左八。○久，[南化][楓][三][高]文。

索　則君上嫌其多迂誕　○[耿]則君上溓「嫌」字作「溓」。其多迂鄙誕云。

索　文而無當者也　○[耿][慶][彭][游][凌][殿]無「者」字。

正　博文廣言句也　○文，[慶][殿]聞，[札記]「王」誤「聞」。

〔此說之難〕 瀧二二一・二，慶五右一，殿九右七，凌一〇右三。 ○南化 楓 三 高 無「說之難」三字。

〔不可不知也〕 瀧二二一・二，慶五右一，殿九右七，凌一〇右三。

*正 此前諸段咸是談說之難不可不知在知飾所說之所南化、幻、梅、狩本無「所」字。敬而滅其所醜所說之主也言在談說之處咸須知人主之所敬而文飾之聞醜惡之事而滅絕之然後乃當人主之心 南化 幻 梅 狩 瀧。

〔凡說之務〕 瀧二二一・四，慶五右一，殿九右七，凌一〇右三。 ○南化 楓 三 高 凡說之難務。

〔在知飾所說之所敬〕 瀧二二一・四，慶五右一，殿九右七，凌一〇右三。 ○索 無「所」字。

索 飾其所敬者 ○索 無「所」字。

索 而時以言辭文飾之 ○耿 慶 彭 游 凌 殿 無言辭二字。 時，游 持。

〔而滅其所醜〕 瀧二二一・五，慶五右二，殿九右八，凌一〇右四。

索 醜謂人主若有所避諱而醜之 ○耿 慶 彭 游 凌 殿 滅其所醜謂人主無「若」字。 有——。

〔則毋以其敵怒之〕 瀧二二一・八，慶五右五，殿九左一，凌一〇右七。

索 說士無以己意而攻閒之 ○索 無「以」字。

索 以致譴怒也 ○耿 以致譴怒是也。

〔則毋以其難概之〕 瀧二二一・一〇，慶五右七，殿九左三，凌一〇右九。

正　概古代反　○概，[慶][彭]溉。按：景印慶元本「溉」改「概」。

〔則以飾之無傷也〕　瀧二三・二，慶五右九，殿九左五，凌一〇左二。○[南化]則以飾之其人或無「人」字。無傷也。傷，[蜀]復。

〔則明飾其無失也〕　瀧二三・五，慶五右一〇，殿九左六，凌一〇左三。○[楓][三]則明飾其人無失也。[紹][通志]無「明」字。

索　與某人同計同行　○[耿][慶][彭][游][凌][殿]無「某」字。

索　不得傷於同計同行之人　○計，[索]事。

索　仍可文飾其類也　○文，[耿]吏。

索　而説者則可以明飾其無失也　○[耿][慶][彭][游][凌][殿]無「以」字。

〔大忠無所拂悟〕　瀧二三・七，慶五左三，殿九左八，凌一〇左五。○悟，[景][蜀][紹][耿][慶][彭][毛][索][凌][游][殿]辭，[南化][楓][三][高]校記「悟」。[札記]各本「悟」字與下句「辭」字互誤。索隱本亦然，而注意可尋。正義亦明白可證。今依盧氏札記及王氏襍志移正，警説同。又據索隱疑正文本作「拂悟」。

索　言大忠之人　○[耿]此注五字作大志之人四字。[慶][彭][游][凌]「言」字，「之人」二字並無。[殿]無「言」字。[索]無「之人」二字。

索　志在匡君於善　○[索]無「志」字。

索　詩書之説而又幾東　○説，[耿][慶][彭][索][游][凌][殿]説。詩，[游]待。

索　既不按情於君也　○既，[illegible]本[illegible]情[illegible]特[illegible]

〔辭言無所擊排〕　瀧二三・九，慶五左四，殿九左九，凌一〇左七。○辭，蜀 耿 慶 彭 索 凌 游 殿 悟，南化 三 校記「辭」。

索　謂大忠說諫之辭　○辭，耿 慶 彭 游 凌 殿 詞。

索　而無別有所擊射排擯　○而，耿 慶 彭 游 凌 殿 亦。

〔得曠日彌久〕　瀧二四・四，慶五左九，殿一〇右四，凌一一右三。

索　是誠著於君也　○耿 慶 彭 游 凌 殿 無「是」字。

〔而周澤既渥〕　瀧二四・五，慶五左九，殿一〇右五，凌一一右三。

索　謂君之渥澤周浹於臣　○耿 慶 彭 游 凌 殿 無「謂」字。

〔以此相持〕　瀧二四・七，慶六右二，殿一〇右七，凌一一右六。○持，紹 通志 時。

〔伊尹爲庖〕　瀧二四・八，慶六右四，殿一〇右九，凌一一右八。○庖，南化 炮。

〔百里奚爲虜〕　瀧二四・九，慶六右五，殿一〇右一〇，凌一一右九。

正　襲滅虞公　○南化 楓 三 襲滅虜虞公。

〔猶不能無役身而涉世〕　瀧二五・一，慶六右六，殿一〇左一，凌一一右一〇。○役，南化 設。

〔則非能仕之所設也〕　瀧二五・二，慶六右七，殿一〇左二，凌一一左二。

索　按韓子作非能士之所恥也　○耿 慶 彭 游 凌 殿 無「非」字。

〔天雨牆壞〕　瀧二五・五，慶六右八，殿一〇左三，凌一一左二。〇南化、楓、三、高天雨而牆壞。

〔暮而果大亡其財〕　瀧二五・六，慶六右九，殿一〇左四，凌一一左三。〇南化、楓、三、高暮而果大亡其南化、高本無「其」字。財物。

〔其家甚知其子〕　瀧・二五・六，慶六右一〇，殿一〇左四，凌一一左四。〇南化無「甚」字。甚，楓、三其。

〔彌子矯駕君車而出〕　瀧二六・六，慶六左九，殿一一右三，凌一二右三。〇矯，蜀嬌。

按：蜀本訛。

〔君聞之而賢之曰〕　瀧二六・七，慶六左一〇，殿一一右三，凌一二右三。〇而，耿西。

〔及彌子色衰而愛弛〕　瀧二六・九，慶七右二，殿一一右五，凌一二右六。〇弛，景、井、蜀、慶、游、凌㢮，耿施。

〔是嘗矯駕吾車〕　瀧二六・一〇，慶七右三，殿一一右六，凌一二右六。〇楓、三是故嘗矯駕吾車。嘗，耿常。

〔又嘗食我以其餘桃〕　瀧二七・一，慶七右三，殿一一右六，凌一二右七。〇嘗，游常。

〔可擾狎而騎也〕　瀧二七・四，慶七右八，殿一一右一〇，凌一二左一。〇南化、梅「可」、「擾」二字倒。

〔說之者〕　瀧二七・七，慶七右九，殿一一左一，凌一二左三。〇南化 楓 三 梅 無「之」字。

〔秦王見孤憤五蠹之書曰〕　瀧二七・八，慶七左一，殿一一左三，凌一二左五。〇南化 楓 三 梅 高 秦王見其孤憤——。

〔秦王悦之〕　瀧二八・三，慶七左四，殿一一左六，凌一二左七。〇悦，南化 説。

〔今王欲并諸侯〕　瀧二八・五，慶七左六，殿一一左七，凌一二左九。〇王，游 主，札記 中統、游本「王」作「主」。

〔下治吏非〕　瀧二八・五，慶七左八，殿一一左九，凌一三右一。〇耿 慶 彭 游 凌 殿「治」、「吏」互倒。

〔秦王後悔之〕　瀧二八・六，慶七左九，殿一一左一〇，凌一三右二。〇南化 楓 三 梅 無「之」字。

〔非已死矣〕　瀧二八・七，慶七左一〇，殿一一左一〇，凌一三右三。

集　韓非短之曰　〇短，紹 矩，耿 知。

集　取世監門子　〇世，耿 出。彭 無「取世」二字。楓 三 校補「取世」。

〔老子所貴道虛無因應〕　瀧二九・三，慶八右四，殿一二右五，凌一三右七。〇南化 楓 三 梅 高 老子所貴道德虛無因應南化本「因」、「應」互倒。

〔施之於名實〕　瀧二九・五，慶八右六，殿一二右七，凌一三右九。

索　劉氏云皁皁自勉勵之意也　○耿慶彭游殿無此注十一字。

〔皆原於道德之意〕　瀧二九・八，慶八右八，殿一二右八，凌一三左一。

索　慘七感反礉胡革反　○慶彭游凌殿無此注八字。

史記會注考證校補卷六十四

司馬穰苴列傳第四

〔田完之苗裔也〕瀧二・五，慶一右二，殿一右七，凌一右三。

索 按穰苴名 ○耿慶彭游凌殿無「名」字。

索 田穰苴 ○田，慶彭凌曰。按：景印慶元本「曰」改「田」。

〔晉伐阿甄〕瀧二・六，慶一右三，殿一右八，凌一右五。○甄，通志鄄。札記御覽二百九十六引作「鄄注云阿今濟陽郡東阿縣鄄音絹今濮陽郡鄄城縣」，疑是集解文。

〔齊師敗績〕瀧二・六，慶一右五，殿一右一〇，凌一右六。

索 屬濟陰也 ○陰，慶彭凌河，索阿。按：景印慶元本「河」改「陰」。

〔以爲將軍〕瀧二・九，慶一右八，殿一左二，凌一右九。

索 六國時有其官 ○其，耿慶彭游凌殿此。

〔將兵扞燕晉之師〕　瀧三・五，慶一右九，殿一左三，凌一右一〇。○兵，彭軍，梅高校記「兵」。

〔願得君之寵臣〕　瀧三・七，慶一左一，殿一左五，凌一左二。○寵，詳節大。

〔國之所尊〕　瀧三・七，慶一左一，殿一左五，凌一左三。○南化楓三梅高國中之所尊。

〔穰苴先馳至軍〕　瀧三・九，慶一左四，殿一左六，凌一左五。○南化楓三梅高——至軍門。

〔立表下漏待賈〕　瀧三・九，慶一左四，殿一左八，凌一左五。

索　謂下漏水以知刻數也　○耿慶彭游凌殿謂下滴漏無「水」字。以知刻數也。

〔穰苴則仆表決漏〕　瀧四・二，慶一左七，殿一左一〇，凌一左八。

索　謂決去壺中漏水　○彭謂決去其壺中漏水。

〔則忘其家〕　瀧四・五，慶二右一，殿二右四，凌二右二。○忘，蜀志。按：蜀本因字形相似而訛。

〔則忘其身〕　瀧四・六，慶二右二，殿二右四，凌二右三。

索　下音乎　○乎，耿慶彭游凌殿浮。

〔邦内騷動〕　瀧四・七，慶二右二，殿二右五，凌二右四。○南化有「師説本或邦作封」七字注。

〔食不甘味〕　瀧四・八，慶二右三，殿二右六，凌二右五。○甘，蜀皆。按：蜀本訛。

〔軍法期而後至者云何〕　瀧四・九，慶二右五，殿二右七，凌二右六。○南化　三　梅　高無「至」字。札記　御覽引止「後期」二字。

〔未及反〕　瀧四・一〇，慶二右六，殿二右八，凌二右七。○三無「及」字。

〔問軍正曰軍中不馳〕　瀧五・四，慶二右九，殿二左一，凌二右一〇。○南化　梅　此八字作「問軍馳正曰馳軍中不馳」十字。景無「軍中不馳」四字。

〔今使者馳云何正曰當斬〕　瀧五・四，慶二右九，殿二左一，凌二右一〇。○南化　楓　三　梅　此十字作「今使者馳三軍何至對曰當斬」十二字。景　金陵　作「馳三軍法何」五字。札記　依北宋本。又注引一本作「軍中不馳今使者馳云何」，與今各本同。按：札記引正文作「馳三軍法何」五字。札記所云，北宋本與景本閒合。

〔以徇三軍〕　瀧五・六，慶二左一，殿二左三，凌二左二。

索　按謂斬其使者之僕及車之左駙　○耿　慶　彭　游　凌　殿「之」字、「及」字並無。

索　駙當作軵並音附謂車循外立木承重較之材　○承，索丞。耿　慶　彭　游　凌　殿　無此注十八字。

索　又斬其馬之左驂　○耿　慶　彭　游　凌　殿無「其」字。

索　以御者在左故也　○者，殿馬。

〔最比其羸弱者〕　瀧五・一〇，慶二左五，殿二左六，凌二左六。

正 比音卑必耳反 ○音，慶彭凌殿作，札記舊刻「音」。各本誤作「作」。案：疑「卑」、「必」二字當衍其一。

〔病者皆求行〕 瀧五・一〇，慶二左六，殿二左七，凌二左七。○南化楓三梅「求行」二字作「介待」。札記舊刻無「皆」字。

〔爭奮出爲之赴戰〕 瀧六・一，慶二左七，殿二左七，凌二左七。○南化楓三爲奮出皆爲——。

〔遂取所亡封内故境〕 瀧六・三，慶二左八，殿二左九，凌二左九。○封。井紹慶彭游邦。南化梅校記「封」。按：景印慶元本「邦」改「封」。札記中統、游本「封」訛「邦」。

〔然後反歸寢〕 瀧六・四，慶二左一〇，殿三右一，凌三右一。○南化楓三梅高無「歸」字。

〔尊爲大司馬〕 瀧六・五，慶三右一，殿三右一，凌三右一。○南化楓三梅尊立爲大司馬。

〔至常曾孫和〕 瀧六・一〇，慶三右五，殿三右五，凌三右六。○南化楓三梅至常曾孫田和。

〔因自立爲齊威王〕 瀧六・一〇，慶三右五，殿三右五，凌三右六。

索 至其孫因齊 ○耿慶彭游凌殿無「齊」字。

索　故系家云　○[耿]「系家」二字作「世宅」。

索　其孫因齊號爲威王　○[耿][慶][彭][凌][游][殿]「因齊」二字、「爲」字並無。

〔大放穰苴之法〕　瀧七・一，慶三右七，殿三右六，凌三右八。○[三]——穰苴之兵法。

〔余讀司馬兵法〕　瀧八・九，慶三右九，殿三右九，凌三左一。○[南化][楓][三][高]余讀司馬穰苴兵法。

〔閎廓深遠〕　瀧八・九，慶三右一〇，殿三右九，凌三左一。○[南化][楓][三][梅]閎廓深遠矣。按：南化本引正義本，亦有「矣」字。

〔如其文也亦少襃矣〕　瀧八・一〇，慶三左一，殿三右一〇，凌三左二。○矣，[詳節]焉。

索　亦少襃矣　○[耿][慶][彭][凌][游][殿]「亦」字、「矣」字並無。

*__正__　司馬兵法閎廓深遠矣雖夏殷周三代征伐未能意盡其理也如是其文意也以三代用兵亦少褒揚司馬穰苴兵法尚未盡者妙也若區區小齊何暇得申司馬穰苴兵法揖讓乎言不得申　[南化][梅]。

〔何暇及司馬兵法之揖讓乎〕　瀧九・二，慶三左三，殿三左一，凌三左四。○[南化]無「兵」字。讓，[楓][三]遜。

〔世既多司馬兵法〕　瀧九・三，慶三左三，殿三左二，凌三左四。○[南化]乃世既多——，[楓][三]無「兵」字。

史記會注考證校補卷六十五

孫子吳起列傳第五

〔齊人也〕 瀧二・一，慶一右二，殿一右七，凌一右三。

正 事於吳王闔閭 ○闔，慶彭凌殿闔。下同。

〔出宮中美女得百八十人〕 瀧二・九，慶一右六，殿一右一○，凌一右七。○女，楓三景井紹耿毛詳節通志人。

〔願勿斬也〕 瀧三・一○，慶一左七，殿一左一○，凌一左八。

索 趣音促 ○音，耿魯。按：耿、乘本訛。

索 下使音色吏反 ○耿慶彭游凌殿無「下」字。

〔用其次爲隊長〕 瀧四・二，慶一左九，殿二右二，凌一左一○。

*__正__ 徇行示也 南化梅狩瀧。

〔王可試下觀之〕　瀧四・四，慶二右一，殿二右四，凌二右二。○楓三無「可」字。

〔將軍罷休就舍〕　瀧四・五，慶二右一，殿二右五，凌二右二。○通志無「就」字。

〔西破彊楚入郢〕　瀧四・七，慶二右五，殿二右七，凌二右五。○南化楓三梅高無「彊」字。

〔孫子與有力焉〕　瀧四・七，慶二右六，殿二右七，凌二右六。○子，南化楓三梅武。

〔孫武既死〕　瀧五・四，慶二右六，殿二右八，凌二右六。

集　越絶書曰　○越，紹楚。按：紹興本誤。

索　按越絶書　○耿或云無「按」字。越絶書。

索　云是子貢所著　○耿慶彭游凌殿無「云是」二字。

索　或後人所録　○録，耿緑。按：耿秉本誤。索多是無「或」字。後人所録。

〔臏亦孫武之後世子孫也〕　瀧五・八，慶二右九，殿二右一〇，凌二右九。○南化楓三無「子孫」二字。

〔孫臏嘗與龐涓俱學兵法〕　瀧五・八，慶二右九，殿二右一〇，凌二右九。○龐，紹寵。索無「嘗」字。嘗，游常。札記中統本「嘗」訛「常」，索隱本無。

索　龐皮江反　○江，耿汪。

〔得爲惠王將軍〕　瀧五・九，慶二右一〇，殿二左一，凌二右一〇。○南化楓三得爲魏惠王將軍。

〔乃陰使召孫臏〕　瀧五・九，慶二左一，殿二左二，凌二左一。○[南化][楓][三][梅]乃陰使人召孫臏。

〔欲隱勿見〕　瀧六・一，慶二左三，殿二左四，凌二左三。○[南化][楓][三][梅]欲隱而勿復南化、楓、梅本無「復」字。見後三條本無「後」字。

〔齊將田忌善而客待之〕　瀧六・三，慶二左四，殿二左五，凌二左四。○[南化][楓][三]無「而」字。

〔忌數與齊諸公子馳逐重射〕　瀧六・四，慶二左五，殿二左五，凌二左五。○[南化][梅]田忌數與——。

〔馬有上中下輩〕　瀧六・六，慶二左六，殿二左六，凌二左六。○[南化][楓][三]無「馬」字。

〔君弟重射〕　瀧六・七，慶二左七，殿二左七，凌二左七。

索　弟但也　○但，[耿][慶][彭][游][凌][殿]且。

〔臣能令君勝〕　瀧六・七，慶二左七，殿二左八，凌二左七。○君，[耿]諸。

〔及臨質〕　瀧六・九，慶二左九，殿二左八，凌二左八。

索　一云質謂堋　○堋，[索]棚。

〔卒得王千金〕　瀧七・二，慶三右二，殿三右一，凌三右二。○[楓][三]無「王」字。楓、三本又有「或王字移在卒字上」八字注。

〔於是忌進孫子於威王〕 瀧七・二，慶三右二，殿三右二，淩三右二。○南化於是田忌進——。

〔威王問兵法〕 瀧七・二，慶三右二，殿三右二，淩三右二。○問，耿間。按：耿秉本誤。

〔遂以爲師〕 瀧七・二，慶三右三，殿三右二，淩三右三。○楓三無「遂」字。

〔其後魏伐趙〕 瀧七・三，慶三右三，殿三右三，淩三右三。○南化梅其後魏伐趙王。

〔坐爲計謀〕 瀧七・五，慶三右五，殿三右五，淩三右五。○楓三無「坐」字。

〔夫解雜亂紛糾者不控捲〕 瀧七・六，慶三右六，殿三右五，淩三右六。

索 按謂事之雜亂紛糾擊挐也 ○耿慶彭游淩殿無「擊挐」二字。糾，索糺。下同。

索 不控捲按謂解雜亂紛糾者 ○耿慶彭游淩殿無「不控捲按謂」五字。

〔救鬭者不搏撠〕 瀧七・八，慶三右八，殿三右七，淩三右八。○鬭，耿聞。按：耿秉本訛。搏，紹通志愽。

索 搏戟二音 ○耿慶彭游淩殿此四字作「音搏戟」三字。

索 按謂救鬭者 ○者，耿音。按：耿秉本多如此之訛。

索 按撠以手戟刺人 ○耿慶彭游淩殿按撠謂以手持撠「戟」字作「撠」。刺人也。

〔批亢擣虚〕 瀧七・一〇，慶三右九，殿三右八，淩三右九。

索 亢者敵人相亢拒也 ○耿慶彭游淩殿「亢者」二字作「言」字。

索　欲令擊梁之虛也　○楓三欲令田忌擊梁之虛也。

索　此當是古語　○古，耿慶彭游凌殿舊。

〔形格勢禁〕　瀧八・三，慶三左一，殿三右一○，凌三左一。○形，紹毛通志刑。

〔則自爲解耳〕　瀧八・三，慶三左一，殿三右一○，凌三左一。

索　謂若批其相亢　○批，索避。

索　而其勢自禁止　○索無「其」字。

〔老弱罷於内〕　瀧八・五，慶三左三，殿三左二，凌三左三。○老，耿者。按：耿秉本誤。

〔彼必釋趙而自救〕　瀧八・六，慶三左四，殿三左四，凌三左四。○釋，耿魏。按：耿秉本因「趙」字訛。

〔而收弊於魏也〕　瀧八・六，慶三左五，殿三左四，凌三左五。○弊，南化楓三梅斃。

索　梁必釋趙而自救　○索無此注七字。

索　是一舉釋趙而弊魏　○弊，耿索金陵斃。

〔後十三歲〕　瀧九・一，慶三左七，殿三左六，凌三左七。○歲，楓三年。景井蜀紹耿慶彭毛游凌殿此四字作「後十五年」。

索　王劭紀年云　○耿慶彭游凌殿此注五字作「王劭按紀年」。

索　齊田忌敗梁于桂陵　○耿慶彭游凌殿無「于」字。

索　齊田盼敗梁於馬陵　○耿慶彭游凌殿無「於」字。

索　計相去無十三歲　〇三，[慶][彭]五

〔素悍勇而輕齊〕　瀧九・八，慶四右一，殿三左九，凌四右一。〇[南化]素皆悍勇——。

〔使齊軍入魏地爲十萬竈〕　瀧一〇・一，慶四右四，殿四右二，凌四右四。〇[梅]——爲十萬減竈。

〔又明日爲三萬竈〕　瀧一〇・一，慶四右五，殿四右三，凌四右五。〇三，[南化][景][井][紹][耿][游][毛][詳節]二。

〔我固知齊軍怯〕　瀧一〇・七，慶四右五，殿四右三，凌四右六。〇軍，[南化][楓][三]卒。南化本又有「或作士」三字注。

〔乃棄其步軍〕　瀧一〇・八，慶四右七，殿四右四，凌四右七。〇軍，[南化][楓][三][梅]兵。

〔馬陵道狹〕　瀧一〇・九，慶四右七，殿四右五，凌四右八。〇狹，[景][井][蜀][金陵]陝。[札記]北宋本「陝」，各本作「狹」。

〔期曰暮見火舉而俱發〕　瀧一一・一，慶四右一〇，殿四右七，凌四右一〇。〇曰，[南化][三][梅][高]日。

〔讀其書未畢〕　瀧一一・三，慶四左二，殿四右九，凌四左二。〇畢，[詳節]竟。

〔魏軍大亂〕　瀧一一・三，慶四左二，殿四右九，凌四左二。〇大，[通志]士。

〔乃自剄曰〕　瀧一一・四，慶四左三，殿四右一〇，凌四左三。〇[南化][楓][三][梅]乃遂自

到曰。

〔遂成豎子之名〕 瀧一一・四，慶四左三，殿四右一〇，凌四左三。

索 豎子謂孫臏 ○耿慶彭游凌殿無「孫」字。

〔遂殺其妻以明不與〕 瀧一二・三，慶四左八，殿四左五，凌四左八。○三梅——以明其不與。

〔而東出衛郭門〕 瀧一二・八，慶五右二，殿四左八，凌五右一。○南化楓三高重「東」字。

〔與其母訣〕 瀧一二・九，慶五右三，殿四左八，凌五右二。○訣，楓三決。

〔夫魯小國而有戰勝之名〕 瀧一三・二，慶五右五，殿五右一，凌五右五。○南化楓三夫魯國也而有戰勝之名。

〔則是棄衛〕 瀧一三・三，慶五右七，殿五右二，凌五右七。○衛，南化楓三高魯。

〔欲事之〕 瀧一三・四，慶五右八，殿五右三，凌五右八。○之，南化楓三魏。南化本有「本無之字」四字注。

〔文侯問李克曰〕 瀧一三・五，慶五右八，殿五右三，凌五右八。○南化重「文侯」二字。

〔起貪而好色〕 瀧一三・五，慶五右九，殿五右四，凌五右八。

索 是貪榮名耳 ○榮，耿熒。按：耿秉本誤。

〔然用兵〕　瀧一三・七，慶五左二，殿五右七，凌五左二。○南化 楓 三 高 然其用兵。

〔與士卒最下者同衣食〕　瀧一三・一〇，慶五左四，殿五右八，凌五左三。○與，蜀 卒。

按：蜀本涉下而訛。

〔臥不設席〕　瀧一三・一〇，慶五左四，殿五右八，凌五左四。○札記 御覽二百八十引下有「暑不張蓋」四字。

〔行不騎乘〕　瀧一四・一，慶五左四，殿五右八，凌五左四。○毛「騎」、「乘」互倒。

〔親裹贏糧〕　瀧一四・一，慶五左五，殿五右九，凌五左四。○南化 楓 三 無「裹」字。贏，耿 贏。

〔與士卒分勞苦〕　瀧一四・二，慶五左五，殿五右一〇，凌五左五。○南化 楓 三 無「卒」字。

〔起爲吮之〕　瀧一四・三，慶五左五，殿五右一〇，凌五左五。

索　吮鄒氏音弋軟反　○耿 慶 彭 游 凌 殿 無「鄒氏」二字。

〔子卒也〕　瀧一四・四，慶五左六，殿五左一，凌五左六。○南化 楓 三 母子卒也。

〔而將軍自吮其疽〕　瀧一四・四，慶五左七，殿五左一，凌五左六。○南化 楓 三 無「軍」字。

〔遂死於敵〕　瀧一四・五，慶五左八，殿五左二，凌五左八。○遂，詳節 而。

〔吳公今又吮子〕　瀧一四・五，慶五左八，殿五左三，凌五左八。○景井蜀紹耿慶彭毛游凌殿金陵吳公今又吮其子。南化楓三梅高吳公今又吮此子。按：瀧本誤脱其字，群書治要亦有「此」字。

〔妾不知其死所矣〕　瀧一四・六，慶五左九，殿五左三，凌五左八。○南化楓三梅「死所」二字作「所死處」三字。

〔廉平盡能得士心〕　瀧一四・七，慶五左一〇，殿五左四，凌五左九。○南化楓三高無「平」字。

〔山河之固〕　瀧一四・九，慶六右二，殿五左六，凌六右二。○南化「山」、「河」互倒。

〔起對曰〕　瀧一四・一〇，慶六右三，殿五左七，凌六右二。○南化吳起對曰。下倣之。

〔左洞庭右彭蠡〕　瀧一四・一〇，慶六右三，殿五左七，凌六右三。○南化楓三左洞庭而右彭蠡。

〔羊腸在其北〕　瀧一五・二，慶六右五，殿五左八，凌六右四。

集　皇甫謐曰　○紹毛「皇甫謐」三字作「皇謐」二字。按：紹、毛本誤。

集　壺關有羊腸阪　○關，耿闕。

〔若君不修得〕　瀧一五・六，慶六右八，殿六右二，凌六右七。○南化彭「若」、「君」互倒。

〔舟中之人〕　瀧一五・七，慶六右九，殿六右二，凌六右九。○舟，楓三船。

〈盡爲敵國也〉 瀧一五・七，慶六右一〇，殿六右三，凌六右九。〇 南化 楓 三 高 無「爲」字。

集 楊子法言 〇楊， 慶 殿 揚， 札記 北宋、中統、游、凌本並作「楊」。

〈文曰不如子〉 瀧一六・三，慶六左二，殿六右七，凌六左四。〇 楓 三 田文曰不如子。

〈此三者子皆出吾下〉 瀧一六・六，慶六左七，殿六右九，凌六左六。〇 景 井 蜀 紹 耿 慶 彭 毛 游 凌 殿 「子」字移在「三」上。 南化 楓 三 梅 高 「子」字移正在「皆」字上。 札記 各本「子」字並錯在「此三者」上，依後漢書注引改。説詳襍志。按：札記所云「此三者」當改「三者」。

〈百姓不信〉 瀧一六・八，慶六左八，殿六右一〇，凌六左七。〇信， 詳節 親。

〈公叔之僕曰〉 瀧一七・一，慶七右二，殿六左三，凌七右一。〇 南化 楓 三 「公叔」二字作「魏相」。

〈吴起爲人節廉而自喜名也〉 瀧一七・二，慶七右三，殿六左四，凌七右二。〇 南化 楓 三 梅 高 無「名」字。

〈又與彊秦壤界〉 瀧一七・四，慶七右五，殿六左六，凌七右三。〇壤， 南化 楓 三 梅 高 接。

〈明法審令〉 瀧一八・五，慶七左一，殿七右二，凌七右一〇。〇審， 毛 横。

〔捐不急之官〕　瀧一八・五，慶七左二，殿七右二，凌七右一〇。○捐，南化損。

〔要在彊兵破馳説之言從横者〕　瀧一八・七，慶七左三，殿七右三，凌七左一。○南化楓三梅要在彊兵破敵馳説之言從横者不敢開口。馳，詳節騁。

〔盡欲害吴起〕　瀧一九・一，慶七左五，殿七右五，凌七左三。○高毛無「欲」字。

〔擊起之徒〕　瀧一九・二，慶七左六，殿七右六，凌七左四。○南化楓三梅高及擊起之徒。

〔太子立〕　瀧一九・三，慶七左八，殿七右七，凌七左六。

索　肅王臧　○臧，耿慶彭游凌殿賊，南化楓三校記「臧」。按：景印慶元本「賊」改「臧」。

〔坐射起而夷宗死者〕　瀧一九・四，慶七左九，殿七右八，凌七左七。○南化三梅高無「射」字。

〔論其行事所施設者〕　瀧一九・七，慶八右一，殿七右一〇，凌七左九。○其，彭具，楓三校記「其」。

〔悲夫〕　瀧一九・一〇，慶八右五，殿七左三，凌八右二。○夫，南化三哉。

索　其孫臏腳　○慶彭游凌殿此四字作「刖孫臏脚」。

史記會注考證校補卷六十六

伍子胥列傳第六

〔以直諫事楚莊王有顯〕　瀧二・三，慶一右四，殿一右八，凌一右五。○[南化][楓][三][梅]
[高]——楚莊王有顯名。

〔故其後世有名於楚〕　瀧二・三，慶一右四，殿一右八，凌一右五。

索　見左氏楚系家　○系，[慶][彭][索][游][凌][殿]世。下同。

〔無忌馳歸報平王曰〕　瀧二・七，慶一右七，殿一左一，凌一右八。○[南化][楓][三]無「平」字。

〔秦女絶美〕　瀧二・八，慶一右七，殿一左一，凌一右八。○[南化][梅]秦女絶好美。

〔而太子立殺己〕　瀧三・一，慶一左一，殿一左四，凌一左一。○[三]而太子立殺己也。

〔無寵於平王〕　瀧三・二，慶一左二，殿一左五，凌一左二。○[南化]無「於平王」三字。

〔使建守城父備邊兵〕　瀧三・二，慶一左二，殿一左六，凌一左三。○耿無「建」字。

索　地理志潁川有城父縣　○慶彭游凌殿無此注九字。按：此索隱合刻者嫌與集解複而删之，下多如此之例，不載悉。

〔頃之無忌又日夜言太子短於王曰〕　瀧三・三，慶一左三，殿一左七，凌一左四。○南化三——言太子之短於王曰。

〔太子以秦女之故〕　瀧三・四，慶一左四，殿一左七，凌一左五。○楓三自太子——。

〔自太子居城父〕　瀧三・五，慶一左四，殿一左八，凌一左五。○自，南化楓三梅且。

〔平王乃召其太傅伍奢考問之〕　瀧三・六，慶一左六，殿一左九，凌一左六。○南化楓三無「平王」二字。

〔於是平王怒囚伍奢〕　瀧三・八，慶一左九，殿二右二，凌一左九。○楓三無「平」字。

〔而使城父司馬奮揚往殺太子〕　瀧三・九，慶一左九，殿二右二，凌一左一〇。○揚，索陽。

索　奮陽　○陽，慶彭游凌殿揚。

〔告太子太子急去〕　瀧三・一〇，慶二右一，殿二右三，凌二右一。○紹不重「太子」二字。

〔太子建亡奔宋〕　瀧三・一〇，慶二右一，殿二右四，凌二右二。○南化太子建恐亡奔宋。

〔無忌言於平王曰〕　瀧四・一，慶二右二，殿二右四，凌二右二。○南化無「平」字。

〔不誅〕　瀧四・二，慶二右三，殿二右五，凌二右三。○南化楓三梅今不誅。

〔可以其父質而召之〕 瀧四・二,慶二右三,殿二右五,凌二右三。○南化 楓 三 梅可以其父爲質而召之。

〔且爲楚患〕 瀧四・二,慶二右三,殿二右六,凌二右四。○南化 楓 三無「楚」字。

〔王使使謂伍奢曰〕 瀧四・二,慶二右四,殿二右六,凌二右四。○南化 楓 三無「伍奢」二字。

〔不能則死〕 瀧四・三,慶二右四,殿二右六,凌二右五。○南化 楓 三無「能」字。

〔員爲人剛戾忍訽〕 瀧四・四,慶二右五,殿二右七,凌二右五。○訽,南化 詬。

〔能成大事〕 瀧四・四,慶二右五,殿二右八,凌二右六。

集 訽音火候反 ○慶 彭 游 凌 殿 火候二字作犬游、凌本作「火」。詬。按:景印慶元本改「火候」。

索 鄒氏云一作詬罵也 ○慶 彭 游 凌 殿 此注八字作「鄒氏作詬詬殿本不重「詬」字。罵也」。

索 劉氏音火候反 ○慶 彭 游 凌 殿 無此注六字。

〔彼見來之并禽〕 瀧四・五,慶二右六,殿二右八,凌二右六。○來,景 井 紹 毛 求。

札記 北宋、毛本「來」訛「求」。

〔吾生汝父〕 瀧四・六,慶二右七,殿二右九,凌二右八。○南化 楓 三 吾生汝父奢。

〔二子到〕 瀧四・八,慶二右一〇,殿二右一〇,凌二右一〇。○到,蜀 耿 殿 去。凌 一本作「去」。

〔往而令讎不得報耳〕 瀧四・八,慶二左一,殿二左二,凌二左一。○令,游 今。札記 中統、游本「令」訛「今」。

〔謂員可去矣〕　瀧五・一，慶二左四，殿二左五，凌二左四。○南化 楓 三 高「謂」字、「可」字並無。

〔汝能報殺父之讎〕　瀧五・一，慶二左四，殿二左五，凌二左四。○南化無「報」字。彭無「殺」字。三 梅校補「殺」。

〔尚既就執〕　瀧五・一，慶二左五，殿二左五，凌二左四。○南化 三 高無「就」字。執，游報。

〔使者不敢進〕　瀧五・三，慶二左六，殿二左七，凌二左六。

索　劉氏音貫爲彎　○慶 彭 游 凌 殿此注六字作「劉氏貫音彎」五字。

〔伍胥遂亡〕　瀧五・三，慶二左七，殿二左七，凌二左六。○南化無「伍」字。

〔滅鄭而封太子〕　瀧五・八，慶三右三，殿三右二，凌三右二。○南化 楓 三 高我滅鄭——。

〔從者知其謀〕　瀧五・一〇，慶三右四，殿三右三，凌三右三。○紹無「從者」二字。

〔鄭定公與子産誅殺太子建〕　瀧五・一〇，慶三右五，殿三右四，凌三右四。○慶「公」下有一字之空格。

〔乃與勝俱奔吳〕　瀧六・二，慶三右六，殿三右五，凌三右五。○俱，南化 梅注。

〔至昭關〕 瀧六・三，慶三右六，殿三右六，凌三右六。

索 其關在江西 ○[耿][慶][彭][游][凌][殿]「江」、「西」互倒。

〔江上有一漁父乘船〕 瀧六・四，慶三右八，殿三右七，凌三右七。○船，[耿][游]舡。

〔止中道乞食〕 瀧六・七，慶三左一，殿三右一〇，凌三右一〇。

索 吴鴻臚嚴之子也 ○嚴，[耿][慶][彭][游][凌][殿]儼。

索 裴氏注引之 ○[耿][慶][彭][游][凌][殿]故裴氏注引之。

索 是也 ○[耿][慶][彭][游][凌][殿]無「此注」二字。

〔至於吴吴王僚方用事〕 瀧六・九，慶三左三，殿三左一，凌三左二。○[彭]不重「吴」字。

[梅]校補一。「吴」字。

〔拔其鍾離居巢而歸〕 瀧七・二，慶三左七，殿三左四，凌三左六。

索 按鍾離縣 ○[耿][慶][彭][游][凌][殿]無「縣」字。

索 居巢亦國也 ○[索]無「亦」字。

〔乃進專諸於公子光〕 瀧七・七，慶四右二，殿三左一〇，凌四右二。

索 左傳謂之專設諸 ○[慶][彭][游][凌][殿]無「之」字。

〔退而與太子建之子勝耕於野〕 瀧七・八，慶四右三，殿三左一〇，凌四右二。○[南化]退而與故——太子建之子——。

〔是爲昭王〕 瀧八・一，慶四右五，殿四右二，凌四右四。○[南化][楓][三][梅]是爲楚昭王。

〔使二公子將兵往襲楚〕　瀧八・二，慶四右六，殿四右三，凌四右五。○楓三無「兵」字。

〔亡奔吴〕　瀧八・五，慶四左一，殿四右七，凌四右九。

集　伯州犁之子　○彭無「之」字。下同。

集　其孫伯嚭奔吴也　○彭無「伯」字。

索　嚭音喜　○索「嚭」、「喜」互易。

〔取六與灊〕　瀧九・五，慶四左八，殿四左三，凌四左六。○灊，景井蜀耿慶彭毛索游凌殿潛。下注同。札記北宋本「灊」，各本作「潛」。

〔吴使伍員迎擊〕　瀧九・八，慶四左一〇，殿四左六，凌四左九。○伍，金陵五，札記舊刻「五」，各本作「伍」。按：札記引正文作「五」。

〔大破楚軍於豫章〕　瀧九・九，慶四左一〇，殿四左六，凌四左九。

索　蓋分後徙之於江南也　○耿慶彭游凌殿無「分」字。

〔吴王之弟夫概〕　瀧一〇・三，慶五右六，殿四左一〇，凌五右四。

索　古賚反　○賚，耿賴。反，彭古。按：彭本涉上而訛。

〔王不聽〕　瀧一〇・三，慶五右六，殿五右一，凌五右五。○耿概王不聽。按：耿本涉上衍。

〔五戰遂至郢〕　瀧一〇・五，慶五右八，殿五右三，凌五右七。

〔楚昭王出奔〕 瀧一〇・[illegible]，慶五右[illegible]，殿五右[illegible]，凌五右[illegible]。○昭，紹[illegible]

〔王走鄖〕 瀧一〇・九，慶五右一〇，殿五右四，凌五右九。

索 奏雲二音 ○耿慶彭游凌殿此注四字作「走音奏」三字。

索 鄖國名 ○耿慶彭游凌殿此注三字作「鄖古之鄖國」五字。

〔吳兵圍隨〕 瀧一一・一，慶五左三，殿五右七，凌五左一。○圍，紹謂。札記中統本「兵」作「王」。

〔謂隨人曰〕 瀧一一・一，慶五左三，殿五右七，凌五左二。○楓三梅景井無「謂」字。紹「謂隨」二字作「此」字。札記北宋舊刻本無「謂」字。

〔隨人欲殺王〕 瀧一一・二，慶五左四，殿五右八，凌五左二。○楓三無「隨人」二字。

〔隨人卜與王於吳〕 瀧一一・三，慶五左五，殿五右九，凌五左三。○南化無「人」字。

〔謂包胥曰〕 瀧一一・五，慶五左六，殿五右一〇，凌五左五。○南化楓三無「謂包胥」三字。

〔出其尸〕 瀧一一・六，慶五左八，殿五左二，凌五左七。○紹無「其」字。

〔申包胥亡於山中〕 瀧一一・一〇，慶五左九，殿五左二，凌五左七。○南化三梅申包胥亡在於山中。

〔天定亦能破人〕 瀧一二・一，慶五左一〇，殿五左四，凌五左九。○破，蜀詳節勝。按：

凌引一本作「勝」。

〔此豈其無天道之極乎〕　瀧一二・三，慶六右二，殿五左五，凌六右一。○[南化][楓][三][梅]無「其無天」三字。

〔吾日莫途遠〕　瀧一二・四，慶六右四，殿五左六，凌六右二。○莫，[景][井][蜀][紹][耿][慶][彭][毛][游][凌][殿]暮。下注同。[札記]索隱本「莫」，各本作「暮」。途，[景][井][蜀][耿][慶][彭][毛][游][凌][殿]塗。

〔吾故倒行而逆〕　瀧一二・四，慶六右四，殿五左七，凌六右二。

索　音丁老反　○[耿][游]無「反」字。

索　豈論理乎　○[耿][慶][彭][游][凌][殿]豈論道理乎。[三][梅]豈暇論道理乎。

索　其在顛倒疾行　○[慶][彭][游][凌][殿]故其在——。

〔於是申包胥走秦告急〕　瀧一二・七，慶六右六，殿五左九，凌六右四。○[南化][楓][三]無「申」字。

〔不絕其聲〕　瀧一二・八，慶六右七，殿五左一〇，凌六右六。○[南化]無此四字。[楓][三]無「不」字。

〔秦哀公憐之曰〕　瀧一二・九，慶六右八，殿五左一〇，凌六右六。○[蜀]「秦」、「哀」互倒。

〔夫概敗走〕 瀧一三・三，慶六左一，殿六右四，凌六右一〇。○概，耿敗

〔爲堂谿氏〕 瀧一三・四，慶六左五，殿六右七，凌六左一。

正 案今豫州吴房縣 ○慶彭凌殿無「房」字。札記「房」字，考證據唐志補。

〔乃去郢徙於鄀〕 瀧一三・八，慶六左七，殿六右九，凌六左六。

集 楚地音若 ○地，蜀也。

索 今闕 ○闕，慶彭凌闕。

〔北威齊晉〕 瀧一三・一〇，慶六左九，殿六右一〇，凌六左七。○威，蜀滅。

〔後四年〕 瀧一四・一，慶六左九，殿六左一，凌六左七。○四，景井蜀耿慶彭毛游凌殿五，楓三校記「四」。

〔闔廬病創將死〕 瀧一四・三，慶七右一，殿六左三，凌六左一〇。○南化闔廬病創而將死。

索 音瘡 ○慶彭游凌殿無此注二字。

〔求委國爲臣妾〕 瀧一四・一〇，慶七右八，殿六左九，凌七右七。

正 楚之郢人 ○殿無「之」字。

〔遂威鄒魯之君以歸〕 瀧一五・九，慶七左七，殿七右六，凌七左五。○威，蜀凌滅。

札記 凌本「威」訛「滅」。

〔乃率其衆以助吳〕　瀧一六・四，慶七左九，殿七右八，凌七左七。○率，[蜀]事。

〔而重寶以獻遺太宰嚭〕　瀧一六・五，慶七左九，殿七右八，凌七左七。○[南化][楓][三][梅]而以重寶——。

〔破齊〕　瀧一六・八，慶八右二，殿七左一，凌七左一〇。○[南化][三]無「破」字。

〔俾無遺育〕　瀧一六・九，慶八右四，殿七左二，凌八右二。○[南化][三]無「俾」字。

〔子胥臨行謂其子曰〕　瀧一七・一，慶八右六，殿七左四，凌八右四。○[南化][楓][三]無「臨行」二字。

〔無益也〕　瀧一七・三，慶八右八，殿七左六，凌八右五。○益。[三][高]爲。

〔恐爲深禍也〕　瀧一七・六，慶八右一〇，殿七左八，凌八右八。○[南化][楓][三]「深」字移在「也」下。

〔而今王又復我齊〕　瀧一七・七，慶八左二，殿七左九，凌八右一〇。○[南化][楓][三]無「而」字。

〔沮毀用事〕　瀧一七・八，慶八左三，殿七左一〇，凌八右一〇。

集　沮自呂反　○呂。[蜀]昌。按：蜀本因字形相似而訛。

〔其使於齊也〕　瀧一八・一，慶八左六，殿八右三，凌八左四。○[南化][楓][三]其使於嚭齊也。

〔内不得意〕 瀧一八・二，慶八左七，殿八右四，凌八左五。○意，耿竟。按：耿秉本因字形相似而訛。

〔常鞅鞅怨望〕 瀧一八・三，慶八左九，殿八右五，凌八左六。○望，南化言。

〔嗟乎〕 瀧一八・五，慶九右一，殿八右七，凌八左八。○乎，詳節夫。

〔我顧不敢望也〕 瀧一八・七，慶九右四，殿八右一〇，凌九右一。○望，南化梅高當。

〔然今若聽諛臣言以殺長者〕 瀧一八・八，慶九右四，殿八右一〇，凌九右一。○南化無「言以」二字。

〔令可以爲器〕 瀧一八・九，慶九右六，殿八左一，凌九右二。

正 櫝可材也 ○可，慶彭凌亦。按：景印慶元本「亦」改「可」。札記官本「可」，與左傳合。各本誤「亦」。

〔而抉吾眼縣吳東門之上〕 瀧一八・一〇，慶九右七，殿八左二，凌九右三。○縣，楓三懸，南化梅高着。按：南化、楓、三本有「又作著」三字注。

正 開此門 ○此，慶彭凌北。按：景印慶元本「北」改「此」。札記官本「此」，各本訛「北」。

〔爲立祠於江上〕 瀧一九・六，慶九左二，殿八左七，凌九右九。

正 今廟見在 ○彭今其廟見在。

〔因命曰胥山〕 瀧一九・七，慶九左四，殿八左一〇，凌九左二。

集 在太湖邊 ○太，慶彭游大。

〔而立陽生〕 瀧一九・一〇，慶九左七，殿九右二，凌九左五。○南化楓三無「而」字。

〔會之槖皋〕 瀧二〇・二，慶九左八，殿九右三，凌九左六。○皋，紹皇。

索 音拓皋二音 ○耿慶彭游凌殿無「二音」二字。

索 在淮南逡遒縣東南 ○遒，耿道。

〔殺王夫差〕 瀧二〇・六，慶一〇右三，殿九右七，凌九左一〇。○南化楓三梅殺吳王夫差。

〔而外受重賂〕 瀧二〇・七，慶一〇右四，殿九右八，凌一〇右一。○紹而外之受重賂。

〔與己比周也〕 瀧二〇・七，慶一〇右四，殿九右八，凌一〇右一。

正 紀鼻二音 ○紀，南化三比。

〔使居楚之邊邑鄢〕 瀧二一・二，慶一〇右八，殿九左二，凌一〇右五。

集 潁川鄢陵是 ○潁，耿頃 按：耿秉本誤。

〔而晉伐鄭〕 瀧二一・六，慶一〇左三，殿九左七，凌一〇左一。○南化楓三梅高而會晉伐鄭。

〔與盟而還〕 瀧二一・七，慶一〇左三，殿九左七，凌一〇左二。○還，南化梅去。

〔勝自礪劍〕 瀧二一・八，慶一〇左五，殿九左八，凌一〇左三。○索「勝自」二字作「白公」。

〔何以[illegible]〕 瀧二二・[illegible]，慶一〇[illegible]，殿[illegible]，凌一〇[illegible]

索 作子期之子平見之曰 ○【耿】【慶】【彭】【游】【凌】【殿】無下「之」字。

〔其後四歲〕 瀧二二・一，慶一〇左七，殿九左一〇，凌一〇左五。○【南化】【楓】【三】無「其」字。

〔石乞從者屈固〕 瀧二二・四，慶一〇左七，殿一〇右二，凌一〇左七。

索 而左傳云 ○而，【彭】之，【三】校記「而」。

索 則公陽是楚之大夫王之從者也 ○【索】「楚之大夫」四字，下「之」字，並無。

〔亡走昭夫人之宮〕 瀧二二・七，慶一一右一，殿一〇右四，凌一〇左九。

索 越女也 ○【耿】【慶】【彭】【游】【凌】【殿】乃越女是也。

〔不言〕 瀧二二・一〇，慶一一右四，殿一〇右七，凌一一右二。○【紹】無「不言」二字。

〔將亨石乞〕 瀧二二・一〇，慶一一右五，殿一〇右七，凌一一右二。○【紹】無「將亨」二字。

〔向令伍子胥從奢俱死〕 瀧二三・五，慶一一右八，殿一〇左一，凌一一右六。○【南化】【楓】【三】無「向」字。

〔其功謀亦不可勝道者哉〕 瀧二三・九，慶一一左二，殿一〇左四，凌一一右一〇。○者，【詳節】也。

索 代楚逐北 ○代，【慶】【彭】【凌】【殿】伐。